Xuǎ

higong

许志功自选集

XUZHIGONG ZIXUANJI

学习 理论文库

学习出版社

许志功

许志功，1945年11月出生于河北昌黎。1964年入伍，在作战部队工作12年后于1976年调入中国人民解放军军政大学，历任军政大学、政治学院、国防大学哲学教研室教员，陆军某师代副政治委员，国防大学政治理论教研室副主任、主任，国防大学副校长，现为教授，博士生导师。三十多年来，一直从事教学科研工作，发表过数十篇学术文章并写作出版了《黑格尔〈逻辑学〉研究》、《列宁认识论思想通论》等学术专著，主编了《改革开放的哲学沉思》、《邓小平理论概论》、《伟大的理论创新》、《"三个代表"重要思想概论》、《中国特色马克思主义军事哲学研究》、《中国特色军事变革的哲学沉思》等，精选多年的讲课稿件出版了《许志功讲学录》两卷。

自　序

　　我是伴随着改革开放的历史脚步成长起来的一名普普通通的党的理论工作者。1976 年，我从作战部队调入当时的军政大学任教，一干就是 30 年。这 30 年中，写了一些文字，择其要者编入该集，基本上反映了我从事理论工作的历程和追随党的理论创新发展的脚步。

　　无论是当年的军政大学，及其后来一分为三而成的政治学院（军事学院、后勤学院），还是现在三校合并而成的国防大学，都是坚持以教学科研为中心、坚持科研为教学服务的办学方针的。在这样一个方针的指引下，我的理论研究工作大都是围绕教学展开、并将研究成果运用于教学的，少有教学之外独立的科研成果。换言之，收入该集的文字大都是我这些年为教学而写的，有些经过加工发表在报刊杂志上，有些散落在与同事们编著的各种小册子中，有些可以说是原封不动地收在了中央文献出版社为我出版的几本《讲学录》中。这次选择一些收入该集，也只是做了一些文字上的加工，考虑到历史真实，理论内容未做大的变动。

在长期的教学科研实践中，我感受最深的有两点，第一是要紧跟党中央的最新精神，追踪学术发展的前沿，回答人们关注的重大现实及由此带来的深层次的思想认识问题。第二是对马克思主义及我们党的创新理论要真学，不言不及义；真信，不言不由衷；真用，不言行不一。这些年来我写的一些文字，都是朝着这个方向努力的，也大致反映了这种追求。

收入本集的这些文字，既是我多年来思考研究的理论凝结，也是自己学习马克思主义特别是党的创新理论的一些心得体会。这本自选集由五个部分组成：第一部分是关于哲学特别是认识论基本理论问题的思考和学习体会，第二部分是关于科学社会主义特别是中国特色社会主义问题的思考和学习体会，第三部分是关于马克思主义中国化的理论成果特别是邓小平理论的思考和学习体会，第四部分是围绕人们关注的一些重大理论和现实问题及中央有关文献精神所作的思考和学习体会，第五部分是关于以科学发展观为指导，加强国防和军队建设问题的思考和学习体会。这五个部分既相对独立，又相互联系，贯穿其中的主线是建设中国特色社会主义。

我的专业是哲学，长期以来养成了一种习惯，无论对什么问题都喜欢从哲学的层面或角度来进行思考。这种思考有它好的一面，但也有不足。收入本集的文章大概也带有这种痕迹。

这些年来，我在教学科研工作中取得的成果是与领导和同事们的帮助分不开的。尤其是我在教研室时的老领导侯树栋同志，多年来可以说是手把手地传帮带。收入本文集中的许多文章，我都曾经向他请教过，有些和他一起研究过，有些他曾亲自动手改过，其中的某些观点直接体现了他的一些思考和想法。

按照《辞海》的说法，"写在著作正文前面、交代成书宗旨和经过的文章"成其为序。我这几段文字，只是对这本自选集的几点说明，是算不上什么文章的，但也大致交代了本书的特点和框架结构，就权且代为序吧！

2006 年 12 月

目　录

哲学认识论基本理论问题

科学社会主义和中国特色社会主义问题

马克思主义中国化问题

重大理论和现实问题

加强国防和军队建设问题

哲学认识论
基本理论问题

ZHEXUE RENSHILUN

JIBEN LILUN WENTI

论近代哲学的逻辑走向[*]

"哲学体系在历史中的次序同观念的逻辑规定在推演中的次序是一样的。我认为，如果从出现在哲学史中的各个体系的基本概念身上清除掉属于其外在形式、属于其局部应用范围等等的东西，那末就会得出观念自身在其逻辑概念中的规定的不同阶段。""反过来，如果单就逻辑的发展来说，那末在它里面也可以看出历史现象在其主要环节上的发展进程"①。

黑格尔这段文字不仅深刻揭示了逻辑和历史相一致的原则，而且相当透彻地向我们表明了，任何一种哲学都在哲学史的一个阶段中存在，都为哲学史的发展所影响。列宁哲学也不例外，因为它本身就是近代哲学发展到它那个特殊阶段上的特殊表现。所以我认为，要考察列宁哲学，

---

* 1991年4月讲于国防大学研究生班，后经加工收入《列宁认识论思想通论》（解放军出版社，1992年版）一书。

① 转引自《列宁全集》第38卷，人民出版社1959年版，第271—272页。

就不能不考察近代哲学发展特别是近代欧洲哲学发展的逻辑走向。

着重于本体论的研究

"全部哲学，特别是近代哲学的重大的基本问题，是思维和存在的关系问题。"对于这一点，人类经历了一个漫长的认识过程，只是到了近代，"只是在欧洲人从基督教中世纪的长期冬眠中觉醒以后，才被十分清楚地提了出来"。①

在近代哲学的早期，已经有许多哲学家开始从思维和存在相统一的角度上来研究它们的关系了。然而这种研究主要的还是在"本体论"意义上进行的。但是他们在研究本体方面的问题时，不只是沿袭以往的见解，而是根据新的认识材料进行新的概括，在对世界本质进行新的概括时，也不像以往那样主要是凭感性的直观，而是更加付诸理性，于是便出现了从"认识"问题入手来解决"本体"问题的特点。

在对世界本体的认识问题上，一开始就出现了"经验论"和"唯理论"的分歧。

近代唯物主义经验论的创始人弗·培根，从经验论的基本前提出发，强调在自然界中真正存在的东西，除掉个别物体按照一定的规律进行纯粹个体的活动之外，没有什

---

① 《马克思恩格斯选集》第4卷，人民出版社1972年版，第219页。

么别的。这种看法与人们的"经验"是相吻合的，但是缺乏从世界观上作进一步的概括。把这种概括推进一步的是洛克。洛克在弗·培根的基础上提出了"物质实体"的概念。他说，承认个别物体的存在，就应当承认有一个统一的基础，而这个统一的基础我们称它为物质实体。"物质实体"的概念来自于唯物主义的经验论，但似乎又离开了唯物主义的经验论，于是受到了贝克莱的攻击。在贝克莱看来，按照经验论的原则，只有能够成为感官对象的东西才能承认其存在，反之，不能成为感官对象的东西就不能肯定其存在，物质实体不能成为感官对象，所以它不存在。这样，他就在自己的学说中把物质实体取消了。而取消了物质实体，我们所能承认的只能是感知到的某种声音、颜色、气味等等。这样，贝克莱就得出了"物是观念的集合"、"存在就是被感知"的主观唯心主义结论。

由于"经验论"未能对世界本体作出更高的概括，这个任务便只能由"唯理论"来完成了。唯理论强调对世界本体的认识要经过"人的理性"，但由于受当时流行的"上帝"观念的影响，所以不能不以"上帝自然化"的倾向表现出来。其发展的过程是：从笛卡儿承认上帝、物质、精神是不同的实体，发展到斯宾诺莎将上帝与物质实体一体化，同时将精神从"实体"的位置降低到"属性"的位置上，而以泛神论的形式归宿为唯物主义一元论。

笛卡儿从唯理论的原则出发，强调"我思"作为"精神实体"是真实存在的，然后从精神实体的存在推导出"上帝"的真实存在，最后以上帝产生万物为逻辑，得出了"物质实体"的概念。在处理三个实体的关系时，笛卡儿把上帝看做是无限圆满、唯一绝对的实体，物质和精神这两个实体则包容于上帝之中，因而作为实体的"上帝"不但是精神的，而且是物质的。这是向"上帝的自然化"迈进的第一步。在笛卡儿之后，斯宾诺莎进一步推进这项工作，将上帝完全自然化了。在他看来，哲学的出发点不应该是"我思"这样的"精神实体"，而应该是"未加任何规定的"实体，哲学的任务就在于对实体作出规定。基于这种认识，斯宾诺莎对实体作了进一步的规定。他指出：实体是"自因的"，它不依赖于任何别的东西而存在，也不依赖于任何别的东西而被认识；主体是"绝对无限的"，如果它有限，就要依赖于别的东西，就不是自为存在而是为它存在的了；实体是"唯一的"，不可能有两个以上的实体，否则它就不是无限的了。显然，这样的实体不是别的，而是"自然界的全体"。既然自然界的全体作为实体是唯一的，那么，上帝也就不是在它之外的实体，而是它的"同一实体"了，精神也就不是"实体"，而是实体的"属性"了。这样，在笛卡儿那里，上帝、物质、精神相互独立的三个实体，就被斯宾诺莎统一起来了，从而在唯物主义的基础上解释了思维和存在的统一问题。斯宾诺莎的"我们的心灵可以尽量完全地反映自然"①，就是这种统一的最好证明。

————————————

① 斯宾诺莎：《知性改进论》，商务印书馆1960年版，第54页。

认识论和本体论并重

近代哲学的早期，由于"本体论"没有得到"认识论"的充分论证，所以，其自身的研究也暴露了不可克服的矛盾：万物统一的基础是最普遍的一般。如果说古代哲学以特殊事物（例如金、木、水、火等）作为万物统一的基础，而不能成为真正一般的话，那么，近代哲学以事物的特殊属性（例如灵魂、上帝、实体等）作为万物统一的基础，则更不能成为真正的一般。为着克服这个矛盾，人类在本体论研究的基础上加强了对认识论问题的探讨。

在近代哲学中，与本体论相联系，着重于认识论探讨，康德是鼻祖。他的合理思想在于：主体认识深入发展的过程，同时就是对客体本质深入概括的过程；主体认识从感性、知性到理性的过程，同时也就是对客体从个别、特殊到一般的规定的过程。然而他同时存在与此相矛盾的思想："现象"在此岸，"自在之物"在彼岸；人们只能认识事物的现象，而不能认识自在之物本身。这样，他就用"自在之物"堵塞了主客观统一的道路，从而陷入了不可知论。

为了消除康德哲学中阻碍着主客体统一的"自在之物"，应运而生了费希特哲学。在费希特看来，所谓认识的对象，就是出现在主体意识中的对象，在"主体意识中的对象"才是"实在的东西"。既然如此，实在的东西就不是"自在之物"，而只能是主体自我自身了。这样的"自我"是唯一实在的东西。至于客体，不过是"自我"为了证明自身的内容而设定的"非我"。"自我"设定的叫"非我"，是"自我"建立的对立面。自我和非我的对立，又通过"理论理性"（"自我成为非我的对象，并决定自我"）和"实践理性"（"自我克服非我的限制，并消除作为异己力量的非我"）这两种方式得到解决，于是二者在辩证的发展中达到了统一。费希特的主客观统一的理论在某种程度上"完成"了康德的统一理论。但是他的这一理论所说的统一，是在主体派生出客体之后的统一，实际上只承认主体的真实性而否认客体的真实性，将客体归为主体，因而也没有"完成"主客体统一的理论。

　　继费希特之后的是谢林。谢林是从讨论主客体的关系开始提出问题的。在他看来，思维和存在既不统一于主体，也不统一于客体，而是统一于既超越主体又超越客体、既包含主体又包含客体的"存在"。"存在"超越于主体，因而是客观的；又超越于客体，因而是主观的。它包含客体，因而是最高的本体；它包含主体，因而又具有最高的自我认识能力。基于这种认识，谢林把作为思维和存在统一的基础规定为最高存在的"客观精神"，说这种客观精神既是本体论意义上的存在，又是认识论意义上的存在。这种看法是深刻的。谢林的问题在于，他认为这种存在是"无差别的绝对同一"。而无差别的绝对同一只能是不变不动的实体，不可能成为能动的主体。

　　黑格尔发现并克服了这一缺点。他说"一切问题的关键在于：不仅把真实的东西或真理理解和表述为实体，而且同样理解和表述为主体"①，只有这种实体和主体统一的真实的东西，才能自己建立自己，自己发展自己，自己认识自己。从这种思想出发，黑格尔以思辨的方式建立了一个实现主客体统一的庞大体系。这个庞大体系的核心是：哲学的出发点是主观意识之外的客观存在着的事物，但事物的本质是思想、概念，事物不过是思想、概念的"外化"而已。因此，哲学所要考察的，就是作为事物的本质的概念。哲学本身不是一种朴素的意识，而是概念式的思维。所以，哲学实际上是用概念的思维方式去考察概念。这样，他就以思辨的方式把"本体论"和"认识论"有机地统一起来了。

着重于认识论的研究

黑格尔以思辨的方式建立起来的本体论和认识论统一的哲学，在一个较长的时间里统治着人们的头脑。但是随着自然科学和社会科学的发展，越来越暴露了这种哲学不可克服的缺陷。首先，普遍性的存在只是一个概念，但概念并不是客体性的事物，而是精神性的思想。其次，不把自然认做自为独立的存在，而把它认做"依赖于精神"的存在。再次，任何事物都是精神建立起来的，所以世界上的一切事物都是"没有实体性"的。这些都是和自然

① 黑格尔：《精神现象学》上卷，商务印书馆 1979 年版，第 10 页。

科学不相容的。在这种情况下，哲学就沿着同一方向出现了两条不同的道路：一条是马克思、恩格斯的道路，把自己的哲学看做是认识论，认为它的使命不是终结真理，而是不断开辟认识真理的道路，从而把哲学作为伟大的认识工具交给了人类；另一条是不少资产阶级哲学家所走的道路，他们宣称思辨哲学终结了，认为哲学的研究主要的就是对认识论的探讨。例如美国哲学家拉·巴·培里就说："当代哲学的关键性的问题就是认识的问题"，"实用主义，和一切当代哲学一样，首先乃是一个认识论"[①] 问题。总之，正如列宁所说，这时的哲学家都已经专门从事认识论的研究了。

上述简单回顾向我们表明，从"本体论"到"本体论和认识论"并重，再从"本体论和认识论"并重到着重于"认识论"的研究，这可以看做是近代欧洲哲学基本的逻辑走向。这一基本的逻辑走向制约着近代欧洲所有的哲学家，同样也制约着列宁。正如列宁自己所说，研究科学认识运动的逻辑，这就是近代哲学发展到今天所应完成的任务。

---

① 《现代哲学倾向》，商务印书馆1962年版，第266、193页。

认识论包含认识理论
认识历史两个方面*

通常我们往往把认识的历史和认识的理论看成是两门学问，两种学科，而在列宁看来，它们实质上是一门科学的两个方面，恰如一枚金币的两面一样，完整的辩证唯物主义认识论，在内容和结构上应当是由相互关联的两个部分、两个方面构成的。一个方面是人类认识的发展史，一个方面是人类认识的理论。人类认识的发展史是人类认识理论的来源、前提，人类认识的理论是人类认识发展史的浓缩、概括。人类认识的理论应该反映人类认识的发展史，人类认识的发展史应该包含、体现在人类认识的理论之中。

早在写作《唯物主义和经验批判主义》（以下简称《唯批》）的过程中，列宁就意识到，认识的理论如果没

---

* 1991 年 4 月讲于国防大学研究生班，后经加工发表于《国防大学学报》2004 年第 3 期。

有认识的历史作支撑，其内容必然是贫乏的。而认识的历史如果不上升到认识理论的高度，其表现形式也就只能是"人名和书名的历史"①。正是基于这种认识，列宁在讲到关于认识理论的时候，十分重视用人类认识的历史来加以论证，在讲到认识历史的时候，又总是注意从理论的高度来加以分析。认真研读《唯批》，我们不难看出，列宁关于辩证唯物主义认识论的理论厚度正是来源于他对人类认识史的利用和总结。而人类认识的历史，在列宁那里又总是带有浓厚的理论色彩。《唯批》作为一部认识论的书，其本身就包含着认识的理论和认识的历史这两个方面，是这两个方面的有机统一。

列宁在《唯批》中形成并体现了这种思想，所以在他立志要与一本"作为认识论的辩证法"专著时，就注意对认识史和认识理论这两个方面的研究。对于认识的理论，列宁除了研读马克思、恩格斯的经典著作之外，还研读了普列汉诺夫《马克思主义的基本问题》、德波林的《辩证唯物主义》、彼德·盖诺夫《费尔巴哈的认识论和形而上学》、保尔·福尔克曼的《自然科学认识论原理》和弗·丹奈曼的《我们的世界图画是怎样构成的?》等当时所能找到的几乎所有著作。研读了这些著作之后，列宁形成了一种看法：除了马克思、恩格斯的以外，大都缺乏历史性和具体性，而造成这种状况的一个重要原因，就在于理论缺乏历史的支撑。这种看法，一方面强化了他辩证

①《列宁全集》第38卷，人民出版社1959年版，第39页。

唯物主义认识论必须包含理论和历史两个方面的思想，另一方面又促使他对人类认识史加以系统地研究。

列宁把马克思主义的辩证唯物主义作为人类认识史上的最高形态，首先加以研究。从 1913 年和 1914 年之交所做的《〈马克思恩格斯通信集（1844—1883 年）〉提要》，到打算在 1914 年"启蒙"杂志上登载的《马克思恩格斯通信集》，再到 1914 年 7 月写成的《卡尔·马克思》，系统地记录着列宁的这种研究。

列宁在系统研究了马克思主义的辩证唯物主义认识论之后，形成了一个强烈的想法：不仅要研究马克思主义这一人类认识史上的最高形态，而且要非常概括地论及马克思主义的起源，追溯马克思主义认识论的理论来源。正是这种强烈的想法，促使他在写完了《卡尔·马克思》之后，紧接着研究了黑格尔的辩证唯心主义。列宁对黑格尔哲学的研究是相当系统的，他研究了《哲学史讲演录》、《历史哲学讲演录》和《精神现象学》，尤其着重地研究了《逻辑学》，从而深刻地指明了它所包含的真实意义。

一方面，黑格尔《逻辑学》实际上是具有客观意义的辩证法。一般概念的形成、运用和发展，实际上标志着人们对整个世界的必然联系、普遍规律、一般属性的认识过程。黑格尔比康德的深邃之处就在于此。它通过概念的转化，研究了客观世界的运动在概念的运动中的反映，在概念辩证法中天才地猜测到了事物、现象、世界、自然界的辩证法。因此，黑格尔的《逻辑学》已经不单是主观的、关于思维的"形式逻辑"，而且是关于客观世界发展规律的、富有内容的"辩证逻辑"。

另一方面，黑格尔的《逻辑学》实际上是关于认识的辩证法。在这里，即使是最简单的概括，即使是概念、判断、推理等等的最初级和最简单的形成，就已经意味着人对于世界的客观联系的认识是日益深刻的。因此，列宁写下结论说："在这里必须探求黑格尔逻辑学的真实的涵义、意义和作用。"①总之，黑格尔的概念辩证法如果去掉它唯心主义、神秘主义的外壳，那么它就既反映着客观辩证法，又反映着人类认识的辩证法。

列宁在研究了黑格尔哲学特别是他的《逻辑学》之后，似乎对马克思主义哲学有了更加深刻的理解，似乎感到当时的马克思主义者由于缺乏辩证法，对马克思主义的理解都还是非常肤浅的。所以他意味深长地写下了这样一则"警言：不钻研和不理解黑格尔的全部逻辑学，就不能完全理解马克思的'资本论'，特别是它的第1章。因此，半个世纪以来，没有一个马克思主义者是理解马克思的!!"②

研究黑格尔哲学有利于理解马克思，进一步追溯黑格尔哲学的理论来源能否对黑格尔乃至马克思有更深刻的理解呢，这是列宁研究了黑格尔哲学，特别是他的《逻辑学》之后的又一想法。正是这一想法，使他进一步把自己的思维触角伸向了人类认识的理论源头，考察了萌芽状

---

① 《列宁全集》第38卷，人民出版社1959年版，第190页。
② 《列宁全集》第38卷，人民出版社1959年版，第191页。

态的古代朴素辩证法。列宁对古代朴素辩证法思想的研究是深刻的。这种深刻性不仅表现在他对拉萨尔《爱非斯的晦涩哲人赫拉克利特的哲学》一书的批判性分析上，而且表现在他的这样一个带有总结性质的思想片断中："自从'一切事物的联系'、'原因的链条'的观念产生到现在已经有数千年了。比较一下在人类思想史上人们是如何理解这些原因的，就会得出无可辩驳的确凿的认识论。"①

列宁采用追溯法，从马克思主义的唯物辩证法，经过黑格尔的唯心辩证法，再到古代朴素辩证法的研究，构成了他关于人类认识史研究过程的"三大阶段"，昭示了他的认识论应该包括认识理论和认识历史两个方面的深刻思想。正如苏联哲学家、《哲学史》五卷本主编之一的奥库洛夫在其《列宁对马克思主义哲学的发展》中所说的那样：列宁所要建立的认识论，是理论建立在批判地考察整个认识史基础上的认识论，是理论和历史相统一的认识论。

列宁把认识史和认识理论统一起来，主张在认识论中应该包括认识理论和认识历史两个方面，这种思想是与黑格尔有关的。在黑格尔那里，认识史和认识理论的统一是他庞大体系赖以建立的基石。黑格尔一生的哲学探讨实际上都是按照这个原则进行的。他孜孜以求的目标就是使自己的逻辑学成为人类认识史上的"金字塔"。为此，他根

---

① 《列宁全集》第38卷，人民出版社1959年版，第394页。

据当时所知道的各门科学史来研究自然哲学；到哲学史中去探求人类认识的辩证发展；在《精神现象学》中考察认识的个体发生史和系统发生史；而最后，试图在《逻辑学》中作出最高的哲学概括。正如他自己所说，没有前人的直到赫拉克利特的每一个论点不被他采纳到他的哲学当中去的。黑格尔的设想是庞大的、天才的，但是由于主客观的原因，又是"流产"了的。列宁的上述思想，实际上就是要从辩证唯物主义的观点出发，彻底改造黑格尔的体系，重做黑格尔在《精神现象学》和《逻辑学》中已经着手但没有完成或没有做好的工作。列宁说："要继承黑格尔……的事业，就应当辩证地研究人类思想、科学和技术的历史。"①这段话就十分清楚地向我们表明了他的上述意向。

列宁把人类认识的理论和人类认识的历史统一起来，这一思想同恩格斯也是一致的。恩格斯在讲到哲学和哲学史的关系时曾经说过这样的话："每一时代的理论思维，从而我们时代的理论思维，都是一种历史的产物，在不同的时代具有非常不同的形式，并因而具有非常不同的内容。因此，关于思维的科学，和其他任何科学一样，是一种历史的科学，关于人的思维的历史发展的科学。"②恩格斯所说的"理论思维的科学"就是哲学，就是关于认识的科学，就是认识论。思维的科学是

---

① 《列宁全集》第38卷，人民出版社1959年版，第154页。
② 《马克思恩格斯选集》第3卷，人民出版社1972年版，第465页。

关于人类思维的历史发展的科学，也就是说，哲学应该研究人类思维的历史发展。在这里，认识的理论和认识的历史是统一的。

这里有一个值得提出来澄清的问题。说哲学是关于思维的科学，并不是说它不以客观存在为对象，并不是否定思维和存在的关系问题是哲学的基本问题，恰恰相反，只有很好地理解了哲学是关于思维的科学，才能更好地理解思维和存在的关系问题，也才能更深刻地理解客观存在的对象。就以存在为研究对象来说吧，各门具体科学，包括自然科学和社会科学，都以存在为自己的研究对象，但是它们各自都是以自然或社会存在的某一领域或某一方面为研究对象的。而哲学则以存在的总体作为自己的研究对象。哲学研究存在的总体，但对存在总体的研究也并不一定就是哲学。如果人们的认识只是停留在对象的表面上，就还不是哲学。只有对存在总体的认识达到本质的程度，上升到理论思维的高度才是哲学。正因为哲学是对存在总体的理论思维，所以，只有把哲学规定为"关于思维的科学"，才算是抓到了它的本质。

存在总体是哲学的对象，哲学研究存在的总体，对此不能作直观的表面理解，不能把对象简单地理解为直接呈现在人们面前的实物形态。如果这样来理解，哲学研究就没有必要和没有可能了。因为在直接性上，无限的存在总体是不能直接呈现在人们面前的。假如它真的存在于人们面前，研究也就可以终止了。这就是说，哲学以存在总体为对象，不是从直接性上而言的。哲学作为自然科学和社会科学的概括和总结，它的对象是以社会科学和自然科学为中介的。而自然科学和社会科学的成果则是概念。所以，哲学所研究的对象总体是通过理论思维对各门具体科学所提供的概念作进一步地概括和抽象而形成的。这就是说，在直接性上来说，哲学研究的是概念，但是在根源性上来说，哲学研究的是客观世界的对象总体。通过概念来研究世界的存在，这是哲学的特点。正是这一特点，决定了哲学既不同于各门具体科学，又能指导各门具体科学。由于哲学以概念为对象，通过概念来反映外部世界，所以它是关于概念、关于思维的科学。

　　自然的和社会的各门具体科学对存在的各个方面的认识，都是在历史过程中形成和发展的。哲学以它们的认识成果为基础来研究存在总体，从而达到对存在总体的认识，因而哲学认识也只能在历史的发展过程中逐步实现。这也就是说，哲学和各门具体科学一样，本质上也是一种历史的科学，是关于人的思维的历史发展的科学。哲学是关于思维的科学，而每一个历史时代中的哲学思维都是历史的产物，随着认识的发展，每一历史时代中被称为哲学的东西也就都归入了哲学史，成了哲学史的内容。与此同时，哲学史中的任何一个阶段都构成着人类思维即哲学的一个组成部分，为哲学所要研究的人类思维发展规律提供着必需的材料，因而哲学史也就是哲学。

　　哲学和哲学史的这种关系，正好说明真理是过程，认识是长河。认识论所要研究的也正是真理的过程、认识的长河。由此我们不难看出，列宁在认识论中包含着认识的理论和认识的历史这两个方面，认识论应该是这两个方面的统--的思想，是多么的合于哲学和哲学史统一的发展规律。

认识在存在中揭露本质[*]

在列宁看来，黑格尔《逻辑学》体系的三个部分（存在论——本质论——概念论）及其关系，反映了人类认识发展的一般规律。他说："概念（认识）在存在中（在直接的现象中）揭露本质（因果律、同一、差别等等）——整个人类认识（全部科学）的真正的一般进程就是如此。"① 列宁改造地吸收黑格尔思想，在自己的认识论中所凝结、所体现的也正是这种一般进程。

一、从生动的直观到抽象的思维，再从抽象的思维到实践

列宁的这一思想是源于黑格尔的。黑格尔在批评康德

---

* 1992 年 3 月讲于国防大学研究生班，后经加工收入《列宁认识论思想通论》（解放军出版社，1992 年 8 月第 1 版）一书。

① 《列宁全集》第 38 卷，人民出版社 1959 年版，第 355 页。

降低理性力量的错误时，表达过这样一种思想：认识总是从感性的直观开始的。但是如果认为直观的现有材料和表象的多样性是和思维的东西以及概念相对立着的实在的东西，那就错了。事实上，感性的直观，总是要上升到抽象思维的。当然，也不能把抽象的思维简单地看成是感性材料的被抛弃，它只是扬弃感性材料并把简单的现象归结为只在概念中显现的本质的东西。列宁对黑格尔的这一思想加以认真的分析，并将其嫁接到唯物主义的基础之上，从而概括出了认识真理、认识客观实在的辩证途径："从生动的直观到抽象的思维，并从抽象的思维到实践"①。

从生动的直观到抽象的思维，并从抽象的思维到实践，这是列宁认识过程的一个基本公式。这个公式，包括了认识发展的三个阶段，即"生动的直观"、"抽象的思维"、"实践"和两次飞跃，即"从生动的直观到抽象的思维"和"从抽象的思维到实践"，其本身构成一个正、反、合的"圆圈"。

"生动的直观"是"正"，是人们在实践中运用感觉器官直接接触事物的阶段。在这个阶段上，人们将客观事物的多种属性、特征或方面通过感官直接地、以生动的形式——感觉、知觉、表象——反映到大脑中来。"感觉"是大脑通过各种感觉器官与客观事物发生联系而直接产生的意识和外部世界的直接联系。这种联系把统一的事物分解为它的各个方面，如视觉反映事物的颜色、形态，听觉

---

① 《列宁全集》第 38 卷，人民出版社 1959 年版，第 181 页。

反映事物的声音，嗅觉反映事物的气味，触觉反映事物的软、硬等等。"知觉"是感觉的集合，它所反映的是事物整体的感觉形象。"表象"是大脑对感觉和知觉的回忆，是曾经作用于感官的那些客观对象的形象在头脑中的再现。在列宁看来，由感觉到知觉再到表象，使人的认识由个别特征达到完整形象，由当前直接的感觉达到印象的保留和事后的回忆，显示出了认识由部分到全体、由直接到间接的发展趋势，因而其本身也构成了一个正、反合的"圆圈"。

生动的直观所反映的是事物的外部联系，因而是认识的低级阶段。这一阶段的任务是为抽象思维提供素材，因而是很重要的。没有感觉性的直观提供有关事物的材料，抽象思维就会成为无源之水、无本之木，就没有加工的对象，因而它是抽象思维的前提和基础。

"抽象的思维"是"反"，是透过直接的现象去研究和思考，使得思想去认识同一、差别、本质对现象的关系，并从而创造出实践的"观念模型"的阶段。要完成这种任务，抽象思维本身就必须经历着一个由抽象理性到辩证理性，再由辩证理性到实践理性的"圆圈"。

抽象思维是生动直观的必然发展。认识的任务在于反映事物的本质和规律，如果认识不进行抽象思维，生动的直观就失去了它存在的意义。既然抽象的思维是通过对生动直观材料的加工形成的关于事物的间接认识，那么这一认识阶段所取得的认识成果正确与否，就首先取决于生动直观所提供的材料是否全面和真实，然后才取决于抽象思维的方法是否正确，是否合于逻辑。人们的感性材料越丰富、越准确，人们越自觉地遵循思维的逻辑规律，越自觉地运用科学的思维方法，所得出的认识的真理性就越大。列宁在讲到科学抽象的作用时说："当思维从具体的东西上升到抽象的东西时……自然规律的抽象，价值的抽象及其他等等，一句话，那一切科学的（正确的、郑重的、不是荒唐的）抽象，都更深刻、更正确、更完全地反映着自然。"① 相反，如果违背逻辑规律和科学思维方法的抽象，就不可能获得正确的认识。

从生动的直观到抽象的思维是认识过程的第一个飞跃。这一飞跃在认识形式上表现为从感觉、知觉、表象等关于事物的生动形象变成关于事物的概念、判断和推理等理论认识，在内容上表现为从反映事物的现象变为把握事物的本质。由于这一认识过程是将客观的物质的东西反映到人脑中来，变成人的思想、理论，所以列宁把它称之为存在的东西转化为观念的东西。

"实践"是"合"，是把已有的观念实现出来并产生新的观念的阶段。在列宁看来，实践作为认识的一个环节，是使观念的东西转化为实在的东西，并从而使观念得到检验的过程。这个过程既是上一认识过程的结束，又是下一过程的开始，把理性认识的成果运用于实践，和实践过程相对的抽象思维过程就结束了。但是同时，在这一实践中，人们又会获得关于客观对象的许多新的信息，积累

---

① 《列宁全集》第 38 卷，人民出版社 1959 年版，第 181 页。

许多新的材料，这是实践过程的必然结果。而这一观察实践获得新的信息和材料的过程，本身又是一个生动直观的过程。人们要对这些新的直观材料进行加工、整理，使之上升为理论以补充和发展原有的认识，这又是一个抽象的思维过程。

按照列宁的一贯思想，生活、实践的观点应该是认识论的首先的和基本的观点，看来同样出现在认识的前两个阶段上。而列宁在这里把它放在第三阶段上，其中渗透着他的这样一种深刻思想：动物的活动是雏形之中的实践，人的目的性活动是高级的实践。

就严格意义上的实践来说，其本身又经历着由"主观的目的"、"外部的手段"到"主体和客体的一致"的过程。就实践的主观目的而言，还可分为"探索的实践"（以获得认识为目的）、"验证的实践"（以检验、修正、完善认识为目的）和"推开的实践"（以实现认识为目的）。从中我们不难看出，实践作为认识过程的最高阶段，其本身又包含着不同的环节，它们又在不同的层次上构成不同的"圆圈"。

从抽象的思维到实践，是认识过程中的第二次飞跃。这次飞跃是把观念的东西转化为实在的东西。把观念的东西转化为实在的东西，既是实现认识，又是检验认识和发展认识，因此它比第一次飞跃更重要。

从生动的直观到抽象的思维，再从抽象的思维到实践，之所以能够成为一个正、反、合的"圆圈"，这是由它们不可分割的内在联系所决定的。列宁提出的认识发展的这样三个阶段是相互区别又相互联系的。它们之间有着一种不可分割的内在同一性。第一，实践是认识的基础，是贯穿全部认识过程始终的，人的认识一刻也不能离开实践，不仅生动的直观是在实践中进行的，而且抽象的思维也离不开实践，一个完全超越实践之外的人不可能有抽象思维能力，一个有抽象思维能力的人一旦脱离开实践，闭目塞听，没有任何实际经验，所提供的感性材料再多，他也难于进行科学的抽象。总之，感性的直观和抽象的思维都是在实践中进行的。第二，生动的直观和抽象的思维在实际过程中是相互渗透的。在人们生动的直观中伴随着抽象的思维，在人们的抽象思维中同样也伴随着生动的直观。纯粹的抽象思维和纯粹的感性直观都是不存在的，按照列宁的话说，两者的差别也不是无条件的，不是过分的。第三，不能因为它们之间的联系而否认差别。它们虽然有联系，但作为认识过程的三个阶段，每个阶段都有自己特定的质。正是由于它们有差别又有联系，所以能够从一个阶段转化为另一个阶段。

二、从抽象理性到辩证理性，再从辩证理性到实践理性

抽象思维有这样正相反对的两种含义：一种是反辩证法的形而上学，一种是与形而上学相对的思维辩证法。

（一）作为形而上学的抽象思维。

黑格尔在"谁在抽象地思维"中所反对的抽象思维

就是这种含义。在这里，黑格尔用许多通俗的事例，对这种抽象思维的本质和表现作了十分深刻的批判。例如他讲到：有位女顾客对卖鸡蛋的老太婆说："喂，老太婆，你卖的蛋是臭的呀！"也许臭蛋是个别的，那么稍作说明并换一个也就可以了。可是老太婆却破口大骂起来：什么？我的蛋是臭的？！你自己才臭哩！你敢这样来说我的货物吗？你？你爸爸吃了虱子，你妈妈跟法国人相好吧？你奶奶死在养老院里了吧？你这样的女人，只配坐牢！最好你还是补补袜子上的洞吧。只因一句话得罪了老太婆，老太婆就毫无根据地骂出了这么多难听的话。对此，黑格尔说，这就是抽象思维。黑格尔还讲到：一个杀人凶手被押往刑场，在普通人看来，他就是杀人凶手，可是在老太太们看来他还是一个漂亮的男子汉。而研究人的专家则在思考他犯罪的家庭及社会原因。由于只知道他是杀人凶手，所以普通人责怪那些说他漂亮的太太们，批评研究人的专家为凶手辩护。杀人凶手被判刑当然是罪有应得，但在他的身上是否只有这一种品质呢？如果只看到这一种品质，并用它去排斥、否定其他的品质，黑格尔说，这就叫抽象思维。

不难看出，上面所说的抽象思维，正是我们所说的形而上学的思想方法。这种思想方法将事物的各种性质割裂开来并孤立地抽取出来，然后再用这种孤立的抽象规定来说明整个具体事物。

（二）作为辩证法的抽象思维。

抽象思维的另一种含义是与形而上学正相反对的辩证

法。这里说的辩证法，不是泛指，而是特指思维的辩证法。列宁说从生动的直观到抽象的思维，并从抽象的思维到实践，这里所说的抽象思维就是这种含义。抽象思维，就它是思维辩证法的含义来说，构成了整个认识过程中的这样一个阶段："研究和思索使得思想去认识同一——差别——根据——本质对现象的关系——因果性等等"①，并从而创造出实践的"观念模型"。其本身又经历着由抽象理性到辩证理性，再由辩证理性到实践理性的过程。

　　什么叫"抽象理性"（有时也叫知性）呢？黑格尔说：只能产生有限规定，并且只能在有限规定中活动的思维，便叫做知性或抽象理性。所谓思维规定的有限性，包含有两层含义：第一，认为思维规定只是主观的，与客观的对象是相对立的。第二，认为思维规定的内容是有限的，因此各规定间彼此对立。这种只能产生有限的规定的知性，对于它的对象既持分离和抽象的态度，又坚持着固定的规定性和各规定性之间的差别，坚持着严格的非此即彼的方式。黑格尔对"知性"的论述是非常抽象晦涩、难于理解的，但他总的意思是说：知性是思维发展的低级阶段，是人们在认识过程中把一个对象的实际上联结在一起的各个环节彼此分开来考察。黑格尔的这一思想，列宁认为是对的。所以他不仅在《哲学笔记》中做了摘录，而且唯物主义地发挥道："如果不把不间断的东西割断，不使活生生的东西简单化，粗糙化，不加以割碎，不使之

―――――――――

① 《列宁全集》第38卷，人民出版社1959年版，第356页。

僵化，那么我们就不能想象、表达、测量、描述运动。思维对运动的描述，总是粗糙化、僵化。"① 列宁认为抽象的理性或知性的特点是"点截性"或"间断性"。也就是说它所达到的是对完整事物的分解的、散在性的认识，是事物整体的一个方面的本质性认识。列宁认为，抽象的理性或知性是研究相对静止和保持事物的相对稳定条件下的理性认识，是从具体的、不断运动着的事物中抽取出一个横断面或一个孤立的片断来加以把握，因而坚持的是分析的方法，是把完整事物的各个方面分解开。

　　抽象理性或知性的定律是同一律。同一律所表述的是一切东西和它自身同一，或甲就是甲。黑格尔称这种思维规律为抽象的同一。但他认为这种抽象的同一是认识发展过程中的一个必须遵守的重要规律，有其权利和优点。因为，这种同一律能使我们的思想具有坚定性和规定性，使我们对每一思想都必须充分准确地把握住，而决不容许有空泛和不确定之处。反之，如果一个人不遵守同一律，其思想必然游移不定，我们须费许多麻烦才能理解他所讨论的是什么问题，并促使自己集中视线，专注于所讨论的特定论点。黑格尔指出，我们只有遵循这种同一规律，认识的过程才能够由一个范畴推进到另一个范畴。对于黑格尔的这一看法，列宁是赞成的，他在做了转述之后说，不应当忘记：这种规律在认识中有自己的领域，在这个领域中它们还是应当有自己的意义的。

---

　　① 《列宁全集》第38卷，人民出版社1959年版，第285页。

　　抽象理性或知性虽然有其必要，但同时又是有缺陷的。黑格尔说：它的缺陷就在于以差别作为自己对立面的呆板的同一，看不到自己这样做时就把同一变成了片面的规定性，而片面的规定性是没有真理可言的。片面的规定性为什么没有真理可言呢？黑格尔解释说：这是因为反映事物的真理是全面的、具体的，任何事物都有许多内容的规定、关系和见解，所以可以提出许多赞同和反对的论据。而这样的论据没有包括事物的全貌，没有穷尽事物，没有把握事物的联系和事物的一切方面。对于黑格尔的上述看法，列宁不仅在《哲学笔记》中作了摘录，而且唯物主义地作了转述。

　　由于上述缺陷，列宁说，抽象理性或知性还须向前进展，只有通过进展，才能把割裂了、僵化了的东西联结起来，才能使之运动起来，以便在思维中再现事物多样性的具体统一。这样，思维便从抽象的理性或知性阶段发展到辩证的理性阶段。

　　"辩证的理性"阶段是对事物本质和内部联系的整体性认识，是对在知性阶段中所获得的关于事物本质和内部联系的各个方面的散在性认识进行整理综合的结果。在辩证的理性阶段，人们运用辩证思维的方法把在知性阶段形成的散在性认识按照事物过程的本来面目联系起来，理清事物各方面的关系，发现事物的内在规律，从而形成对事物本质和内部联系的整体性的客观反映。

　　在列宁看来，辩证的理性由于它是将割碎了的、僵化了的事物的各个方面在思维中统一起来，使其形成一个思想的总体，所以着重坚持的是综合的方法。

思维达到了辩证理性的阶段，对于愚蠢的唯物主义来说已经足够了，因为他们认识世界的目的只在于解释世界。而对于辩证唯物主义来说，认识仅仅能够解释世界还是很不够的，认识的目的全在于应用，在于能够指导实践以改造世界。辩证唯物主义的这种性质，要求人们的认识不能停留在全面解释世界的辩证理性阶段，而必须进一步进展到实践理性。

这里说的"实践理性"，不同于康德的实践理性。康德的实践理性只是同人的道德行为相关。这里所说的实践理性是概念向客观性的转移，是人给自己构成世界的客观图画，是实现这种客观图画的计划、手段以及预想中的结果等等的形成过程。它的特点是人把辩证理性阶段上所获得的关于对象的知识同人的目的、人的利益联系起来，同人改造对象的实践活动联系起来，结果是形成一个实践活动的具体的观念图象。

思维在这一阶段上，首先要依据着上一阶段所得到的成果，加上主观的目的，创造出一个不同于现有客体的"未来客体"、"理想客体"。列宁说，"人的意识不仅反映客观世界，并且创造客观世界"①，讲的就是这种意思。所谓人的意识"反映客观世界"，就是指人在自己的思想中反映对象的客观本性，把握事物发展的客观规律。所谓人的意识"创造客观世界"，就是指要在反映客观世界的

---

① 《列宁全集》第38卷，人民出版社1959年版，第228页。

基础上，在思想中"给自己构成世界的客观图画"，从而形成一个观念的未来客体、理想客体。

列宁的这种看法是符合人类思维发展的一般规律的。全面、本质地反映客观世界，这是辩证唯物主义认识论的一个不可缺少的理论前提。在反映的基础上，在理念中创造出不同于"现有客体"的"应有客体"、"理想客体"，实现对现实大幅度的超前反映，是认识发展的一般规律，是现代科学认识发展的大趋势。在列宁之后，苏联著名学者阿若辛依据列宁的思想，把反映论、信息论的方法引入生理学，明确提出了"超前反映"这个概念，对于理解人的认识的能动性、预见性、创造性，具有重大的哲学意义。

列宁关于由抽象理性到辩证理性，再由辩证理性到实践理性的思想，勾画了人类思维发展的一个"圆圈"。首先，在抽象理性阶段，人们只认识了对象的一些抽象规定，辩证理性阶段走向他的反面，获得了关于对象整体性的具体认识。但是至此，人们还主要是反映了事物自身的本质、自身变化和发展的规律性，这些本质和规律还是作为外在必然性与人对立着的。只有通过实践理性阶段，人们才认识到对象在人的活动中会发生怎样的变化，才算真正掌握了事物的本质，必然性才开始被人利用。因此，实践理性又可说是辩证理性的反面。其次，在理性思维的过程中，人们从表象出发，超出表象，而又回到表象。在知性和辩证理性阶段上，人们所获得的认识并无确定的表象与之一一对应，着重把握的是事物的各种本质规定及其联系和发展。而在实践理性阶段上形成的实践活动的观念模型，必定伴随着确定的对象表象。劳动过程结束时得到的结果，在这个过程开始时就已经在劳动者的表象中存在着，即已经观念地存在着。任何一个设计、任何一张图纸，都是这样一个过程：确定的具体表象（反映性的）——无确定的具体表象——确定的具体表象（创造性的）。实践理性最集中地体现了思维的能动作用，人们认识世界的目的正是为了改造世界。理性思维不仅反映对象，而且必须进一步完成为改造对象的实践服务的任务。抽象理性、辩证理性体现了思维的能动性，但它们主要是体现思维能够反映客体这一能动性。实践理性才集中反映思维的创造本性，只有它才能在观念上创造出自在世界所不曾有过的东西。

（三）　两种抽象思维的本质区别。

作为辩证法的抽象思维和作为形而上学的抽象思维的本质区别是什么？上面的分析在一定程度上回答了这一问题，但是有一个问题是值得澄清的。长期以来，我们都把形而上学的本质归结为孤立、静止、片面地看待问题的方法。这种看法几乎成了许多著作的定论。当然，这确实是形而上学思想方法的重要表现。但是更确切地说，应当看做是人类历史某一阶段上的形而上学的突出特点。恩格斯在讲到这一问题的时候是这样说的："这种考察事物的方法被培根和洛克从自然科学中移到哲学中以后，就造成了最近几个世纪所特有的局限性，即形而上学的思维方式。""这个时代的特征是一个特殊的总观点的形成，这个总观点的中心是自然界绝对不变这样一个见解。"① 在这里，恩格斯明确地把这种思维方式看做是近几个世纪"所特有的"，说它是"一个特殊的总的观点"。

作为反辩证法的思维方式，形而上学意义上的抽象思维在认识史上是一直存在的，它与辩证法意义上的抽象思维是同始同终、共存共亡的。列宁说，辩证法是活生生的、多方面的（方面的数目是永远增加着的）认识。辩证法既如此，那么形而上学的表现形式也必定是多种多样的，随着辩证法的普及与发展，形而上学也必定要改变自己的形式。主张静止不动的形而上学我们都很熟悉了，那么，有没有在承认运动发展、承认矛盾的幌子下的形而上学呢？哲学史和现实生活都告诉我们是有的。早在古希腊，就有把运动绝对化到否定事物的相对静止的形而上学。现实生活中这种把辩证法的某个原则片面地割裂出来，从而把个别夸大到一般的形而上学更不少见。林彪、"四人帮"搞社会主义的穷过渡，近年来搞资产阶级自由化的人否定社会主义，从哲学的思维方式上说，都属于夸大事物的运动性而否认它的相对静止的形而上学。因此，我们今天不能再把恩格斯对 17、18 世纪形而上学思维方式的概括作为辩证法和形而上学两种思维抽象的实质和唯一的斗争焦点了。列宁说，生活、实践的观点是认识论的首先的和基本的观点。我们应该透过历史上和现实生活中形而上学的各种表现，追究它们的共同本质，以便有效地

---

① 《马克思恩格斯全集》第 20 卷，人民出版社 1971 年版，第 24、364 页。

警惕和识别各种形式的形而上学。

历史和现实生活都告诉我们，形而上学思维方法的本质特性就在于："整个这种认识是主观的，即偶然的，因为由于偶然的原因，它时而采用这个规则，时而采用那个规则，按照它认为哪一个规则适合于这一客体而定，根本不问这些规定本身的真理"①。所以，形而上学既可能表现为夸大静止抹煞运动，也可能表现为只承认运动而抹煞静止；既可能表现为肯定量变否认质变，也可能表现为只讲质变而否认量变；既可能表现为只讲同一不讲斗争，也可能表现为只讲斗争否认同一；既可能表现为只强调辩证法的保守性而否认辩证法的革命性、战斗性，也可能表现为强调辩证法的革命性、战斗性，而否定辩证法的保守性。如果我们把形而上学的某一种表现形式看做为它的本质，并用一种形式代替或否定其他形式，那我们自己就会陷入形而上学。

三、从相离线到相合线,再从相合线到相离线

就一个具体的认识过程来说，从生动的直观到抽象的思维，再由抽象的思维到实践，就算是完成了。然而对于过程的推移来说，人们的认识运动还没有完成。基于这种看法，列宁对黑格尔的如下思想发生了极大兴趣：认识的

---

① 黑格尔：《逻辑学》，转引自《列宁全集》第38卷，人民出版社1959年版，第199页。

理念经过理论活动和实践活动，概念达到了主观与客观的统一，也就达到了自由。概念是自由的，因而它要安定下来使自己处于静止之中。但由于它是自由的，所以自信心太强，以为自己什么都可以办到，因而又安定不下来。这样，就永远产生又永远克服主体与客体、有限与无限、灵魂与肉体的矛盾。

列宁认为，这是黑格尔对认识在主客体矛盾的产生及克服过程中不断前进的一种描述，是对认识的辩证推移运动的一种描写，所以他不仅作了摘录、转述，而且在唯物主义的基础上作了发挥："人永远产生（思想和客体的这个矛盾）和永远克服这个矛盾"，所以，"认识是思维对客体的永远的、没有止境的接近。自然界在人的思想中的反映，应当了解为不是'僵死的'，不是'抽象的'，不是没有运动的，不是没有矛盾的，而是处在运动的永恒过程中，处在矛盾的产生和解决的永恒过程中的"。①

对于列宁的上述思想，如果我们认真地加以思索就不难看出，列宁在这里实际上是深刻地揭示了人类认识发展的总规律。所谓在认识中永远产生和永远克服思想和客体的矛盾，所谓处在矛盾的产生和解决的永恒过程中，包含着两个方面的含义：

第一，从认识扩展的角度上来说，人在某一具体实践中只能暴露出事物的无限多的方面中的一面，并经过认识活动使思想和事物的这一方面相符合。人们用这种认识去

---

① 《列宁全集》第38卷，人民出版社1959年版，第208页。

指导新的实践，就会在这种实践中暴露出客体的新的更多的方面，从而产生出原有思想不合于对象实际的矛盾。当着人们在认识活动中解决了这种矛盾，思想就和对象的更多方面相符合。但由于事物的方面是无限多的，所以这种矛盾的产生和解决也是永无止境的。然而每一次新的矛盾的产生和解决，又都将人的思想推进到一个更广的领域。

第二，从认识深化的角度来看，人在某一具体的实践中只能暴露出对象的某一层次上的本质，并经过认识活动使思想和这种本质相符合。人们用这种把握了对象一定本质的思想为指导去进行新的实践，不可避免地会暴露出有待于进一步去认识的对象的更深的本质，从而产生出思想不合于实践发展的矛盾。当着人们经过认识活动克服了这种矛盾，就使思想同事物的更深层次的本质相符合。然而，由于事物的本质在层次上是无限的，所以思想和对象之间的矛盾的产生和解决，也必然是一个从不甚深刻到更加深刻的无限过程。

在列宁看来，思想和客体的矛盾不断产生和不断克服的这两个方面的区分是相对的。他引黑格尔的话说："扩展也要求深化（'进入自身'），'而且更大的扩展同样也是更高度的紧凑"。"因此，最丰富的是最具体的和最主观的。那种使自己回复到最单纯的深处的东西是最强有力的和最优越的。"[①]

上述分析向我们表明，在列宁看来，人类认识发展的

---

① 《列宁全集》第38卷，人民出版社1959年版，第250页。

总规律，即思想和对象之间的矛盾不断产生和不断克服的过程就是：在认识和实践的交互作用中，思想把握客体总是从一个方面到更多的方面，从不甚深刻的本质到更加深刻的本质；当着思想把握了对象的更多方面时，认识也就达到了对象的更深本质，反之亦然，当认识进展到更深的本质时，思想也就把握住了对象的更多方面。

不可否认，马克思、恩格斯对于认识的反映本性，对于认识的发展性质，都作过很多深刻的论述。但是像列宁从反映论和辩证法的结合上对认识过程作出这样的概括，不能不说是对马克思主义认识过程思想的一个重要贡献。

在列宁看来，正确的认识是主体和客体的相合，错误的认识是主体和客体的相离，人的认识总是从相离到相合，再由相合到相离。他说，"认识向客体的运动从来只能是辩证地进行的：为了更准确地前进而后退……。相合线和相离线：彼此相接触的圆圈。交错点 = 人的和人类历史的实践。"[①] 在这里，列宁揭示了圆圈式运动的内容和根源，它表明认识和客体并不是两条平行线，相反，认识是以运动客体为中轴而上下波动的曲线，认识在这种波浪式的运动中必然形成许多由半圆构成的圆圈，认识和客体的交错点就是真理，就是认识"同实在事物的无限多的方面中的一面相符合"，这种符合的"标准（=实践）"。列宁还说，"这些交错点是矛盾的统一，就是说，在运动（=技术、历史等等）的一定环节上，存在和非存在这两

---

① 《列宁全集》第38卷，人民出版社1959年版，第310页。

个消逝着的环节在一刹那间相符合。"① 列宁的意思是说，真理，即主客观的交错点，亦即相符合，是认识同客体的动态符合，是一刹那间的符合，符合后马上又分离。概念的稳定性和抽象性同事物变动性和具体性的矛盾，使得真理性的认识只能是跳跃式的前进的。

四、从分析到综合，再从综合到分析

在人类认识的过程中，呈现在人们面前的总是一个具体复杂的客观事物，它既是一个整体，同时又具有一定的结构，包含着不同的部分和方面。因此，如果不对之加以分析，不将它的各个部分、各个方面进行分门别类地研究，那么，客观事物就仅仅是一种混沌的未理解的东西。但是，人们在认识客观事物的时候，如果仅仅停留于对事物的各个组成部分、各个方面进行分门别类的研究，满足于反映事物的一个侧面、一种规定，而不进行综合，不进一步探索各个规定之间的联系，不形成一个概念和逻辑的系统，把客观事物作为一个整体在思维中再现出来，那么，作为一个整体的客观事物，在人们的头脑中就会处于一种被肢解的残缺不全的状态。正是基于这种看法，列宁说，要获得对事物的全面认识，要把握事物的发展规律，就必须运用分析和综合的方法，做到分析和综合的结合。

分析的开端是分解现存的具体的现象——赋予现象的

---

① 《列宁全集》第38卷，人民出版社1959年版，第310页。

各个方面以抽象的形式。在列宁看来，面对着认识对象，人们首先要把不间断的东西割断。不使活生生的东西简单化、粗糙化，不加以割碎，不使之僵化，那么我们就不能想象、表达、测量、描述对象。因而只有把对象分解开，才能对事物取得进一步的深刻理解。然而分析的目的不在于把存在的具体现象分解开，而在于透过直接的东西深入到里面去，认定在这个存在的背后还隐藏着某种同存在本身不一样的东西，认定这个隐藏在背后的东西构成存在的真理。基于这种认识，列宁说，分析在分解的基础上，还必须进一步考察"现象世界和自在世界"的关系。自在世界即本质，是由现象掩盖着的，也是通过现象表现出来的。因而只有使分析不离开现象，又不停留在现象上，才能把握住现象的真理即"本质的关系"。列宁还认为，在事物内部的矛盾统一体中，各个方面的本质又占有其特殊的地位，各方面的本质之间存在着根本性和非根本性的区别。为要找出事物的根本性质，分析的认识就还要进一步考察"本质之间的关系"，从而寻找出起决定作用的主要矛盾。

分析固然是认识的一个重要方法，但是，如果只有分析而没有综合，就不能对事物有一完整的认识。列宁引黑格尔的话说，例如化学家用一块肉做实验，发现了氮、碳等等，但这些抽象的物质已经不再是肉了。因而，他在阐述了分析方法的基础上又进而探讨了综合的方法。

列宁说：综合就是把分析得到的对象的各个部分在思维中总和、总计起来。这里说的"总和、总计"，不是将分析得到的各个抽象规定简单、任意地凑合起来，而是从事物的主要矛盾出发，逐步综合由主要矛盾所规定的其它矛盾，从而进一步达到对复杂矛盾总体的认识，即达到对事物多样性及其统一性的认识。

在列宁看来，综合认识的这种性质决定了它是与分析沿着完全相反的道路前进的。首先，综合将分析的结果连结起来，研究对象的本质自身中的矛盾、研究根本的和非根本的"本质的相互作用"，以弄清根本性质是怎样制约非根本性质的；在根本性质制约下，各个非根本性质之间是怎样相互联系的；以及根本性质和非根本性质在一定条件下是怎样相互转化的，从而把握住"事物中的内在矛盾"。其次，还要进一步综合"本质的东西和非本质的东西"，以弄清事物的本质是如何规定着事物的现象，如何在复杂丰富的现象中展示自身，以及事物的现象是如何表现本质的。综合方法把本质贯穿到现象的全部运动中，表明着事物的内部联系是如何形成整体的，所以它能够把握"事物是对立面的总和与统一"。再次，综合的认识还必须进而考察"这个事物对其他事物的多种多样的关系的全部总和"。不如此，就不能把握真理，因为真理只是在它们的总和中以及在它们的关系中才能存在。综合的认识经历了上述各环节，所得的结果就不是各个方面的抽象规定，而是反映事物全体的内在的一般规律。

由分析到综合，当着人们的某种认识从特殊上升到一般以后，就以这种对事物本质的一般认识为指导，继续地研究尚未研究过的或者尚未深入地研究过的各种具体事物，找出其特殊的本质，以补充、丰富和发展这种本质的一般认识，而这就又需要进行分析。整个人类的认识过程，从方法的角度上讲，就是一个由分析到综合，再由综合到分析的过程。

当然，由分析到综合，再由综合到分析的转化过程不是机械的、僵死的。正如列宁所说，分析和综合只有综合而用，它们才是科学的、正确的。正确的综合，必须了解现实统一体中存在哪些特殊的规定性以及最根本的性质。而要了解这些，就必须依赖于对客观事物的周密分析。同样，分析也离不开综合，任何统一体中矛盾的各个方面都是相互联系、相互依赖着的，要对客观事物有一全面正确的认识，就必须懂得统一体内部各个方面是怎样统一着的。分析和综合的结合而用并不是简单地交替着，而是这样：它们二者以被扬弃的形式包含在哲学方法中，而哲学方法在自己的运动中，同时都既起分析作用，又起综合作用。

在列宁看来，分析之中有综合，综合之中有分析，任何分析总是要从某种整体出发，总是要以对客观整体性的认识为指导，因而，分析是综合指导下的分析。任何综合总是在分析的基础上进行的，总是在思维中将对象的多样性综合为一个整体，因而，综合总是分析基础上的综合。在列宁看来，分析与综合还是一定条件下相互转化着的。当分析进行到充分成熟的时候，分析的方法就转化为综合的方法；随着认识深化的需要，综合又被分解，新的分析重新开始，实现着分析综合的转化。同时，人们对客观对象某一层次的认识，对于上一层次来说是一种分析的认识，对于下一层次的认识说来，则是一种综合的认识，分析与综合对不同层次的认识来说，也是相互转化着的。

对于列宁所说的分析与综合的结合就是"各个部分的分解和所有这些部分的总和、总计"①，一些同志存有一种误解，似乎这就是说，分析是把某一个整体机械地区分为若干部分，而综合则是把各个部分凑合成一个整体。通过上述分析我们不难看出，所谓"各个部分的分解"，就是人的思维逐步地从个别的具体事物中分析出一般的本质属性，它是一种从具体到抽象的飞跃。而"所有这些部分的总和、总计"，就是在人的思维中将分析得来的各个方面的本质认识综合为一个整体，它是从抽象到具体的再一次飞跃。通过两次飞跃所达到的具体，已不是最初的感性具体，而是与抽象相统一的思维具体。因此，分析与综合的结合，也就是抽象与具体、个别与一般的统一、渗透和转化。

---

① 《列宁全集》第38卷，人民出版社1959年版，第239页。

辩证法就是马克思主义认识论[*]

　　马克思以前的唯物主义认识论尽管包含相当多的合理成分，但从总体上说都是非科学的。之所以如此，一个重要原因就在于不懂得辩证法，不能够把辩证法应用于反映论，应用于认识的过程和发展。马克思、恩格斯克服了旧唯物主义认识论的这种缺陷，从而也就有效地解决了科学认识运动的逻辑。他们的一贯说法是，认识论包含着辩证法，辩证法具有认识论的功能。第二国际的机会主义者们否认两者间的这种关系，硬说马克思主义只有辩证法而没有认识论，因而主张用马赫等人的唯心主义认识论来加以"修改"、"充实"。面对着这种情况，列宁经过大量的理论研究工作，明确地提出并深刻地阐发了"辩证法也就是（黑格尔和）马克思主义的认识论"。①

　　* 1990年3月讲于国防大学研究生班，经加工发表于《国防大学学报》1990年第3期。

　　① 《列宁全集》第38卷，人民出版社1959年版，第410页。

一、认识论:《谈谈辩证法问题》的思想主题

《谈谈辩证法问题》是列宁 1915 年写的带有对他的辩证法研究总结性质的一篇短文。在这篇短文中,从始至终贯穿着对认识论问题的深刻分析。

文章一开头,列宁就提出了辩证法实质的两个方面:"统一物之分为两个部分以及对它的矛盾着的部分的认识……是辩证法的实质。"① 从理论结构上来说,"统一物之分为两个部分……是辩证法的实质",是辩证法内容的主要之点。从理论功能上来说,对"矛盾着的部分的认识……是辩证法的实质"。前者即是人们常说的对立统一是辩证法的核心,后者则是人们常说的辩证法就是马克思主义认识论。它们作为辩证法实质的两个方面,构成了列宁思想的辐射中心。这个辐射中心向我们表明:《谈谈辩证法问题》的宗旨在于,以对立面的统一为核心,来全面展开辩证法的理论内容;而在这种展开过程中,必须体现出辩证法就是马克思主义认识论的实质。

列宁接下去的展开过程,进一步向我们表明了这一点。他首先分析了对立统一规律在认识过程中的作用,批评普列汉诺夫没有把它看做是"认识的规律(以及客观世界的规律)",② 然后指出人类认识的任何一个命题都是

----

① 《列宁全集》第 38 卷,人民出版社 1959 年版,第 407 页。
② 《列宁全集》第 38 卷,人民出版社 1959 年版,第 407 页。

一般和个别、现象和本质、偶然和必然的对立统一，辩证法是人类认识所固有的，人们的认识中存在着不以人们的意志为转移的辩证规律。再往后，列宁不仅提出了辩证法也就是马克思主义认识论的重要结论，而且总结了人类认识史，用人类认识的"圆圈"式发展对之作了论证。最后，他把自己的阐述落脚到对唯心主义认识论根源的分析上，指出人的认识不是直线，而是无限地近似于螺旋的曲线，批评唯心主义之所以成为唯心主义，就在于它把曲线片面地变成了直线。《谈谈辩证法问题》的上述内在逻辑向我们表明，列宁是以辩证法就是马克思主义认识论为其思想主题的。

要深刻理解辩证法就是马克思主义认识论的这一思想主题，我们不能停留在对《谈谈辩证法问题》内在逻辑的一般把握上，而要深入到它的内容本身。

列宁在文章的一开头就提出了对立统一是辩证法实质的论断。但是，他的这一论断是和"对矛盾着的部分的认识"紧密联系着的。在这里，列宁是从对客观对象的矛盾着的部分的认识方面来强调统一物之分为两个部分的，也就是说，他是从现实本身的活生生的、实在矛盾在人的意识中的反映这一方面来研究对立统一这个辩证法的核心的。普列汉诺夫对于这一方面没有予以足够的注意，所以对立统一在他那里不是当做认识的规律，而是当做实例的总和。从这里我们不难看出，被列宁提到第一位的，不是客观的矛盾本身，而是对它们的认识。上述思想的正确性如何呢？列宁说，这要由科学史来检验，于是他列举了数学、力学、物理学、化学以及社会科学中都包含有矛盾的事实，然后从这些事实中得出结论说：既然"自然界（精神和社会都在内）的一切现象和过程都具有矛盾着的、相互排斥的、对立的倾向"，那么，"要认识世界上一切过程的'自己运动'、自生的发展和蓬勃的生活"，就必须"把这些过程当做对立面的统一来认识"。①

接下去，列宁提出了两种发展观："认为发展是减少和增加，是重复；以及认为发展是对立面的统一"。② 这里的"认为"二字，显然是从人们对发展的认识的角度上来说的。至于说形而上学把事物发展的源泉"移到外部——移到神、主体等等那里去了"，因而是"死板的、贫乏的、枯竭的"，而辩证法则把注意力"放在认识'自己'运动的源泉上"，因而"是活生生的"、是理解辩证法其他规律和范畴的"钥匙"，则显然更是从认识的角度来谈论问题的。

为了深刻地理解辩证法就是马克思主义的认识论，列宁还深入到矛盾内部，具体考察了同一性和斗争性的关系。从而在人类认识史上第一次提出了"对立面的统一是有条件的、暂时的、易逝的、相对的。相互排斥的对立面的斗争则是绝对的"著名论断。值得指出的是，列宁在对比了同一性和斗争性的关系之后，立即作了一个不可忽视的必要补充："对于客观的辩证法说来，相对中有绝

---

① 《列宁全集》第38卷，人民出版社1959年版，第408页。

② 《列宁全集》第38卷，人民出版社1959年版，第408页。

对。对于主观主义和诡辩说来，相对只是相对的，是排斥绝对的"。① 这样，他就从认识论的高度划清了辩证法与主观主义诡辩的根本界限，从而在如何把握的方法上，进一步阐述了辩证法就是马克思主义的认识论。上述内容虽然贯穿了辩证法就是马克思主义认识论的思想，但主要还是就辩证法实质的前一个方面来阐述问题的。列宁从理论结构的角度阐述了对立统一是辩证法的主要内容之后，就转而从理论功能的角度，着重阐述了辩证法实质的第二个方面，即辩证法也就是马克思主义的认识论。

列宁的阐述是从《资本论》的逻辑开始的。早在写《谈谈辩证法问题》以前，列宁就对《资本论》的逻辑进行了解剖，分析了它的细胞、骨架及生长机制。在这里，列宁则着重概括了它逻辑方法的两个基本特征：从最简单、最普通、最基本、最平凡、碰到过亿万次的存在出发；经过一系列的矛盾分析，抓住对象的本质，然后再返过头来，沿着从抽象到具体的道路加以叙述。列宁的这种概括抓住了《资本论》逻辑的主导线索，从辩证法是认识的根本方法之角度，深刻揭示了辩证法也就是马克思主义认识论的实质。

在列宁看来，马克思对资本主义分析的方法是具有普遍指导意义的，于是他接下去借助于《资本论》的逻辑，分析了人的思维和语言细胞。通过树叶是绿的，伊万是人，哈巴狗是狗这样三个极其简单的命题，揭示了个别与

---

① 《列宁全集》第38卷，人民出版社1959年版，第408页。

一般的辩证法："个别一定与一般相连而存在。一般只能在个别中存在，只能通过个别而存在。任何个别（不论怎样）都是一般。任何一般都是个别的（一部分，或一方面，或本质）。任何一般只是大致地包括一切个别事物。任何个别都不能完全地包括在一般之中等等。任何个别经过千万次的转化而与另一类的个别（事物、现象、过程）相联系。"①

在这里，列宁不仅深刻地揭示了人类认识命题中个别与一般相互联系、相互区别、并在一定条件下相互转化的辩证法，而且发现了辩证法一系列其他规律和范畴的因素、萌芽，强调"在这里已经有自然界的必然性、客观联系等等的因素、萌芽、概念了。这里已经有偶然和必然、现象和本质，因为当我们说伊万是人，哈巴狗是狗，这是树叶等等时，我们就把许多特征作为偶然的东西抛掉，把本质和现象分开，并把二者对立起来"② 了。

通过对这样几个简单命题的分析，列宁得出了"辩证法是人类的全部认识所固有的"重要结论。这样，他就从人类的全部认识都是按辩证法的规律发展的角度，深刻地揭示了辩证法就是马克思主义认识论的实质。

人类认识之所以是按照辩证法的规律发展的，在列宁看来，归根到底是因为认识所反映的客观世界本身是辩证地发展的。所以他接下去说：客观自然界也具有同样的性

---

① 《列宁全集》第38卷，人民出版社1959年版，第409页。
② 《列宁全集》第38卷，人民出版社1959年版，第410页。

质。这样，列宁也就从认识所反映的客观对象的角度，更加深刻地揭示了辩证法也就是马克思主义的认识论。

列宁的上述分析告诉我们，辩证法就是马克思主义的认识论，这不仅是指必须把辩证法运用于认识论，而且是指辩证法的认识论性质。在列宁看来，辩证法理论的客观普遍意义并不与它认识论性质相悖，离开了认识，辩证法作为一种学说，就产生不出来，即便是产生出来，也没有它存在的必要。

列宁得出了辩证法也就是马克思主义认识论的结论之后为了强调这个问题的分量，又进一步指出，"这不是问题的一个'方面'，而是问题的本质"①。这里所译的"本质"，实际上是和文章开头一样的"实质"，它们在俄文中都是同一个词。

本来，列宁的写作到这里就可以告一段落了，但既然涉及到辩证法的实质，所以他又感到不能就此停笔，于是接下来，就以人类认识曲折发展的历史作了进一步的论证。

列宁首先指出了无论是黑格尔还是黑格尔主义的敌人——德国的物理学家保尔·福尔克曼，都把人类认识比作"一串圆圈"，然后紧接着就具体地划出了哲学史上的四个"圆圈"：

古代：从德谟克利特到柏拉图以及赫拉克利特的辩证法。

---

① 《列宁全集》第38卷，人民出版社1959年版，第410页。

文艺复兴时代：笛卡儿对伽桑狄（斯宾诺莎）。

近代：霍尔巴赫——黑格尔（经过贝克莱、休谟、康德）。

黑格尔——费尔巴哈——马克思。

我们知道，德谟克利特是朴素的唯物论者；柏拉图是唯心论者；赫拉克利特不仅是朴素的唯物主义者，而且有丰富的辩证法思想。从朴素的唯物论经过唯心论，再到具有丰富辩证法思想的唯物论，这是第一个"圆圈"。

笛卡儿是唯心论的唯理论者；伽桑狄是经验论者；斯宾诺莎是唯物论的唯理论者。从唯心论的唯理论，经过经验论，再到唯物论的唯理论，这是第二个"圆圈"。

霍尔巴赫是形而上学的可知论者；贝克莱、休谟、康德是不可知论者；黑格尔是辩证的可知论者。由形而上学的可知论，经过不可知论，再到辩证的可知论，这是第三个"圆圈"。

黑格尔是唯心主义的辩证法家；费尔巴哈是唯物论的形而上学者；马克思是唯物主义的辩证法家。由唯心辩证法，经过唯物论的形而上学，再到唯物辩证法，这是第四个"圆圈"。

列宁勾画的这样几个圆圈向我们表明，他是把整个哲学史看成一个"大圆圈"的。在这个大圆圈中，上面所说的每一种思想的发展，都成为整个人类认识发展的"大圆圈上的圆圈"。而每一个圆圈又都不断地分裂为新的更小圆圈，构成"圆圈的圆圈"，众多的小圆圈使各种对立的思想原则彼此交错、相互推移，造成不同的思想阶梯，从而显示出人类活生生的、多方面的、认识步步升高的趋势。

经过这样的分析，列宁得出了一个极其重要的结论："辩证法是活生生的、多方面的（方面的数目永远增加着的）认识，其中包含着无数的各式各样观察现实、接近现实的成分"。① 无须多说，这显然是从辩证法的功能方面来揭示它的认识论实质的。

接下去，列宁又对唯心主义的认识论根源作了分析。唯心主义何以成为唯心主义？在列宁看来，这是因为，它把无限复杂的（辩证的）认识的一个成分片面地、夸大地、发展（膨胀，扩大）为脱离了物质、脱离了自然的、神化了的绝对。列宁的这个分析告诉我们：不懂得辩证法就不能不陷入唯心论；而要不陷入唯心论，就必须坚持辩证法。在这里，我们不难看出，列宁是从另一个角度，再一次地强调了辩证法也就是马克思主义认识论的实质。

二、辩证法：思维反映世界永恒发展的理论

对于列宁所说的辩证法也就是马克思主义认识论，人们通常都是从认识论必须包括辩证法的意义上去理解的。这种理解当然也是对的。必须把辩证法运用于反映论，必须从辩证法的角度去理解认识学说的内容和实质，这是没有问题的。但是单有这一方面还是不够的，还必须从认识

---

① 《列宁全集》第38卷，人民出版社1959年版，第411页。

论的角度理解辩证法的性质。

要理解这一点，就需要对辩证法有个正确的理解。什么叫辩证法？列宁说："辩证法是一种学说，它研究对立面怎样才能够同一，是怎样（怎样成为）同一的——在什么条件下它们是同一的、是相互转化的"。① 这里的深刻寓意在于：辩证法是思维反映对象本身的矛盾的理论。对于这一点，列宁在另一段话中讲得更为明确："就本来的意义说，辩证法就是研究对象的本质自身中的矛盾"。"辩证法特别是研究自在之物、本质、基质、实体跟现象、'为他存在'之间的对立的。（在这里我们也看到相互转化、往返流动：本质在表现出来；现象是本质的。）人的思想由现象到本质，由所谓初级的本质到二级的本质，这样不断地加深下去，以至于无穷。"②

列宁在《哲学笔记》中摘录了黑格尔的这样一段话："从来造成困难的总是思维，因为思维把一个对象的实际上联结在一起的各个环节彼此分隔开来考察。"③ 认为它道出了问题的症结所在。事实上也是如此，所谓辩证的与不辩证的问题，主要是同思维的反映活动联系在一起的。

就外部世界来说，客观辩证法支配着整个自然界，一切事物毫无例外地都处于运动的过程中，而且只能在运动过程中存在。如果我们承认没有不运动或没有不是处于运

---

① 《列宁全集》第38卷，人民出版社1959年版，第111页。
② 《列宁全集》第38卷，人民出版社1959年版，第278页。
③ 《列宁全集》第38卷，人民出版社1959年版，第285页。

动过程中的事物，那就应当说，在自然界中，无论事物怎样存在或者处于怎样一种状态，都是合乎辩证法的。在这里，没有辩证的和不辩证的区别，只有事物在运动过程中的本质和现象、必然趋势与偶然因素等表现形式上的区别。

　　只有当我们运用思维去再现事物的运动过程时，才会出现辩证法与形而上学的区别。因为思维对事物的反映，属于人所特有的能动的活动。事物只有经过改造即观念化以后，才能够移植到人的头脑中来。事物总是生动的和具体的，而概念则属于干枯的一般性。人们运用概念的形式去表达事物，正如列宁所指出的，"如果不把不间断的东西割断，不使活生生的东西简单化、粗糙化，不加以割碎，不使之僵化，那么我们就不能想象、表达、测量、描述运动。思维对运动的描述，总是粗糙化、僵化"。① 人们不能不用概念去反映事物，抽象的概念是全面反映事物运动的认识发展中的一个必经阶段。但是，认识如果停止于抽象概念的阶段，把概念具有的隔离性、僵化性绝对化起来，那么，我们的认识就会通过僵化的概念失去运动的性质而脱离现实事物，这就是形而上学。

　　当然，人的思维也是由辩证的发展规律支配着的。就思维的自然过程来说，不论遇到何种阻力，辩证规律终究会给自己开拓出前进的道路来。在这一点上，是与客观辩证法相同的。但由于思维是一种能动的反映活动，它既然

---

① 《列宁全集》第 38 卷，人民出版社 1959 年版，第 285 页。

可以在反映活动中通过概念把事物变成僵死的存在，从而使认识脱离开客观事物，那么，也只有通过它自身同样的能动活动克服形而上学之后，才能使认识回到辩证运动的轨道上来，从而实现主观与客观的统一。在这一点上，思维便与客观辩证法不同了。这就是恩格斯所指出过的，"在自然界中这些规律是不自觉地、以外部必然性的形式、在无穷无尽的表面的偶然性中为自己开辟道路的"，而人的头脑则可以自觉地应用这些规律，这样，"概念的辩证法本身就变成只是现实世界的辩证运动的自觉的反映"。①

　　思维是从事物本质的层级上反映事物的运动的，要透过现象抓住本质，就必须运用概念。认识与实际的不一致，不在于概念具有隔离性和僵化性，问题主要在于人们在思维的抽象中把概念的隔离性和僵化性绝对化了。形而上学对事物的歪曲反映，就是由这种绝对化而造成的。因此，克服形而上学，并不是要抛弃概念，回到直观的现象中去。而是如同列宁所说的，要正确地运用它们，不把它们当做僵死的、凝固的，而应该当做活生生的、有条件的、活动的、相互转化的东西来看待。

　　抽象的反映形式，它不可能像事物那样在生动具体的现象中以流变的方式去运动。概念既然舍去了现象，并把处于运动过程中的事物隔离开来，那么，要它再现运动，就必须在对立的概念之间建立起联系，从联系引申出转

---

① 《马克思恩格斯选集》第4卷，人民出版社1972年版，第239页。

化，通过转化使对立的概念达到同一。概念由于自身的矛盾本性而与对立概念达到同一，这就是概念从本质的层级上对事物运动作抽象反映的特殊运动形式。

列宁的这一思想是对哲学史的概括和总结。辩证法的发展史表明，单纯依靠经验去描述运动，既不能驳倒形而上学，也不能真正掌握辩证法。古代早期的思想家们试图把运动加以对象化，竭力去寻找人们可以直观到的、最富于变化性的事物作为万物的本原。他们的思想天然地是辩证法的。赫拉克利特对这些变化的经验事实作了初步归纳：火产生万物，万物还归于火。这种总结在古代条件下达到了很高的水平，是思想史上的一项重要成就。但虽然如此，从思维的高度来说，他们并不真正理解运动。他们不知道如何运用概念的逻辑去表达运动。在思维方法上，他们一方面肯定了变化的经验事实，另一方面却又把这些事实看做不过是本原物的变形。真正存在的只有水或火，这里就表现了思维与经验的矛盾。按照他们的思维方式，如果只有本原物是真实存在的，其余的一切仅仅是它的变形，那么，事物在本质上就没有发生变化，所以存在也就只能是个"一"。爱利亚学派的"存在是一"的观点，正是这种思维方式的必然结果。自发辩证法陷入的困境，说明仅凭经验把辩证运动的观念贯注到思维中去是行不通的。辩证的思维不能依靠自发性去达到，于是，在近代便出现了寻求辩证法其他途径的尝试。这就是黑格尔所走的道路：从总结人类思想史的成果中去分析概念的矛盾本性，探索辩证思维的规律。黑格尔突破思维的传统观点，在思想史上第一次建立起了庞大的概念辩证法的理论体系，从而使向来被视为僵化的概念活动了起来。对于黑格尔的这种做法，列宁给了极高的评价："机智而且聪明！对通常看起来似乎是僵死的概念，黑格尔作了分析并指出：它们之中有着运动。有限的？——就是说，向终极运动着的！某物？——就是说，不是他物。一般存在？——就是说，是这样的非规定性，以致存在＝非存在。概念的全面的、普遍的灵活性，达到了对立面同一的灵活性，——这就是问题的实质所在。"列宁抓住这个实质，将它放在主观性和客观性的范畴中来加以考察，从而进一步提出："这种灵活性，如果加以主观的应用＝折衷主义与诡辩。客观地应用的灵活性，即反映物质过程的全面性及其统一的灵活性，就是辩证法，就是世界的永恒发展的正确反映。"①

　　说辩证法是思维反映存在的理论，这同恩格斯辩证法是关于"普遍规律"的科学的看法不是矛盾的吗？其实，这个矛盾是不存在的。作为哲学对象的普遍规律的涵义，可以从两个方面去理解。一个方面，相对于各门具体科学的规律而言，哲学规律是普遍地适用于一切科学领域的；因而叫普遍规律。与此相反，各门科学的规律对于哲学来说就是特殊规律，在这个意义上，哲学研究的普遍规律就意味着最普遍的规律，而普遍也就是最高共性的意思。另一个方面，相对于外部世界和思维这两个运动系列的关系

---

① 《列宁全集》第38卷，人民出版社1959年版，第112页。

而言，哲学研究的是支配这两个系列的运动的统一规律，即思维的运动与存在的运动共同遵循的规律，这两种理解都是对的。但是，对于哲学来说，第二种涵义是基本的。必须把第一方面归结到第二方面，即从第二方面去理解第一方面的涵义，才能把握哲学及其研究的普遍规律的实质和特点。如果抛开第二个方面，仅仅限于从它同各门具体科学的特殊规律的角度去理解，那就有可能曲解哲学，因为各门科学的规律也是有普遍性的。凡是规律都具有普遍性。如果说哲学规律与科学规律仅在普遍性的大小上不同，那么，这里就只有量的区别，很难说明哲学与实证科学在理论性质上的不同了。哲学规律与各种具体科学规律的普遍性当然不同，但这种不同不单在普遍性的大小上，同时还具有质的不同。这种质的不同就在于，哲学是从主客观的关系上去研究存在的规律和思维的规律。哲学的普遍规律，就是思维的运动与存在的运动相互关系的规律，也就是把思维的运动与外部世界的运动统一起来、使二者达到一致的规律。而这种规律，实际上也就是思维正确反映存在的规律，即认识的规律。事实上，只有贯穿于思维和存在这两个运动系列的那种普遍规律，才能够成为认识的规律；同样地，也只有认识的规律，才能够是哲学上所说的真正的普遍规律。

坚持哲学的党性原则
划清两条根本对立的哲学路线*

《唯物主义和经验批判主义》（以下简称《唯批》），是列宁一生中最重要的哲学著作之一。这部著作明确地提出了哲学的党性原则，透彻地阐明了两条根本对立的哲学路线，科学地解决了认识的反映本性，从而有力地捍卫并发展了马克思主义政党的理论基础，在马克思主义哲学史上占有非常突出的地位，对于我们在新形势下分辨是非、进一步端正思想路线，具有十分重要的意义。

一、明确提出了"哲学的党性原则"

在《唯批》一书中，列宁针对哲学"无党性"、"超党性"的愚蠢愿望，引申哲学的基本问题，提出并论证

---

* 1989 年 10 月讲于国防大学理论研修班，后经加工发表于《国防大学学报》1990 年第 1 期。

了"哲学的党性原则"。

所谓哲学的党性原则，包含有两重含义。

哲学的派别性是哲学党性原则的一种含义。列宁说，"在解决哲学问题上有两条基本路线、两个基本派别"，[①]唯物主义和唯心主义按其实质来说，是两个斗争着的党派。这就是说，哲学的党性，指的是一种哲学不是属于唯物主义，就是属于唯心主义。所谓"无党派"、"超党派"的哲学，实际上是不存在的。

列宁的这一论断与哲学史是一致的。从古至今，没有一个哲学家能够回避对哲学基本问题的回答。尽管在古代和中世纪，哲学家们并没有直接提出和讨论思维和存在的关系问题，但他们也总是以这样或那样的方式表明自己在解决哲学基本问题上的立场或倾向。在哲学史上确实有过并仍然存在着折衷主义的中间派，但那是动摇于唯物主义和唯心主义之间的"混合物"，归根到底，不是走向唯物主义，就是倒向唯心论，因而它并不是第三个所谓"基本的派别"。

现在，有人无视哲学史的这种状况，借口"一些人不讲哲学的派别性"，说什么"提出哲学的派别性没有任何根据"，甚至说"马克思主义哲学就是超越于唯物主义和唯心主义之上"的"第三派"。这种看法是极其错误的。难道马克思主义哲学不属于唯物主义的基本派别吗？难道一些人不讲哲学的派别性，在哲学上就不存在基本派

---

① 《列宁选集》第2卷，人民出版社1960年版，第342页。

别吗？正像列宁所指出的那样，不管他们怎么叫嚷，哲学上的派别斗争都是永远不会陈腐的。

列宁关于哲学派别性的思想不仅不会陈腐，而且具有十分重要的意义。它像一把利剑，无情地剥去了形形色色的唯心主义用以伪装的种种外衣，向人们展示了不同哲学派别的斗争实质。列宁在批判俄国马赫主义者的时候说："这些先生们以无党性自夸；如果说他们有什么死对头，那末只有一个，只有……唯物主义者。在一切马赫主义者的一切著作中，象一条红线那样贯穿着'驾凌'于唯物主义和唯心主义之上、超越它们之间'陈旧的'对立的愚蠢愿望。而事实上这帮人每时每刻地都在陷入唯心主义，同唯物主义进行始终不渝的斗争。"①

哲学的阶级性，是哲学党性原则的另一重要含义。列宁说："在经验批判主义认识论的烦琐语句后面，不能不看到哲学上的党派斗争，这种斗争归根到底表现着现代社会中敌对阶级的倾向和思想体系。"② 这就是说，哲学上唯物主义和唯心主义的斗争，同社会上敌对阶级之间的阶级斗争有着极其密切的联系。哲学作为世界观的理论体系，最初形成于阶级社会，后来的各种哲学学说，也都由属于一定阶级的思想家所创造，因而它们不能不反映一定阶级的利益和要求，并为一定的阶级服务。在现代社会中，尽管一些哲学家总是标榜自己的"超阶级性"，但他

---

① 《列宁选集》第 2 卷，人民出版社 1960 年版，第 348 页。
② 《列宁选集》第 2 卷，人民出版社 1960 年版，第 365 页。

们又总无一例外的是为占统治地位的阶级效劳的。

由于过去在具体运用哲学的阶级性时出现过简单化、公式化的毛病，近年来有人对哲学的阶级性提出怀疑，认为哲学的党性"只是派别性，而与阶级性无关"，甚至公开提出："马克思主义哲学是没有阶级性的"。其实这是不对的。过去简单化的毛病必须克服，但不能由此走向另一个极端，从根本上否定哲学的阶级性。在俄国1905年革命失败后的反动年代，马赫主义者配合阶级敌人向马克思主义哲学发动进攻。近些年，在东欧剧变、苏联解体、社会主义遇到重大挫折的情况下，在某些人对社会主义发生动摇的同时，一些人对马克思主义哲学的基本原理提出种种责难。这两段历史难道不是发人深思的吗？这难道不是哲学的党性、阶级性的正反两个方面的确证吗？

哲学的阶级性要求我们，在对事物做任何估计时都必须直率而公开地站到一定社会集团的立场上。对于我们来说，就是要站在无产阶级和人民大众的立场上。正是基于这种看法，列宁特别反对"狭隘的客观主义"，说它看起来"客观"，但实际上总是"偏激地"和"资产阶级的阶级利益相联系"。

哲学党性的两重含义是紧密联系着的。一般来说，唯物主义代表先进阶级、阶层或社会集团的利益，唯心主义代表没落阶级、阶层或社会集团的利益；革命的先进阶级主张唯物主义，而腐朽、没落的剥削阶级则拥护、宣扬唯心主义。但是，这种联系是相对的。历史上的进步力量不一定都是唯物主义的。例如宗教唯心论在其开始时就曾成为农民革命的灵魂和旗帜，黑格尔的唯心主义就曾作过19世纪德国资产阶级革命的先导。而唯物主义也不一定在任何条件下都和进步力量结合在一起。另外，在一个阶级内部，不同的阶层或社会集团，是主张唯物主义还是主张唯心主义，也往往各不相同。至于说到个人，情况就更为复杂了。例如俄国的波格丹诺夫，在政治上是一切反动派、特别是资产阶级反动派的死敌，但在理论上却是为这些反动派服务的。总之，由于历史上和现实生活中有着许多复杂的情况，所以在两者的关系上也不能简单化，不能把党性包含有阶级性简单地归结为就是阶级性，更不能以阶级地位，代表哪个阶级的利益，为哪个阶级服务，作为划分哲学派别的唯一标准。

二、透彻阐明了"两条根本对立的哲学路线"

在《唯批》一书中，列宁从当时俄国思想界的实际出发，坚持哲学的党性原则，通过对哲学发展的历史考察，明确提出了两条根本对立的哲学路线：是从物到感觉和思想呢？还是从思想到感觉和物？并从各个角度对之作了十分透彻的阐述，从而在理论上关闭了通向唯心主义的四扇大门。

第一，从认识前提上揭示两条哲学路线的对立。俄国马赫主义者们"想"当马克思主义者，因而他们不能不承认世界是物质的、物质是第一性的这个马克思主义的基本原理。但怎么理解并解释物质呢？在这里就露出了他们的唯心主义马脚。

他们的一种说法是：物质就是感觉，"感觉的复合就是物"。对此，列宁说，我们的认识总是离不开感觉的，没有感觉就不能认识，但是怎么理解感觉呢？它是对外部事物的反映呢，还是外部事物本身？如果认为感觉是对于不依赖于感觉者的外部事物的一种反映，那么，这就是唯物主义；如果说感觉是外部事物，外部事物就是感觉者的感觉，那就是唯心主义了。这样，列宁就从感觉问题上揭示了两条哲学路线的对立。

俄国马赫主义者的另一个说法是：物质是"要素的复合"。对于要素的复合，马赫主义者有两点解释：物质是由各种要素组合而成的；要素的复合就是思想。并且宣称他们的这个解释是最无片面性的。对此，列宁讽刺说，这里的确没有片面性，但却把彼此相反的哲学观点杂凑到一起了。因为如果说要素的复合是物，那么它当然应该在人们的头脑之外而不依赖于人脑存在着，但又说它是思想，那就是说它只能在头脑之内而不能在头脑之外存在了。本来，马赫主义者创造出"要素说"，是想用它来调和两种哲学路线的对立，从而更好地偷运他们的主观唯心主义的，然而经列宁这么一分析，它的唯心主义实质又被十分明白地暴露出来了。

马赫主义者的再一个说法是："原则同格"。所谓原则同格，就是说，人的思想和外部环境是同时存在、密不可分的。说人的思想和外部世界密不可分，这是完全正确的。但是假如只讲两者的统一，而不明确地讲出外部世界对于人的思想的优先地位，那就不能不给唯心主义留下钻空子的余地。因为如果把外部世界看做是在先的，两者的统一是在这种基础上的统一，这就是唯物主义；但是如果把人的思想看做是在先的，认为两者的统一是在这个基础上的统一，那就只能是唯心论了。

针对马赫主义者的上述说法，列宁经过自己的理论分析，不仅深刻地批判了他们的唯心主义观点，而且形成了这样一个极其深刻的思想：只承认世界是物质的，物质是第一性的，还不足以做一个唯物主义者。要做一个唯物主义者，不仅要承认世界是物质的，而且要对物质有个正确的理解。正是基于这种想法，列宁科学地界定了物质概念，说它是可以被人认识而又不依赖于人的客观实在。这样，他就从认识的前提方面，堵住了通向唯心主义的大门。

第二，从认识过程上揭示两条哲学路线的对立。认识是过程，否认了认识是过程，就会陷入唯心主义。因为离开过程，人们不可能一下子认识事物的本质，因而主观也就不能如实地反映客观对象本身。但是如果因为看到认识是过程而否认了过程是由阶段构成的，也会陷入唯心主义。因为否认了认识的阶段性，也就否认了认识的确定性，而否认了认识的确定性，也就等于否认了它的客观实在性。

这是俄国马赫主义者失足的一个方面。他们承认认识是一个过程，然而当他们承认认识是过程时，却否定了认识的阶段性、确定性。例如波格丹诺夫就曾说过这样的话：一切都是过程，绝对确定的东西是没有的，"承认相对真理就是否定任何真理的绝对客观性"。承认认识的相对性就应该否认认识的客观确定性吗？当然不是。我们承认任何真理性的认识都是相对的，但是任何相对正确的认识中又都包含着如实地反映了客观对象的绝对成分，因而任何相对正确的认识又都具有绝对正确的一面。波格丹诺夫作为一个哲学家不可能不懂得这个道理，他之所以那么讲，列宁说，无非是要通过否定认识的阶段性来否定认识的确定性，通过否定认识的确定性来否定外部世界的客观实在性。

列宁不仅透彻地揭示了马赫主义者的这种唯心主义手法，而且从正面阐述了我们应该怎样辩证地看待这个问题。他说："从现代唯物主义即马克思主义的观点看来，我们的知识向客观的、绝对的真理的接近的界限是受历史条件制约的，但是这个真理的存在是无条件的，我们向它的接近也是无条件的。……在我们认识事物本质的过程中，我们什么时候和在什么条件下进到发现煤焦油中的茜素或发现原子中的电子，这是受历史条件制约的；然而，每一个这样的发现都意味着'绝对客观的认识'前进一步，这是无条件的。"[1] 列宁的这段话告诉我们，企图用认识的相对性来否认认识的绝对性、客观性，这条路是走不通的。这样，他就从认识的过程方面，关闭了通向唯心主义的大门。

---

[1] 《列宁选集》第2卷，人民出版社1960年版，第135页。

第三，从认识结果即真理问题上揭示两条哲学路线的对立。真理是主观与客观相统一的认识。这种认识从形式上来说是主观的，但任何真理性的认识都在于它反映了不以人的意志为转移的客观实在，因而任何真理性的认识都有不依赖于人的客观内容，所以，从本质上来说，真理是客观的。

在真理的客观性问题上，马赫主义者出现了两种错误。一是公开否认真理的客观性，强调"真理只是一种思想形式"。对此，列宁作了批驳，说如果真理只是思想形式，那就是说，真理性的认识不能有不依赖于主体、不依赖于人的内容了，而这样一来，任何错误的认识都可以堂而皇之地称为真理了，因为任何认识都是一种思想形式。二是表面上承认真理的客观性，但对客观性作唯心主义的解释。比如波格丹诺夫就说：真理是客观的，但客观的基础是在集体经验的范围之内。这样，他就得出了"真理是人类经验的组织形式"的结论。对此，列宁说，如此说来，宗教也可以称为真理了，因为宗教自然也是人类经验的组织形式。列宁还说，如此说来，地球在人类之前就已经存在的论断则不能成为真理了，因为地球开始存在的时候还没有人类，因而也不可能有人类经验的组织形式。通过这样的责难，列宁说，波格丹诺夫的这个结论是根本错误的。

列宁在作了上述驳斥并得出结论之后，进一步指出：这种对客观真理的否定是出自波格丹诺夫本人呢？还是出自马赫主义的基本原理？接着他回答说，结论只能是后者，而不是前者。然后又从哲学基本原理的角度上强调：波格丹诺夫从马赫主义的基本原理出发，不能不否认客观真理，而我们从唯物主义的基本原理出发，不能不承认客观真理。并且说，要做一个唯物主义者，对客观真理的承认是最要紧的。

对客观真理的承认是最要紧的，而客观真理就是在人的思想中存在着不依赖于人的客观内容，这就从认识的结果即真理方面，关闭了通向唯心主义的大门。

第四，从实践标准问题上揭示两条哲学路线的对立。列宁说，主观唯心主义否认客观真理，因而他们不能不否认检验真理的实践标准，而唯物主义承认客观真理，所以不能不把实践作为检验真理的标准。对于这一点，无论是费尔巴哈，还是马克思、恩格斯，都不止一次地阐述过，因而应该说是解决了。

然而在列宁的那个时代，一些想当马克思主义者的马赫主义者们又在这个问题上出了毛病。他们借口实践包含有目的，而把实践标准歪曲成目的标准，说什么"实践的成功意味着我所需要的一切"。他们借口实践的不确定性，而否定实践标准的确定性，说什么实践决不能完全驳倒人类的任何表象。对于前一个问题，列宁认为，把实践标准偷换成目的标准，这是明显的唯心主义，因而不值得一驳。所以他重点分析了第二个问题，强调指出：毫无疑问，实践标准也具有"不确定"的一面，它"决不能完全地证实或驳倒人类的任何表象"，但是同样，它又是"确定的"，人的认识是不是真理，不管怎么说，最终都只有通过实践来检验。[①] 列宁的这种分析告诉我们，企图利用实践标准的相对性、不确定性来否定实践标准的绝对性、确定性，并从而推翻实践标准，这条路是走不通的。这样，他就又从真理标准方面堵住了通向唯心主义的大门。

从上述四点中我们不难看出，《唯批》一书对两条哲学路线的分析是相当深刻的，对唯心主义的批判是相当尖锐的，对唯物主义的阐述是相当透彻的。它容不得在哲学路线上的任何含混，容不得唯心主义在任何一个角落里藏身，容不得对辩证唯物主义的任何动摇。

三、科学解决了"认识的反映本性"

在《唯批》一书中，列宁从唯物主义的哲学路线出发，深刻地揭示了认识的反映本质。他不仅在总体上把认识界定为人"对客观实在的反映"，而且从各个角度对认识的反映本性作了说明。在列宁看来，不仅认识的内容是对客观实在的反映，而且认识的形式也是对客观实在的反映；认识不仅是一个现实的反映过程，而且是一个历史的反映过程。在这方面，列宁的论述是大量的。

然而对于列宁的反映论思想，近年来学术界则微词甚多。比如有人说它"否认了人的主观能动性"，因而是"只能顺应现实"、"只能揭示认识静态结果"的"机械唯

---

① 参见《列宁选集》第2卷，人民出版社1960年版，第142页。

物主义"，就是很有代表性的一种。我们说，这种认识是很值得研究的。

不错，列宁的反映论是坚持并继承了旧唯物主义的合理成分的。但列宁绝不是简单地照搬旧唯物主义的反映论，而是对它作了改造，从而科学地解决了认识的反映本性问题。

首先，列宁的反映论是以被反映的对象是现象和本质的统一，要认识事物的本质就必须依靠人的抽象力等主观能动作用为前提的。在列宁看来，现象和本质是统一的，本质不是在现象之外的东西，而是现象的本质，现象不是脱离本质的现象，而是本质的外在表现。由于现象和本质是统一的，所以人们能够通过现象反映出事物的本质。而认识的任务也不是接触现象就完事大吉，它的任务就在于透过现象把握住本质。既然就事物本身来说，人们可以透过现象深入到本质，就认识的任务来说，它的目的就在于透过现象把握住本质，所以，认识决不停留在对现象的反映上，而是要反映出对象的本质。而对对象本质的反映，是不能靠直观来实现的。正是基于这种看法，列宁说：反映不是"简单的、直接的、照镜子那样死板的动作"，[①]而是一系列的抽象过程。列宁的这个思想向我们表明，辩证唯物主义所说的反映，是不否认人的能动作用的，恰恰相反，是以发挥人的能动作用为前提的。假如舍去了科学抽象这种主体的能动作用，就不可能反映出对象的本质。

---

① 《列宁选集》第38卷，人民出版社1959年版，第421页。

其次，列宁的反映论是和辩证法结合在一起的。列宁明确地说过，形而上学唯物主义的要害就在于不懂得辩证法，不懂得把辩证法运用于反映论。把辩证法运用于反映论，反映必然是一个过程。列宁不仅明确地讲到反映是一个过程，而且进一步讲这个过程是"复杂的、二重化的、曲折的"①，不仅要防止反映中的直观性、死板性，而且要防止在反映的过程中使思想脱离现实。在这里，列宁不仅向我们指明了反映是一个辩证的发展过程，而且向我们指明了，在这个过程中，要防止思想与客观对象的偏离。因而，否认辩证唯物主义反映论和旧唯物主义反映论的差别，认为它只能揭示认识的静态结果，而不能反映认识的动态过程的看法是没有根据的。

再次，列宁的反映论把认识和实践有机地统一起来了。列宁说，反映只能在实践中反映，因而不可能不受实践水平的制约。在他看来，人对客观事物的反映可能比较准确或不大准确，可能比较全面或不大全面，可能比较深刻或不大深刻，这种准确、全面、深刻的程度，首先是取决于实践的水平的。列宁还认为，反映的认识离不开实践，正确的实践也离不开科学的反映。他说，假如没有正确反映客观规律的认识作指导，实践也同样达不到目的。实践要达到目的，必须要有反映现实发展规律的认识作指导。由于列宁把反映和实践有机地结合起来，认为反映是在实践中的反映，实践要想达到目的，离不开反映了客观

---

① 《列宁全集》第38卷，人民出版社1959年版，第421页。

规律的认识作指导，所以他所说的反映，决不只是顺应现实的反映，而是在改造客观现实过程中的反映，是作用于对客观现实的改造的反映。

一些同志无视列宁对反映本性问题的科学解决，于是产生了这样一种担心：如果认为马克思主义认识论是反映论，那么，"认识的主体性、目的性和创造性就都不见了"。其实这是一种误解。只要认真地看看列宁的《唯批》及其有关的哲学著作特别是《哲学笔记》就会明了，当他强调认识是反映的同时，就十分明确地肯定了认识的主体性、目的性和创造性。

在列宁看来，反映是实践着的人的反映，人的素质、经历，人的知识结构、社会地位等等，在他们对外部世界的反映中不能不起着十分重要的作用。正是基于这种认识，他特别强调要研究作为认识主体的人，说"如果要研究逻辑中主体对客体的关系，那就应当注意具体的主体（＝人的生命）在客观环境中存在的一般前提"。[①]

列宁一方面强调人的目的是对外界事物的反映，说它"是以客观世界为前提的"；一方面又强调它在反映外部世界过程中的作用，强调相对于人的目的来说，"存在物不是单独地存在着"，它作为认识的对象，"是由我设定的"。对此加以认真地分析，我们不难看出，在列宁看来：人的目的对于人的认识是有指向性的。世界上的事物很多，人们去认识什么，不去认识什么，对所选择的对象

---

① 《列宁全集》第38卷，人民出版社1959年版，第217页。

从哪个角度去认识，以及认识到什么程度，都是与人的目的有关的。人的目的性决定着人的认识的指向性，这种指向性制约着人们反映的对象以及对对象反映的角度和深度。因此，认识的反映性和目的性并不是矛盾的。

对于反映和创造的关系，列宁也深刻地论及到了。在列宁看来，真正地反映对象，就是把实在的东西转化为思想，因而反映不能不是一系列的抽象过程。正是基于这种看法，列宁说，"反映"存在于"活生生的内容的精神创作中"，存在于"思想的创造和交换中"①。舍去了思想的创造和交换，认识者只是消极被动的直观对象，那他所把握的只能是事物的现象，而不是事物的本质，因而还不算是真正的反映了对象。

列宁的上述思想向我们表明，那种因把认识规定为反映而不见了认识的主体性、目的性和创造性的担心是完全没有根据的。马克思主义的反映论既然是把实践和辩证法包含在自身之内的，因而是革命的、能动的，那么它也就必然是合乎逻辑地包含着认识的主体性、目的性和创造性的。

---

① 《列宁全集》第 38 卷，人民出版社 1959 年版，第 87 页。

关于辩证唯物主义
几个问题的思考 *

　　辩证唯物主义这个概念不是马克思、恩格斯提出来的，最初提出这个概念的是德国工人哲学家狄慈根。他在《一个社会主义者在认识领域中的漫游》一书中说："辩证唯物主义是马克思主义的世界观。"然后是普列汉诺夫使用了这个概念，后来列宁多次使用这个概念。尽管这个概念不是马克思、恩格斯提出来的，但却很好地体现了马克思、恩格斯的宇宙观和认识论。

　　马克思主义诞生和问世的主要标志是 1848 年发表的《共产党宣言》。马克思、恩格斯在《共产党宣言》中对科学社会主义理论作了比较完整的叙述，但是没有直接阐述作为科学社会主义理论基础的哲学和政治经济学。后来两人商定：马克思主要从事经济理论的研究，恩格斯主要

---

　　* 1999 年 9 月讲于国防大学承办的全军军以上领导干部哲学进修班，后经加工收入《许志功讲学录（续）》（中央文献出版社，2002 年版）。

从事哲学理论的研究。但无论哲学还是经济学，都是两人共同商量的。就哲学而言，辩证唯物主义的基本原理都是恩格斯提出的，当然也反映了马克思的思想。比如世界的统一性在于它的物质性、时间与空间是物质运动的形式、时间与空间的有限性和无限性、运动与静止的辩证关系、辩证法是关于自然、社会和思维的一般规律的科学、真理的相对性和绝对性等原理，是《反杜林论》提出来的。辩证法的三个基本规律、物质运动的基本形式、原因与结果、偶然性与必然性等辩证关系范畴、主观辩证法来自客观辩证法等原理，是《自然辩证法》提出来的。哲学基本问题及其两个方面，是《费尔巴哈论》提出来的。在这里我们可以明显地看出来，辩证唯物主义这一称呼还是最恰当的，因为这个称呼正好标明了世界的两个主要方面，即世界是什么，世界怎么样的问题。继马克思、恩格斯之后，列宁又写了《唯物主义和经验批判主义》（以下简称《唯批》）以及《哲学笔记》等一系列哲学著作，丰富发展了马克思主义哲学。依据马恩列的思想，苏联哲学家在二、三十年代建构了辩证唯物主义的理论体系。斯大林组织编写的《辩证唯物主义和历史唯物主义》，作为《联共（布）党史》第四章第二节，是当时通行体系的简本。后来毛泽东同志又从中国的实际出发，在 1937 年写的《辩证法唯物论讲授提纲》中把唯物论、认识论和辩证法的主要原理分解为物质论、意识论、实践论、矛盾论等。实践论、矛盾论建国初期经过补充修改，公开发表，对马克思主义哲学的学科建设产生了重大影响。

　　辩证唯物主义的命运同整个马克思主义哲学的命运一样，是和革命的发展密切相关的。每当革命发展顺利的时候，人们对马克思主义哲学是敬仰的，很少有人说三道四。但是一旦革命遇到困难特别是遭受重大挫折的时候，对马克思主义哲学的议论就会多起来，甚至有人借机攻击否定马克思主义哲学，反对唯物论，鼓吹唯心论，以至于掀起一种造神的狂热。1905 年俄国资产阶级民主革命失败之后，社会民主工党内部的一些人就搞了一阵子造神说，企图把马克思主义哲学同宗教调和起来。列宁写了《唯批》一书，对这种思潮进行批判，捍卫了马克思主义哲学。今天，社会主义遭受了重大挫折，马克思主义又被一些人说三道四，甚至有人进行恶毒的攻击，以便用另外的思想取而代之。我们同法轮功的斗争就是这样一种涉及到共产党人的根本信仰、涉及到全国人民团结奋斗的思想基础的斗争。这种斗争现在有，将来还会有。历史上每当社会处于重大的转折关头，思想领域的矛盾和斗争往往是异常激烈的，对此我们要有足够的思想准备。

　　政治思想上的矛盾和斗争，不能不影响到学术上，从而形成学术问题上的分歧和争论。这一点已被实践所证明。随着社会主义陷入低潮，马克思主义哲学基本原理几乎没有一个没有分歧和争论。由于时间关系，我不能展开来加以全面的介绍，而且就我所了解的情况和水平，也不可能加以全面的说明。在这里，我仅结合几个重大问题的讨论谈点看法和大家一起研究。

一、马克思主义哲学是物质本体论
还是实践本体论

这是一场规模宏大、内容复杂、涉及面很广的讨论。这场讨论可以说不仅牵动了整个哲学界，而且影响到了整个思想界。这些年来发表的学术文章可谓汗牛充栋，即便系统的学术专著恐怕也出版了几十部。

分歧和争论是从哲学的基本问题开始的。恩格斯在《费尔巴哈论》中提出了哲学的基本问题，他说："全部哲学，特别是近代哲学的重大的基本问题，是思维和存在的关系问题。"① 对于恩格斯的这一论断，有人持否定态度，认为它"不符合哲学发展的历史"，说这个论断的提出"没有任何意义"。有人反对这种看法，认为否定了哲学基本问题，分析复杂的哲学史就失去了一条使人理清思路的线索，评价唯物主义和唯心主义就没有了标准，并强调，这样一来唯心主义就可以大行其道了。

其实否定哲学的基本问题不是始于现在。早在列宁写作《唯批》之前就已经存在了。正是针对着俄国马赫主义者的这种倾向，列宁说，"在解决哲学问题上有两条基本路线、两个基本派别"，强调"唯物主义和唯心主义按实质来说，是两个斗争着的党派"。② 列宁的这一论断与

① 《马克思恩格斯选集》第 4 卷，人民出版社 1972 年版，第 219 页。
② 《列宁选集》第 2 卷，人民出版社 1960 年版，第 342、365 页。

哲学史是一致的。从古至今，没有一个哲学家能够回避对哲学基本问题的回答。尽管在古代和中世纪，哲学家们并没有直接提出和讨论思维和存在的关系问题，但他们也总是以这样或那样的方式表明自己在解决哲学基本问题上的立场或倾向。在哲学史上确实有过并仍然存在着折衷主义的中间派，但那是动摇于唯物主义和唯心主义之间的"混合物"，归根到底，不是走向唯物主义，就是倒向唯心主义，因而它并不是第三个所谓的"基本派别"。

分歧和争论涉及到了物质概念。这是不能不涉及的，因为物质概念是唯物主义理论的基石。在唯物主义看来，世界是统一的物质世界，精神意识不过是物质世界的反映，在物质世界之外不存在任何东西，如果认为在物质世界之外存在着什么，那就是为神和上帝的存在留下地盘。既然世界是物质世界，那么物质是什么的界定就是非常重要的了。列宁说："物质是标志客观实在的哲学范畴，这种客观实在是人通过感觉感知的，它不依赖于我们的感觉而存在，为我们的感觉所复写、摄影、反映。"[1] 对于列宁的这个定义有人提出了质疑，认为它"只具有认识论的意义"，而没有上升到世界观的高度，说什么这个定义"没有体现最新科学的发展"，没有"深入到物质的深层结构"，因而强调要"结合最新科学的发展对物质概念加以新的定义"。

这种看法是值得研究的。

---

[1] 《列宁选集》第2卷，人民出版社1960年版，第128页。

　　哲学上的物质概念不同于自然科学上的物质概念。从哲学上界定物质，只能从物质和意识的关系上进行。列宁的物质概念正是从这样的高度加以定义的。也正是由于站在这样的高度，列宁的物质定义才把握了物质的最一般的特性，即它的客观实在性。因而不能说它只是一个认识论的定义，还没有上升到世界观的高度。

　　物质是无限多样和异常复杂的，从不同的科学技术部门研究物质，所把握的只能是某些物质的一些具体的物理、化学、生物等方面的特性，而哲学从物质和精神的相互关系上界定物质，因而能够很好地把握物质的普遍本质，同时也为解释各种各样的物质留下了广阔的空间，因而那种以为列宁的物质定义"很难解释无限多样和异常复杂的物质"的看法，也是不能成立的。

　　至于说列宁的物质定义没有反映自然科学的最新发展，主要是指自然科学认识了反物质。其实这是一种误解。自然科学认识了反物质，并没有也不可能否定列宁的物质定义。恰恰相反，而是进一步证明了只有客观实在性才是物质唯一普遍的特性。所谓反物质，是指物理学发现的所有的粒子都有相反的粒子存在，即某种反粒子。正是根据这一点，有的科学家提出了由反粒子组成的反物质的世界。有人想由此得出否定物质客观实在性的哲学结论，这是不对的。因为自然科学已经证明反物质的存在并不是说它们是非物质的东西，而只是物质性质不同而已，它们仍然具有物质的一般属性，即客观实在性。

　　我们肯定列宁的物质定义，不是说列宁的物质定义不需要随着科学的发展而发展。事实上，随着现代科学认识对象的急剧扩展，对客观世界认识的不断深化，列宁对物质定义的表述是需要加以丰富和发展的。但这并不意味着要离开物质和意识的相互关系这个哲学的基本问题去制定什么其它的物质定义。这一点，我们的思想是必须明确的。

　　分歧和争论集中于马克思主义哲学到底是物质本体还是实践本体。这要从实践唯物主义的讨论说起。关于实践唯物主义的讨论，主要有三种观点：实践唯物主义就是实践的唯物史观；实践唯物主义是以实践为对象的唯物主义，马克思主义哲学的对象就是实践；实践唯物主义是实践本体论或实践一元论。上述三种观点有两种回答：第一种观点认为实践唯物主义是马克思主义哲学的一个组成部分，即历史唯物论，第二、三种观点认为实践唯物主义才是马克思主义哲学，即马克思的哲学；而辩证唯物主义与历史唯物主义是恩格斯、列宁及苏联哲学家的哲学。正是基于这种看法，有人主张"要坚持马克思主义，就要回到马克思"。

　　把马克思主义哲学规定为实践本体论的哲学是不对的，马克思主义哲学主张的是物质本体论。

　　马克思、恩格斯从来没有把自己的哲学叫做"实践唯物主义"。他们只是说过："对实践的唯物主义者，即共产主义者来说，全部问题都在于使现存世界革命化，实际地反对和改变现存事物的现状。"① 从"实践的唯物主义者"引申出"实践唯物主义"当然是可以的，但这里的"实践"指的是唯物主义的一种特征，不是指唯物主义研究的对象。因而不能由此得出马克思主义哲学是实践本体论的结论。

"实践性"确实是马克思主义哲学的本质特征之一，也是与传统哲学的本质区别之一，但不能说马克思主义哲学只研究实践，是一种唯物主义实践论。应该说它包含实践论，但不等于就是实践论，它仍然是一种世界观。马克思主义之所以看重实践，是由于在人们面前存在着一个强大的物质世界，只有通过实践，人们才能认识这个强大的物质世界；只有通过实践，人们才能改造这个强大的物质世界。假如由于强调实践而否定了物质世界，那么实践还有什么意义！实践是人的实践，而人尽管是劳动的产物，但仍然是物质世界的一部分。没有物质世界就无所谓人，没有人，哪有人的实践！总之，客观物质世界的存在是人进行一切实践活动的物质前提和舞台。所以，承认世界的客观实在性，坚持物质本体论，这是我们观察处理问题的根本立足点。

按照马克思、恩格斯的观点，只有物质本体论、自然本体论是唯物主义，思维本体论、精神本体论、意志本体论都是唯心主义。至于实践本体论以实践为本体，显得很实在，其实也是一种唯心主义。自然界先于人类、先于人

---

① 《马克思恩格斯选集》第1卷，人民出版社1972年版，第48页。

的实践而存在，这是一个不争的事实，把实践作为本，把物质自然作为末，这就本末倒置了；实践本体论以实践作为整个宇宙的基础，但实践在这个宇宙中是微乎其微的，它的影响只及于地球的表面，如果硬要说它是宇宙的基础，那么这个宇宙的范围或者只限于小小的地球，或者就是一个主观虚构的东西，这不能不是一种唯心论。

二、马克思主义哲学坚持的是客体性原则还是主体性原则

我国过去有过把主观能动性和主观主义混为一谈的偏向，忽视了对人作为主体和人的活动的主体性的研究。总结这种教训，"文化大革命"以后，学术界开展了关于主体性的研究讨论。这场讨论深入研究了主体与客体的相互依存、主体性与客体性的相互渗透、人的活动的主体性的各种表现，从而弥补了过去的缺陷，丰富了马克思主义哲学的内容。其中争论至今还未达到共识的是关于主体性原则的问题。有的同志认为主体性是一种普遍的存在，因而应该承认它是哲学的一个原则。而有的同志则认为人的主体性是存在的，但把它作为一个原则来看就太夸大了。在承认主体性原则的同志中也有两种意见，一种意见认为，主体性原则应该成为马克思主义哲学的根本原则，或者用它把马克思主义哲学改造成为主体性哲学。另一种意见认为，如果把马克思主义哲学改造成主体性哲学，那它就不再是唯物主义了。这样就引发了马克思主义哲学是唯物主

义还是唯心主义或者既非唯物主义亦非唯心主义的争论。

　　马克思主义哲学坚持的是客体性原则，而不是主体性原则。不可否认，马克思主义从来没有否认过人是活动的主体，也从来没有否认过人的主体性，它甚至批判旧唯物主义否认、抹杀了人的主体性。但是作为哲学的根本原则，它坚持的不是主体性，而是客体性。这个问题马克思、恩格斯作了大量论述。马克思说：我们的哲学不是从主观的原则出发，而是从客观的事实出发。恩格斯说：原则不是研究的出发点，而是它的最终结果；原则不是被用于自然界和人类历史，而是从它们中抽象出来的；不是自然界和人类去适应原则，而是原则只有在符合自然界和历史的情况下才是正确的。并且强调，这是对事物的唯一唯物主义的观点。

　　人作为实践的主体，以物质客体为对象，其根本特征具有唯我的目的性、自我调节的自主性和改造客观对象的能动性。客体作为主体的对象，其主要特征具有制约主体的外在性、同主体观念相区别的独立性和接受主体改造的被动性。同时主客体处在对象性的关系之中，双方相互依存、相互渗透和相互转化。人既是实践和认识活动的主体，又是被认识和改造的客体，自然界既是人类认识和改造的客体，又是制约人的认识和实践的主体。因而人类改造客观世界的活动实际上是一个主体客体化、客体主体化的过程。这个过程体现出来的主体性反映在马克思主义哲学中，属于实践的范畴，属于认识论的范畴。实践、认识论是马克思主义哲学的一个部分，因而不能说它是马克思主义哲学的根本原则。

就是在认识论的领域，也不能说主体性原则是马克思主义哲学的根本原则。人作为主体，活动是有目的的。但人的目的对与不对，取决于它是否符合客体的实际，目的是主体对客体实际的超前反映；人为了达到目的，还必须使自己的认识和行动合于客体的实际，这也就是马克思主义哲学所强调的为什么要从实际出发，为什么要实事求是的根本道理。毛泽东同志说，一切事情都只有去做才能实现，要做，就必须先要有人依据客观事实，引出思想、道理、意见，提出计划、方针、政策等，方能做得好。他在解释实事求是的时候还强调：要经过研究，从客观事实中求出规律来，以作为我们行动的向导。假如不以客体性而以主体性为根本原则，那么引出思想、道理、意见，提出计划、方针、政策等还能够依据客观事实吗！还需要从客观事实中求出规律性的认识作为我们行动的向导吗！1958年的"大跃进"，强调"不怕做不到，就怕想不到，只要想得到，就能做得到"，用今天的话来说，那就是把主体性当成了根本原则，结果大家是非常清楚的。所以我们说，不能把主体性当做马克思主义哲学的根本原则。那样，实事求是的思想路线就不仅没有必要，而且从根本上错了。

三、矛盾问题的本质是"一分为二"
还是"一分为多"

　　恩格斯在《自然辩证法》中提出，辩证法有三个基本规律。后来列宁经过研究在《谈谈辩证法问题》中强调，对立统一规律是辩证法的实质和核心。然后毛泽东同志又用中国的语言把它表述为"一分为二"。历史上曾经有过"一分为二"还是"合二而一"的争论，现在又有"一分为二"还是"一分为多"的争论。这个争论是与系统科学相关的。因为系统科学表明，事物是"一分为多"而不是"一分为二"。有人就是根据这一点来否定"一分为二"的。其实这是一种误解。这里的问题在于怎样看待系统科学的"一分为多"和唯物辩证法关于矛盾学说的"一分为二"。

　　"一分为二"是对立统一规律的通俗表达。就其本来的意义讲，辩证法是研究对象的本质自身中的矛盾的。一切现象和过程都具有相互矛盾、相互排斥、相互对立的倾向。这种对立的倾向是由人的抽象思维所把握的。至于在现象形态上，在人的直观视角中，它不否定、不排斥"一分为多"。而系统科学的"一分为多"，则正是在现象形态上、在直观上谈问题的，它所谓的一分为多，是指系统的构成要素在数量上的特点。而追究到本质，追究到抽象思维，系统科学并不否认"一分为二"。正如系统科学创始人贝塔朗菲所强调，"系统科学所体现的正是事物间的对立统一"。在他看来，系统中单一要素与系统的关系，该要素与其它要素的关系，都是对立统一关系的体现。明了这种情况我们不难看出，那种以"一分为多"否定"一分为二"的认识，一方面是把"一分为二"简单化、现象化了，从而使"一分为二"离开了它的本来意义；另一方面又把"一分为多"本质化、复杂化了，从而也使"一分为多"离开了它的本来意义。

"一分为二"是一种哲学方法，它在实践中具有普遍的指导意义。而系统科学的"一分为多"是一种现象描述，把它作为一种普遍的方法，在很多情况下不仅办不到，而且没有必要。例如协同学所研究的系统，多数是由数量众多的子系统所构成的，其数目多得不可计数，如果按"一分为多"的办法去逐个把握，那简直不可想象。协同学恰恰也不是去把握一分为多，而是从子系统之间的"协同"与"竞争"这两个对立倾向入手去解决问题的。这说明主张"一分为多"的系统科学，解决复杂系统问题的普遍方法也是"一分为二"的。

"一分为二"与"一分为多"有相区别的一面，也有相联系、相统一的一面。作为对事物本质把握的"一分为二"可以体现在经验事实上的"一分为多"之中。同样，系统科学的"一分为多"也可以概括为矛盾关系上的"一分为二"。在对具体问题的认识中我们要运用一分为二，把握本质；在解决具体问题的过程中，我们又不能停留在对事物本质的认识上，而要从本质返回到现象，注意把"一分为二"贯彻于"一分为多"之中。总之，"一分为二"和"一分为多"是可以统一起来的，那种用系统科学的"一分为多"来否定哲学上的"一分为二"的做法是不对的。

四、认识的本质是反映还是选择

认识的本质是反映，这本来是马克思主义认识论的一个基本观点，但是近年来随着主体性问题的讨论，有人竟采取了否定的态度，说什么认识的本质不是反映，而是选择。这种观点是不正确的。

毫无疑问，"选择"在认识中发挥着极为重要的作用，是认识的一个基本属性。一个正常人的认识，无论从认识对象的确立、认识手段和方法的采取，以及对客体信息的接受等等，都离不开主体的选择，否则便无法进行认识。但是我们不能把主体的选择性当做认识的本质。认识的本质是反映而不是选择。世界上的事物是无限多的，我们不能同时认识很多事物，认识什么不认识什么，这是由认识者根据需要来选择的，但是对你所选择的那个事物的认识是什么呢？是对那个事物的反映，而不能说是对那个事物的选择；任何一个事物都有无限多的方面，人们不可能在一个具体的认识中认识事物的一切方面，那么认识事物的哪个或哪些方面呢？这当然是认识者根据需要来选择的，但是对你所选择的那个或那些方面的认识是什么呢？是对事物那个或那些方面的反映，而不能说是对那个或那些方面的选择；任何事物都包含无限多的层次，人们在一个具体的认识过程中认识哪个层次不认识哪个层次，这是由认识者根据需要所选择的，但对你所选择的那个层次的认识是什么呢？是对那个层次的反映，而不能说是对那个层次的选择。在这里我们不难看出，把认识的本质看做为选择，在起码的逻辑上都是不通的。

把认识的本质归结为选择，并把它同唯物主义反映论对立起来，这意味着否定或排除认识的客观性。主张选择论的人是把认识中的选择性作为主体性、能动性的确证来对待的。他们企图由此证明主体性是认识的本性，而根本不需要客观性。然而十分清楚，认识要是单纯强调主体性，不承认认识的基础和前提是客观实在，不承认认识实质上是对客观物质世界发展规律的反映，并受它的制约，那就将从根本上背离唯物主义的认识路线，陷入形形色色的唯心主义泥潭。

把认识的本性归结为选择，认为选择比反映更重要，完全颠倒了二者在认识论中的地位。选择与反映，它们在认识论中所处的地位是：选择，是从认识的目的性上来说明和揭示认识过程的特点的，它是从属于反映的，主要决定着人需要认识什么或反映什么；反映，则是在认识论整体的本质层次上确立自己的位置的，它决定认识是什么、认识存在的根据是什么。也就是说，首先要有被反映对象的存在，没有被反映的对象，就没有反映，也就无所谓认识。人们可以选择认识对象，但前提就是有不同的认识对象的存在。总之，反映处于认识论的更高层次上，反映包含选择，赋予选择以广阔的天地，即表现为反映过程中有多种多样的选择。从这里我们不难看出，选择论者对选择作用的理解是夸大了的、片面的。

认为认识的本性是选择，如果是哪一个或哪一些学者的个人看法，倒也情有可原。问题是他们认为这是"马克思主义哲学所主张的"，这就值得注意了。马克思主义哲学是不是认为认识的本质是选择呢？回答是否定的。马克思在《哲学的贫困》中是讲反映的，马克思、恩格斯的《德意志意识形态》是讲反映的，恩格斯的《反杜林论》是讲反映的，列宁的《唯批》是讲反映的，毛泽东的《实践论》也是讲反映的。可以说，没有一个马克思主义哲学家不讲认识的本质是反映。

主张选择论的人们却说：列宁在《唯批》中讲马克思主义认识论是反映论，那是因为当时还没有深入研究黑格尔的辩证法，"当他深入研究了黑格尔的辩证法之后，就在《哲学笔记》中觉察到了反映概念的局限性，从辩证法、实践观两个方面认识到了认识的选择本性"。可是我们认真研究列宁的《哲学笔记》不难发现，在这本书中没有一处讲认识的本质是选择，厚厚的一本笔记甚至没有一处提到选择；恰恰相反，认识是反映的思想和论述则到处可见。在这里，列宁不仅从总体上把认识定义为"人对自然界的反映"，"人对客观世界的反映"，而且从各个角度上对认识的反映本性作了说明。在列宁看来，不仅认识的内容是对客观实在的反映，而且认识的形式也是对客观实在的反映。人类认识在较高的发展阶段上，它的内容和形式是统一于概念、范畴的；概念、范畴作为认识的内容，是对客观实在的反映，同时又作为认识的形式，反映着客观实在；概念、范畴作为认识的形式所以能够帮助人们反映客观实在，正因为它们本身作为认识的内容，是对客观实在的反映。在列宁看来，不仅认识的结果是对客观实在的反映，而且认识的过程也是对客观实在的反映。认识的结果是形成思想，凝结为概念、范畴。概念、范畴是对客观实在的反映；认识不单单是一种结果，更重要的是一种过程，而认识过程本身就是客观世界"在人的意识中的反映过程"。在列宁看来，不仅一个具体的认识过程是对客观实在的反映，而且整个人类的认识过程都是对客观实在的反映。他说，每一个人乃至每一代人都永远不会完全地反映事物，只有一代代人所形成的"概念、规律等等的无限总和才提供完全的具体事物"[1]。

通过上述思想我们不难看出，马克思主义经典作家的思想是一贯的、彻底的。主张选择论的人硬要无中生有地把这种思想安到马克思主义哲学的头上，其用心只能是借马克思主义哲学之名来贩卖他们的选择论，或者是用他们的选择来改造马克思主义哲学。

五、真理是一元的还是多元的

1978 年以后我国开展的关于真理标准问题的大讨论是在全党全国的范围内进行的。这场讨论对我们的政治生

---

[1] 《列宁全集》第 38 卷，人民出版社 1959 年版，第 310 页。

活发生了重大影响，成了我国改革开放的先导。这次讨论除了它的政治意义而外，也有重要的学术价值，那就是深化了马克思主义真理标准的理论。

第一是区分了"真理标准"和"检验真理的标准"。讨论中有的同志提出：真理的标准是客观世界及其规律，因为一种认识是不是真理是看它是不是与它的对象相一致；而实践则是检验它是不是与它的对象相一致的方法、途径或标准。如果认识没有这个尺度来衡量其真伪，就无所谓真理了。这个观点是正确的，如果认识不要求与客观世界相一致，而只问效果如何，就有可能犯实用主义的错误。

第二是加深了对"唯一标准"确切含义的理解。对实践是检验真理的唯一标准的提法不能作简单化的理解。唯一标准是唯一的最后标准，而不是说除实践以外，没有其他方法可以检验认识的真伪。这个观点是对的。比如一座大桥的建设方案对不对，就不能直接拿建桥的实践来检验，而必须有严格的逻辑论证。否则就是盲动，就是提倡盲动主义。从这里我们不难看出，实践标准并不排斥逻辑论证。当然，逻辑论证是不是正确，最后的回答只能是实践检验。所以，实践是检验认识是不是真理的唯一的最后的标准。不能简单地用这个标准排斥否定其他的标准。

第三是论证了实践检验过程的复杂性。有人把实践的检验等同于实践效果的检验，认为根据某种认识来实践，如果得到了预期的效果，就证明这种认识是正确的；否则就是错误的。这就把实践检验简单化了。因为歪打正着的事情总是有的，认识正确而由于其他原因得不到预期效果的事也是常有的，而且效果是好还是不好，有很强的立体性。只看效果，不问其他，容易陷入实用主义。实践检验是一个复杂的过程，实践的效果是实践检验的重要因素，但不是唯一的因素。实践检验认识是一个复杂反复的过程。实践检验某一认识是否与客观实际一致、有多少一致的过程大致是：根据某种要检验的认识作出计划——执行计划——分析效果——反复实践——最后作出结论。有些问题可能要经过几代人的努力才能弄清楚，所以不能把实践标准简单化。

　　讨论中也有人提出过一些值得研究甚至是错误的看法。比如有人否定列宁"真理只有一个"的思想，认为"真理是多元的"。真理到底是一元的还是多元的？

　　要说清这个问题，首先必须明确什么是认识论中的"元"。认识论中的"元"是本原、本质的意思。真理的客观来源只有一个，即客观的外部世界，凡和客观对象相符合、相一致的认识就是真理，否则就不是；获得真理的根本途径，只能是社会实践，离开社会实践，就不能发现和认识真理；只有在社会实践中才能检验真理、发展真理，实践是检验真理的唯一标准。

　　有人主张真理是多元的，他们的论据主要有两条：一是认为对同一认识对象可以用多种理论观点、多种方法去解释，因而可以有多种认识结论并存；一是认为真理的发现与确立，都是同主体的能动作用分不开的，主体的能动作用是多种多样的，因而真理必然是多元的。

　　这种看法是很值得研究的。首先，把认识真理的理论形式和方法手段与真理等同起来这是不正确的。认识真理的理论观点和方法可以是多种多样的，但一个认识是不是真理不是看你采取的什么理论、什么方法或多少理论、多少方法，而是看你的认识是不是和客观实际相符合，采取很多理论、方法可能形成很多认识，但真理性的认识只能有一个。其次，把认识真理过程中主观能动性的发挥和真理等同起来，这也是不正确的。发挥主观能动性固然有利于获得真理性的认识，但一个认识是不是真理，不在于你是不是发挥了主观能动性，而是看你的认识是否符合你所认识的对象的实际。因而用能动性的发挥是多种多样的来说明真理是多元的，这也是站不住脚、不能成立的。

　　真理多元论实质是唯心主义一元论。为什么有人要宣扬多元呢？在那些似是而非的论据后面，论者的立场是什么呢？在关于真理多元论的说法中，我们不排除认识、理解上的问题，决不能一概以别有用心而论。但其中确实有人是由于不满意、不赞成辩证唯物主义认识论关于客观真理的思想，他们认为"没有什么客观真理"，"真理是由主观的状况来决定的"，认为把真理说成是客观的，"这是旧唯物主义机械论的表现"。他们要"用真理的多元论，打破唯物主义的真理一元论"，并从而推翻马克思主义哲学。这一问题的本质，我们切不可被某些表面上的学术词汇所模糊。

科学社会主义和中国特色社会主义问题

KEXUE SHEHUIZHUYI HE ZHONGGUO
TESE SHEHUIZHUYI WENTI

马克思主义世界观
是马克思恩格斯共同创造的[*]

长期以来，我们对马克思主义的理解在很大程度上是以斯大林根据列宁和恩格斯的某些论断所作的解释为中介的。要使马克思主义成为指导社会主义建设的有力武器，就必须打破斯大林的传统解释，对马克思主义的思想精髓作出历史的反思和重新的探索。但是由此把恩格斯和马克思对立起来，说马克思和恩格斯"在哲学上是两派"：前者强调主体，强调实践；后者只讲客体，只讲自然，甚至辱骂恩格斯给马克思的理论"打上丑陋的自然主义烙印"，这是不能令人信服的。

首先，把恩格斯和马克思对立起来是不合乎实际的。自从命运使马克思和恩格斯相遇之后，这两位朋友的毕生工作就成了他们的共同事业。1844 年 8 月他俩第二次见

---

* 1989 年 2 月在一次理论研讨会上的发言，后经整理刊登在《国防大学学报》1989 年第 3 期。

面，恩格斯就参与撰写马克思已经动笔的《神圣家族》。虽然在这部著作中由恩格斯执笔的并不多，但马克思仍然坚持它是两人的共同作品。1845 年，马克思、恩格斯合著了表明新世界观形成的《德意志意识形态》。随后，又共同写作了《共产党宣言》，以天才、透彻、鲜明的笔调叙述了这种世界观。后来他们又一起完成了诸如《所谓国际内部的分裂》等一系列重要著作。

马克思、恩格斯的有些著作虽然不是合著的，但也是二人商量后由一人执笔的。例如《反杜林论》就是如此。1875 年，杜林在德国社会民主党内造成了极大的混乱。马克思在给恩格斯询问如何克服这种混乱的回信中说："'我们对待这些先生的态度'只能通过对杜林的彻底批判表现出来。"① 恩格斯完全同意马克思的这种意见，并通过研究莫斯特对杜林的吹捧，明确了"应当从哪里进攻和怎样进攻"："开始时我将纯客观地、似乎很认真地对待这些胡说，随着对他的荒谬和庸俗的揭露越来越深入，批判就变得越来越尖锐，最后给他一顿密如冰雹的打击。"② 在恩格斯写作《反杜林论》的过程中，马克思经常提供有关资料，阅读了恩格斯的整部书稿，并且亲自起草了其中的某些章节。

马克思、恩格斯彼此修改对方的著作也是常有的事。例如对于《自然辩证法》，马克思看了部分手稿后就提出

---

① 《马克思恩格斯全集》第 34 卷，人民出版社 1972 年版，第 15 页。
② 《马克思恩格斯全集》第 34 卷，人民出版社 1972 年版，第 18—19 页。

了这样的修改意见："要经常照顾到通俗性，也就是要向没有知识的读者作解释。请设想一下，一种经常把读者不懂化学作为基本前提的化学杂志是什么样子的。"① 马克思不仅对之提了原则的修改意见，而且具体地作了多处修改。对于马克思的修改，恩格斯看后非常高兴，说经过你的加工，看起来容易多了。马克思对恩格斯著作修改这不是仅有的。恩格斯对马克思著作的修改更是大量的，且不说《资本论》的大部分，就连马克思新世界观天才萌芽的第一个文件——《关于费尔巴哈的提纲》——都是恩格斯加工之后出版的。

　　对于恩格斯对马克思著作的修改，近年来学术界存有不同的看法。但是，我认为恩格斯只是为了更好地表达马克思的思想，使人们更好地理解、接受马克思的思想，而绝不是为了把"自己的不同于马克思的"看法强加于马克思。恩格斯曾经讲过："我没有任何权利作这样的改写。象马克思这样的人有权要求人们听到他的原话，让他的科学发现完完全全按照他自己的叙述传给后世。"他还说，改写原文是对马克思的"失信"，因而"只是在绝对不可避免的地方，并且在读者一点也不会怀疑是谁在向他说话的地方，我才加进自己的话"。② 如果我们把恩格斯修改过的和能够找到的没有修改过的马克思的原文比较，并作深层的而非字面的理解，就足以说明恩格斯的修改是

____

① 《马克思恩格斯全集》第34卷，人民出版社1972年版，第49页。
② 《马克思恩格斯全集》第25卷，人民出版社1974年版，第1005页。

更好地表达了马克思的原意的。

　　恩格斯和马克思的合作在马克思逝世后仍然持续了十多年。这主要表现在他放弃自己的理论创作而从事马克思《资本论》的整理出版。他们之所以能够成功地合作这么长时间，用恩格斯自己的话来说，就是"我们在一切理论领域中都显出意见完全一致，从此就开始了我们共同的工作"。① 他们不仅在《德意志意识形态》中"共同制定了"，而且在《共产党宣言》中"共同阐发了"马克思主义的新观点。马克思逝世之后，恩格斯又通过对费尔巴哈的批判，实现了他们共同的哲学心愿——"把我们从前的哲学信仰清算一下"。②

　　恩格斯总是谦虚地说，马克思主义的新世界观主要是由马克思创造的。而马克思在回顾自己哲学思想的发展时又总是对恩格斯说：你知道，最初，我慢慢地达到事理，其次，我时常追随你的脚步。这不能仅仅看做是"伟大的谦虚"，而应该看做是他们具有共同的世界观、方法论。梅林在谈到这一点时曾经说过，无产阶级的世界观、方法论是由马克思、恩格斯所共同创造的，在这里不能再分你的还是我的，他们的思想和他们的发展是完全合一的，而且他们各人本质的分明和完整也正是在这合一之中的。

　　其次，一些同志把恩格斯和马克思对立起来的一个重

---

① 《马克思恩格斯选集》第4卷，人民出版社1972年版，第192页。
② 《马克思恩格斯选集》第4卷，人民出版社1972年版，第207页。

要原因，在于他们没有具体地分析两位伟人理论差别的原因。我们不否认马克思、恩格斯在理论阐述上是有侧重点的，前者侧重于社会历史，以及人类社会学，后者侧重于人类思维，特别是自然辩证法。但是，这一方面是由他们的分工决定的。马克思和恩格斯都曾说过："当我们 1845年春天在布鲁塞尔再次会见时……我们就着手在各个极为不同的方面详细制定这些新观点了。"① 另一方面，这也是由他们理论探讨的逻辑走向所决定的。恩格斯和马克思的哲学观点虽然相同，但他的理论发展道路是从经济学走向哲学。恩格斯的前期著作主要是经济学，后期著作主要是哲学。马克思则是从哲学走向经济学，他除了早期的一些哲学著作外，后来主要是《资本论》。这种逻辑走向上的差别，不能不使他们在理论阐述上各有侧重。此外，这也同他们的知识结构有关。马克思学的是法律，后来专门从事哲学，以后又潜心研究资本主义的生产关系，写作《资本论》，因而尽管他的自然科学知识很好，但其特长在于社会历史方面。恩格斯虽然在这一方面也有极其深厚的功底，但他还在自然科学上经历了某种"脱毛"。倘若把由于上述原因引起的他们钻研和阐述的侧重点的不同，看成是"两个哲学派别，两条发展线索"，那就不能不说是一种极大的误解了。

　　这种误解从思维方式上讲，一个主要原因在于不顾事实的抽象推演。好心的"对立论"者所奉行的是这样一

---

① 《马克思恩格斯选集》第 4 卷，人民出版社 1972 年版，第 192 页。

种逻辑：马克思主义是放之四海而皆准的，它不可能在实践中犯错误，如果在实践中犯了错误，说明现实的通过恩格斯的著作而走向的马克思主义不是本来意义上的马克思主义，所以要把握本来意义上的马克思主义，就必须"摆脱恩格斯"而"回到马克思"。其实，要真正把握马克思主义，恩格斯是摆脱不掉的，离开恩格斯的本来意义上的马克思主义也是不存在的。正如有人所说的那样，在我们的时代没有列宁，马克思主义是不可想象的。同样，我们也可以说，在马克思的时代，没有恩格斯，马克思主义更是不可想象的。所以如此，这是因为马克思的学说不仅是在恩格斯参与下创立的，而且是通过恩格斯的大量工作为世人所公认的。他们的理论重点虽然有所不同，但这种差别却从来都是相对的。

马克思虽然强调主体，强调实践，但也并不是不讲客体，不讲自然。在他看来，实践是人的实践，人的实践不仅要以客观的物质自然为对象，而且实践着的人本身就是自然界的产物。正是基于这种认识，马克思说：有了自然界，才有人，才有人的实践；有了人，有了人的实践，自然界才是人的现实的自然界。马克思确实非常强调主体，但他从未离开过客体而片面地强调主体。在他看来，作为主体的人的感觉、思维，只是由于它的对象的存在，由于人化的自然界，才产生出来；而作为客体的对象，如何对他来说成为他的对象，这取决于对象的性质。① 由此可见，把马克思对实践、对主体的强调，说成是不同于恩格斯的、脱离开自然脱离开客体的"实践主体论"，是与历史事实不相符的。

不错，恩格斯是很强调自然，强调客体，但恰恰也正是他强调了主体对客体、实践对自然的能动作用，批判了自然主义的历史观，从而在更深层次上阐述了主体和实践。别的且不论，我们只要认真地研读一下被"对立论"者所特别重视的《自然辩证法》就不难看出，恩格斯不仅深刻地说明了作为主体的人的感觉、思维以及用以表达的语言是怎样产生、发展的重大问题；而且透彻地论证了认识论中的实践标准。他说：作为主体的人的思维形成的最本质、最切近的基础，正是人所引起的自然界的变化，而不单独是自然界本身；人的智力是按照人如何学会改变自然界而发展的；因而任何离开实践的认识都只能陷入不可知论的泥坑。显然，在这里我们看不到恩格斯和马克思的什么对立。

另外，我们还必须看到，第一代和后来被称为"正统派"的马克思主义者，基本上都是通过恩格斯的著作走向马克思主义的。如果按照"对立论"者的说法，"只有摆脱恩格斯返回到本来意义上的马克思主义，才能引导革命到胜利"，那么我们就不能正确地说明发生在本世纪

---

① 参见《马克思恩格斯全集》第 42 卷，人民出版社 1979 年版，第 125、126、128 页。

上半叶的一系列重大事件，例如十月革命的胜利，第二次世界大战后一系列社会主义国家的出现等。同样的，要说明社会主义革命为什么会在经济落后的国家首先胜利，资本主义为什么没有崩溃，无产阶级在高度发达的资本主义国家怎样取得政权，以及社会主义国家为什么出现历史曲折，怎样发挥社会主义制度的优越性等反映时代矛盾的一系列重大问题，也必须运用现实的包括恩格斯在内的马克思主义来进行深入的分析，靠"把恩格斯驱逐出去"的所谓"本来意义上的马克思主义"是无济于事的。在这个意义上，我们也必须把恩格斯和马克思作为马克思主义的共同创始人。

学习马克思主义的
立场观点方法[*]

《路德维希·费尔巴哈和德国古典哲学的终结》（以下简称《费尔巴哈论》）是马克思主义的一部基本哲学著作，它科学地说明了马克思主义哲学的形成，完整地概述了马克思主义哲学的基本原理，透彻地揭示了马克思主义哲学在人类思想史上的重要地位。因而我们说，这部著作是马克思主义哲学的一个概论。

学习这本书，不仅应该把握住这本书的写作动因、逻辑结构，这本书的主要内容或基本思想，更为重要的是要领会和把握好渗透其中的马克思主义立场、观点和方法。

---

* 1992 年 10 月讲于国防大学指挥员班，后经加工收入《许志功讲学录（续）》（中央文献出版社，2002 年版）。

一、学习马克思主义的阶级观点

哲学是萌芽于原始社会、形成于阶级社会的，它作为系统化、理论化了的世界观，一开始就是和一定的阶级利益相联系并为一定的阶级服务的。因而，分析一种哲学，总是要和一定的阶级相联系。换句话说，就是要用一定的阶级观点来看待哲学。

恩格斯对黑格尔哲学的分析就是这样的。在马克思、恩格斯以前，人们都把黑格尔哲学看做为"不食人间烟火"的抽象体系，因而不能认识它的阶级实质。恩格斯从阶级观点出发，深刻地揭示了它为资产阶级服务的阶级本质，在《费尔巴哈论》一开始就指出：正像18世纪的法国一样，在19世纪的德国，哲学革命也作了政治变革的向导。

黑格尔哲学是如何为资产阶级服务的呢？恩格斯举出了黑格尔的一个著名命题："凡是现实的都是合理的，凡是合理的都是现实的。"① 在形式上，这句话显然是把现存的一切都神圣化了，是在哲学上替封建专制制度服务的。但是在黑格尔看来，现实的是具有必然性的。现存的东西，在它具有必然性的限度内是现实的，当着超出这个限度的时候，现存的东西就不是现实的，相反，推翻它倒成了现实的了。用这种观点看待封建社会，其结论必然

---

① 参见《马克思恩格斯选集》第4卷，人民出版社1972年版，第211页。

是，在封建阶级处于上升时期，它的存在是具有必然性的、合理的，当着封建阶级处于下降时期，封建的所有制关系阻碍着生产力发展的时候，它的存在就是不合理的了，相反，推翻它，建立起资本主义的生产关系，就是必然的、合理的了。经过这样的分析，恩格斯说，黑格尔哲学在形式上是保守的，是为封建阶级服务的，但实质上是革命的，是为资产阶级服务的。

对于费尔巴哈哲学，恩格斯也作了这样的分析。在他看来，黑格尔的辩证法虽然以晦涩的形式为资产阶级推翻封建统治做了舆论准备，但他的唯心主义则更多的是由臆想的联系来代替现实的联系，而资产阶级要想取得胜利，就不能凭借着幻想的联系，必须揭示出客观对象的现实联系，正是适应于资产阶级的这种需要，费尔巴哈的唯物主义诞生了。基于这种认识，恩格斯十分明确地说，费尔巴哈哲学是完全适合于资产阶级的需要的，是为资产阶级服务的。

恩格斯不仅用阶级观点分析了德国古典哲学的社会作用和阶级属性，而且用这种观点分析了德国古典哲学的内在矛盾。在黑格尔哲学中，方法是辩证的、革命的，但体系是唯心的、保守的。为什么会有这个矛盾呢？恩格斯说这是德国资产阶级的两重性在哲学上的反映。德国资产阶级是一个具有两重性的阶级，一方面，它具有反封建的革命要求，这一要求表现在哲学上，就是黑格尔的辩证法。另一方面，它又有害怕无产阶级而向封建势力妥协的软弱性，这种软弱性反映在哲学上，就构成了黑格尔哲学体系的保守性。

对于费尔巴哈哲学，恩格斯也作了同样的分析。面对封建专制对资产阶级的压迫，费尔巴哈曾经为资产阶级大喊大叫过，他的唯物主义思想就是站在资产阶级的立场上，在同封建宗教的斗争中产生的，费尔巴哈所以能够恢复唯物主义的王座，一个重要原因就是他参与并反映了当时的阶级斗争。但是当费尔巴哈发表了自己的唯物主义哲学著作之后，就遭到了封建阶级的迫害而躲到一个几乎与世隔绝的偏僻乡村，从那以后，阶级斗争对他来说就成了一个不可通过的区域。正是由于这个原因，费尔巴哈尽管走到了历史唯物主义的大门口，但他仍然未能进到历史唯物主义。这样，恩格斯就用阶级的观点透彻地说明了费尔巴哈在自然观上的唯物主义和历史观上的唯心主义的矛盾。

恩格斯还用阶级的观点说明了德国古典哲学的形成和解体。已如前述，黑格尔丰富的辩证法思想和费尔巴哈的唯物论思想，就是资产阶级反封建的要求在哲学上的表现，没有德国资产阶级反封建的要求，就不可能有德国古典哲学的诞生。

对于黑格尔哲学的解体，恩格斯作了这样两个方面的分析：一方面是阶级关系的尖锐化，一方面是资产阶级走向腐朽。关于前一方面，恩格斯是这样说的：政治总是缠绕着哲学，在政治斗争不太明显的时候，哲学相对说来，是可以采取超然态度的；但是当政治斗争尖锐起来的时候，哲学就不可避免地要公开站在这方面或者那方面了。

在封建德国，当着资产阶级直接要消灭现存国家的时候，反映激进资产阶级要求的哲学家，就不能不抓住黑格尔哲学中的辩证法思想，而否认他的唯心主义体系；反映没落腐朽封建阶级要求的哲学家，也就不能不抓住黑格尔哲学的唯心主义体系，而否认他的辩证法思想。恩格斯说，两派各持一端，把黑格尔哲学的体系和方法割裂开来，对立起来，这种哲学也就不能不使自身解体了。关于后一个方面，恩格斯说：在德国，当资产阶级和封建阶级进行斗争的时候，无产阶级对资产阶级的斗争也就开始了，在这种斗争中，资产阶级日益丧失了进取精神，代之而起的是折衷主义，是对于收入的担忧和卑劣的向上爬的思想。在这种情况下，黑格尔哲学那种要求变革的精神就完全消失了。这种精神的消失，必然导致他的哲学的没落。

　　对于费尔巴哈哲学的解体，恩格斯也作了这样的分析。他说，费尔巴哈哲学所以"被挤到了后台"，一个重要的原因就是他不理解1848年革命，没有摆脱资产阶级的局限。他的伦理学的最高殿堂就是资产阶级的交易所，他的爱的宗教也不过是资产阶级抽象的人性论的一种表现而已。

　　恩格斯在对德国古典哲学的社会作用、阶级属性、内在矛盾以及它的产生和解体的分析中所渗透着的阶级观点，是具有普遍指导意义的。它是一条指导性的线索，是使我们在看来迷离混沌状态中发现规律性的一把钥匙。阶级的观点不仅可以运用于对哲学的分析，而且在阶级社会中还可以运用它来分析、看待一切社会问题。在社会主义条件下，剥削阶级作为一个阶级消灭了，但是一定范围的阶级斗争还存在，因而还必须坚持阶级斗争的观点。联系近年来在阶级斗争问题上的经验教训，我们甚至可以说这样一段话：自从有阶级以来，从整体上说，整个人类的历史，就是一部阶级斗争史，谁要是否定这种历史，他就必将为这种历史所否定。在社会主义条件下，特殊形式的阶级斗争仍然存在，谁要是否定这种存在，他就必将为这种存在所否定。

二、学习马克思主义的科学态度

所谓科学态度，也就是唯物主义的态度，就是实事求是的态度。恩格斯说，要按照现实世界的本来面目来理解现实世界，而不要先入为主的唯心主义怪想，要从事实本身的联系来把握事实，而不要把幻想的联系强加给事实。这就是唯物主义的本义，就是科学态度的哲学表达。恩格斯在《费尔巴哈论》中对德国古典哲学和马克思主义哲学的评价，所充分体现的就是这种科学态度。

恩格斯科学态度的一个重要表现是敢于实事求是地肯定他的前人。恩格斯写作《费尔巴哈论》这本书的时候，德国的思想界是把黑格尔作为一条"死狗"来打的，很多人都把黑格尔哲学看做是没有任何内容的抽象思辨。对于费尔巴哈哲学也是这样，几乎所有的人都把费尔巴哈看做是德国哲学的"不肖子孙"。正是在这种情况下，恩格斯和马克思一样，潜心地研究了黑格尔和费尔巴哈哲学。

经过研究，他们公开地宣称自己是黑格尔"这位大思想家的学生"①，说费尔巴哈哲学对他们起了重大的"解放作用"②。

在否定一个人或一种学说成为时髦的时候，要敢于实事求是地肯定，是非常不容易的。没有一种科学态度，是根本做不到的。恩格斯做到了，这说明他有着十分严格的科学态度。

恩格斯对黑格尔哲学作了怎样实事求是的肯定呢？我们列举事实如下：黑格尔的哲学体系不仅包括了以前的任何体系所不可比拟的巨大领域，而且在这一领域中发现了令人惊奇的丰富思想；黑格尔哲学的真实意义和革命性质，正在于它永远结束了以为人的思维和行动的一切结果具有最终性质的看法；黑格尔在精神现象学、逻辑学、自然哲学、法哲学、宗教哲学等所有这些领域都起到了划时代的作用；正是黑格尔哲学为我们找到了真正地切实地认识世界的道路。

恩格斯不仅肯定了黑格尔的巨大功绩，而且批评了费尔巴哈对黑格尔的错误态度。费尔巴哈本来是黑格尔派，后来他同黑格尔分离走上了唯物主义道路，这是正确的。但是突破了黑格尔哲学之后，他就全盘否定了黑格尔。对此，恩格斯发表意见说：对于黑格尔这种具有伟大创造性的哲学，仅仅宣布是错误的，这是不对的；正确的态度应

① 参见《马克思恩格斯全集》第 23 卷，人民出版社 1972 年版，第 24 页。
② 参见《马克思恩格斯选集》第 4 卷，人民出版社 1972 年版，第 218 页。

该是从它本来的意义上扬弃它。就是说，要批判地消灭它的形式，救出通过这种形式获得的新内容。尽管恩格斯批评了费尔巴哈对待黑格尔的错误态度，但是他并没有用这种态度对待费尔巴哈，而是实事求是地肯定了他的哲学，强调费尔巴哈的一个主要功绩在于他炸开了黑格尔哲学的唯心主义体系，恢复了唯物主义的王座。不仅如此，他还公开承认，费尔巴哈哲学的重大解放作用使他和马克思"一下子都成了费尔巴哈派了"。

恩格斯在《费尔巴哈论》中所体现的这种敢于顶着逆流实事求是地肯定他的前人的科学态度，同一些人在对待前人的态度上，形成了一个鲜明的对照。小的不说，就拿对待毛泽东来说吧，毛泽东有没有错误？有！而且很严重。犯有严重的错误不仅可以而且应该批评。但是能不能由此全盘否定他呢？当然不能。可是在这个问题上，前些年却成了时髦，谁不说几句毛泽东的坏话，谁就是思想僵化，谁就是"左"倾保守。这种情况理所当然地引起了广大群众的不满。作为老一代无产阶级革命家的黄克诚同志，曾经受过毛泽东的不公正对待，但当别人否定毛泽东时，他却挺身而出，实事求是地肯定毛泽东，这在人民群众中赢得了多么大的赞誉呀！这一反一正向我们表明：在评价我们的前人时，有一个科学态度是十分重要的。

在《费尔巴哈论》中，恩格斯科学态度的另一个重要表现在于他能够历史地看待问题。我们知道，恩格斯是非常严厉地批评了黑格尔的。但是他的批评不是武断的，不是苛求于人的，而是把他的错误放在当时的历史条件下加以分析的。比如，恩格斯在严肃地批评黑格尔哲学唯心主义的同时，就指出：这在当时是不能不如此的，因为德国人的传统就是一讲到哲学，就必须创立一个终极真理的体系。比如，恩格斯在批评黑格尔用幻想的联系来代替事实的联系的时候，又说，这在当时不可能不是这样的，因为那时自然科学的发展还没有能够在更多方面揭示出客观对象本身的联系。再比如，黑格尔猜到了自然和社会的发展是一个由低到高、越来越高的过程，这是非常深刻的，可是后来有人却说，社会和地球一样，也还有它下降的时候，并责怪黑格尔没有看到这一点，对此，恩格斯说：我们现在离社会历史下降的转折点还相当远，同时，我们也不能要求黑格尔哲学去研究当时还根本没有被自然科学提到日程上来的问题。

对于费尔巴哈的哲学，恩格斯也采取了这种态度。费尔巴哈哲学的主要方面是唯物论，但他的唯物论是机械的，对此，恩格斯进行了严厉的批评。但他同时又指出，费尔巴哈哲学唯物主义所以是机械的，这是由如下两方面的原因造成的：从思维方面来讲，旧的研究方法和思维方法还具有重要的历史根据；从自然科学的发展上来说，当时自然科学中最完善的就是机械力学，而其它科学还处在襁褓之中。由于这两个方面的原因，费尔巴哈哲学的这种机械性是不可避免的。至于他在历史观上还仍然是唯心主义的，恩格斯说，这不能怪罪于费尔巴哈，而只能怪罪于当时社会的黑暗。

恩格斯的这种态度告诉我们，对历史上的人和事要采取分析的态度，要把前人的局限放在当时的历史条件下去认真地分析，而不能用今天的眼光去苛求前人，更不能用现在的政策去翻历史的案。有没有这种态度是非常重要的。联系以往的经验教训，我们可以这样说：不能正确地对待过去，就不能很好地迎接未来，不能正确地对待他人，就不能科学地武装自己。

恩格斯的科学态度还表现在，他能够正确对待自己的科学发现。马克思主义哲学是真正科学的世界观和方法论，因而我们应该说，而且在恩格斯写作《费尔巴哈论》的那个时候，也确实有很多人说马克思、恩格斯是真正的天才，他们的贡献是划时代的。但是对此，恩格斯则说，我们之所以能够创立这个学说，这是以当时的自然科学的发展为前提的。他在概述了自然科学上的三大发现以后指出：我们现在不仅能够指出自然界中各个领域内的过程之间的联系，而且总的说来也能够指出各个领域之间的联系了，这样，我们就能够依靠经验自然科学本身所提供的事实，以近乎系统的形式描绘出一幅自然界联系的清晰图画。

恩格斯不仅阐述了马克思主义哲学同自然科学的联系，而且着意地分析了马克思主义哲学同德国古典哲学的关系。他指出，在马克思主义哲学的创立中，黑格尔不是被放在一边的，恰恰相反，他的辩证法是被作为出发点的。恩格斯还说，我和马克思同黑格尔哲学的分离，是由于返回到唯物主义的结果。这样，他就深刻地说明了由黑格尔的唯心主义辩证法，经过费尔巴哈的唯物论，再到辩证唯物主义和历史唯物主义的发展过程。

马克思主义哲学的创立，虽然有它的理论来源和自然科学作前提，但更为重要的还在于无产阶级登上了历史舞台。没有无产阶级，就不可能有作为无产阶级世界观和方法论的马克思主义哲学。对于这一点，恩格斯在本书中也作了说明，强调无产阶级是"为争夺统治而斗争的第三个战士"，正是这种战士的身份，使德国人的理论兴趣存在下来了。

上述分析告诉我们：一种新的思想、新的理论，固然与它的创始人的天才头脑有关，但主要是社会实践和理论发展的结果。明了这个道理，我们每个人，其中也包括有重大贡献的人，都不应该把自己看得过重，恩格斯的上述态度，正是这种认识的一种表现。这种态度同一些人的争功诿过相比较，两者的差别是相当明显的。所以我们说，在这方面，恩格斯也为我们作出了好的榜样。

三、学习马克思主义的分析方法

毛泽东经常说，没有什么铁板一块的东西，任何事物都是可以分析的。对人对事都要采取分析的态度，不能否定一切，也不能肯定一切。分析的方法是科学的方法，没有分析就没有科学。分析的方法，概括地说，就是一分为二的辩证方法。

在《费尔巴哈论》中，恩格斯无论是对黑格尔哲学，对费尔巴哈哲学，还是对马克思主义哲学，采用的都是这种一分为二的辩证分析方法。我们可以毫不夸张地说，《费尔巴哈论》是运用一分为二辩证分析方法的典范，学习《费尔巴哈论》，要很好地领会贯穿其中的这种方法。

在《费尔巴哈论》的第一章中，恩格斯着重分析了黑格尔哲学。在这里，他首先一分为二地分析了黑格尔哲学的阶级基础，从德国资产阶级的两面性，揭示了黑格尔哲学的两面性。然后一分为二地分析了黑格尔哲学本身，揭示了方法和体系的矛盾，指出黑格尔哲学的方法是辩证的，体系是唯心的。最后，恩格斯又一分为二地阐明了黑格尔学派的解体过程，强调它首先分化为青年黑格尔派和老年黑格尔派，进而又揭示了青年黑格尔派的内部分化，引出费尔巴哈哲学的诞生。

在第二、第三章中，恩格斯着意地分析了费尔巴哈哲学。在这里，他首先如实地把费尔巴哈哲学的产生看做是一个从信仰黑格尔哲学到抛弃黑格尔哲学的过程。然后再一分为二地分析费尔巴哈的功劳和过错，肯定他炸开了黑格尔的唯心主义体系，恢复了唯物主义的王座，批评了他把黑格尔辩证法放在一边，因而没有越出形而上学和非历史主义的错误。最后，又对费尔巴哈之所以犯错误的原因作了分析，强调一方面是由于他没有摆脱他所属于的那个阶级的局限性，没有摆脱形而上学的传统思维方式；另一方面，是由于德国封建专制的可悲状态，说正是这种状态使得费尔巴哈陷入了可悲的结局。

在最后一章中，恩格斯着意分析了马克思主义哲学。首先，他从理论来源和实践基础这两个方面，分析了马克思主义哲学的形成，认为马克思主义哲学之所以能够产生，一方面是由于有德国古典哲学，特别是黑格尔和费尔巴哈哲学作为理论来源。另一方面是由于自然科学和社会阶级矛盾的发展，从而强调了马克思主义哲学的形成是理论来源和实践基础的统一。然后又一分为二地分析了马克思主义哲学的理论内容，强调了马克思主义哲学是唯物论和辩证法的统一，是辩证唯物主义和历史唯物主义的统一，从而科学地阐述了马克思主义哲学是一块"整钢"。最后，恩格斯又在结束语中一分为二地分析了马克思主义哲学的特点，认为它既是科学的理论形态，又是无产阶级伟大的认识工具，从而科学地阐述了科学性和阶级性的统一这个马克思主义哲学的基本特征。

上述分析向我们表明，在《费尔巴哈论》中，从始至终贯穿着一分为二的矛盾分析方法，我们甚至可以说，这本书就是由一系列的一分为二的科学分析构成的。

一分为二的方法是大家所熟悉的，但是理论上熟悉是一回事，实际上能不能正确运用它则是另外一回事。应该说，这些年来，我们正是在这个最熟悉的问题上犯错误最多。这种违反一分为二的错误集中地表现在从一个极端跳到另一个极端。比如说，我们否定了一大二公的旧模式，一些人就跳到忽视甚至否定社会主义公有制的另一个极端；我们要甩掉吃大锅饭的铁饭碗，一些人就跳到了分配极为不公的另一个极端；我们否定了不讲物质利益原则的精神万能论，一些人就跳到了否定精神的作用，单纯强调物质利益，甚至金钱万能的另一个极端；我们否定了政治工作的形式主义，一些人就跳到了轻视乃至否定思想政治工作的另一个极端；我们否定两个凡是，一些人就走到了轻视、淡化马列主义、毛泽东思想的另一个极端；我们否定了闭关锁国的旧做法，一些人就跳到了鄙视自己祖国，崇洋媚外的另一个极端，如此等等。总之，我们克服和防止"左"，一些人就偏向了右。诸如此类的在两个极端上跳舞的错误，从根本上说来，就在于违反了一分为二的矛盾辩证法。有鉴于此，我们不能不说，即便是在这部著作发表 100 多年以后的今天，读起来也还是十分新鲜的，还是具有十分重大的现实意义的。

马克思主义社会形态理论
与社会主义本质[*]

　　研究中国的社会主义道路，一个不可回避的问题是要弄清楚什么是社会主义，这不是单纯的逻辑需要，也不是无关紧要的纯学术探讨，而是一个具有重大实践意义和理论意义的问题。邓小平把马克思主义的基本理论和中国的具体实际相结合，经过艰辛地探索，创造性地作出了关于社会主义本质的概括。要对之加以透彻的理解，有一个系列相关的问题需要探讨。而探讨这些理论问题，一个重要的方法论基础则是依据唯物史观，把社会主义本质的实现看做为一个过程。

---

　　* 1993 年 3 月讲于国防大学进修系，后经加工收入《唯物史观与中国的社会主义道路》（山西人民出版社 1996 年版）一书。

一、搞清楚什么是社会主义是建设
社会主义的前提

历史的经验告诉我们，坚持社会主义，首先要搞清楚什么是社会主义，如何建设社会主义。我们的经验教训有许多条，最根本的一条就是要搞清楚这个问题。我们总结几十年搞社会主义的经验，社会主义是什么，马克思主义是什么，过去我们并没有完全搞清楚。

所谓"没有完全搞清楚"，并不在于过去不了解马克思主义关于社会主义的一般原则，如公有制、按劳分配、人民民主专政、马克思主义指导等等，这些一般原则应当说过去我们不仅反复论述、深入人心，而且也是坚持实践的。那么，究竟在哪些问题上没有完全搞清楚呢？我感到指出如下两点是至关重要的。

（一）从科学社会主义理论的内涵来看，什么是社会主义没有完全搞清楚。

在马克思、恩格斯看来，科学社会主义是"关于无产阶级解放条件的学说"。恩格斯在《社会主义从空想到科学的发展》一文中给科学社会主义的定义就是这样下的。所谓无产阶级解放条件，在当时就是指通过无产阶级革命和无产阶级专政，消灭资本主义剥削，建立社会主义制度。但是，在马克思、恩格斯看来，这只是无产阶级解放的第一步，无产阶级还有进一步解放的问题。在《共产党宣言》以及其他许多著作中，他们都一再讲到，无产阶级要想得到彻底解放，只有同时解放全人类。所谓解放全人类，也就是实现共产主义，这才是无产阶级解放的最终目标。这样一个解放所需要的条件，比起革命、专政来，当然要复杂得多。因为要实现全人类的解放，就必须使社会生产力有极大的发展，物质产品有极大的丰富，人的精神境界有极大的提高。只有这样，人才能超越资产阶级法权的狭隘眼界，真正实现各尽所能，按需分配。

从马克思、恩格斯学说的本义来说，它所要追求的是无产阶级和全人类的解放，最终实现共产主义。但是由于在马克思、恩格斯生活的年代，资产阶级的统治是一个严酷的事实，资产阶级不可能放弃自己的统治，自动退出历史舞台，所以，无产阶级只有通过革命手段，推翻资产阶级的统治，才能使自己从资本主义压迫下解放出来，遗憾的是，马克思、恩格斯始终未能亲眼看到无产阶级从资本主义制度下解放出来的事实，而且直到他们逝世后的一段时间内，无产阶级的这种解放也没有成功实现，相反，资产阶级照常对无产阶级进行剥削、压迫。因此，实现无产阶级的第一步解放，始终是各国马克思主义政党迫切的现实任务，而无产阶级革命和无产阶级专政也就一直被当成了马克思主义的核心。

把无产阶级革命和无产阶级专政看做马克思主义的核心是有其合理性的。也就是说，当阶级斗争成为一种严重事实的时候，当无产阶级只有通过革命、专政才能使自己从剥削制度下解放出来，它是正确的。但是，当无产阶级需要通过大力发展生产力，使物质文明和精神文明有较大提高，为自己的进一步解放创造条件的时候，就应当把马克思、恩格斯当年讲过而没有展开的关于无产阶级进一步解放的条件，作为这一理论的核心内容，并结合新的时代特征和各国国情创造性地加以发展。无产阶级进一步解放的条件是什么？是创造比资本主义更高的劳动生产率。为此，就要解放生产力，发展生产力。所以，解放生产力，发展生产力是社会主义的题中应有之义。正是在这一点上，我们过去没有搞清楚。

（二）从用以指导社会主义实践的理论观念来看，什么是社会主义没有完全搞清楚。

任何一个社会都是一种生产方式，考察一个社会的本质，要着眼于考察其生产方式。而生产方式是生产力和生产关系的统一。在这种统一中，生产力是内容，生产关系是形式，内容决定形式，形式服从并服务于内容。正是在这个意义上，恩格斯说过："根据唯物史观，历史过程中的决定性因素归根到底是现实生活的生产和再生产"，并且强调，"无论马克思或我都从来没有肯定过比这更多的东西"。[①] 根据马克思、恩格斯的这一思想，不能离开生产力的决定作用抽象地谈论生产关系，不能离开生产力的发展抽象地谈论社会主义。而我们过去对社会主义理解的一个重要弊端则正在这里。

从 50 年代末到 1978 年党的十一届三中全会以前，成为我们指导思想的社会主义观念是什么？是公有制、按劳

---

① 《马克思恩格斯选集》第 4 卷，人民出版社 1972 年版，第 477 页。

分配、计划经济。这种三位一体的社会主义观念不是没有理论根据的，马克思、恩格斯的书本中对此有大量论述。在实践上也不是没有积极意义的，在它的指导下，我们建立了社会主义制度。邓小平说：社会主义制度是个好制度，我们要坚持。但是这种社会主义观念又确确实实存在着很大弊端，那就是它容易使人离开生产力的发展来抽象地谈论社会主义。

　　离开生产力对生产关系的决定作用来谈论社会主义，不可避免地会导致这样一些失误：首先，不顾马克思、恩格斯当年创立科学社会主义理论所依据的资本主义高度发展的条件和我们自身经济文化比较落后的实际，教条式地理解马克思所设想的社会主义原则，一味地认为社会主义所有制越大越公越纯越好，务求使资本主义和个体经济在内的一切私有制在全社会绝种。1956 年以前生产资料所有制的社会主义改造搞得过急、过快，根子在这里，"文化大革命"中搞穷过渡，宁要社会主义的草，不要资本主义的苗，根子也在这里。其次，拘泥于马克思、恩格斯的论断，把本来不具特定社会性质的东西，或者当做社会主义来坚持，或者当做资本主义来反对。长期以来，我们把计划经济等同于社会主义来坚持，把商品生产和市场经济等同于资本主义来反对，教训是非常深刻的。再次，忽视生产力的发展，而把夸大了的阶级斗争和反对资本主义复辟当做巩固、发展社会主义的根本任务和手段，使政治运动不断，社会动荡不安。最后，忽视改善和提高人民的物质文化生活，而把社会主义变成抽象的政治、道德原则，让大家安于贫穷，引起了人民群众的很大不满。

马克思的科学社会主义创立于 19 世纪的四五十年代，迄今已有一个多世纪的历史。世界上第一个社会主义国家也诞生了 70 年以上。我们党早在民主革命时期就明确要以社会主义、共产主义作为自己的奋斗目标，从我国建立社会主义制度后到党的十一届三中全会召开，也有 20 年建设社会主义的历史。那么，为什么过去我们会对什么是社会主义这个问题没有完全搞清楚呢？从理论上说，这至少可以从以下两个方面得到说明：

首先，马克思的科学社会主义并不是在社会主义诞生以后，在总结社会主义自身发展的实践活动中概括出来的，而在社会主义制度诞生以前，在资本主义时代，在科学地分析资本主义矛盾运动的基础上，根据在资本主义制度下成长起来的社会化大生产和资本主义私有制不适合这种生产力的社会性，因而阻碍生产力的发展这一事实作出的科学结论。这一理论是科学的，因为它具有科学根据，是对未来的科学预测。正因为它是一种科学预测，没有为实践所验证，因此，当马克思创立的科学社会主义由理论变成实际以后，必须根据社会主义社会本身发展的实践经验去加以检验，并在实践的基础上去丰富和发展。如果不是这样，而是仅仅满足于背诵马克思关于科学社会主义的一些基本特征的论述，并不能真正完全搞清楚什么是社会主义的问题。何况马克思关于社会主义一般特征的论述，作为一种科学理论，是对在资本主义已经发展成熟的基础上诞生的、高于被其取代的旧社会的新制度来说的，而现实中我国的社会主义制度，却是在资本主义还没有获得比较充分的发展，由于中国国情，超越资本主义发展阶段而建立起来的，因而还只是处于初级阶段的社会主义。在这种情况下，如果只是照搬马克思的论述，对于在中国的具体情况下，什么是社会主义的问题是不可能完全搞清楚的。

其次，马克思的科学社会主义作为一种科学理论，它本身需要随着时代和科学的发展而不断向前发展。正像邓小平提出的：绝不能要求马克思为解决他去世之后上百年、几百年所产生的问题提供现成答案。列宁同样也不能承担为他去世以后 50 年、100 年所产生的问题提供现在答案的任务。真正的马克思列宁主义者必须根据现在的情况，认识、继承和发展马克思列宁主义。世界形势日新月异，特别是现代科学技术发展很快。现在的一年抵得上过去古老社会几十年、上百年甚至更长的时间。不以新的思想、观点去继承、发展马克思主义，不是真正的马克思主义者。

世界上第一个社会主义国家诞生以后，开始曾经实行过战时共产主义政策，后来又实行新经济政策。列宁逝世后，在斯大林领导下建成了社会主义，形成了一种社会主义模式。这种模式被其他社会主义国家普遍仿效，认为社会主义就是这个样子。但是后来的实践证明这种模式固然有其历史作用，但并不是完全成功的。所以，邓小平说："社会主义究竟是个什么样子，苏联搞了很多年，也并没有完全搞清楚。可能列宁的思路比较好，搞了个新经济政策，但是后来苏联的模式僵化了。"① 毛泽东在《论十大关系》中提出要对苏联的经验教训引以为戒，避免走他们走过的弯路，并试图探索一条新的道路，但由于后来党的指导思想上"左"的思想发展起来，也没能真正探索出一条好的道路来。60 年代前半期，中苏两党之间围绕对马克思主义、社会主义的理解问题，展开了一场激烈的争论。但正像邓小平指出的，经过二十多年的实践，回过头来看，双方都讲了许多空话。之所以产生这种情况，从认识论的根源上看，主要是因为没有随着时代和科学的发展不断把马克思主义关于社会主义的学说推向前进，而基本上只是把马克思关于社会主义的一般规定在实践中予以贯彻。苏联在宣布建成社会主义不久，即提出了向共产主义过渡的任务。单纯从逻辑的推演来说，似乎是顺理成章、无懈可击的，但事实上脱离了苏联的具体实际，只能使苏联模式越来越僵化。中国社会主义改造有自己的独创，取得了伟大的历史性胜利，但也正由于对社会主义的理解基本上是从马克思关于社会主义的一般规定出发，因此出现了对农业和个体工商业的改造要求过急，工作过粗，改造过快，形式也过于简单划一的缺点和偏差，以致长时间地遗留了一些问题。邓小平正是在总结社会主义建设的历史经验之后，强调坚持社会主义，首先必须从理论上搞清楚什么是社会主义这个问题的。

在新的历史时期中，邓小平围绕什么是社会主义这一

---

① 《邓小平文选》第 3 卷，人民出版社 1993 年版，第 139 页。

首要的基本理论问题，进行了长期艰苦的探索。在此期间，他深刻地反思了我国社会主义建设中的历史教训与前苏联和东欧社会主义解体的惨痛事实，全面地总结了改革开放以来我国在社会主义建设实践中取得的新经验。1992年初，邓小平在南方谈话中对上述长期思考的问题作出了总体概括，经典性地提出了关于社会主义本质的思想，强调"社会主义的本质，是解放生产力，发展生产力，消灭剥削，消除两极分化，最终达到共同富裕"①。这一经典性概括是在新的历史条件下对100多年社会主义实践的理论总结，它包含着十分深刻而丰富的内容。要全面深刻地理解和把握这一论断，必须站在历史唯物主义这一马克思主义的基石上，从更为广阔的社会历史视角去认识它。

二、邓小平对社会主义本质的概括体现了生产力与生产关系的统一

    社会主义制度作为一种社会形态，它的特定内涵首先是由社会经济形态的内涵规定的。因此，理解社会主义的本质，不能离开马克思主义关于社会经济形态的思想。

    在马克思、恩格斯、列宁的著作中，许多时候社会形态概念是指生产关系的总和或社会经济结构。列宁曾经指出，马克思"第一次把社会学置于科学的基础之上，确

---

① 《邓小平文选》第3卷，人民出版社1993年版，第373页。

定了作为一定生产关系总和的社会经济形态的概念"①。但是，在其他许多地方，马克思、恩格斯也从生产力与生产关系的统一上阐述社会经济形态的概念。在《〈政治经济学批判〉序言》中，马克思这样指出："物质生活的生产方式制约着整个社会生活、政治生活和精神生活的过程"。② 有什么样的生产方式，就有什么样的社会形态。显然，他这里所讲的社会形态，是指由生产力与生产关系相统一的生产方式所规定的。关于社会经济形态究竟是指生产关系的总和，还是指生产力与生产关系的统一，学术界众说不一。我认为，要完整、全面地理解社会经济形态，其内涵应该包括生产力在内。

第一，从生产力与生产关系的统一上界定社会经济形态，有着重要的理论依据。唯物史观认为生产力是推动社会发展的最终决定力量，是我们坚持用唯物主义观点观察世界和人类社会的根本依据。列宁指出，马克思、恩格斯"用唯物主义观点观察世界和人类，看出自然界中一切现象都有物质原因做基础，同样，人类社会的发展也是由物质力量即生产力的发展所决定的"③。因此，认识一定的社会经济形态如果不从一定的生产力出发，这种认识就会离开唯物论的基础，就会因为缺少决定和支撑这种形态的基础而不可能真正地理解和把握这种社会经济形态的特征

---

① 《列宁选集》第1卷，人民出版社1972年版，第10页。
② 《马克思恩格斯选集》第2卷，人民出版社1972年版，第82页。
③ 《列宁选集》第1卷，人民出版社1972年版，第88页。

与实质。

第二，从生产力与生产关系的统一上界定社会经济形态，还因为这两者本身就是不可分割的统一体。生产力决定着生产关系的性质，生产关系也一定要适应生产力发展的要求。因而，要理解和把握一定性质的生产关系，就不能离开一定性质的生产力；脱离生产力单纯的研究生产关系，则必然会陷入脱离客观实际的空谈。用生产关系的总和来确定社会经济形态的性质，无疑是正确的，它揭示了社会经济形态的本质特征。然而，生产关系的总和并不是社会经济形态的全部内容，只有从生产力与生产关系的统一上把握社会经济形态，才能全面、完整地把握住一定社会经济形态的根本特征。

第三，只有把社会经济形态看做生产力与生产关系的统一，才能说明每一个国家所处的某一社会形态的具体特点，掌握不同国家社会发展的多样性。虽然生产关系是区分不同社会形态的根本标志，是直接决定社会形态性质的，但即使处于同一社会形态的国家，其具体特点也有很大的差别。例如社会主义各国的生产关系虽然同属于公有制，但又有着程度和特点的重大区别。这种差别根源于生产力发展的状况，如果只从生产关系方面分析社会形态，不把生产力包括在社会形态之中，就不能找到处于同一社会形态的不同国家的具体特点产生的根源。

综上所述，认识一种社会经济形态，不仅要看它的生产关系的性质，还必须包括相应的生产力性质和发展水平。同样，认识社会主义制度，也必须从生产力与生产关系的统一上来把握它的本质和根本特征。邓小平关于社会主义本质的论断，把"解放生产力、发展生产力"同"消灭剥削，消除两极分化，最终达到共同富裕"联系在一起，这正是从生产力与生产关系的统一上概括社会主义本质的。

这一科学的论述不仅符合于马克思主义经典作家关于社会经济形态的基本定义，它也是对我国社会主义实践经验教训的深刻总结。

长期以来，我们总认为公有制和按劳分配是社会主义。应该说，这种认识是对的。没有了公有制和按劳分配还叫什么社会主义！但是也必须看到，我们在一个很长的时间里脱离开生产力的发展抽象地谈论公有制和按劳分配，从而使我们吃了不少苦头。近年来又有一种看法，认为社会主义就是发展生产力。应该说，这种看法也是对的。不发展生产力，国家必然贫穷，而贫穷叫什么社会主义！但是也应该看到，贫穷固然不是社会主义，但脱离开公有制和按劳分配，单有富裕也不能说是社会主义。按照唯物主义历史观，任何一个社会都是一种生产方式。考察一个社会的本质，要着眼其生产方式。过去我们对马克思关于社会生产方式思想的理解，只体现了生产力和生产关系的相互作用，而没有意识到这种相互作用的中介。邓小平强调不仅要发展生产力，还要解放生产力，强调社会主义基本制度确立以后还要从根本上改变束缚生产力发展的经济体制。经济体制概念的提出，就在生产力和生产关系中加进了一个中介，生产力经过经济体制决定生产关系，生产关系通过经济体制反作用于生产力。这样一种思想，过去的马克思主义教科书中是没有的，它使我们的认识大大地向前推进了一步。

邓小平关系社会主义本质的论断，不仅体现了生产力与生产关系的统一，同时，在这两者的统一中，他把"解放生产力，发展生产力"，摆在了更加突出的位置。突出解放和发展生产力在社会主义本质中的地位，完全符合历史唯物主义这一科学社会主义的理论基础。历史唯物主义的根本原理就是要以能否解放和发展生产力来判断一种社会制度的历史地位和作用。如果社会主义不以解放和发展生产力作为自己的历史使命和根本任务，不能在实践中解放、发展生产力，它是不可能有强大生命力的。但必须强调指出，邓小平所以要突出生产力在社会主义本质中的地位，不是简单地重复历史唯物主义的原理，而是在认真总结了建设社会主义的历史经验，科学地把握住中国的具体国情和当前的时代特征以后提炼出来的。

第一，它反映了同过去忽视生产力发展的"左"倾错误作斗争的成果。我们过去之所以没有搞清楚什么是社会主义这个问题，如前所述，首先在于忽视了发展社会生产力这一根本任务。邓小平指出：要坚持社会主义制度，最根本的是要发展生产力，这个问题长期以来我们并没有解决好。而没有搞清楚和没有解决好的原因，从认识上说又在于没有把生产力看做是在社会主义的本质之内，更没有认识到，社会主义社会要发展生产力，还存在一个解放生产力的问题。因为一般地说，既然社会主义的基本矛盾仍然是生产关系和生产力之间的矛盾，因此就始终有一个要适应生产力发展要求就必须调整和改革生产关系的问题。特殊地说，我国社会主义的经济、政治和其他方面的体制还存在着种种弊端，不能充分调动人民群众建设社会主义的积极性，束缚了生产力的发展，因此必须通过改革解放生产力，从而为生产力的发展开辟广阔前景。过去，我们只讲在社会主义条件下发展生产力，没有讲还要通过改革解放生产力，不完全。应该把解放生产力和发展生产力两个讲全了。对社会主义的本质作理论概括时，突出生产力首要的基础地位，正是为了提醒人们在社会主义过程中必须一心一意地搞建设，大力发展社会生产力，并且从根本上改变束缚我国生产力发展的经济、政治体制和其他方面的体制，以实现中国的社会主义现代化。只有这样，才能逐步消灭贫穷，不断提高人民的生活水平，才能使社会主义的优越性更好地体现出来，才符合社会主义的本质。

第二，它反映了社会主义初级阶段发展生产力的迫切要求。我国目前还处在社会主义初级阶段，在这个阶段中，人民群众日益增长的物质文化需要同落后的社会生产之间的矛盾还相当突出，相当尖锐，因为在社会主义初级阶段，新的社会主义制度已经建立起来了，但是还没有与其适应的物质技术基础。社会主义要消灭贫穷，实现共同富裕，创造出高于资本主义的劳动生产率，但由于现阶段还缺乏应有的物质技术基础而难以迅速实现。这样，在相当长的历史时期内，就出现了一种矛盾现象，即在社会发展阶梯上高于资本主义的社会主义，在物质技术基础上却低于资本主义发达国家，人民还不能完全摆脱贫穷。这就使资产阶级自由化思潮可以迷惑一些涉世未深和缺乏辩证思维的人。要想从根本上解决这种矛盾，只有靠我们的发展，建立起社会主义自身的物质技术基础，使社会主义不仅在经济、政治、社会制度上高于资本主义，而且在科技文化、劳动生产率和生活水平上也高于资本主义。而实现这一点的根本途径，只能是解放生产力，发展生产力。正是从现阶段社会主义还不可能全部显示出它对资本主义的优越性这个意义上，邓小平同志说："现在虽说我们也在搞社会主义，但事实上不够格。"[1]"不够格"不是说我们搞的不是社会主义，也不是说我们不具备条件去搞社会主义，而是指我们的社会主义还不是马克思从理论上阐明的那种在资本主义已经发展成熟的基础上产生出来的、从各个方面都已高出于资本主义的那种新的社会制度。所以，邓小平接着说："只有到了下世纪中叶，达到了中等发达国家的水平，才能说真的搞了社会主义，才能理直气壮地说社会主义优于资本主义。"[2]也正是从这点出发，邓小平强调反对资产阶级自由化要搞几十年，强调这个过程既是斗争的过程，也是说服教育的过程，最终说服不相信社会主义的人还要靠我们的发展。

第三，它反映了社会主义为战胜资本主义的严峻挑战

---

[1] 《邓小平文选》第 3 卷，人民出版社 1993 年版，第 225 页。

[2] 《邓小平文选》第 3 卷，人民出版社 1993 年版，第 225 页。

应采取的战略决策。当今世界，和平与发展已成为两大主题。世界形势日新月异，现代科学技术发展很快，世界各国尤其是我们的周边国家和地区都在研究如何抓住时机，加快发展的问题。同时，旧的世界格局正在改变中，新的格局还没有形成。一个冷战结束了，针对第三世界和社会主义的另外两个冷战又已经开始。西方国家正在打一场没有硝烟的第三次世界大战，要社会主义国家和平演变，最终纳入资本主义轨道。这样，我们在建设社会主义的过程就面临着两个方面的挑战，一是要顶住霸权主义、强权政治的压力，坚持我们的社会主义制度；一是要抓住世界发展大转折所提供的机遇，努力把我们在世界上所占的位置向前提，使我们的综合国力达到世界前列。过去我们比上不足，比下有余，现在周边一些国家和地区经济发展比我们快，如果我们不发展或发展太慢，老百姓一比较就有问题了。所以发展是个硬道理，真正使我们睡不着觉的，长期内始终是经济能否迅速发展，能否实现我们战略目标的问题。而只有深刻地认识到解放生产力，发展生产力包含在社会主义的本质之内，才能提高一心一意搞经济建设，坚持改革开放不动摇的自觉性，才能应对时代向我们提出的挑战。

总之，对于我们这样一个在 20 世纪中叶才开始具有建设现代化条件的国家来说，只有坚持社会主义道路才能实现现代化，而只有懂得解放生产力、发展生产力是社会主义的本质属性，才能真正坚持社会主义。邓小平把解放发展生产力纳入社会主义本质理论概括之中，不是简单地出于对社会主义历史使命和根本任务的逻辑推演，而是基于对历史经验的科学总结，基于对中国国情的准确判断，基于对时代特征的深刻把握。

三、邓小平对社会主义本质的概括
体现了发展与公平的统一

发展与公平的关系问题，是人类社会一个永恒的历史课题，因而也是历史唯物主义研究的重大课题。

从人类社会历史演进的过程看，发展与公平是历代人们所追求的两个基本目标。所谓发展，就是向自然界开战，不断提高人类自身从自然界获取生活资料的能力，从而不断满足人类的物质与精神生活的需要；所谓公平，则是由人类劳动的社会性特点所决定，人们总是企求从社会劳动的总成果中公平地获得属于自己劳动成果的部分。尽管人类从自身的利益与需要出发，总是不懈地追求着这两个基本目标，然而，由于不同社会发展阶段各种历史条件的局限，人们不可能实现发展与公平的要求，或者说，在社会主义制度出现以前，人们没有解决发展与公平的统一问题。

在原始公有制社会，与极其低下的社会生产力相适应的是自发的、本能的公平。这种公平和发展与人类社会进入文明时代的公平与发展的内涵是根本不同的。原始人那里没有发展与公平的概念，也不存在发展与公平的分离。没有二者的分离，也就谈不上二者的统一。在原始社会后期，生产有了一定的发展，劳动产品出现了剩余，出现了对这种劳动剩余产品的占有，从而也就出现了不公平。因而，从人类社会历史发展的过程看，公平问题是伴随着生产有了一定的发展，而又发展不够的状况产生的。从一开始，不公平就是作为公平的对立物而存在的。人类历史上几种不同形态的私有制社会在不同程度上实现了人类社会生产力的发展，尤其是资本主义社会极大地发展了社会生产力。然而，它们都未能也不可能解决社会公平问题。从根本上来讲，在私有制社会，发展与公平二者是对立的。因为社会的私有制性质决定了社会生产发展的目的只是为了满足少数人的需要，即统治阶级的需要，而不是全体劳动者的需要。不消灭私有制，就不能消除发展与公平的对立。

社会主义社会要消灭私有制，实现生产资料的公有制。公有制与现代社会化大生产的结合为发展与公平的统一提供了现实的可能性。正是在这个意义上说，发展与公平的统一是社会主义特有的本质，是社会主义区别于其他社会形态的根本标志。

社会主义制度的建立虽然为发展与公平的统一提供了现实的可能性，但是在社会主义条件下，要把这种可能性变成现实性，还必须从实际出发，依据社会主义不同发展阶段的特点，正确处理好发展与公平之间的辩证关系。邓小平在论述发展与公平问题时，始终是紧紧把握住客观现实，从两者辩证统一中阐述其不同侧面的。他在讲到发展生产力时，总是联系消灭剥削、消除两极分化，实现共同富裕；在讲到实现社会公平时，又总是联系发展社会生产力这一基础和前提。邓小平关于社会主义本质的论断正是他上述长期思考的结果，充分体制了发展与公平的辩证统一。"解放生产力，发展生产力"，作为社会主义的根本任务，核心是发展。"消灭剥削，消除两极分化"，作为社会主义的根本目标，核心是公平。二者在社会主义阶段的最高统一体现为"共同富裕"。共同富裕，包含了发展与公平，是发展与公平在矛盾运动过程中不断消除其不一致的因素，不断在更高阶段上实现新的统一的产物。发展与公平的统一，充分体现了社会主义的内在本质，使我们对社会主义的认识产生了一个新的飞跃。它告诉我们，离开公平的发展不是社会主义，资本主义发展很快，但它不是社会主义，因为它不公平。离开发展的公平也不是社会主义，原始社会很公平，但它不是社会主义，因为它不发展。只有既发展又公平才是社会主义。把发展和公平的统一规定为社会主义的本质，这就划清了社会主义同以往一切社会的界限。

我们讲发展和公平是有机地统一着的，不是说两者没有差别，不能区分。发展是侧重从生产力方面来讲的，公平是侧重从生产关系方面来讲的。

能否解放和发展生产力，并且能否在解放和发展生产力的基础上逐步消灭剥削、消除两极分化，实现人民的共同富裕，是判断是否真搞社会主义的根本标准。生产力决定生产关系并最终决定整个社会面貌，是马克思主义的一个最基本的原理。一种旧的生产关系和上层建筑被打破，归根到底是生产力发展的结果；判断一种新的生产关系和上层建筑是否合理，归根到底要看它是否符合生产力发展的要求。从生产力决定生产关系并最终决定整个社会的规律出发，马克思、恩格斯曾多次对未来社会作过这样的本质概括：共产主义经济形态是在保证社会劳动生产力极高度发展的同时又保证人类最全面的发展的这样一种经济形态。这一论断揭示了共产主义（包括社会主义）发展的两条根本原则：保证生产力极高度发展；保证人类最全面发展。

把邓小平的论断和马恩的论断加以比较，我们就会看到，两者的思想是一脉相承的。邓小平关于社会主义本质的论断本来是对马克思关于社会主义理论的继承，一些同志为什么会认为它偏离了社会主义呢？这与我们对社会主义的理解存在误区是有关系的。在一个相当长的时间里，我们忽视了发展而片面地强调公平，认为社会主义就是公平，就是人人有饭吃。就连游手好闲的懒蛋也有一个所谓的根据："社会主义不能不给饭吃。"邓小平从发展和公平相统一的角度来界定社会主义，正是克服了对社会主义的这种片面理解。它的一个重大意义在于，没有公平，就不能调动广大群众的积极性，因而不能有效地促进发展；没有发展，社会的物质匮乏，也不能实现真正的公平。这样的一种认识，在社会主义理论中不能不说是很有新意的。

发展和公平的统一构成社会主义的本质，这个本质的实现要有制度保证，最基本的就是公有制和按劳分配。然而，邓小平关于社会主义本质的概括中则恰恰没有直接提到公有制和按劳分配。对此，人们有各种理解：认为公有制和按劳分配是传统观念，邓小平抛弃了它；什么是公有制和按劳分配说不清楚，邓小平回避了它；邓小平心中是有公有制和按劳分配的，鉴于当前发展个体经济、外资企业等，强调公有制和按劳分配不利，因而不提是权宜之计；这个概括本身就潜含着公有制和按劳分配的意思。

我们认为，邓小平关于社会主义本质的概括和公有制、按劳分配既不矛盾，又很有新意。打开《邓小平文选》第 3 卷不难看到，邓小平多次讲过：一个"公有制占主体"，一个"共同富裕"，这是我们所必须坚持的社会主义的"根本原则"①。因此说邓小平把公有制和按劳分配看做是传统观念抛弃了，这是没有根据的。恰恰相反，公有制和按劳分配是社会主义的根本原则、根本制度，坚持社会主义，就要结合实际坚持公有制和按劳分配。

那么，邓小平为什么没有突出公有制和按劳分配而是突出发展和公平来概括社会主义本质呢？这是因为：公有制和按劳分配的实际意义，归根到底只有通过解放生产力，发展生产力，消灭剥削，消除两极分化，逐步达到共同富裕才能真正充分地体现出来；公有制和按劳分配的具体实现形式，归根到底又只能根据解放和发展生产力的实际要求，根据逐步实现共同富裕的实际进程来确定。脱离

① 《邓小平文选》第 3 卷，人民出版社 1993 年版，第 111 页。

开这种实际要求和实际进程来谈论所有制和分配方式，认为"越大越公越好"，"越平均越好"，结果只能导致生产力发展的停滞和人民的普遍贫穷，所以恰恰是伤害社会主义本质的。

四、邓小平对社会主义本质的概括
体现了目标与手段的统一

在社会历史理论中，目标与手段是不可分离的。人们世世代代都在设想着人类未来应当实现的目标，同时也构想着实现这一目标的手段。人们企求最终到达美好的彼岸，也总是试图建造一座达到彼岸的桥梁。然而，在唯物史观产生以前，由于各种社会历史条件的局限，人们既不能对未来的目标作出科学的设想，也找不到实现未来目标的现实手段。

马克思、恩格斯创立了唯物史观，第一次使人们对社会历史的认识建立在真正科学的基础上，从而使人们对未来理想社会目标的设定与实现这一目标的手段有了科学的依据，使目标与手段能够在科学的基础上统一起来。

首先，唯物史观第一次发现了生产力在社会历史发展中的最终决定作用，找到了实现社会进步与到达理想社会的根本手段。唯物史观发现，人类社会物质生活资料的生产是人类社会存在与发展的第一个前提。人们要从事政治、科学、艺术等活动，首先要能够生存，为了生存，就必须从事获取生活资料的生产劳动。人们在生产劳动中创

造出一定的生产力，并产生出相应的生产关系。这种物质生活的生产方式制约着整个社会生活、政治生活和精神生活，决定着一种社会形态向另一种社会形态的转变，推动着人类社会由低级向高级的发展。它说明，生产力是人类社会发展的永恒动力，是到达未来理想社会的根本手段，没有生产力的发展，人类的任何美好理想都不可能最终实现。

其次，唯物史观创立了社会形态发展学说，论证了人类社会形态演进的基本次序和未来社会发展的趋势，不仅为社会主义取代资本主义，同时也为在社会主义基础上达到更高的理想境界提供了科学的理论根据。唯物史观以社会生产方式的变更作为基本标志，把人类社会的发展划分为由低到高的五个发展阶段，这就是：亚细亚的、古代的、封建的、现代资产阶级的以及社会主义的生产方式。并且科学地预言了资产阶级的生产关系是社会生产过程的最后一个对抗形式。社会主义是合乎规律地取代资本主义的一种崭新的制度。根据这一社会发展基本规律的理论，人们不再把社会主义看做是不依赖于时间、空间和人类历史发展的纯粹历史偶然性的产物，而是看做合乎人类历史发展进程的必然结果，看做人类社会形态演进中一个不可或缺的发展阶段。这样，人们就不再从理性和幻想中去追求未来的理想社会，而是真正把理想目标的确定建立在社会发展基本规律的科学基础之上。

再次，唯物史观正确说明阶级和阶级斗争的历史作用，指出了现代无产阶级与资产阶级之间的阶级斗争对社会历史变革的巨大作用。同时，唯物史观也说明了通过无产阶级革命和无产阶级专政，消灭资本主义剥削和压迫，建立社会主义制度，这只是无产阶级解放的第一步，或者说是达到无产阶级理想目标的第一步。理想目标的最终实现，不能仅靠阶级斗争，其根本手段还是靠发展生产力创造出比资本主义更高的劳动生产率。

唯物史观的科学理论，第一次把人类对未来理想目标的追求与实现这一理想目标的手段建立在现实的基础之上，使人们从目标与手段的统一上看到了实现理想社会的现实前景。然而，方向指明了并不等于已经找到了实现的具体道路。对此，还需要在社会主义新的实践中去继续摸索。邓小平提出的社会主义本质思想，正是依据了唯物史观的科学原理，在总结我国和国际社会主义运动实践经验基础上提出的，它体现了社会主义所追求的理想目标与实现这一目标的根本手段之间的辩证统一关系。

在社会主义本质论中，邓小平科学地提出了社会主义的目标是消灭剥削，消除两极分化，最终达到共同富裕。这是对未来理想目标的高度概括，是对前人在这一问题上种种观点扬弃的结果，因而它包含着极其丰富的科学内涵。首先，在范围上，它是指社会全体成员，即共同富裕是社会上人人都富裕，不存在一部分人富一部分人贫穷的现象，这就体现了社会主义的本质和最终追求，是对资本主义两极分化的否定。其次，在过程上，它体现了长期性和非同步性，从我国不同地区、部门、生产力发展的不平衡的国情出发，说明了不可能同步实现富裕，而只能是一部分人、一部分地区先富起来，然后带动其他，最终实现共同富裕的道理。由于我国经济文化发展的落后状态，共同富裕不是短时间可以实现的目标，而是一个长期的过程，它是在经过一个很长发展阶段之后，最终达到的目标。这种"最终"实现的长期性和非同步性指出了达到理想目标的现实过程，它同过去的"同步富裕论"、"共富速成论"等不科学的观念划清了界限。总之，邓小平提出的目标使人们感到了共同富裕目标的可信，共同致富道路的可走，它既遵循了科学社会主义理论的基本原理，又赋予它反映中国实际和时代特征的新内容。

邓小平的社会主义本质论科学地提出了实现共同富裕目标的现实手段，这就是"解放生产力，发展生产力"。这一思路完全符合唯物史观的基本理论，表明了在无产阶级夺取政权、实现自身解放的第一步之后，要进一步实现最终目标，就必须把发展生产力当做根本任务，通过发展生产力来改造社会、改造自己，最终实现共同富裕和人的全面发展。邓小平反复强调，要牢牢地把握住经济建设这个中心，任何情况下都毫不动摇。"要横下心来，除了爆发大规模战争外，就要始终如一地、贯彻始终地搞这件事，一切围绕着这件事，不受任何干扰。就是爆发大规模战争，打仗以后也要继续干，或者重新干。我们全党全民要把这个雄心壮志牢固地树立起来，扭着不放，'顽固'一点，毫不动摇。"① 表明了他领导我国人民实现社会主

----

① 《邓小平文选》第 2 卷，人民出版社 1994 年版，第 249 页。

义最终目标的坚定决心。

要发展生产力，就必须解除发展生产力的障碍，因此，解放生产力同样是实现最终目标必不可少的手段。事实证明，我们过去所实行的高度集中统一的僵化经济体制，脱离了我国的基本国情和生产力发展水平，因而已经成为生产力进一步发展的严重障碍。所以，邓小平说，"要发展生产力，靠过去的经济体制不能解决问题"①，出路就是通过改革，建立社会主义市场经济新体制，从而使生产力获得解放。

总之，邓小平关于社会主义本质的论断体现了生产力与生产关系的统一，发展与公平的统一，最终目标与实现手段的统一。如果说生产力与生产关系的统一是从客观规律上指出了社会主义本质，那么发展与公平的统一则是从人类主体追求的角度体现出社会主义本质，而最终目标与实现手段的统一，则是从主客观的统一上指出了实现社会主义本质的道路，它集中反映了我们党对社会主义认识的深化，丰富和发展了唯物史观关于社会形态的理论。

---

① 《邓小平文选》第3卷，人民出版社1993年版，第149页。

马克思主义社会发展阶段理论
与社会主义初级阶段[*]

　　建设有中国特色的社会主义，如同做其他任何工作一样，也首先有个从哪里出发的问题。是从客观实际出发，还是从主观愿望出发？回答当然是前者而不是后者。既然要从客观实际出发，找准我国所处的特定历史阶段就是至关重要的了。经过艰难曲折的探索，我们党作出了"我国还处在社会主义初级阶段"的科学论断，强调这是一个"至少上百年的很长的历史阶段"。社会主义初级阶段理论，一方面坚持了唯物史观关于社会主义是个过程的思想，一方面又以前所未有的概念丰富了马克思主义的理论宝库。

---

　　* 1993 年 4 月讲于国防大学进修系，后经加工收入《唯物史观与中国的社会主义道路》（山西人民出版社，1996 年版）一书。

一、社会主义社会发展阶段的理论与实践

"社会主义初级阶段"这个概念，是马克思、恩格斯及列宁所没有提出过的，但又是在他们的思想指导下作出的。"社会主义初级阶段"这个概念，在社会主义发展史上未曾有过，但又是对社会主义历史经验的深刻总结。我们完全可以这样说，没有马克思主义关于社会主义发展阶段的基本理论，没有社会主义发展的曲折实践，就不可能有关于"社会主义初级阶段"的概念。

（一）马克思主义关于社会主义发展阶段的基本理论。

马克思、恩格斯一贯主张，对未来社会发展问题的思想，应从实际出发，以历史的态度对待一切。"我们的理论不是教条，而是对包含着一连串互相衔接的阶段的那种发展过程的阐明。"①马克思主义经典作家用这种彻底的发展论来考察未来社会的发展，提出过一系列直到今天看来还是非常深刻的基本观点。

过渡时期的观点。打开《共产党宣言》我们不难看出，马克思、恩格斯在这里提出过 10 条《过渡措施》。翻开《1848—1850 年法兰西阶段斗争》我们更可以看到，马克思在这里提出了"过渡阶段"这一概念。到了 1875年的《哥达纲领批判》，则形成了较为完整的过渡时期的

---

① 《马克思恩格斯选集》第 4 卷，人民出版社 1972 年版，第 459 页。

理论："在资本主义社会和共产主义社会之间，有一个从前者变为后者的革命转变时期。同这个时期相适应的也有一个政治上的过渡时期"①。这个过渡时期的特征是怎样的，马克思没有作出明确论断。列宁向前推进了它，强调"这个过渡时期不能不是衰亡着的资本主义与生长着的共产主义彼此斗争的时期，换句话说，就是已被打败但还未被消灭的资本主义和已经诞生但还非常幼弱的共产主义彼此斗争的时期"。② 并且指出，"具有这种过渡时期特点的整个历史时代的必然性，不仅对马克思主义者来说，而且对任何一个有学识的、多少懂得一点发展论的人来说，应当是不言而喻的"。③ 毛泽东称赞并运用了马克思、恩格斯和列宁的理论，从我国的实际出发，提出了党在过渡时期的总路线，领导全国各族人民有步骤地实现了从新民主主义到社会主义的转变。

社会主义和共产主义两个阶段的观点。应该指出，马克思并没有专门研究和阐述过共产主义两个阶段的一般特征，但是他在批判拉萨尔"哥达纲领"阐述的"不折不扣的劳动所得"或"公平分配"的理论时，则着重论述了共产主义两个阶段分配原则的区别："在共产主义社会第一阶段"，由生产力发展水平所决定，还存在着脑力劳动和体力劳动的重大差别，在个人消费品的分配方面，只

---

① 《马克思恩格斯选集》第 3 卷，人民出版社 1972 年版，第 21 页。
② 《列宁选集》第 4 卷，人民出版社 1995 年版，第 59 页。
③ 《列宁选集》第 4 卷，人民出版社 1995 年版，第 60 页。

能实行等量劳动领取等量报酬的原则；只有"在共产主义社会高级阶段"上，当迫使人们奴隶般地服从分工的情形已经消失，劳动已经不仅仅是谋生的手段，而且本身成了生活的第一需要，随着个人的全面发展，生产力也增长起来了的时候，社会才能在自己的旗帜上写上各尽所能，按需分配。马克思在这里把未来的共产主义社会区分为"第一"和"高级"两个阶段。后来列宁把第一阶段称之为社会主义社会，把高级阶段称之为共产主义社会。毛泽东非常看重马克思和列宁的这种区分，在读《苏联社会主义经济问题》的谈话中强调：社会主义和共产主义是一个界限，必须分清，不能混淆。

不发达的社会主义和比较发达的社会主义的观点。虽然马克思区分了社会主义和共产主义两个阶段，但由于他没有直接参与社会主义实践，所以还不能对社会主义的发展阶段作出更加具体的区分。列宁在领导俄国人民把社会主义由理论变为实践的同时，对社会主义社会阶段划分的理论作出了重要贡献。他在《关于星期六义务劳动》中提出了"社会主义初级形式"的概念，在《关于全俄中央执行委员会和人民委员会的工作》中提出了"发达社会主义"的概念。他还使用过"完全的社会主义"、"达到完备形式的社会主义"、"彻底胜利的巩固了的社会主义"，这些与"发达社会主义社会"的含义基本相同。列宁说的社会主义的"最初级形式"指的是过渡时期，这与我们所讲的社会主义初级阶段不是一个意思。列宁所讲的"发达"的社会主义社会则大体上相当于马克思所说的共产主义社会第一阶段。应当指出，以斯大林为代表的苏联共产党人，领导苏联人民建立了社会主义制度，把私有制和剥削阶级的消灭作为确立社会主义制度的标志，这是一个进步。但斯大林把确立社会主义制度和建成社会主义混为一谈，宣布以后的主要任务是向共产主义过渡，这就严重地妨碍了人们实事求是地去建立符合生产力发展水平的经济体制和与之相适应的政治体制。毛泽东总结斯大林的教训，吸取列宁的思想，不仅在读《苏联社会主义经济问题》的谈话中非常谨慎地指出，我们已经进入了社会主义，进入是进入了，但尚未完成，不要说已经完成了，"我国的社会主义制度还刚刚建立，还没有完全建成，还不完全巩固"①，而且专门探讨了社会主义社会的发展阶段问题。他明确指出，社会主义这个阶段又可以分为两个阶段，第一个阶段是不发达的社会主义，第二个阶段是比较发达的社会主义。

马克思主义经典作家的上述思想是具有普遍意义的，它不仅为一切走上社会主义道路的国家指明了方向，而且为我们进一步区分社会主义社会的发展阶段提供了坚实的理论前提。

（二）社会主义社会发展阶段的曲折实践。

从实践中概括出理论固然不易，但将理论化作实践更难。虽有马克思主义经典作家上述思想的指导，但是共产党人在社会主义社会发展阶段问题上还是经历了一个艰难

---

① 《建国以来毛泽东文稿》第6册，中央文献出版社1989年版，第327页。

而曲折的实践过程。

早在斯大林时期，关于苏联社会主义社会发展阶段的提法就几经变化。1932 年，联共（布）十六次代表会议宣布苏联"建成了社会主义基础"。1936 年宣布完成了对所有制的社会主义改造，强调剥削阶级作为一个阶级已经被消灭。斯大林依据这个"事实"，在《关于苏联宪法草案》的报告中宣布：苏联社会已经基本上实现了社会主义，建立了社会主义制度，即实现了马克思主义者称之为共产主义第一阶段或低级阶段的制度。这应该说是正确的，但是只过了 3 年，斯大林在 1939 年联共（布）十八大的报告中就指出："我们正向共产主义前进"。反法西斯战争结束以后，1952 年召开的苏共十九大坚持十八大的路线，说苏联"建成了社会主义社会"，强调苏共现在的主要任务是"向共产主义社会过渡"。

斯大林逝世后，赫鲁晓夫把急于向共产主义过渡的冒进思想推向极端，继苏共二十一大提出全面展开共产主义建设之后，他在 1961 年苏共二十二大上提出了用 20 年时间基本建成共产主义社会的目标，并且以苏共新纲领的形式强调"我们这一代人将在共产主义制度下生活"。

勃列日涅夫任苏共总书记期间，为了纠正赫鲁晓夫关于共产主义建设任务和期限的轻率概念，在 1967 年纪念十月革命 50 周年的报告中坚持社会主义社会要划分阶段，并在以后的一系列讲话中论证了苏联处在"发达社会主义的成熟期"。"发达的社会主义社会"虽然没有完全摆脱急于"向共产主义过渡"的思想，但和"我们这一代人将在共产主义制度下生活"的高调相比较，无疑是降格了。

安德罗波夫对"发达社会主义"理论做了重大的修改。他在 1982 年纪念列宁逝世 58 周年的报告中提出："苏联处在发达社会主义这一漫长历史阶段的起点"。这一论断，虽然同勃列日涅夫一样，肯定苏联已经进入发达社会主义社会，但是第一，它认为发达社会主义是一个漫长的历史阶段，不是短暂的时期。第二，它认为苏联社会仅仅处于这一阶段的起点，而不是成熟期。在这里，对苏联所处发展阶段的看法显然是又降格了。

戈尔巴乔夫当总书记以后，虽然没有否认苏联进入发达社会主义社会，但在纲领性任务的提法上强调的却是"完善社会主义"。后来，他又提出了"发展中的社会主义"概念。谁都知道，"发展中的社会主义"和"发达的社会主义"是两个不同的概念。

上述事实告诉我们，从斯大林到戈尔巴乔夫，苏联领导人在对苏联社会发展阶段的认识上经历了"两次升格"，"三次降调"，从低到高，又从高到低，先后经过 50 年左右的实践和探索，才对本国社会所处的发展阶段得出了较为符合实际的判断和结论。

我们对我国社会主义发展阶段的认识也经历了一段曲折。1956 年所有制的社会主义改造基本完成以后，党的八大政治报告指出，社会主义改造已经基本结束了，社会主义的社会制度在我国已经基本上建立起来了。这就是说，我国已结束了过渡时期，进入了社会主义社会。由于社会主义建设经验不足，对中国国情认识不清，更由于在胜利面前滋长了骄傲自满情绪，1958年八大二次会议提出社会主义建设总路线之后，又轻率地发动了"大跃进"和农村人民公社化运动，当时，把发展生产力、变革生产关系、进行社会主义建设看得过于简单容易，企图用革命战争年代大搞群众运动和行政命令的办法，在经济上15年赶超英国，在所有制方面少则三四年，多则五六年完成由集体所有制向全民所有制的过渡，以为很快就可以建成社会主义和进入共产主义，因而提出"共产主义在我国的实现已经不是什么遥远将来的事情了"。一些头脑发热的地区和单位，甚至提出"跑步进入共产主义"。这就使得以高指标、瞎指挥、浮夸风和"共产风"为主要特征的"左"倾错误严重地泛滥开来，使我们的社会主义事业遭受了重大挫折。错误和挫折在很大程度上教训了我们，使我们认识到了共产主义不是轻而易得的。毛泽东说：社会主义是一个很长的历史阶段，社会主义社会要有很大的发展才能过渡到共产主义。这无疑是完全正确的，可是他同时却认为这个历史阶段的主要内容是始终存在着阶级、阶级矛盾和阶级斗争，因而坚持"以阶级斗争为纲"，从而导致了阶级斗争的扩大化。

（三）社会主义初级阶段理论的提出。

党的十一届三中全会以前，对社会主义社会发展阶段的认识，我们有过深刻的正确思想，也有过严重的失误。回顾那段历史，由于"左"倾思想离开了实事求是、一切从实际出发的思想路线，对国情的分析发生了偏差，对我国社会的发展阶段作了错误的判断，导致了两个方面的倾向：一方面，我们把它同以前的过渡时期相混淆，否认社会主要矛盾的变化，仍然把两个阶级、两条道路的斗争作为一切工作的中心，搞"以阶级斗争为纲"；另一方面，又把它与以后社会的较高阶段相混淆，用马克思、恩格斯所设想的成熟的社会主义甚至是共产主义的原则、标准来剪裁现实生活，把将来才能做到的事情硬要拿到现在来做，急于求成，搞穷过渡。这两方面的倾向造成了一个共同的结果，即从指导思想到实际工作，都进一步陷入了"左"的迷雾，使社会主义建设走了很大一段弯路，付出了高昂的代价。

党的十一届三中全会以后，在邓小平的倡导下，我们重新确立了实事求是的思想路线，注重对我国社会主义发展阶段的再认识，总结经验教训，提出了我国还处在"社会主义初级阶段"的著名论断。

"社会主义初级阶段"这一概念，在学术界，是著名经济学家孙冶方同志在《社会主义经济的若干理论问题》中首先提出的。我们党吸收了这一有价值的见解，1981年十一届六中全会通过的中国共产党中央委员会《关于建国以来党的若干历史问题的决议》第一次以党的文献明确指出："我们的社会主义制度还是处于初级的阶段，但是毫无疑问，我国已经建立了社会主义制度，进入了社会主义社会，任何否认这个基本事实的观点都是错误的。"① 1982 年十二大报告又强调："我国的社会主义社会现在还处在初级发展阶段，物质文明还不发达。"② 1986年党的十二届六中全会通过的《中共中央关于社会主义精神文明建设指导方针的决议》再次写道："我国还处在社会主义的初级阶段，不但必须实行按劳分配，发展社会主义的商品经济和竞争，而且在相当长历史时期内，还要在公有制为主体的前提下发展多种经济成分，在共同富裕的目标下鼓励一部分人先富裕起来。"③

这三个重要文献，都科学地阐述了我国处在社会主义初级阶段这个重大的理论命题，但又都没有展开。随着实践的深入和人们思想的进一步解放，到十三大，我们党深刻阐述了社会主义初级阶段的理论。党的十四大不仅重申了"我国还处在社会主义的初级阶段"，而且强调了"这是一个至少上百年的很长的历史阶段"④。

二、马克思主义观察历史的多维视角
与社会主义初级阶段理论

对社会主义发展阶段的科学认识，本质地说，在于正

---

① 《关于建国以来党的若干历史问题的决议（注释本）》，人民出版社 1985 年版，第 61 页。

② 《十二大以来重要文献选编》上，人民出版社 1986 年版，第 26 页。

③ 《十二大以来重要文献选编》下，人民出版社 1988 年版，第 1180—1181 页。

④ 《十四大以来重要文献选编》上，人民出版社 1996 年版，第 10 页。

确把握它所处的历史方位。

（一）社会发展阶段的划分标准是多维的。

社会发展阶段的划分标准是多维的。这是因为，事物的存在具有多方面的质，因此对于同一事物，人们可以根据实际需要，从不同的方面、不同的角度，采取不同的标准进行划分，以认识事物多方面的质。社会形态作为一个多层次、多要素的综合体，其中每一层次、每一要素，都可以表现为这个综合体的一个侧面或一个角度。人们完全可以以社会形态中不同层次和要素的状况为基点，参照其对社会各个领域的影响状况，从不同角度和侧面划分和把握社会发展阶段。

马克思主义经典作家为了全面认识和揭示社会历史的演进规律，简单明了地表述各个重大历史时期社会结构的模式和特点，曾经从不同的视角对社会历史演进进行了多侧面的透视和概括。

马克思曾经以生产的技术特征及其相适应的产业结构为标准，把社会划分为不同的技术形态。社会技术形态的内容是一定历史时期的生产力总和，其基本构成是一定的技术结构和产业结构。马克思虽然没有提出社会技术形态的概念，但已包含了这方面的思想。他曾经说过，"各种经济时代的区别，不在于生产什么，而在于怎样生产，用什么劳动资料生产。劳动资料不仅是人类劳动力发展的测量器，而且是劳动借以进行的社会关系的指示器。"[①]　马

---

① 《马克思恩格斯全集》第 23 卷，人民出版社 1972 年版，第 204 页。

克思早就肯定过以生产力为标志划分社会历史阶段的方法，强调按照制造工具和武器的材料，人类社会可以划分为石器时代、青铜器时代和铁器时代。西方学者根据技术发展水平以及与此相适应的产业结构的变化，把人类历史依次划分为渔猎社会、农业社会、工业社会、信息社会等阶段。

马克思曾经根据生产关系的不同，把社会区分为原始社会、奴隶社会、封建社会、资本主义社会以及共产主义社会。

马克思曾经依据生产关系中劳动交换关系也就是社会劳动与个别劳动的关系，把社会区分为自然经济、商品经济、产品经济。

马克思还曾在《资本论》手稿中，依据个体之间以及个体与社会的关系把社会发展划分为三大主体形态，即"人的依赖关系"的社会形态、"以物的依赖性为基础的人的独立性"的社会形态、"个人全面发展"①的社会形态。马克思关于三大形态的划分是以自然经济、商品经济、产品经济这三种经济形式为基础的，三大主体形态的依次更替是由这三种交换形式的依次更替所决定的。

人们还可以从其他角度或其他方面，运用其他标准来划分社会发展阶段和社会类型。如可以根据生产资料是公有制还是私有制，把人类历史划分为公有制社会——私有

---

① 参见《马克思恩格斯全集》第 46 卷（上），人民出版社 1979 年版，第 104页。

制社会——公有制社会。根据社会有无阶级存在，把人类历史划分为无阶级社会——阶级社会——无阶级社会。

总之，社会发展阶段可从多角度多侧面进行划分，社会发展阶段的划分标准是多维的。多维标准并不妨碍对马克思社会经济形态理论的认识，因为各种不同的划分标准，只是从不同角度分别反映社会形态的各个方面的性质和特征。

马克思对社会历史的这种多角度、全方位的划分，既注重生产关系主要是所有制关系的革命变革，又重视生产力系统的内在矛盾和自我运动；既注重社会历史的表层结构，又重视社会历史的深层结构；既注重对历史发展客观规律和社会结构的考察，又重视作为历史活动主体人的实践创造活动及其自由、和谐、全面发展的问题，它不仅是社会历史的解剖学，而且是社会历史的生理学。

运用这种解剖学或生理学，马克思的历史哲学第一次科学地证明，人类社会的历史不是某一社会形态单独发展的历史，也不是各种社会形态孤立发展的简单总和，而是一个统一的、完整的系统过程，各种社会形态在发展中是相互联系、相互作用、相互制约的，它体现了人的劳动实践的自我创造过程，社会发展的自然历史过程和社会主体发展过程三者的有机统一。

运用这种观点，多视角地考察现实的、在落后国家里建立起来的社会主义，我们可以更清楚地认识现实社会主义所处的历史方位。

从社会技术形态上来说，农业社会、工业社会和全面自动化社会，是人类社会的几大社会技术形态。发达的资本主义国家已经处于工业社会或由工业社会向全面自动化社会转变的过程中，而我国则处于由农业社会向工业社会转变的过程中。衡量一个国家是否实现了工业化，至少有三个标准：一是工业产值是否达到工农业总产值的70%；二是工业人口是否占总人口的60%以上；三是社会生产力是否从总体上进入了人与机器相互作用的阶段。用上述三个标准来衡量，我国距工业化还有相当的距离。

从社会经济形态上来说，我国生产资料公有制占主导地位，按劳分配是基本原则。由这种经济基础所决定，我国已经是社会主义社会。但是必须看到，我们的公有制和按劳分配还是很不成熟、很不完善的，无论是生产资料的公有制，还是生活资料的按劳分配，都还远远不能在社会规模上、在全体劳动者之间平等地实现。因而，它同马克思所设想的社会主义社会的公有制和按劳分配在成熟程度、完善程度上还相去甚远。

从社会交换形态上来说，自给自足的自然经济、社会化的商品经济和社会化的产品经济是人类社会的三大社会交换形态。发达的资本主义国家早已进入社会化的商品经济阶段，而我国至今商品经济和国内市场还很不发达，自然经济和半自然经济还占相当比重。

与此相一致，从主体形态来看，发达资本主义国家已经处于人对物的依赖关系阶段，而我国在很大程度上还处在人对人的依赖关系向人对物的依赖关系的转变过程中。人的发展与社会的发展是互为因果的。在农业社会和自然经济条件下，人的发展状态必然处于人对人的依赖关系；在工业社会和社会化的商品经济条件下，人的发展状态必然处于人对物的依赖关系；只有在未来全面自动化社会和社会化的产品经济条件下，人的发展状态才能是自由个性。

通过上述考察我们不难发现，现实的社会主义还不是马克思、恩格斯所设想的那种在资本主义之后的、高出于资本主义的社会形态。正如邓小平所指出的，"现在虽说我们也在搞社会主义，但事实上不够格。"[1]

（二）社会主义初级阶段理论的基本内容。

我国社会主义的初级阶段是一个什么样的历史阶段呢？它不是泛指任何国家进入社会主义都会经历的起始阶段，而是特指我国在生产力落后、商品经济不发达条件下建设社会主义必然要经历的特定阶段。这个阶段既不同于社会主义经济基础尚未奠定的过渡时期，也不同于已经实现社会主义现代化的阶段。

从社会性质来说，我国社会已经是社会主义社会。马克思主义的基本理论告诉我们，确定一个社会的性质要看在该社会中占统治地位的生产关系。马克思分析社会性质所采用的方法，就是从社会生活的各种领域中划分出经济领域来，从一切社会关系中划分出生产关系来，并把它当做决定其余一切关系的基本的原始关系。那么我国现阶段的生产关系又是怎样的呢？毫无疑问，我国已经完成了生

---

① 《邓小平文选》第 3 卷，人民出版社 1993 年版，第 225 页。

产资料私有制的社会主义改造，消灭了剥削制度和剥削阶级，建立和巩固了生产资料的社会主义公有制，实行了"各尽所能，按劳分配"和"不劳动者不得食"的原则，因而理所当然地是社会主义。那种认为"中国还不是社会主义"，而是"前资本主义"的说法是没有根据的。

从发展程度来说，我国社会主义社会的成熟程度还很低，仅仅是初级阶段，而不是较高阶段。因而我们必须从这个最基本、最重要的国情和实际出发搞建设和改革，而不能要求过高，急于求成，做超越阶段的事情。

社会主义初级阶段既有社会主义的因素，又有非社会主义的因素，而以社会主义因素占主导地位。也可以说，社会主义初级阶段是存在着资本主义因素的社会主义。十一届三中全会以后，从我国处在社会主义初级阶段的实际出发，我们在坚持公有制经济为主体的前提下，还发展了个体经济、私营经济、外商独资企业、中外合资企业等。在社会主义条件下，私有经济和公有经济不是水火不相容的。

在社会主义初级阶段上，生产力落后是一个十分重要的特征。我国的基本国情是人口多、底子薄，人均国民生产总值仍居于世界后列。突出的景象是：12亿多人口，近10亿在农村，基本上还是用手工工具搞饭吃；一部分现代化工业，同大量落后于现代水平几十年甚至上百年的工业同时存在；一部分经济比较发达的地区，同广大不发达地区和贫困地区同时存在；少量具有世界先进水平的科学技术，同普遍的科技水平不高、文盲半文盲还占人口近

1/4 的状况同时存在。上述情况向我们表明，社会主义还远没有充分获得自身应有的物质技术基础。

由于生产力不发达，生产关系所依据的生产社会化、商品化和现代化的程度不高，加之我国的社会主义经济关系不是在发达资本主义的基础上而是在半封建、半殖民地的基础上建立起来的，因而有些先天不足。政企不分，条块分割，忽视价值规律和市场的作用，以至于企业吃国家的大锅饭，职工吃企业的大锅饭等弊端还严重存在。这些弊端的严重存在向我们表明，社会主义经济制度还很不成熟、很不完善。生产力不发达，社会主义的经济关系不成熟、不完善，决定了现阶段我们还必须在公有制为主体的前提下发展多种经济成分，其中也包括资本主义的经济成分来发展生产，增加社会财富。与公有制为主体、多种经济成分并存的情况相适应，在分配方式上除了按劳分配这个主体方式之外，也必然存在着多种分配方式。

在政治上，劳动人民已经当家做了主人。但社会主义的民主政治还很不完善，法制还有待健全，建设高度的民主还是一项艰巨的任务。以工农联盟为基础的人民民主专政已经建立并逐步得到巩固。剥削阶级作为一个阶级已经消灭，但阶级斗争在一定范围内还将长期存在，并在一定条件下还有可能激化。这种斗争集中表现为资产阶级自由化同四项基本原则的对立，斗争的核心依然是政权问题。这种斗争同国际敌对势力与我们之间渗透与反渗透、颠覆与反颠覆、和平演变与反和平演变的斗争密切联系，相互交织，搞得不好还有丢失政权的可能。

在意识形态方面，以马列主义为指导的社会主义精神文明已占统治地位。但是由于历史和现实的原因，封建主义、资本主义的腐朽思想和小生产的习惯势力还有广泛影响，并经常侵袭党的干部队伍。我国的科学文化有了很大发展，但与发达国家相比较还是相当落后的。要改变这种落后状态，需要全民族作出巨大的努力。

综合上述特征不难看出，我国的社会主义初级阶段是逐步摆脱贫穷、摆脱落后的阶段；是由农业人口占多数的手工劳动基础的农业国，逐步变为非农业人口占多数的现代化工业国的阶段；是由自然经济、半自然经济占很大比重，变为商品经济高度发达的阶段；是通过改革和探索，建立和发展充满生机和活力的社会主义经济、政治、文化体制的阶段；因而也是全民奋起，艰苦创业，实现中华民族伟大复兴的阶段。

（三）社会主义初级阶段不可超越。

为什么我国必须经历一个初级阶段的社会主义？对于这个问题，曾经出现过两种错误倾向：一是不承认中国人民可以不经过资本主义充分发展阶段而走上社会主义道路；二是以为不经过生产力的巨大发展就可以越过社会主义初级阶段。前者是社会发展阶段问题上的机械论，是右倾错误的重要认识根源；后者是社会发展阶段问题上的空想论，是"左"倾错误的重要认识根源。这两种错误倾向的老根，都是主观和客观相分离，没有看清我国的国情。

从我国的历史和现状看，中国的社会主义是在民主革命胜利后，经过短期的过渡时期而建立起来的，因此，它是直接脱胎于未经资本主义充分发展的半封建半殖民地社会的。中国在历史上长期是以自然经济为基础的封建农业社会。1840 年鸦片战争以后，自然经济开始走向分解。但这并不是中国社会内部孕育的商品经济因素壮大的结果，而主要是由于外国资本主义入侵造成的。这种情况决定了中国自然经济的瓦解不可能是彻底的。解放前的旧中国，尽管商品经济得到了一定程度的发展，但它总是摆脱不了强大的自然经济的制约，而且不能不深深地打上殖民地半殖民地的烙印，这种发展是极不充分的，并且是畸形的。解放以后，又由于对社会主义和资本主义的误解，把市场经济和资本主义混为一谈而和社会主义对立起来，不但不去致力于发展市场经济，反而从多方面去加以限制。社会主义要求建立在市场经济及与其相联系的社会化生产高度发达的物质基础之上，而我们却是在一个自然经济根基很深，农业人口占多数的以手工劳动为基础的农业国里搞社会主义，这是当代中国国情中最主要、最基本的东西。这就决定了我们不是像马克思、恩格斯原来设想的那样，社会主义社会是在发达资本主义社会的基础上建立起来的，而是在"一穷二白"的基础上，先建立了社会主义制度，然后再来搞现代化建设。因此，社会主义初级阶段必须解决因社会形态的历史跳跃而造成的生产力发展过程的历史落差。

中国由于其特殊的历史条件而超越了资本主义充分发展的阶段，却不能超越社会主义的初级阶段。在社会经济落后、生产社会化程度很低的条件下，政权性质以及社会的一般性质可以改变，但经济的自然发展阶段不能超越。社会经济的发展是由生产力的水平决定的，而生产力的水平是人们所无法自由选择的。生产力的发展具有渐进性、连续性和继承性。历史的延续首先依靠生产力的延续，后一代人的生产继承着前一代人的生产并在这个基础上改造发展。自然经济——商品经济——产品经济，是人类历史发展的三种经济形式。这三种经济形式之间循序更替与发展的必然性，最终是由社会生产力的水平和状况决定的。社会主义初级阶段不可超越，从根本上说，就是商品经济发展阶段不可逾越。中国社会主义的物质基础不是由资本主义的发展为它准备好的，而必须由它自己去创造，即在社会主义条件下，经过一个很长的时期大力发展商品经济，尽快实现国民经济的工业化、现代化，实现其他许多国家在资本主义条件下实现的历史过程，这就是中国社会主义道路的特殊性所在。历史证明，在经济落后，生产社会化程度很低的条件下，企图不经过商品经济的充分发展，采取限制、排斥乃至消灭商品经济、超前推行产品经济模式的途径，从自然经济阶段直接进入产品经济阶段，是行不通的。摈弃高度集中的计划经济体制，发展社会主义市场经济，是在新的历史条件下实现生产社会化和现代化的必由之路。当代社会主义改革的根本之道，就是要从计划经济体制转变为社会主义市场经济体制。

在社会主义初级阶段，大力发展市场经济，不仅是现代经济发展的必要条件，而且是现代社会得以全面进步的必要条件。中国社会主义初级阶段的历史任务就是经过社会生活的全面改造，建设一个富强、民主、文明的社会主义现代化国家。富强、民主、文明是一个统一整体，这几个目标的实现都必须经过社会主义市场经济充分发展的道路。

富强就要有发达的社会生产力，这是中国社会主义初级阶段所要达到的首要目标。工人阶级获得政权以后的中心任务在于搞好经济建设。只有依靠经济上的成就，依靠劳动生产率能够赶上并超过资本主义，依靠人民群众生活水平和文化水平的提高，社会主义才能真正在世界上站住脚并赢得声誉。怎样才能使社会生产力得到发展，在现代条件下，商品生产是社会化生产的必然形式。只有大力发展市场经济，才能实现生产力各要素和资源配置的最优组合，把社会再生产的各个环节有机地联系起来，合理调整产业结构，不断提高劳动生产率；才能推动社会分工的发展和生产专业化程度的提高，同时又促使各个生产环节、生产部门和企业之间开展广泛的协作，不断提高生产社会化水平；才能在经济利益和市场竞争驱动下，努力采取先进的科学技术，改善经营管理，调动企业和职工的积极性、主动性、创造性，增强经济的活力和效益，大大提高生产力的现代化水平。中国在生产力水平相当低的情况下，如果超越市场经济充分发展的阶段，脱离世界经济发展的轨道，企图由自然经济、半自然经济直接转变为产品经济，这是根本违背社会经济发展的客观规律的。其结果，只能造成生产力的停滞、倒退以及整个社会的落后。

社会主义的民主政治建设、社会主义的精神文明建设，也只能在发展社会主义市场经济的过程中进行，而不能离开这个过程。在社会主义条件下，民主的阶级性质根本改变了，但民主政治建设同样要以社会化大生产作为物质基础，要以社会关系的发展作为必要条件。要提高民主政治实践主体人民群众的科学文化素质和民主意识，离不开社会主义市场经济的发展。社会主义精神文明建设的任务是提高全民族的文化道德素质，造就全面发展的社会主义新人。实现这一任务，除了经济的发展这一根本前提外，还要求整个社会的思想活跃，要求社会成员个性的充分而健康的发展。这两个条件的创造，同样依赖于社会主义市场经济的发展。

恩格斯说："历史上依次更替的一切社会制度都只是人类社会由低级到高级的无穷发展进程中的一些暂时阶段。每一个阶段都是必然的，因此，对它所由发生的时代和条件说来，都有它存在的理由；但是对它自己内部逐渐发展起来的新的、更高的条件来说，它就变成过时的和没有存在的理由了；它不得不让位于更高的阶段，而这个更高的阶段也同样是要走向衰落和灭亡的。"① 过去我们注意研究人类历史上依次更替的各个社会形态，但对于同一社会形态中的不同阶段则研究得不够。社会主义初级阶段理论的提出，使我们对同一社会形态中的不同发展阶段的认识深入了一大步。这一理论告诉我们，社会主义初级阶

---

① 《马克思恩格斯选集》第4卷，人民出版社1972年版，第212—213页。

段是特指我国社会主义社会内部的一个发展阶段，不是一个独立的社会形态。它是由我国过渡时期发展而来，表现为社会主义社会初始状态的一个发展过程。与其以后阶段的区别，主要在于初级阶段的不成熟、不完善和生产力的不发达。初级阶段论如实地反映了社会主义社会是一个从不完善到完善的、相当长的历史过程。

三、社会主义初级阶段的社会矛盾和 党的基本路线

认识事物的关键在于分析矛盾，没有对事物矛盾的透彻分析，就谈不上对事物本质的科学把握。我们对社会主义初级阶段的认识也不例外。

（一）社会主义初级阶段的基本矛盾和主要矛盾。

社会基本矛盾的运动是推动人类社会发展的根本动力，体现着社会发展的一般规律。因而认识人类社会，必须首先把握社会基本矛盾的运动规律。毛泽东在《关于正确处理人民内部矛盾的问题》中指出，在社会主义社会中，基本的矛盾仍然是生产关系和生产力之间的矛盾，上层建筑和经济基础之间的矛盾。我国正处在社会主义初级阶段。在这个发展阶段上，生产关系基本上是适应生产力的发展的，上层建筑基本上也是适应经济基础的需要的。但是，我们已经建立的社会主义制度是人类历史上的新生事物，在其发展过程中，在上层建筑和生产关系方面不可避免地存在着某些不完善的方面和环节，这些不完善

的方面和环节同生产力的发展是相矛盾的。我国的社会主义社会是从半封建半殖民地的旧社会脱胎出来的，在其生产关系和上层建筑方面也必然带有旧社会的胎记，这种带有旧社会胎记的生产关系和上层建筑同社会生产力的发展是相适应的，但是这种生产关系和上层建筑上的旧社会胎记同社会生产力的发展又是相矛盾的。旧社会遗留下来的残存物必然会渗透到社会主义经济基础和上层建筑中并产生不良影响，这些消极的因素和影响也同社会生产力的发展产生矛盾。

毛泽东 1958 年读《苏联社会主义经济问题》、苏联《政治经济学教科书》的时候曾经指出过：苏联在实现农业集体化以后，粮食产量长期低于沙俄时代的 1913 年的水平，看来建立了社会主义生产关系并不一定就能增产，就能保证生产力有较大的发展。毛泽东在这里意识到了体制问题的重要性，但是后来并没有加以很好地研究。党的十一届三中全会以后，邓小平总结历史经验，突出地强调了体制问题。我们原有的经济体制有它的历史由来，并且在一定时间里发挥了积极作用，但是，随着生产力的发展，社会的进步，原有体制的弊端日益暴露出来，越来越成为生产力发展的严重障碍了。这种情况告诉我们，"社会主义基本制度确立以后，还要从根本上改变束缚生产力发展的经济体制，建立起充满生机和活力的社会主义经济体制。"①社会主义生产关系对生产力、上层建筑对经济基

---

① 《邓小平文选》第 3 卷，人民出版社 1993 年版，第 370 页。

础的促进作用，必须而且只能通过党和国家领导人民有组织的自觉活动表现出来，这就有个党和国家在这个活动过程中其认识和领导是否正确的问题，也就是党和国家的路线、方针、政策是否符合生产关系适合生产力发展的客观规律的问题。如果党和国家的认识和领导正确，就会影响生产关系和上层建筑，使它们促进生产力的发展和经济基础的巩固。如果党和国家的认识和领导错误，也会影响生产关系和上层建筑，使它们阻碍生产力的发展和经济基础的巩固。社会主义上层建筑和生产关系的形成是在无产阶级政党的领导下，有组织、有计划的社会过程。社会主义上层建筑和生产关系建立以后，它们的发展和对生产力的促进作用同样也是有组织、有领导、有计划的社会过程，这同样也是社会主义生产力、生产关系和上层建筑矛盾运动的一个重要特点。社会主义根本制度的建立，使得社会主义的基本经济规律开始发生作用，这就为社会主义的领导力量有组织、有计划、自觉地通过上层建筑对经济基础，通过生产关系对生产力发生促进作用提供了客观的可能性。然而，主观能动性不能代替客观可能性，社会主义领导力量及其人民自觉能动性的发挥，必须使其认识和行动符合社会主义发展的客观规律。

在错综复杂的社会发展过程中，在某一确定的社会形态内，在该社会形态发展的某个历史阶段中，同时存在着许多种社会矛盾，其中必有一种社会矛盾规定或影响着其它社会矛盾的存在和发展，对该社会、该社会阶段的存在和发展起着主要的决定作用，抓住这个主要矛盾，其它矛盾就会迎刃而解。

我们在认识和对待主要矛盾问题上走了一段曲折的道路。1949 年到 1956 年，我们党对主要矛盾的认识是正确的，在巩固新中国、国民经济恢复和社会主义改造方面，都取得了伟大胜利。此后，1959 年的反右倾，1964 年的四清，1966 年开始的"文化大革命"，都与错误估计我国社会的主要矛盾有关。由于偏离了正确方向，导致了严重错误，给社会主义建设带来了严重损害。直到 1978 年，我们党总结历史经验，才重新回到对社会主义主要矛盾的马克思主义分析上来，强调社会主义改造基本完成以后，我国所要解决的"主要矛盾是人民日益增长的物质文化需要同落后的社会生产之间的矛盾"①。

要解决这个主要矛盾，最根本的是大力发展社会生产力。但是在我国条件下，社会生产力的发展受到了僵化经济体制的束缚，受到了存在一些弊端的政治体制的束缚。不改革现行的经济、政治体制，就无法进一步发展生产力。为了解决社会主义初级阶段的主要矛盾，必须进行社会主义的经济和政治体制改革，逐步建立和健全能够最大限度发展社会生产力的经济体制，最大限度发挥社会主义制度优越性的政治体制。

（二）党在社会主义初级阶段的基本路线。

党在社会主义初级阶段的基本路线是党的十三大正式

---

① 《邓小平建设有中国特色社会主义论述专题摘编（新编本）》，中央文献出版社 1995 年版，第 9 页。

提出并完整表述的。但是它的基本精神却是早在十一届三中全会就形成了的。从形成到完整表述，经历着一个过程。

党在社会主义初级阶段基本路线的完整表述是："领导和团结全国各族人民，以经济建设为中心，坚持四项基本原则，坚持改革开放，自力更生，艰苦创业，为把我国建设成为富强、民主、文明的社会主义现代化国家而奋斗。"①

党在社会主义初级阶段的基本路线是党的有中国特色社会主义理论转化为社会主义实践的一个重要环节，因而不能不具有强烈的实践特性。首先，它明确了实践主体，即"领导和团结全国各族人民"。其次，它明确了实践内容，即"以经济建设为中心，坚持四项基本原则，坚持改革开放"。再次，它明确了实践目标，即"把我国建设成为富强、民主、文明的社会主义现代化国家"。最后，它明确了实践精神，即"自力更生，艰苦创业"。党在社会主义初级阶段的基本路线是个有机的整体，其中最核心的是"一个中心，两个基本点"。

坚持党的基本路线不动摇，关键是坚持以经济建设为中心不动摇。只有以经济建设为中心，搞好我们的经济建设，才能为解决一切社会矛盾提供厚实的物质基础。邓小平强调：现在要横下心来，除了爆发人规模战争外，都要始终如一地、贯彻始终地搞这件事，一切围绕着这件事，

---

① 《十三大以来重要文献选编》上册，人民出版社1991年版，第15页。

不受任何干扰。他还说，我们全党全民要树立这样一个雄心，就是顽固一点，毫不动摇地死扭住经济建设这个中心不放。

坚持党的基本路线不动摇，要准确地把握住"一个中心"和"两个基本点"之间的关系。如果离开了两个基本点，以经济建设为中心就会落空。两个基本点都是生产力的发展所要求的。坚持四项基本原则是生产力发展的要求。我们的社会制度是适合生产力发展的。假如有人在中国搞私有化，使广大劳动群众重新陷入受剥削、受压迫的境地，靠两极分化来发展经济，老百姓就不答应，社会就会动乱，生产力的发展就会受到破坏。所以，只有坚持四项基本原则，才能发展生产力。改革开放更是发展生产力的要求，因为它是解决社会矛盾、解放生产力的。总之，离开生产力的发展去看两个基本点就看不清楚。

坚持党的基本路线不动摇，要正确地处理好两个基本点之间的关系。两个基本点是有差异、相矛盾的，它们回答和解决的问题不完全相同。如果说坚持四项基本原则在于保持我国社会的社会主义性质，维系它的稳定性、不变性，因而是事物肯定方面的话，那么改革开放则在于变革我国社会生产关系的不合理因素，改变已经形成的稳定状态，因而是事物的否定方面。由于两者之间具有肯定和否定的关系，所以，坚持四项基本原则不等于坚持改革开放，反之亦然。因此，我们不能用一个基本点取代另一个基本点，也不能把两个基本点等同起来。但是它们又是统一的，如果没有改革开放，我们对四项基本原则的理解、把握就还只能停留在原来的水平上，结果也不能真正坚持；同样地，如果没有四项基本原则，改革开放就会走偏方向，结果也很难是社会主义的改革开放。十四大报告说得好：有中国特色的社会主义所以具有蓬勃的生命力，就在于它是实行改革开放的社会主义。我们的改革开放所以能够健康发展，就在于它是有利于巩固和发展社会主义的改革开放。两个基本点既有差异、矛盾的一面，又是对立统一、相辅相成的，它们像一只鸟的两个翅膀一样，构成了党的基本路线的两翼。

　　坚持党的基本路线不动摇，必须巩固和发展安定团结的政治局面。如果没有政治稳定，社会动荡不安，什么改革开放，什么经济建设，统统搞不成。所以，必须坚决排除一切导致中国混乱甚至动乱的因素。同时，如果不坚持以经济建设为中心，不实行改革开放，没有经济的发展，也不可能有巩固的团结和稳定。总之，只要牢牢地把握住经济建设这个中心，正确处理好两个基本点的关系，巩固和发展安定团结的政治局面，我们就能够稳步前进，逐步地走出社会主义初级阶段而进到高一级的阶段去。

正确认识社会主义
发展的历史进程[*]

自 1848 年《共产党宣言》发表以来，科学社会主义已走过了一个半世纪的风雨历程。在这一个半世纪的风雨历程中，社会主义既经历了凯歌高奏的年代，也经历了发展受挫、甚至红旗落地的苦难岁月，特别是 80 年代末、90 年代初的苏东剧变，使社会主义遭受了重大挫折，陷入了低潮。西方发达资本主义国家不仅乘机从理论上攻击社会主义，而且在实践中也加重、加快了对社会主义国家进行"分化"、"西化"的步伐。我们的一些同志面对世界社会主义的重大挫折，产生了一系列疑虑、困惑，甚至在一些党员干部中还程度不同地产生了信仰危机。这些都表明，正确认识社会主义的历史发展，已成为一个重大的理论和实际问题。江泽民同志立足于社会主义运动的现实

* 2000 年 10 月讲于国防大学进修系，后经加工连载于《思想政治工作研究》2001 年第 4 期、第 5 期。

状况、发展要求以及人们的思想实际，明确提出了"正确认识社会主义发展历史进程"的时代任务，并把它看成是做好新时期思想政治工作的一项基础工程。江泽民同志提出这个任务具有非常重要的历史和现实意义。只有对这一问题作出科学回答，才能进一步认清历史发展的规律，有力回击西方发达资本主义的挑战；才能增强信心，统一思想，顺应潮流，把社会主义事业推向前进。

一、社会主义有过胜利凯歌的年代

不可否认，当前国际社会主义遭受了重大挫折，以致东欧剧变、苏联解体，社会主义倒掉了大半壁江山。如果我们把目光仅仅盯在这一阶段上，就很难客观地看待社会主义的发展历程，因而也就很难建立起社会主义必胜的信心。历史唯物主义的思想方法告诉我们，看待社会主义同看待任何事物一样，不能只看它的某一阶段而要着眼于它的全部历史。也就是说，要在历史和现实的统一中把握社会主义发展的历史进程，既要看到当前国际社会主义运动的低潮，又要看到历史上社会主义运动的高潮。

（一）社会主义理论：从空想到科学。

随着资本主义生产方式的出现，批判并要求消灭这种生产方式的社会主义思想，在当时先进的知识分子中就产生了，不过这种社会主义思想是以空想的形式出现的。从1516 年莫尔的《乌托邦》到1844 年欧文的《新道德世界》，空想社会主义在其320 多年的历史发展中，对资本主义进行了无情的批判，并对未来社会进行了一系列详尽的描述。这些批判和描述虽然包含着合理的成分、真理的火花，但是没有从根本上回答和解决社会主义的基本特性、实现道路、依靠力量等问题。

每一时代的理论都是一种历史的产物。在资本主义社会的经济矛盾发展还不够充分的条件下，空想社会主义也只能是空想。到了19世纪上半叶，资本主义的发展进入了一个历史转折时期。产业革命一方面促进了生产力的迅猛发展，另一方面加剧了生产的社会化与资本主义私人占有的矛盾；一方面创造出一个富有的工业资本家阶级，另一方面创造出一个贫困的产业工人阶级。从1825年起，连续爆发的三次大规模的经济危机，表明资本主义的生产关系开始由促进生产力的发展转向阻碍生产力的发展。如果说1825年是欧洲经济的转折点，那么，1831年就是欧洲政治的转折点。从这一年起，连续爆发的三次大规模的工人运动，表明无产阶级和资产阶级的矛盾已经上升为社会主要矛盾，无产阶级作为一支独立的政治力量登上了历史舞台。人类向何处去，资产阶级向何处去，无产阶级向何处去，已经成了一个重大的历史课题。

当时的好多思想家都在研究这些问题，不过马克思、恩格斯的研究是最具成果的。他们研究了人类向何处去，发现了历史发展的一般规律，创造了历史唯物论；他们研究了资产阶级向何处去，发现了资本家剥削工人的秘密，创造了剩余价值学说；他们研究了工人阶级向何处去，发现了工人阶级的历史地位，创造了无产阶级革命的学说。

正是这三大研究、三大发现、三大创造使社会主义从空想变成了科学，从而为无产阶级提供了伟大的认识工具。

社会主义从空想发展到科学，资本主义的灭亡不再置于人们的猜想，而被置于顽强的经济事实之上；埋葬资本主义不再仅仅是个别天才人物的事业，而是全世界无产阶级的伟大历史使命；社会主义不再是理性的发展，而是现实社会生产力与生产关系、无产阶级与资产阶级矛盾运动的必然结果。

（二）社会主义运动：从理论到实践。

1848 年《共产党宣言》的发表，标志着科学社会主义理论的创立。从那时起到 1917 年俄国 10 月革命胜利的近 70 年间，世界社会主义运动在曲折中获得了很大发展。

1847 年 6 月 2 日，伦敦召开了德国工人组织正义者同盟的改组代表大会，宣告了世界上第一个共产党的诞生，标志着世界共产主义运动的开端。但当时共产党只有 400 人，而且主要在德国。同年年底，共产主义者同盟又在伦敦召开了第二次代表大会，主要讨论了党纲问题，决定委托马克思、恩格斯起草党的正式纲领，于是有《共产党宣言》公布于世。第一个共产党的创立及其正式纲领的公布正好迎来了 1848 的欧洲革命。1848 年欧洲革命是反封建的资本主义民主民族革命，于是工人阶级及其共产党积极参加了这场革命。这场革命打击了封建主义，为加速资本主义的发展创造了条件。整个 50 年代资本主义经济迅猛发展，无产阶级队伍普遍壮大。无产阶级的壮大激发了它和资产阶级的矛盾，因而遭到了资产阶级的镇压，世界上的第一个共产党也只存在了 5 年零 5 个月。尽管这样，但它发表的党纲即《共产党宣言》则是具有划时代意义的。

由于无产阶级和资产阶级矛盾的激化，60 年代初很多国家罢工迭起。适应斗争的需要，1864 年 9 月 28 日在伦敦又成立了国际工人协会，90 年代称为第一国际。第一国际在欧美 16 个国家建有联合组织，包括成员达 40 万人。第一国际组织的宣言提出，"夺取政权已成为工人阶级的伟大使命。"此后，1871 年 3 月 18 日，巴黎工人夺得了国家政权，成立了巴黎公社。尽管它仅仅维持了 72 天，但却是"新的真正民主的国家政权"。

巴黎公社失败后，欧美工人运动沉寂了相当长的一段时间。第一国际也随之解散。但是到 80 年代后期，逐渐恢复，于是 1889 年又成立了新的国际，1907 年被称之为第二国际。第二国际约有 30 个社会主义政党，党员数量300 多万。第二国际在存在的 24 年间，极大地推动了欧美工人运动的发展。当时影响非常大，就连孙中山领导的兴中会都在 1905 年要求加入第二国际，直到 1914 年 5月，孙中山还写信向第二国际求援，希望第二国际派优秀人才到中国各部门助他一臂之力，使中国成为世界上第一个社会主义国家。遗憾的是信发出 3 个月后，第一次世界大战爆发。在第一次世界大战中，第二国际的大多数政党都叛变了，从而使社会主义遭受了重大挫折。

然而在这一时期，以列宁为代表的俄国布尔什维克党，作为一支新的革命力量，在社会主义运动中崛起。列宁在第二国际破产后，曾热烈号召各国党的左派要在思想上和组织上与右派、中派划清界限重新建党，要变帝国主义战争为国内革命战争，以重新振兴世界社会主义运动。列宁还论证了自由资本主义已发展到垄断资本主义阶段，帝国主义是资本主义的最高和最后阶段，帝国主义是无产阶级革命的时代；由于资本主义政治经济发展不平衡规律的作用，社会主义可能在一国或几国首先胜利。列宁把马克思主义与20世纪初国际工人运动和俄国革命的实际相结合，形成了列宁主义。在马列主义的指导下，工人运动又蓬蓬勃勃地发展起来。

提起那一段的发展历史，革命的人们直到今天还兴奋不已，资产阶级的思想家们直到今天还愤愤不平。1999年我到德国和他们谈到马克思和马克思主义的时候，人家说：在那个年代，"马克思和他的学说几乎把全世界的工人阶级都动员起来向资产阶级造反，搞得资产阶级好紧张啊，我们不会忘记那个年代。"从这里我们不难感受到，科学社会主义由理论到实践的发展对世界、对社会的巨大震撼。

（三）社会主义制度：从一国到多国。

1917年10月革命的胜利，世界上第一个社会主义在俄国诞生了。第一个社会主义国家建立后，虽然处在资本主义国家的包围之中，但它凭借着人民的拥护、策略方针的正确，不仅粉碎了国内反革命叛乱和国外帝国主义的武装干涉，而且在短短20年的时间里，实现了国家的工业化，使苏联由落后的农业国转变为先进的工业国，为取得反法西斯战争的胜利奠定了雄厚的物质基础。二战中，苏联牵制了德军近 70% 的兵力，歼灭了德军总兵力 3/4 以上，为夺取世界反法西斯战争的胜利作出了重大贡献。

二战结束后，一批国家在本国人民的努力下，在苏联的帮助影响下，走上了社会主义道路，使世界社会主义由苏联一国发展到欧亚 13 个国家，加上六七十年代走上社会主义道路的老挝、柬埔寨以及拉美的古巴，高峰时期达到了 16 个国家。在这些国家中，特别是中国作为世界上人口最多的国家加入社会主义行列，极大地壮大了世界社会主义的力量。那时社会主义国家的领土面积占世界陆地面积的 1/4 以上，人口约占世界总人口的 1/3，工业产值约占世界的 2/5，国民收入约占世界的 1/3。

在欧亚社会主义国家阔步进军的同时，资本主义国家的工人运动也不断高涨，法国共产党在战后初期先后参加了五届政府，有 8 位领导人先后和分别担任了政府的副总理和部长，意大利共产党发展迅速，在 1946 年的选举中，获得了 104 个议席，成为第三大党，那时，除极少数国家的共产党处于非法地位外，其它所有发达国家的共产党几乎都获得了合法地位，发达国家共产党的力量在战后初期出现了空前大发展的局面。

与此同时，战后民族解放运动也不断掀起高潮，这一高潮一直持续到 60 年代，最终摧毁了帝国主义的殖民体系，形成了广大的"第三世界"。这些国家，有的在共产党的领导下直接走上了社会主义道路；有的在社会主义的影响下，也把本国所走的道路冠以社会主义的名称。那一时期，曾有 100 多个民族主义的政党提出了各种名目的社会主义纲领，其成员曾多达 2000 多万人，在近 40 个国家执政。为什么会是这样的？因为社会主义在全世界走红。那时的社会主义，可以说是昂首挺胸、意气风发、凯歌高奏，社会主义创造了一个红色的令人敬仰和向往的辉煌时代。对于当时的形势，毛泽东曾豪迈地说，不是社会主义怕帝国主义，而是帝国主义怕社会主义。形象地揭示了当时社会主义运动的火热和壮观。

透过以上的简单回顾我们不难看出，社会主义从空想到科学、从理论到实践、从一国到多国是低潮和高潮相统一的历史过程。我们切不可因为暂时的低潮而否认它曾有过的高潮。中国有句老话，叫做"只讲过五关、斩六将，不讲走麦城"，这是片面的。但是我们也不能陷入另一种片面性：只讲走麦城，不讲过五关、斩六将。在看待社会主义发展历史进程的时候，我想这是特别值得注意的。

二、社会主义是一个不断探索的过程

当前国际社会主义处于低潮。怎么看待处于低潮之中的社会主义，这里也有个思想方法问题。是仅仅用低潮两个字简单概之，还是深入分析处于低潮的复杂原因！当我们深入进去加以思考的时候就不难发现，社会主义是一个不断探索的过程。在这个过程中，既有成功，又有失误，当前国际社会主义处于低潮，原因并不在社会主义本身。这里最根本、最关键的是要弄清楚什么是社会主义，怎样建设社会主义。

众所周知，马克思、恩格斯面临的主要任务是揭示人类社会发展的一般规律，揭示社会主义取代资本主义的历史必然性，而不是为某个国家具体规划社会主义的发展道路，更不是描绘未来社会的详细图景。所以他们反复强调，未来社会是一个什么样子，将采取哪些措施，完全应根据那时的历史条件来决定。

尽管如此，它们还是对未来社会的基本特征作了初步预测，认为：生产力的巨大增长和高度发展是社会主义社会绝对必需的实际前提；消灭私有制，社会作为一个整体直接占有全部生产资料；在生产资料公有制的基础上有计划地组织生产；由于产品的生产和分配实行计划调节，商品货币关系已失去了存在的理由；产品归劳动者共享，在第一阶段，实行按劳分配，在高级阶段，实行按需分配；阶级和国家逐步消亡，整个社会将过渡到自由人的联合体，最终实现每个人都得到自由全面发展的目标。

十月革命胜利后，列宁曾根据马克思、恩格斯的这些设想，试图利用战时共产主义政策直接向社会主义过渡，结果挫伤了人们的生产积极性，加重了连年战争所造成的困难。在挫折面前，列宁没有拘守着马克思、恩格斯的设想，而是从俄国小农经济犹如大海，资本主义经济相对落后的实际出发，大胆地提出："我们对社会主义的整个看法"，需要有一个"根本改变"。① 从列宁晚期尤其是实施

---

① 参见《列宁选集》第 4 卷，人民出版社 1995 年版，第 773 页。

新经济政策时期对社会主义的探索来看，列宁对社会主义看法的根本改变至少有这样几个方面。第一，认识社会主义的出发点变了，强调"对俄国来说，根据书本争论社会主义纲领的时代也已经过去了，我深信已经一去不复返了。今天只能根据经验来谈论社会主义"。① 第二，党和国家的工作重心变了，强调"苏维埃政权要尽快实现从夺取俄国到管理俄国的转变"，其根本任务就是"提高劳动生产率"。第三，由否定合作社制度到肯定合作社制度，强调在生产资料公有制的条件下，"文明的合作社工作者的制度就是社会主义的制度"②。第四，肯定商品、货币的作用，强调"承认并发挥商品货币的作用是新经济政策的实质"。列宁的这些思想，在苏维埃政权向社会主义过渡的过程中发挥了重要作用。

在列宁探索、实践的基础上，斯大林进一步推进了苏联社会主义的发展。当时苏联一是经济文化比较落后，二是面对强大资本主义国家的包围。为了改变落后面貌，增强国防实力，在战争中立于不败之地，客观上需要高度集中、统一的体制，以便最大限度地进行社会动员，加快社会主义工业化，在较短的时间内改变敌强我弱的力量对比。在一个被列强包围的"小农国家"，工业化的资金只能来自工农业的积累。斯大林由此意识到，社会主义不可长期建立在现代工业经济和传统农业经济两个不同的基础

---

① 《列宁全集》第34卷，人民出版社1985年版，第466页。
② 《列宁选集》第4卷，人民出版社1995年版，第771页。

之上。只有实行农业"全盘集体化",才能建立牢固的工农联盟,赢得工业化所必需的资金。正是在"高速工业化"和"全盘集体化"的过程中,形成了高度集中的经济、政治体制。苏联从1928年开始实行有计划的社会主义建设,工业生产以年均递增21%的速度持续发展,到1940年已超过英、法、德等欧洲发达的资本主义国家,跃居欧洲第一、世界第二,为赢得反法西斯战争的胜利奠定了坚实的物质基础。由此可见,这种体制尽管从一产生起就存在着种种缺陷,但它适应当时历史环境的需要,为巩固和发展社会主义制度所作出的巨大贡献,是谁也抹煞不了的。

新中国成立之初,以毛泽东同志为代表的中国共产党人对社会主义的认识,一是来自马克思、恩格斯对未来社会的设想,二是来自苏联的社会主义实践。这两者的基本原则大体上是一致的,它所取得的成就证实了这些设想的正确性。因此,毛泽东同志说,我们的社会主义建设"要以苏联为榜样"。但是到了50年代中期,毛泽东同志开始觉察到苏联经验的某些弊端,因而又提出"要以苏为戒",走中国式的社会主义发展道路。并在1956年总结我国社会主义建设的经验,提出并论证了要正确处理的十大关系。1957年,又发表了《关于正确处理人民内部矛盾的问题》的讲话,提出社会主义社会的基本矛盾仍然是生产关系与生产力、上层建筑与经济基础之间的矛盾,强调要正确处理两类不同性质的矛盾,并把它作为国家政治生活的主题。强调要正确处理农、轻、重的关系,走中国式的工业化道路。所有这些都对我国的社会主义发展起了重要作用。

当然，无论是列宁、斯大林还是以毛泽东为代表的党的第一代领导核心的探索也不是没有缺陷的，比如说我们就发生了"大跃进"、"文化大革命"这样带有全局性的错误。但无论是经验还是教训，都是宝贵的历史遗产和精神财富，为后人的进一步探索提供了必不可少的历史铺垫。

邓小平同志继承这些宝贵的历史遗产和精神财富，在和平与发展为主题的历史条件下，抓住什么是社会主义，怎样建设社会主义这一根本问题，总结各方面的经验教训，第一次比较系统地初步回答了在经济、文化相对落后的国家巩固发展社会主义的一系列基本问题，有力地推动了建设有中国特色社会主义事业的蓬勃发展。以江泽民同志为核心的党的第三代中央领导集体高举马列主义、毛泽东思想、邓小平理论的伟大旗帜，坚持党在社会主义初级阶段的基本路线，从新的实践出发，进一步明确了什么是社会主义初级阶段有中国特色社会主义的经济、政治、文化以及怎样建设这样的经济、政治、文化，制定了党在社会主义初级阶段的基本纲领。这个纲领及其它富有创造性的理论成果，为中国特色社会主义的发展开辟了更为光明的前景。

中国的事实表明，当前国际社会主义虽然总体上处于低潮，但也不全是低潮。社会主义的所谓低潮，实际上就是在两个高潮之间总结消化经验教训的过程。国际社会主义处于低潮甚至东欧剧变、苏联解体，既有客观原因，也有主观原因，其深刻的经验教训值得我们认真地加以思考。

从客观上来讲，10 月革命以来先后诞生的社会主义国家，基本上都是原来经济文化比较落后的国家，它本身处在强大资本主义世界的包围之中。要冲破这种包围，彻底改变落后面貌，在建立社会主义基本制度以后需要经历一个漫长的发展过程，其前进途中也不可避免地会遇到许多难以预料和想象的困难和风险，不可能是一帆风顺的。社会主义的历史，从世界历史进程看，毕竟还是短暂的，总的来说还处在实践和发展的初期。巩固和发展社会主义制度，需要几代人、十几代人甚至几十代人的努力。

从主观上来说，对发展是硬道理认识得不透，以经济建设为中心的自觉性不高是一个重要原因。社会主义要解决对内对外的一切问题，归根到底都有赖于自身的经济发展。在被强大资本主义包围的特定环境下，社会主义如果不能尽快地发展自己，长期处于落后状态，对外就会挨打，对内就会丧失凝聚力。社会主义是共产主义的初级阶段，共产主义的高级阶段是要实行各尽所能、按需分配，这就要求生产力高度发展，社会物质财富极大丰富，所以社会主义阶段的根本任务是发展生产力。对于这些，前苏联也好，我们也好，不能说没有认识到，但自觉性不强，在复杂的国际国内环境下很难一以贯之地坚持。前苏联长期与以美国为首的西方世界搞军备竞赛，我们也有以阶级斗争为纲的惨痛教训，结果是严重影响了经济发展。列宁说，劳动生产率，归根到底是使新社会制度取得胜利的最重要最主要的东西。社会主义要打破资本主义的包围并最终战胜资本主义，要靠比资本主义高得多的劳动生产率。在经济全球化的潮流中，中国能不能顶住霸权主义、强权政治的压力，坚持社会主义制度，关键看我们能不能取得较快的发展速度。对此，我们要有高度的自觉。

对社会主义是经常变化和改革的社会认识不够、行动不利也是一个重要原因。恩格斯早就从一般的意义上指出"'社会主义社会'不是一种一成不变的东西，而应当和任何其他社会制度一样，把它看成是经常变化和改革的社会。"① 况且经济文化比较落后的国家建立起来的社会主义，生产力不发达、生产关系不健全、上层建筑不完善，所有这些特定的国情，决定了它必将伴随着一系列的改革。社会主义只有改革创新，才能焕发出勃勃生机，在两种社会制度的并存、竞争中立于不败之地。原有的苏联模式是在以战争与革命为时代主题的特定历史条件下形成的，在有效地调动各种力量进行社会主义建设的同时，又包含着严重的弊端和缺陷。从 70 年代下半期到 80 年代上半期，苏联经济的增长速度已开始丧失对于美国的优势。然而斯大林之后的苏联几任领导都把社会主义具体体制同社会主义基本制度等同起来，自己不思改革，也不允许别人改革，结果是一而再、再而三地错过了改革的大好时机，积累了大量的社会矛盾，为后来的剧变埋下了隐患。

---

① 《马克思恩格斯全集》第 37 卷，人民出版社 1971 年版，第 443 页。

苏东剧变的历史教训告诉我们：如果把在特定历史条件下形成的具体体制绝对化、凝固化，而不随着时代条件的变化适时地加以改革，社会主义就会在新的历史条件下丧失曾经赢得的一切，甚至包括它本身。

改革要坚持社会主义方向，这是最最重要的。在改革中丢失社会主义方向，这是苏东剧变的另一个重要原因。如果说苏东的演变由来已久，那么由演变发展成剧变，则是戈尔巴乔夫执政时期的事情。早在 1988 年他就公然打出了"人道的民主的社会主义"旗帜。戈尔巴乔夫从全盘否定现实的社会主义出发，指责苏联的社会主义制度造成了各个领域的垄断，说共产党的领导造成了"政治垄断"，公有制造成了"经济垄断"，马克思主义指导造成了"精神垄断"。基于这种认识，他在《社会主义思想与革命性变革》一文中露骨地说，必须根本改造我们的整个社会大厦。怎样"改造"呢？他的做法就是：在政治上取消共产党的领导，实行多党制；在经济上取消公有制，实行私有化；在思想上取消马克思主义的指导，实行指导思想多元化。在戈尔巴乔夫错误路线的引导下，苏联一步步滑向了剧变的深渊，整个党失去了一切执政的依据，整个社会失去了共同的理想和精神支柱。因而不得不在西方敌对势力咄咄逼人的攻势面前步步退让以至于束手待毙。苏东剧变的历史教训告诉我们，四项基本原则是我们的立国之本，在任何情况下都不能有丝毫的动摇。如果因为社会主义具体体制存在种种弊端而根本否定基本制度，那就把改革变成了改向，其结果必然是葬送社会主义。

社会主义兴衰成败的关键在党。弱化甚至放弃党的领导，这是苏东剧变的一个更为根本的重要原因。领导社会主义事业的核心力量是共产党。社会主义事业能不能办好，关键在党。毛泽东、邓小平这些名言的真理性，随着我国社会主义事业的发展和苏东社会主义的垮台，人们的感受会更加深刻。没有党就没有社会主义，这是一个不争的事实。社会主义的坚强，取决于马克思主义政党坚强的凝聚力和战斗力。

党要有坚强的凝聚力、战斗力，首先必须在思想上理论上具有坚强的凝聚力、战斗力。理论上混乱，思想上涣散，行动上必然各行其事。第一个社会主义国家苏联所以会解体，具有光荣斗争历史的苏联共产党所以会失去政权并顷刻瓦解，原因是多方面的，其中很重要的一条，就是理论上政治上出了问题。从赫鲁晓夫丢掉斯大林这把刀子，到戈尔巴乔夫公开背叛马克思列宁主义，前后经过三十多年，指导思想上的多元化导致党内思想混乱，思想政治上彻底解除武装。苏联共产党从理论混乱、思想涣散到组织瓦解，其教训是很深刻的。

党要有坚强的凝聚力、战斗力，任何时候都不能脱离群众、脱离实际。脱离群众、脱离实际，必定脱离马克思主义。长期以来，苏联共产党的一个重要问题就在这里。他们不能随着时代条件的变化不断地把马克思主义推向前进，并以此回答和解决历史与现实中存在的各种问题，致使党的宣传教育在群众中越来越失去吸引力和感召力，以致戈尔巴乔夫用"人道的民主的社会主义"取代马克思主义的时候，没有多少人提出疑义，这是非常值得我们思考的。

党要有坚强的凝聚力、战斗力，对西方敌对势力西化、分化的图谋一定要保持高度的警惕。西方敌对势力推行和平演变战略的手法主要是意识形态上的渗透、政治上的颠覆、经济上的诱惑和外交上的干涉。事实证明，这些手法对社会主义内部的变化是起了很大作用的。苏联正是在内外力量的共同作用下逐渐走向解体的。苏联的悲剧告诉我们，对西方敌对势力和平演变的图谋只有头脑清醒、对策得当，才能赢得主动。

党要有坚强的凝聚力、战斗力，制度更带有根本性。毫无疑问，苏联的结局是戈尔巴乔夫一手导演的，但把这样重大的历史事件仅仅归罪于个人是远远不够的。在这里，个人赖以发挥作用的制度更带有根本性。戈尔巴乔夫之所以能够把党和国家引向灾难的深渊，是因为党的领导制度、组织制度、工作制度本身就存在着许多不容忽视的缺陷。其中最大的缺陷就是权力过分集中，缺少有效的监督制约机制。戈尔巴乔夫之所以能够把党的领导变成个人集权，进而将个人集权变成个人专断，形成把个人意志凌驾于党和人民意志之上的原因就在这里。戈尔巴乔夫的办公厅主任在其回忆录中提供了这样一个镜头：戈尔巴乔夫在昏暗的灯光下一个人孤独地草拟着新一届政治局的名单。这个镜头很能说明问题，很值得我们认真的思考。

党要有坚强的凝聚力、战斗力，必须防止、克服腐败。腐败的存在在一定条件下是难以完全避免的。但腐败到了一定的程度，就意味着党的性质在发生变化。党的性质一旦发生变化，它就很难有什么凝聚力、战斗力。苏共党内腐败由来已久，并从中繁衍出一大批蛀虫。他们早就希望"变天"，以便"合法地"占有和扩大自己侵吞来的社会主义财富。因而当党外反共分子推翻党的时候，党内的腐败分子便起而呼应。

苏东剧变的历史教训告诉我们，社会主义要永远立于不败之地，执政的共产党就必须不断地加强自身建设，把党真正置于广大人民群众的监督之下，使自身永葆无产阶级先锋队的性质。江泽民同志总结历史经验教训，明确提出了"三个代表"的重要论断，这是值得我们认真领会和实践的。

三、经过一个长过程发展后，社会主义必然代替资本主义

当前国际社会主义处于低潮，一些人不去认真分析造成这种状况的主客观原因，而是盲目地认为经济文化比较落后的国家首先搞社会主义，不符合历史发展的规律。针对着这种看法，邓小平同志曾坚定地说："社会主义经历一个长过程发展后必然代替资本主义。这是社会历史发展不可逆转的总趋势"①。邓小平同志的这一论断，对于我

---

① 《邓小平文选》第3卷，人民出版社1993年版，第382—383页。

们正确认识社会主义发展的历史进程具有重要的指导意义。

落后国家首先建立社会主义是符合历史发展规律的，问题是如何看待历史发展的一般规律。这里同样存在着一个方法论的问题。

社会历史的发展归根到底是由生产力的发展所决定的，但是社会历史的变迁决不仅仅是生产力的原因，它是多种因素综合起作用的结果。因而考察社会历史发展的一般规律，要注意社会多种因素的综合。恩格斯就曾明确地说过：经济状况是基础，但是对历史斗争的进程发生影响的并在许多情况下主要决定着这一斗争的形式的，还有上层建筑的各种因素。经济落后的国家为什么能够首先进入社会主义？第一是经济原因起作用，这是最根本的。生产力落后，人民的生活极度困苦，他们要改变自己的经济地位，因而斗争不断。第二是国际局势起作用。当时的帝国主义为争夺殖民地正进行世界性的战争，所以帝国主义对经济落后国家的统治是薄弱的。第三是当时这些落后国家的内部矛盾相当突出，政局不稳，人民不能照常地生活下去了，统治阶级也不能照常地进行统治了。第四是这些国家的资本主义有了一定的发展，形成了工人阶级，并且工人阶级已经组织起来形成了自己的政党。第五是无产阶级政党有了好的领袖，有了正确的斗争策略。在这种情况下，落后国家首先建立社会主义是必然的，它是生产力决定生产关系原理在特定情况下的特殊表现，一点也没有违背历史发展的一般规律。正如列宁所说，世界历史发展的一般规律，不仅丝毫不排斥个别发展阶段在发展形式或顺序上表现的特殊性，反而是以此为前提的。

　　社会历史发展的一般规律是从整个社会历史发展的长河中抽象出来的。单看社会历史的某一个局部、某一个阶段，是很难看出社会历史发展的一般规律来的。要理解历史发展的一般规律，必须着眼于社会历史的整体，必须考察历史发展的长河，而不能只看社会历史发展的一个局部或一个阶段。我国封建社会取代奴隶社会大体经历了五百年左右的时间，在这五百年当中，有的地方是奴隶制，有的地方是封建制；一段时间是封建制，一段时间又复辟为奴隶制，从而呈现出各种社会制度并存、交错甚至倒置的复杂局面。如果单看那五百年，怎么能看出封建社会取代奴隶社会是合乎规律的呢？但是几千年后的今天来看，封建制代替奴隶制那就是非常清楚的了。欧洲资本主义取代封建主义的过程也大体上经历了几百年的时间，在这几百年中，有的国家是封建社会，有的国家是资本主义社会，一段时间是资本主义社会，一段时间又复辟为封建社会，在资本主义代替封建主义的几百年间发生过多少次王朝复辟啊！如果单看那几百年，如何能看出资本主义代替封建主义是合乎规律的呢？但是今天看来，那是非常自然的。同样的，社会主义代替资本主义也有一个过程，这个过程有多少年？我们一时还说不清楚，在这期间经济落后的国家建立社会主义，经济发达的国家反倒是资本主义；有些国家建立了社会主义又复辟为资本主义。如果仅仅把目光停留在这一阶段上，也是很难看出社会主义代替资本主义的必然性的。但是假如几百年或上千年以后，那个时候再来看，说社会主义取代资本主义是必然的恐怕是不会有什么争议的。生产力决定生产关系，人类历史由原始社会到奴隶社会、封建社会、资本主义社会、再到社会主义社会，这种历史发展的一般规律，是马克思、恩格斯通过对社会历史长河的考察，从历史长河中抽象出来的"总的发展趋势"，我们既不能用历史长河中的某一个阶段所表现出来的特殊性否定这个总的发展趋势，也不能用历史发展的总的趋势来否定历史发展在一定阶段上的特殊性。

　　社会历史发展的规律是人的活动的规律，不能离开无产阶级的斗争实践，去谈落后国家建立社会主义是不是合乎规律的问题。我们说落后国家首先建立社会主义是符合社会历史发展的规律的，那是与当时的无产阶级的革命斗争相联系的。如果当时的无产阶级及其政党整天犹疑于落后国家搞社会主义合不合规律，而不去出生入死地进行斗争，就没有落后国家建立社会主义的事实，因而也就没有这种规律。同样地，如果我们今天老是怀疑落后国家搞社会主义不符合规律，而不去尽心尽力地建设社会主义，那社会主义的倒退、复辟反倒成了规律了。特别是当前，由于国际国内、历史现实的原因，在社会主义遭受了重大挫折的情况下，我们更要认清规律，坚定信念，积极探索，努力拼搏。只要我们上下一心地这样做了，社会主义的前景一定是美好的。

　　从现实情况看，的确是这样。社会主义遭受了严重的挫折之后，人们经受了锻炼，吸取经验教训继续奋斗，已经出现了一些复苏的迹象。这主要表现在：一是有中国特色社会主义事业在低潮中仍然生机勃勃的发展；二是越南、朝鲜、古巴等社会主义国家正在总结经验教训并着手改革；三是原苏联、东欧等社会主义国家的共产党人在饱尝亡党亡国之苦之后又开始了重建，并走上了政治舞台；四是世界各国的共产党人在大动荡之后基本上都经受住了考验，不仅保住了党的组织，而且近几年又有新的发展；五是西方发达国家的共产党人和进步力量开始活跃起来，重新高举马克思主义旗帜，对社会主义的发展前景有了信心。这些都证实了邓小平同志的一个重要思想：在国际社会主义遭受重大挫折的时候，"不要惊慌失措，不要认为马克思主义就消失了，没用了，失败了。哪有这回事"！①

①　《邓小平文选》第3卷，人民出版社1993年版，第383页。

马克思主义社会发展
规律理论不容否定 *

一

马克思以前的哲学家在历史观上总的来说是唯心的，并在实际上认为历史的发展是没有规律的。黑格尔虽然意识到了社会历史不是杂乱无章的，但他不是用社会本身的发展规律来说明社会的历史发展，而是把所谓绝对观念的发展规律强加于社会。所以如此，从其思想认识上说，主要有两个原因：第一是只研究社会的精神现象，而没有追究社会的物质原因；第二是只注意个别人物的活动，而没有着眼于广大群众。

马克思、恩格斯在研究和阐发历史观理论的过程中，

---

　* 1990 年 9 月讲于国防大学全军理论骨干研修班，后经加工刊登在《国防大学学报》1991 年第 2 期。

提出了这样相互联系的两个问题：人们都是按照自己的动机去活动的，但人们活动的动机是由什么决定的？人们的活动都是有目的的，但人们活动的结果为什么往往和目的不同甚至相反？通过对这样两个问题的深入探讨，就得出了不同于他们前人的独特思想：

人们的目的、动机绝不是历史发展的终极原因，考察社会历史，不仅要着眼于人们的动机，而更为重要的在于分析隐藏在动机背后的动因；

要研究历史人物动机背后的动因，就应该着眼于使广大群众，使整个民族，以及在每一民族中间使整个阶级行动起来的动因；

引起人们动机背后的动因是什么？这要看动机的内容是什么，这一内容是从哪里来的，为什么人们所期望的正是这个而不是别的；

人们的动机归根到底是社会的经济关系所决定的，因此，不能用人们的社会意识去说明人们的社会存在，而应该用人们的社会存在去说明人们的社会意识；

人们的社会存在是自由选择的吗？不是，在生产力发展的一定状况下，就会有一定的经济关系，有一定的经济关系，就会有不过是这种经济关系政治表现的一定国家；

人们能不能自由地选择生产力呢？也不能。因为任何生产力都是一种既得的力量，都是以往活动的产物，它本身决定于先前已经获得的生产力，决定于在他们以前就已经存在、不是由他们创造而是由前一代人所创造的社会形式。

　　基于上述认识，马克思、恩格斯得出结论说：社会历史是人创造的，但不是按照人的意志发展的，而是"受内在的一般规律支配的"[①]。

　　他们之所以能够得出这一结论，从上面的论述中我们不难看出，其采用的基本方法是，从社会生活的各种领域中划分出经济领域来，从一切社会关系中划分出生产关系来，并把生产关系归结到生产力的高度；然后用生产力的发展去说明经济关系，用经济关系去说明思想关系。

　　发现并强调社会的发展是一种自然的历史过程，这是历史观上的一个重大变革，是历史决定论的实质所在。正是这种观点，使历史科学成了真正的科学。在马克思主义产生以前，由于人们没有认识到社会发展由其内在的一般规律所支配，所以都把历史看做是任人宰割、要怎么打扮就可以怎么打扮的"小姑娘"。这样一来，所谓历史科学也就无所谓科学了。而在马克思、恩格斯强调历史发展是由其内在的一般规律支配以后，社会科学的任务就在于揭示这种发展规律了。因此，历史科学也就成了真正的科学。基于这种认识，列宁说，没有历史发展规律的观点，也就没有真正的历史科学。

　　然而，有人却要在这一巨大成就的基础上倒退。下面我们对此稍作分析。

　　例如，波普说：社会的历史都是受记载者、研究者主观片面性的影响的，客观历史是不存在的，因而所谓历史

---

① 《马克思恩格斯选集》第 4 卷，人民出版社 1972 年版，第 243 页。

发展的客观规律，也就不能不是集体主义的胡思乱想了。他在这里搞混了一个概念：历史和历史的记载、历史的研究是不同的。在历史记载、历史研究中，确实存在着记载者和研究者的主观片面性，因而是具有主观性、片面性的。但是这不等于历史就有主观性、片面性，更不能说历史就是主观片面的、没有规律的。当波普说历史发展的规律是"集体主义的胡思乱想"时，从认识上来说，正在于他把前者等同于后者了。

非常流行的批判历史哲学也是这样。其论者说，"按照集体主义的胡思乱想，我们不能得到任何有效的真理"，因为"历史是由活着的人和为了活着的人而重建的死者的生活"，所以"它不需要解释而只需要理解"。那么这个理解的过程是怎样的呢？他们说："就是使自己融入历史的精神之流，以体验的方式对以往史学家的意识进行再一次经历，从而捕捉个别，在自己的心灵中重演过去。"这样一来，历史哲学就成了记述心理学。批判历史哲学重视历史的特殊性，这是无可非议的。但是由于它把历史科学仅仅看做是使自己融入历史的精神之流，仅仅是对以往史学家的意识进行再一次经历，仅仅是以往史学家的意识在自己心灵中的重演，这就把历史科学和历史等同起来了。如果沿着这条道路走到逻辑的终点，那就不能不使自己重新跌入历史唯心论的泥坑。

再如，有人把马克思主义"历史规律性"的概念归结为"可能性"概念，强调"这种可能性是人们可以自由选择的"。历史的发展规律，在马克思主义看来，是一种客观存在，你承认、认识也好，不承认、不认识也好，它都在起作用。所以，决不能把历史的发展规律仅仅看做是一种可能性。承认历史发展受其内在的一般规律所支配，人们就不能选择了吗？当然不是。事实上，对于某一民族、某一国家或地区的发展道路来说，都是由人们选择的。但是我们必须明确：人们的选择从总体上说来，都不是主观任意的，而是由客观条件，特别是由占主导地位的主要阶级的经济地位所决定的。我国为什么选择社会主义道路？这是由我国的国情，由无产阶级在社会生活中的地位所决定的。假如我国没有无产阶级，假如无产阶级在民主革命中不起领导作用，假如民主革命在无产阶级领导下没有取得胜利，那么中国就决不能选择社会主义道路。人们的选择是由人们所处的客观条件，特别是经济地位所决定的，而人们的客观条件，特别是经济地位，正是构成历史发展规律并决定历史有规律地发展的重要因素。因而我们说，人们对社会发展道路的选择，同历史发展的规律性并不矛盾。当然，也有不顾客观条件任意地选择的，但它只会使历史的发展遭受人为的曲折，而人为的历史的曲折终究会否定这种错误的选择。所以，归根到底是规律决定选择，而不是选择决定规律。

　　综上所述，历史的发展规律是不能否定的，否定了它，也就从根本上否定了历史唯物论。这是因为，历史唯物论就是关于历史发展一般规律的科学，它的任务就在于揭示出社会历史发展的一般规律，假如否定了历史发展的一般规律，历史唯物论也就没有自己的研究对象，因而也就不复存在了。所以我们说，承认不承认、坚持不坚持历史发展有规律的观点，是承认不承认、坚持不坚持历史唯物论的大问题。

二

社会的发展是有规律的，但是社会的发展规律并不是以纯粹的形式直接表现出来的。它总是要通过许多特殊的、不重复的、偶然的现象曲折地表现出来。

所谓规律，实际上就是指一种普遍性。而普遍性又总是通过特殊性表现出来的。在历史唯物主义看来，历史过程中的每一具体社会形态，都是在一定生产力的作用下形成的历史发展中的一个特殊阶段。每一特殊阶段，又都由各个特殊的国家所构成。每一特殊阶段、每一特殊国家，又都有各自的特殊规律。这就叫社会发展规律的个性、特殊性。但是每一具体的社会形态，每一具体形态的国家，不管其如何特殊，各有个性，都毫无例外的是生产力和生产关系的矛盾统一体，并存在着经济基础和上层建筑的矛盾。因此，各种社会形态以及各种社会形态的各个国家，又都有其共同的本质，共同的规律。这种情况告诉我们，历史发展的一般规律都是通过各个特殊的规律表现出来的，一般的发展规律本身就存在于各个特殊的发展规律之中，特殊的发展规律也不纯粹是特殊，它本身就是一般规律的表现。

所谓规律，又是指事物发展的重复性，在事物发展过程中重复出现的东西，我们就叫它规律性的东西。而重复性，又总是通过不重复表现出来的。在历史发展中，是不是一切都是重复出现的呢？不是的。历史上的个别现象，例如某一具体的历史事件，某一具体的历史人物，是不可能以完全相同的内容和形式、以完全相同的性格和面貌出现的。从这个意义上说，历史是不重复的。但是历史决不只是由无数个历史事件和历史人物简单地堆积起来的。只要我们用心加以考察，历史事件、历史人物之间，总是存在着某种共同本质和一般性质，而这些又总会通过许多具体现象重复出现，从而使历史有机地联系起来成为一个过程，因此，历史的发展又总是重复的。例如，同一形态社会的本质特征就在这种制度的国家中重复出现。整个人类社会历史过程的各个阶段也有重复。原始社会是一种低级的公有，后来出现了各种各样的私有，但到了未来的高级社会又是公有，这就是一种重复。从这里我们不难看出，社会的发展，就某一阶段、某一国家来说，似乎是不重复的，但是我们把眼光放长、放宽，把各个阶段、各个国家加以比较，就会发现社会历史是有重复性、规律性的，而这种重复性、规律性，正是通过各个阶段、各个国家的似乎不重复、没有规律来实现的。

　　所谓规律，还是指事物发展的必然性。但是必然性也总是通过各种各样的偶然性表现出来的。唯心主义和形而上学的史学家们认为在历史的发展过程中只存在着偶然性，这是不符合实际的。事实上，社会的发展是有其必然性的。但是必然性并不是直接出现的，它是通过大量的偶然性表现出来的。

　　总之，在历史发展中各种看来是特殊的、不重复的、偶然的现象中，都包含着普遍性、重复性和必然性。正是由于这一点，社会的发展过程才是一个有规律的自然历史过程。

　　社会的发展是一个有规律的自然历史过程，那么这个过程由低到高经历有哪些阶段呢？按照马克思主义的观点，有原始社会、奴隶社会、封建社会、资本主义社会和共产主义社会（包括其第一阶段即社会主义社会）。

　　对于社会发展的"五形态说"，我们不可简单地去看。因为它表述的是规律，而不是表象。已如前述，任何规律都是一种本质的联系，因而都不能以直接纯粹的方式，而只能以复杂和近似的方式表现出来。正如黑格尔所说：规律不是写在天上的，因而是看不到的，是需要人们经过深沉思考和精细分析，才能以概念的方式把握的。他还说，规律是内在的一，现象是外在的多，一通过多表现于外，多总是要归结为内在的一。马克思也表达过类似的意思。他说：规律的东西如果直接表现于外，那么科学就没有任何意义了。根据他们的这种思想，我们不难看出，五种社会形态说，作为历史过程规律的表述，所表达的只是人类社会由低到高的发展趋势，而绝不是历史中一切的总汇，因而它不可避免地要和各种各样的偏离相联系。如果把五种形态由低到高的发展看做是不允许有任何偏离，不允许有任何例外，那就是把它当做机械模式而不是规律了。如果那样，从思维方式上说，就是形而上学而非辩证法了。

从理论上说，我们不能对"五形态说"作机械的理解，从事实说，也是如此。这是因为：

第一，"五形态说"作为历史发展过程规律的表述，所反映的只是典型的社会发展模式，而更多的，是在五大形态之间存在着非典型性的、过渡性形式；人类社会发展依次经历的每一社会形态，尽管都有各自的本质特点，但是不同民族、不同国家或地区，由于历史条件不同，又会有不同的表现形式。所有这一切，我们都不能简单地把它们照套到五种形态上。对于历史发展过程的这种复杂性，马克思、恩格斯早就有过论述。他们说，如果社会历史那么简单，那么，研究历史就会比解一个最简单的数学方程式还要容易了。

第二，在特定条件下，社会的发展在某一民族、某一国家或地区会有跳跃。这从理论上说，归根结底是由生产力的跳跃所决定的。从整个人类的历史来看，生产力只能是一个由低到高拾级而上的过程，它不会有什么跳跃。但是就某一民族、某一国家或地区来说，当着世界上创造了先进的科学技术之后，人们就有可能借助世界先进的科学技术，绕过一切从头开始，来实现生产力发展个别阶段上的跳跃。当然，历史上的每一次跳跃，都还有其具体而复杂的原因，这里不去详加评说，但有一点可以肯定，即这些跳跃无疑都是普遍规律的一种特殊表现。

在生产力落后的国家里为什么会建立起先进的社会主义制度，而在生产力发达的国家里还保留着较为落后的资本主义制度？这是一个历史上的老问题，恩格斯早就作过回答。在他看来：社会的发展不单决定于经济关系，当然这是主要的，但是在很多情况下还决定于上层建筑的各种因素，决定于上层建筑对经济基础的反作用。由于上层建筑具有重大的反作用，所以社会制度尽管从"归根结底"的意义上说是由生产力的状况决定的，但并不是在任何条件下都仅仅受制于生产力的状况。

对于这一点，列宁在对俄国革命所进行的具体分析中说得更清楚。他运用恩格斯的思想，通过对资本主义经济、政治发展不平衡的分析，得出了社会主义可以首先在少数甚至在单独一个资本主义国家内胜利的结论。那么究竟哪一些、甚至是哪一个资本主义国家可以首先进入社会主义呢？列宁进一步分析道：由于资本主义国家发展的不平衡和由此而引起的帝国主义战争，削弱了整个帝国主义的力量，就造成了在最薄弱的环节上冲破帝国主义战线的可能性。他把帝国主义战线比作"一条铁链"，而其中最薄弱的部分则被比作"木头制成的环"，并且证明当铁链承受拉力时，它的强度并不是由整个铁链，而正好是由这个木制环节的强度所决定的。列宁还说，社会主义的"雏鸡"同时在资本主义各国孵化，可是在发达的资本主义国家中却遇到了"钢蛋壳"，所以"雏鸡"虽大，但很难破壳而出。而在帝国主义统治薄弱的落后国家里，由于内外交困，矛盾重重，所以雏鸡虽小，却可破壳而出。所以他的结论是，社会主义只能在帝国主义统治薄弱的落后国家里首先开始。

　　恩格斯、列宁上述论断的真理性早已为社会主义的建立所证实。这种已被证实了的真理进一步向我们表明，社会发展的一般规律，是不排斥某个民族、某个国家或地区在特定条件下会有跳跃，会有例外的。恰恰相反，一般规律正是以个别国家、个别地区的跳跃、例外作为前提的。

三

　　社会发展规律和人的实践活动的关系是一个十分重要的问题。对这个问题认识得不清，处理得不好，要么就是用自然界发展规律的特征来解释社会的发展规律，否认人的活动的作用，要么就是用人的活动、人的意志来否定社会的发展规律。如果是前者，就不可避免地要陷入机械论、宿命论的泥坑；如果是后者，就不可避免地要跌入历史唯心论。所以，要正确理解社会的发展规律，就必须正确处理好它和人的活动的关系。

　　社会发展不可能像机械运动那样，按照事先预设好了的公式，沿着预定的轨迹向着某种既定的目标自然而然地前进。这是早就被马克思、恩格斯所否定了的社会发展规律观。

　　那么，马克思、恩格斯所肯定的社会发展规律是怎样的呢？恩格斯说："历史是这样创造的：最终的结果总是从许多单个的意志的相互冲突中产生出来的，而其中每一个意志，又是由于许多特殊的生活条件，才成为它所成为的那样。这样就有无数互相交错的力量，有无数个力的平行四边形，而由此就产生出一个总的结果，即历史事变，这个结果又可以看做一个作为整体的、不自觉地和不自主地起着作用的力量的产物。因为任何一个人的愿望都会受到任何另一个人的妨碍，而最后出现的结果就是谁都没有希望过的事物。所以以往的历史总是象一种自然过程一样地进行，而且实质上也是服从于同一运动规律的。"① 在这里，恩格斯讲了两个意思，第一是历史规律包含着人的活动、人的意志，第二是人的活动、人的意志怎样形成了历史规律。

历史就是由无数具有不同意志、不同目的的人的活动构成的，因而历史的发展规律也就内在地包含在人的活动中，或者说，它本身就是人的活动的规律。不是有了现成的社会发展规律才有人的活动，恰恰相反，而是有了人的活动，才有社会的发展规律。尽管人的思想、人的活动要受社会发展规律的制约，但决不能把人的活动排除在社会的发展规律之外。在人的活动和社会规律的关系上，是人的实践活动作为社会发展规律的前提，而社会的发展规律又影响和制约着人的实践活动。如果不是这样看问题，而片面强调社会规律对人的活动的制约，以为人的作用仅仅在于认识规律、遵循规律，否定人的实践活动对社会发展规律的作用，那么我们就不能回答社会的发展规律是从哪里来的，就不能回答在人们认识社会规律之前要不要活动，就不能回答为什么要在实践中探索前进。之所以有社

---

① 《马克思恩格斯选集》第 4 卷，人民出版社 1972 年版，第 478 页。

会，之所以有社会的发展规律，就在于有人的实践活动。人们之所以要探索规律、遵循规律，就是要更好地进行实践活动。所以，如果否认了人的实践，就不会有社会，就不会有社会的发展规律，研究和遵循社会的发展规律，也就都将成为不可能和不必要了。

由于人的实践活动包含在历史规律中并对历史规律发生影响，所以，人的主观能动性发挥得不同，人的活动不同，就不能不使历史规律以不同的形式表现出来。俄国布尔什维克之所以能在沙俄落后生产力基础上建立起社会主义制度，这是由历史条件决定的，而这历史条件中最重要的条件就是马克思主义在俄国的运用，就是俄国布尔什维克领导人民的浴血奋战。我们可以试想，假如没有列宁等一批无产阶级革命家把马克思主义运用于俄国并产生出列宁主义，假如没有俄国布尔什维克在马列主义的指导下带领俄国人民浴血奋战，苏联社会主义制度能够在落后的生产力基础上建立起来吗？不能。中国也是一样。如果没有苏联社会主义的建立，没有中国共产党领导人民的奋斗，又怎么会有在资本主义没有充分发展的条件下进入社会主义的跳跃呢？这种跳跃的出现，最充分地表现了人的实践活动、人的主观能动性对社会发展规律的作用。这种事实向我们表明，那种把社会发展规律和人的实践活动、人的主观能动性对立起来的看法是没有根据的。

马克思主义中国化问题

MAKESI ZHUYI
ZHONGGUOHUA WENTI

马克思主义中国化
的历史进程和基本经验[*]

马克思主义中国化是毛泽东在党的六届六中全会上明确提出来的。他说："离开中国特点来谈马克思主义，只是抽象的空洞的马克思主义。因此，使马克思主义在中国具体化，使之在其每一表现中带着必须有的中国的特性，即是说，按照中国的特点去应用它，成为全党亟待了解并亟须解决的问题。"[①]

毛泽东提出这一概念，有这样相互联系的两个背景。一是共产国际的负责人季米特洛夫有一些非常开明的思想，在他的推动下，1935 年 8 月，共产国际七大作了《关于共产国际执行委员会报告的决议》。这个决议有这样一些重要观点，一，由共产国际集中统一领导世界各国共产党的工作方法和领导方法必须改变。因为至 1934 年

---

[*] 2005 年 5 月讲于国防大学进修系，收入本文集前未公开发表过。

[①] 《毛泽东选集》第 2 卷，人民出版社 1991 年版，第 534 页。

上半年，共产国际已有 65 个支部，这些支部处于完全不同的条件之下，要莫斯科对所有这些支部就一切问题实行领导是不可能的。二，共产国际要把活动重点转移到制定世界工人运动的基本政治、策略路线上来，而将日常领导集中于各国支部本身。三，要帮助各国党学会把共产国际的路线灵活地和具体地应用到每个国家的特别环境中去。四，各国党要学会把马列主义的方法应用到各国的具体环境中去，应用到具体条件中去。我们研究马克思主义中国化的问题，不能不看到共产国际发挥的巨大作用。另一个背景是，共产国际七大虽然作出了正确决定，但斯大林担心中国共产党在政策和策略上来个一百八十度的转弯，因此决定派一些新生力量，一些熟悉共产国际形势的人来帮助中国共产党。正是处于这样的考虑，王明被派回国，他一回来，就执行一切服从统一战线、一切经过统一战线的主张。从中我们不难看出，马克思主义中国化概念的提出，是对王明路线的否定，是对以王明为代表的党内教条主义的否定。

马克思主义中国化，这是由马克思主义的科学本性所决定的。马克思主义从本质上来说是革命的、批判的。它给人们提供的不是教义，而是方法。也正是基于这种认识，毛泽东说，中国同志学习运用马克思主义，必须把它和中国的实际结合起来。所谓马克思主义中国化，强调的就是马克思主义理论和中国实际的结合。这种结合，一方面是要用马克思主义来说明、解释、指导中国实践，另一方面是要用中国的实践经验来丰富、发展马克思主义。

　　马克思主义中国化的历史，就是马克思主义基本原理和中国具体实际日益结合的历史，就是我们党不断解放思想、与时俱进的历史，就是对我国革命、建设和改革规律的认识不断深化的历史，换句话说，也就是毛泽东思想、邓小平理论和"三个代表"重要思想形成发展的历史。

一、毛泽东思想:马克思主义中国化的
　　第一大理论成果

　　十月革命一声炮响，为中国送来了马克思主义，走俄国人的路，成为当时先进中国人的指南。但是，在中国"如何走"俄国人的路，中国共产党人经过长时间的摸索才得出了答案。毛泽东在回顾党对民主革命规律认识过程时说:对中国革命的一系列重要问题，如革命"怎么革法，革些什么，哪些先革，哪些后革，哪些要到下一阶段才革，在一个相当长的时间内，都没有弄清楚，或者说没有完全弄清楚"[①]。只是在经过两次胜利、两次失败之后，到了抗日战争时期，我们才制定了合乎情况的党的总路线和一整套具体政策。

　　毛泽东是马克思主义中国化的第一人。我们这么说，并不意味着毛泽东之前，我们党的领导人中没有这种思想，只是想说，毛泽东是最早把马克思主义和中国实际成功地结合起来的人。其实早在党的创立和大革命时期，一

---

　　① 《毛泽东文集》第8卷，人民出版社1999年版，第300页。

些领导人就已提出过比较好的看法。例如，李大钊在
1920 年就说过，社会主义理想"因各地、各时之情形不
同，务求其适合者行之"。张太雷 1921 年指出，要"把
国际无产阶级政党的纲领和方法正确地运用于各国具体特
点的基础之上"。恽代英 1924 年提出，"解决中国的问
题，自然要根据中国的情形，以决定中国的办法"。瞿秋
白 1927 年指出，"革命的理论永不能和革命的实践相脱
离"，"应用马克思主义于中国国情的工作，断不可一日
或缓"。毛泽东更加重视这一问题，他从投身中国革命开
始，就致力于把马列主义和中国实际相结合。

　　第一次大革命时期，毛泽东主要从事农民问题研究，
着力于中国社会各阶级的分析，并在阶级分析的基础上提
出了党在民主革命中依靠谁、团结谁、打击谁的基本路
线。1927 年大革命失败后，他又总结经验教训，提出了
"枪杆子里面出政权"的重要论断，并躬身实践，亲自组
织秋收起义。1930 年，毛泽东在《反对本本主义》一文
中说，马克思主义的伟大力量，就在于它是和各个国家的
具体实践相联系的，对于中国共产党人来说，就是要学会
把马克思主义的理论应用于中国的具体环境。1932 年 4
月，红军打下福建漳州，他意外地得到了一些马列书籍。
拿到书后，毛泽东就如饥似渴地阅读起来，并结合中国革
命的实际作了很多批语。他还推荐给别人读。先将列宁的
《两个策略》送给彭德怀，并在书上写道："此书要在大
革命时读着，就不会犯错误。"后来又将《"左派"幼稚
病》送给彭德怀，并在书上写道："你看了以前送的那一

本，叫做知其一而不知其二。你看了《"左派"幼稚病》才会知道'左'与右同样是有害的。"在土地革命、创建根据地的实践中，毛泽东初步总结经验，写了《中国的红色政权为什么能够存在?》、《井冈山的斗争》、《星星之火，可以燎原》等著名篇章，在马克思主义发展史上首次提出并科学论证了"工农武装割据"的概念，形成了农村包围城市的中国革命道路的基本思想。这一理论的产生，标志着中国共产党对马克思主义的理解和运用达到了一个新的高度。后来毛泽东在回顾这段历史的时候曾深情地说，我们党的17年，最大的进步是学会了运用马列主义。党的历史经验使我们懂得了马列主义不是教条，而是行动的指南。他痛心地说，过去，我们在工作中公式主义太厉害，吃过许多亏，由此不知流了多少血，牺牲了多少生命。

延安时期那一段，可以说是毛泽东思想比较完整地形成起来的一段。红军时期，教条主义者曾讥笑毛泽东是"狭隘经验论"，这对毛泽东刺激很大。到了延安后，他更加发奋读书，特别是批读了大量马克思主义哲学的书。1938年，毛泽东还亲自组织了哲学学习小组，参加的人有艾思奇、何思敬、杨超等，每周三晚上在杨家岭毛泽东的窑洞里学习讨论，有时学习讨论到很晚甚至通宵达旦。他还指示成立中央编译部，大批翻译马恩列斯的书，供有阅读能力的党员干部读。有的懂翻译的干部不安心本职工作，想到地方或部队去，毛泽东就劝他们为全党着想，并风趣地说，"学个唐三藏，实是功德无量啊!"马克思主义要中国化，首先必须学习和研究马克思主义，这是基本的前提条件。所以毛泽东要求一切有研究能力的共产党员，都要研究马克思列宁主义的理论。

那么，用什么态度和方法来学习和研究马列主义呢？在这个问题上，党内一直存在着两种截然不同的情况。一种是教条化地对待马克思主义。这种态度和方法，或是僵死地钻研个别词句和结论；或是与中国实际脱节，言必称希腊，言必称莫斯科。对于这些教条主义者，毛泽东批评起来既尖锐辛辣，又形象幽默。他用一副对联形象地为那些只知背诵马恩著作若干词句的人画像，叫做"墙上芦苇，头重脚轻根底浅；山间竹笋，嘴尖皮厚腹中空"。与教条主义态度相反，另一种是立足中国实际来学习研究马克思主义。这种态度和方法，是在中国的环境中学习和研究马克思主义，眼中看到的是中国，是中国的革命，中国的社会和中国的人民，把马克思主义看成是一种能够指导革命实践的强大武器，注重把握其科学的内涵和活的灵魂。毛泽东告诫全党说，我们"是为着解决中国革命的理论问题和策略问题而去从它找立场，找观点，找方法的"①，因而必须研究中国的实际。

研究实际，从当时的具体情况出发，毛泽东重点强调应该研究三个方面：其一是对于近百年的中国历史进行详细的研究。毛泽东严厉批评那些对于自己的历史一点不懂，或懂得甚少，不以为耻，反以为荣的同志说，不要割

---

① 《毛泽东选集》第3卷，人民出版社1991年版，第801页。

断历史。不单是懂得希腊就行了，还要懂得中国；不但要懂得外国革命史，还要懂得中国革命史；不但要懂得中国的今天，还要懂得中国的昨天和前天。他主张全党应聚集人才，分工合作地开展研究，先作经济史、政治史、军事史、文化史几个部门的分析研究，然后再作综合的研究。其二是要研究中国的国情，最重要的是中国现在的社会性质是什么，以及现时中国革命的性质是什么，强调只有认清中国社会的性质，才能认清中国革命的对象、任务以及中国革命的动力和前途。其三是对敌友我三方的经济、政治、军事、文化、党务各方面的动态进行详细的研究，然后引出应有的和必要的结论。

马克思主义中国化不仅仅是一个消化接受的过程，同时也是一个转化创新的过程。毛泽东同志说，随着革命形势的发展，不但可以而且一定要以马克思主义新的结论去代替旧的结论；我们要把马、恩、列、斯的方法用到中国来，在中国创造出一些新的东西。经过不断地实践探索，我们党终于创造出了这样"新的东西"。仔细研究毛泽东那个时期的一系列重要著作和党的文件就会明白，我们党系统地阐明了新民主主义革命的理论、革命军队建设和军事战略的理论、中国革命的政策和策略的理论、思想政治工作和文化工作的理论以及党的建设的理论，从而成功地实现了马克思主义和中国实际的有机结合，诞生了毛泽东思想。

马克思主义一经为中国人民所掌握，便会发生无穷的威力。在毛泽东思想的指引下，党领导人民取得了抗日战争、解放战争的伟大胜利，建立了新中国，然后又取得了抗美援朝战争的伟大胜利。后来，毛泽东又组织领导了我国的社会主义改造，探索了我国的社会主义建设，形成了社会主义革命和社会主义建设的理论。毛泽东思想不是零碎的几条，而是由上述六大理论构成的一个有机整体，贯穿于这些理论之中的活的灵魂是实事求是、群众路线和独立自主，并由此形成了毛泽东思想的科学体系。

上述简要的回顾我们可以看到，毛泽东思想是中国化了的马克思主义，它既是中国的，又是马克思主义的。毛泽东思想来之不易，我们要倍加珍惜。毛泽东思想永远是中国共产党人的理论宝库和中华民族的精神支柱，永远是建设社会主义现代化国家的行动指南。

二、邓小平理论：马克思主义中国化的　　第二大理论成果

毛泽东思想成功地解决了什么是中国革命、怎样进行中国革命的问题，并指引我们赢得了中国革命。随着革命的胜利，从1956年开始，我国进入社会主义建设的新时期。这个时期，在毛泽东同志领导下，我们党进行了艰辛探索，取得了很大成就，但也发生了严重失误，没有能够解决好中国建设社会主义的道路问题。这样，形势就迫使我们党扭转"文化大革命"造成的严重局面，总结建国以来的经验教训，写出新的著作，形成新的理论，开辟一条建设中国特色社会主义的新道路。十一届三中全会以

来，以邓小平为代表，我们党干的就是这件事。

一个时期里，邓小平在多种场合反复向人们提出的问题是：什么是社会主义，如何建设社会主义。这一问题提出的本身，就具有石破天惊的意义。胡绳同志曾经回忆，大约在50年代末，毛泽东的秘书田家英说过一句使他留下很深印象的话：如果可以重新从头搞社会主义，我将用另一种方法来搞。胡绳说：这句话可以说是属于书生的狂论，但也的确反映了他的一种心境。田家英去世后多年，这句话常常在胡绳的记忆中浮现。实际上，多年以来，在党内许多有识之士的头脑里，挥之不去始终萦绕着的就是如何使马克思主义进一步中国化，如何探索中国自己的社会主义建设道路。

为了探索回答这个问题，邓小平同志一方面十分注重马列主义、毛泽东思想的指导（他的一个重大功绩就是把毛泽东的晚年错误和毛泽东思想科学地区分开来），既否定毛泽东的晚年错误，又高举毛泽东思想的伟大旗帜。另一方面，又特别注重中国的特殊国情，努力做到理论和实际的有机结合。为此，他研读了大量的经典著作，做了大量的调查研究。其结果是，在实践上，开始了改革开放，中国社会主义的发展进入了新时期。在理论上，马克思主义同当代中国实际和时代特征相结合，产生了邓小平理论。

邓小平理论有一个形成发展的过程，这一过程大体可分为这样四段，即从全面整顿到十一届三中全会，这是邓小平理论的直接酝酿阶段；从十一届三中全会到十二大，这是邓小平理论开始产生、形成主题的阶段；从十二大到十三大，这是邓小平理论逐步展开、形成轮廓的阶段；从十三大到十四大，这是邓小平理论走向成熟、形成体系的阶段。

邓小平理论犹如一座大厦，可以区分为这样四层：一层是思想路线。解放思想，实事求是，是这一理论的哲学基础，是这一理论的精髓。一层是首要的基本理论问题。什么是社会主义，怎么搞社会主义，是这一理论的主题。一层是围绕主题形成的一系列基本观点，包括经济、政治、思想文化等方面的，这些方面的观点我们可以概括为社会主义初级阶段论、社会主义改革开放论、社会主义市场经济论和社会主义本质论。最后是邓小平理论的实践纲领，即党的基本路线、基本方针、基本纲领。邓小平理论就是由这样几个层次的内容构成的有机整体。我们学习邓小平理论，要注意把握这个整体。

三、"三个代表"重要思想：马克思主义 中国化的第三大理论成果

邓小平理论第一次比较系统地初步回答了中国这样一个经济文化比较落后的国家如何建设、巩固和发展社会主义的一系列基本问题。但实践没有终结，我们对什么是社会主义、怎样建设社会主义的问题还需要随着实践的深入而发展。十三届四中全会以来，以江泽民同志为主要代表的中国共产党人，在建设中国特色社会主义的实践中，集

中全党智慧形成了"三个代表"重要思想。

"三个代表"重要思想的形成是从总结党的历史经验的角度切入的。"三个代表"重要思想是从哪里来的？是从历史中来的，是对党的历史经验的概括总结。江泽民同志对党的历史经验的总结是很有层次感、厚重感的。首先是总结党的十三届四中全会以来的经验，其次是十一届三中全会即改革开放以来的经验，最后是党的80年来的全部历史经验。总结这些经验，归结起来就是，我们党必须始终成为"三个代表"。

这里重点概略地说说十三届四中全会以来的历史。因为这段历史非常重要、非常特殊。说它重要、特殊，因为它承前启后，承接两个世纪、两个千年。这段历史大致可分为三个阶段：

从1989年十三届四中全会到1992年十四大，这是新的中央领导集体在中国和世界面前树立形象的时期。用邓小平同志的话来说，就是树立"一个实行改革的有希望的领导集体"的形象。江泽民同志上任之初，国内政治风波刚刚平息，世界社会主义运动正处于低潮。新的中央领导集体冷静观察、沉着应对，把注意力集中在办好我们自己的事情上。党中央从人民群众普遍关心的事情做起：惩治腐败，加强党的建设，坚持和改善党的领导；加强思想政治工作，克服"一手硬一手软"的现象；继续深化改革；在国际交往中，运筹帷幄，灵活务实，冲破了西方的所谓"制裁"，打开了外交工作的新局面。

从1992年十四大到1997年十五大，开始形成一整套治国方略。十四大以后的几次中央全会上，我们党分别就建立社会主义市场经济体制、加强党的建设、制定"九五"计划和2010年远景目标、加强社会主义精神文明建设等重大问题作出战略部署，清晰地展现出党中央总揽全局的工作思路，对邓小平理论进行了创造性发展。

十五大以后，在复杂的国际国内背景下从容应对，开拓创新，表现出应对各种复杂局面的胆识和能力。十五大以后，一个突出的特点是风浪多，考验多。亚洲金融危机的冲击、1998年的洪水、以美国为首的北约袭击我驻南使馆等等，党中央处变不惊，从容镇定，战胜了各种挑战，赢得了人民的信赖。

十三届四中全会以来的这十多年，我们党积累了十分丰富的经验，党的十六大概括了十条。这十条经验，归结起来就是我们党必须始终成为"三个代表"。

"三个代表"重要思想的形成经历了一个很长的思考和实践的过程。建设什么样的党、怎样建设党，江泽民同志说，这些年来我一直思考这个问题。他还说，有四件大事引起了他特别的思考：1989年动乱、苏东剧变、法轮功、国民党下台，他还联系到党内腐败案件的触目惊心。从这些思考当中他悟到了什么呢？我感到他的这样四段话很具有典型性："我们党的最大政治优势是密切联系群众，党执政后的最大危险是脱离群众。"①"我们必须与时

---

① 《十六大以来党的重要文献选编》（上），中央文献出版社2005年版，第41—42页。

俱进，继续丰富和发展马克思主义。如果因循守旧，停滞不前，我们就会落伍，我们党就有丧失先进性和领导资格的危险。"[1] "只要我们党始终成为中国先进生产力的发展要求，中国先进文化的前进方向，中国最广大人民根本利益的忠实代表，我们党就能永远立于不败之地。"[2] "在迈向新世纪的征途上，我们党要解决好诸多复杂矛盾和困难，经受住新的考验和锻炼，把我们的伟大事业推向前进，必须按照'三个代表'的要求，进一步提高执政水平和领导水平。"[3]

　　正是基于这样的认识，江泽民同志特别重视加强执政党的建设。早在1990年，他就召开了一系列座谈会，就经济、科技、文化、军事等方面的问题进行研究。1991年，江泽民同志在建党70周年纪念大会上发表重要讲话，初步探索了有中国特色社会主义经济、政治、文化建设的目标和任务。1995年，江泽民同志在十四届五中全会上强调领导干部一定要讲政治，论述了社会主义现代化建设的十二个重大关系。到2000年2月，他到广东考察工作，提出了"三个代表"的重要论断。2001年的"七一"讲话，系统阐述了"三个代表"重要思想。党的十六大，将"三个代表"重要思想正式写入党章。从中我们不难看出，"三个代表"重要思想从开始形成到写到党章上，

①　江泽民：《论党的建设》，中央文献出版社2001年版，第537页。

②　2000年2月26日《人民日报》。

③　2000年5月16日《光明日报》。

不是"仅仅两年多的时间",而是至少长达十年的时间。十年的思考、十年的实践,形成了"三个代表"重要思想,从而使我们党在指导思想上实现了新的与时俱进。

说"三个代表"重要思想是马克思主义中国化的第三大理论成果,因为它适应了新的时代条件,回答了新的核心问题,形成了一系列新的理论观点。

新的时代条件。毛泽东思想是战争与革命为主题的时代条件下的中国的马克思主义。邓小平理论是和平与发展为主题的时代条件下的中国的马克思主义。从20世纪90年代开始,和平与发展的时代主题虽然没有变,但世界形势却发生了新的重大变化,呈现出新的时代特点。从国际政治格局的走向上看,两极格局解体,出现了单极与多极的矛盾冲突,多极化在曲折中前进。从科技进步的角度来看,高新科技的发展日新月异。从世界经济发展的态势来看,经济全球化已成为世界经济发展进程中不可阻挡的历史潮流。面对着新的时代特点,我们的经济发展和体制改革,我们的思想、工作和作风都还不那么完全适应。怎样使我们更好地适应时代发展的新要求?最根本的就是使我们的理论、路线、方针、政策和各项工作始终代表中国先进生产力的发展要求,代表中国先进文化的前进方向,代表中国最广大人民的根本利益。"三个代表"重要思想的形成,就是以江泽民为核心的党的第三代领导集体立足国内外形势的新变化,主动顺应时代发展的潮流进行战略思考的结果。

新的核心问题。毛泽东思想回答的核心问题主要是什么是中国革命，怎样进行中国革命。邓小平理论回答的核心问题主要是什么是社会主义，怎么建设社会主义。"三个代表"重要思想回答的核心问题主要是在新的历史条件下，建设一个什么样的党，怎样建设党。关键是与时俱进，核心是保持党的先进性，本质是执政为民，构成了"三个代表"重要思想的精神实质。建设什么样的党、怎样建设党和什么是社会主义、如何建设社会主义是有机统一着的。社会主义是党的政治纲领，党是社会主义的政治代表，解决什么是社会主义、怎样建设社会主义的问题关键在党，解决好建设什么样的党、怎样建设党的问题，是为了更好地推进社会主义建设事业。

　　新的理论观点。毛泽东思想、邓小平理论之所以成为相对独立的理论形态，除了它们有不同的时代条件、回答了不同的时代课题之外，还在于它们围绕着各自解决的核心问题形成了一系列相互联系的基本观点。"三个代表"重要思想也是这样，在新的时代条件下，围绕着建设什么样的党、怎样建设党这个核心问题，形成了一系列相互联系的基本观点。这些基本观点在中宣部编写的《"三个代表"重要思想学习纲要》中作了系统概括。对这个概括加以再概括，我感到"三个代表"重要思想包含着这样六大理论：与时俱进论、历史方位论、第一要务论、目标纲领论、执政为民论、从严治党论。这些重大理论和毛泽东思想、邓小平理论既是一脉相承的，又是与时俱进的。

　　马克思主义和中国实际相结合的三大理论成果，并没有终结马克思主义在中国的发展。党的十六大以后，以胡锦涛同志为总书记的党中央紧密结合新世纪新阶段国际国内形势的发展变化，提出了以人为本、实现科学发展、构建社会主义和谐社会、建设社会主义新农村、建设创新型国家、履行好新世纪新阶段我军历史使命、推动建设和谐世界、加强党的先进性建设等一系列重大战略思想。这些重大战略思想的中心线索及核心内容是以人为本、全面、协调和可持续发展的科学发展观。科学发展观全面总结了我国社会主义现代化建设的经验教训，反映了几代共产党人对发展实践的艰辛探索，继承和发展了党的三代领导核心关于发展的重要思想，是马克思主义中国化的最新理论成果。科学发展观创造性地回答了发展的本质和目的、发展的内涵与要求、发展的战略与途径等重大理论与实践问题，是对经济社会发展一般规律认识的深化，是指导发展的世界观和方法论的集中体现，是统揽经济社会发展的重要指导思想。

四、马克思主义中国化的基本经验

回顾马克思主义中国化的历史进程，我们可以得到怎样的启示呢？

第一，处理好坚持和发展的关系，这是马克思主义中国化的基本前提。如果不坚持马克思主义，对马克思主义采取否定的虚无主义态度，就谈不上发展马克思主义，也就谈不上马克思主义的中国化；如果不发展马克思主义，对马克思主义采取教条主义的态度，也就不能很好地坚持马克思主义，同样也谈不上马克思主义的中国化。因此，必须把坚持和发展很好地统一起来，在坚持中发展，在发展中坚持。毛泽东当年就讲过：马克思这些老祖宗的书，必须读，他们的基本原理必须遵守，这是第一。但是，任何国家的共产党，任何国家的思想界，都要创造新的理论，写出新的著作，产生自己的理论家，来为当前的政治服务，单靠老祖宗是不行的。邓小平后来也说过同样意思的话：老祖宗不能丢，同时又要说新话。也正是基于这种认识，江泽民强调两个"坚定不移、不能含糊"：坚持马克思主义的基本原理，这一点要坚定不移，不能含糊；贯彻解放思想、实事求是的思想路线，坚持勇于追求真理和探索真理的革命精神，这一点也要坚定不移，不能含糊。这两个坚定不移、不能含糊，始终是检验我们是不是真正马克思主义者的试金石。要使马克思主义进一步中国化，就必须坚持这两个坚定不移，不能含糊。

第二，处理好马克思主义理论和中国实际的关系，坚持理论联系实际，这是马克思主义中国化的根本原则。不学习、不懂得马克思主义理论，谈不上马克思主义中国化。不了解、不研究中国实际，同样谈不上马克思主义中国化。只有很好学习、真正懂得马克思主义理论又认真研究、真正了解中国实际，并把两者很好地结合起来，才能做到马克思主义中国化。"结合"是我们党领导中国革命、建设和改革的"第一个重要问题"。正是基于这种认识，毛泽东多次强调，马克思主义的本本是要学习的，但必须同我国的实际情况相结合。我们需要本本，但是一定要纠正脱离实际情况的本本主义。学习本本，又不搞本本主义，就是要以马克思主义为指导研究中国实际，通过实际问题的研究揭示规律、找出办法、形成理论。唯有这样，马克思主义才能中国化。

第三，继承中国历史优秀文化，这是马克思主义中国化的重要条件。马克思主义诞生于西方，在其话语和表现形式上，不可避免地带有西方文化的特点。要把它融入中国文化并成为我们的指导思想，必须使它与中国文化相结合。中国是一个文化大国，有历史悠远、内涵丰富的优秀文化遗产，对马克思主义中国化提供了有利条件。无论是毛泽东思想的形成发展，还是邓小平理论和"三个代表"重要思想的形成发展，都充分利用了这种文化条件。比如毛泽东，他对中国文化典籍的涉猎之广泛、研究之深入、认识之精到，是世人所公认的。我们可以这样说，没有对中国传统文化的研究和继承，就没有毛泽东思想、邓小平理论和"三个代表"重要思想的形成发展，就没有马克思主义的中国化；要推进马克思主义中国化，必须研究和继承中国的优秀文化遗产。

第四，坚持群众观点和群众路线，这是马克思主义中国化的根本保证。人民群众是推动社会发展的实践主体，其实践是创立和发展科学理论的源泉。毛泽东同志在谈到《毛泽东选集》的时候，就深刻地指出过：《毛选》是血的著作，是人民群众流血牺牲写成的，是来源于党领导人民的斗争实践的。所以，坚持马克思主义基本原理同中国具体实际相结合，归根到底要同人民群众的斗争实践相结合。推进马克思主义中国化，归根到底要以人民群众的实践经验为源泉。离开人民群众，离开人民群众的社会实践，理论就将失去其真理性和指导性，变成毫无意义的空谈。坚持群众观点和群众路线，一切为了群众，一切依靠群众，从群众中来，到群众中去，是马克思主义中国化的一条宝贵经验，也是不断推进马克思主义中国化的强大动力和根本保证。

第五，与时俱进、开拓创新的精神状态是推进马克思主义中国化的关键。马克思主义中国化是要人去做的。因而人的精神状态就显得特别重要。正是基于这种认识，胡锦涛总书记特别强调中国共产党人要有与时俱进、开拓创新的精神状态。马克思主义中国化是一个永无止境的过程，推进马克思主义中国化是中国共产党人永恒的政治责任。马克思主义是我们党和社会主义的理论根基，是我们团结奋斗的共同思想基础。这个基础动摇了，就从根本上动摇了我们的党、我们的社会主义；马克思主义中国化的进程如果停止了，我们党的生命和社会主义事业也就会随之停止。对于这一点，我们一定要有清醒的认识。所以必须坚持马克思主义，必须进一步推进马克思主义的中国化。要进一步推进马克思主义中国化，必须着眼于我们正在做的事情。对于我们军队来说，就是要落实好科学发展观，促进军队建设又好又快地发展。目前，我军建设的主要矛盾是现代化水平与打赢信息化条件下局部战争的要求还不相适应，军事能力与履行新世纪新阶段我军历史使命的要求还不相适应。要解决好这一主要矛盾，必须坚持以科学发展观为指导，深入研究军队建设的阶段性特点，把军队建设的基础和现状搞清楚，把影响和制约军队建设的重难点问题搞清楚，把军队建设的发展方向和主要任务搞清楚，不断深化对军队建设规律的认识，把军队建设切实转入科学发展的轨道。对此，我们的各级领导干部既要有很强的战略思维能力，又要有求真务实、真抓实干的革命精神。

重读《实践论》的几点感受[*]

　　《实践论》是毛泽东同志的一部十分重要的哲学著作，它表征了坚定社会主义信念的理论根基；展开了马克思主义认识论的理论系统；包含了把握理论和实际相统一的几道关口。在新的历史条件下，认真学习研究《实践论》，对于提高思维能力，端正思想路线，推进党的事业是极有裨益的。

一

　　在今天的形势下重读《实践论》，我首先思考的是它的现实意义。对于《实践论》这一著作的意义，人们可以从不同的角度来加以思考，但是在今天的国际国内气候

---

　　*　1993 年 10 月讲于国防大学理论进修班，后经加工收入《许志功讲学录（续）》（中央文献出版社，2002 年版）。

下面，我们学习《实践论》应该着重地思考、解决什么呢？我想着重加以思考和解决的就是社会主义的信念问题。现在人们都在谈论要坚定信念，要增强社会主义必胜的信心，然而怎样才能坚定人们的信念，增强社会主义必胜的信心呢？这个问题涉及到许多方面，但是最根本的一条是要把我们的工作做好，使社会主义的优越性最大限度地发挥出来。没有这一条，我们当然不能说要人们坚定信念不可能，但却是相当困难的。而要把我们的工作做好，使社会主义的优越性最大限度地发挥出来，积长期的历史经验，最基本的一条就是要把马克思主义的理论和我国的实际紧密地结合起来。没有这一条，从党的全体的角度讲，要做好工作，要使社会主义的优越性最大限度地发挥出来，是不可能的。因此我们说，要不要坚持理论联系实际的原则，不只是一个理论问题，而首先是一个关系到人们是否坚定信念，是否能够增强社会主义必胜信心的问题，因而首先是一个严肃的政治问题，是一个共产党员是否具有坚强党性的问题，是我们对待社会主义前途命运的历史责任感的问题。这样的认识问题，我以为是有道理的。苏联、东欧之所以垮台，原因当然是多方面的，例如国际资本主义的和平演变等等，但最根本的一条是那里的共产党人没有能够把自己的工作做好，没有能够使社会主义的优越性最大限度地发挥出来。而之所以如此，一个重要的原因就在于没有能够把马克思主义的基本理论和那里的实际很好地结合起来。而我们之所以能够在动荡的国际环境中站稳脚跟，最根本的就在于我们的工作做得比较好，社会主义的优越性发挥得比较充分一些，因而人民群众基本上是满意的。而之所以如此，仔细追究起来，就在于我们坚持了马克思主义理论和中国实际相结合的原则。人民群众还不太满意，说到底，也在于我们的工作做得还不那么好，理论和实际结合得还不那么紧，社会主义优越性还没有最大限度地发挥出来。假如把理论和实际紧密地结合起来了，我们的工作就会做得更好一些，社会主义的优越性就会得到更大限度地发挥，而一旦这样，加上必要的思想教育，人们的社会主义信念就毋庸置疑地会坚定了，增强了。

正是由于理论和实际的结合问题关系到我们事业的兴衰成败，所以在日本帝国主义大举进攻，国民党反动派步步围剿，而我们党内又严重存在着"左"倾教条主义的情况下，毛泽东下大功夫认真地研究了哲学，并总结我国革命的基本经验，写成了《矛盾论》、《实践论》等重要著作，深刻地阐述了理论和实际相结合的马克思主义原则。在今天，我们学习《实践论》，抓住它的思想主题，深入思考它的重大意义，就应该把它提到关系到党的兴衰成败的高度，提高到怎样才能从根本上坚定社会主义信念的高度来认识。如果不是这样，对《实践论》的学习就还缺乏时代感，就还缺乏历史的责任感。

二

在新的历史条件下重读《实践论》，我思考的第二个问题是《实践论》的理论内容。之所以要思考这个问题，目的在于反思我们前些年对《实践论》理论内容的把握。在"文化大革命"的那个年代是有过分拔高，无限吹胀《实践论》的理论内容的倾向的。"文化大革命"过后，特别是前些年，由于资产阶级自由化泛滥，又有一种贬低、甚至否定《实践论》的错误倾向，有的甚至不顾历史事实，硬说它是"左"倾路线的理论基础。从这两种倾向所导致的后果我们不难看出，正确理解和把握《实践论》的理论内容是十分重要的。

那么应该怎样把握《实践论》的理论内容呢？《实践论》和《矛盾论》一起，是毛泽东极其重要的哲学著作。这两部著作的共同主题都在于阐述理论和实际的统一问题，都在于阐述马克思主义的认识论。如果说《矛盾论》是从客观矛盾的角度来讲理论和实际的统一的话，那么《实践论》则是从主观认识的角度来讲这同一个问题的。或者可以换句话来说，如果说《矛盾论》讲的是辩证法问题上的认识论，那么《实践论》则是讲认识论问题上的辩证法。仔细研究《实践论》，我们不难看出它所包含着的这样一些基本的理论内容：

（一）马克思主义认识论是理论和实际相统一的理论。

在我们的一些学问家那里，马克思主义认识论被搞得玄而又玄，而在毛泽东这里，它是非常清楚的。什么叫马克思主义认识论？极而言之，就是关于理论和实际为什么要统一以及如何统一的理论。

理论和实际的统一，这是马克思的一贯思想，也是马克思主义认识论的本质特征。正是基于这种看法，毛泽东在《实践论》中说："我们的结论是主观与客观、理论和实践、知和行的具体的历史的统一，反对一切离开具体历史的'左'的或右的错误思想"①，并且说，这就是马克思主义的认识论。

马克思主义认识论之所以是理论和实际相统一的理论，这是由认识的本质所规定的。顾名思义，认识论就是关于认识的理论，那么认识的任务是什么呢？《实践论》中说：认识的任务就在于解决主观与客观的矛盾，认识和实践的矛盾，从而达到理论和实际的统一。如果离开了这个任务，认识就没有存在的必要了。

《实践论》所阐述的这一思想是非常重要的。总结我们的经验教训，一切成功都在于坚持了主观与客观、认识和实践、理论和实际的统一，都在于坚持了马克思主义的认识论。而我们的一切失误、曲折甚至失败，归结到一点，都在于违背了主观和客观、理论和实际相统一的原则，都在于违背了马克思主义的认识论。所以我们学习《实践论》，就要在头脑中打上一个比较深刻的烙印：要坚持马克思主义的认识论，就要坚持理论和实际相统一的原则；违背了这个原则，也就从根本上违背了马克思主义认识论。

为了强调这个原则的重要，马克思、恩格斯都曾有过

---

① 《毛泽东选集》第1卷，人民出版社1991年版，第296页。

很多说法。恩格斯曾经针对着把马克思主义作为教条，作为标签和套语，而不注重理论和实际相结合的错误倾向说过这样的话：在我们的写字台里，没有现成的烤松鸡，要按着我们的理论行事，就必须运用理论研究实际，把理论和实际很好地结合起来。在我们的写字台里没有现成的烤松鸡，这个话是很刺人的，它刺的就是那种把马克思主义的理论当做教条，而不注重理论和实际相结合的人。马克思针对着这种倾向讲得更加严肃，他说：如果马克思主义是标签、是套语、是教条，那么我不知道别的，我只知道我不是一个马克思主义者。马克思把问题提到这样的程度，我想我们作为信奉马克思主义、声称死后去见马克思的人，是值得很好地想一想的。

（二）理论和实际的统一存在于既唯物又辩证的认识过程之中。

实际情况是在不断地发展变化着的，人的认识也是在不断地发展变化着的。因此，主观和客观、理论和实际的统一是个动态的过程。根据《实践论》的分析，这个过程包含有这样三个基本点：一是由感性认识能动地飞跃到理性认识；二是由理性认识能动地飞跃到实践；三是由实践到认识，再由认识到实践，如此循环往复，以至无穷。

感性认识是属于事物之片面的、现象的、外部联系的东西。在感性认识阶段，主观和客观的统一还是表面的，还只是人通过眼、耳、鼻、舌、身等感觉器官和事物的外在表象相一致。这种一致还不能反映事物的本质，或者说主观和客观还没有在本质的层次上统一起来。要使主观和客观在本质的层次上达到统一，就必须从感性认识能动地飞跃到理性认识。理性认识反映的是事物的内在本质，或者换句话说，它是达到了事物的全体的、本质的、内部联系的认识。认识只有到了这个阶段，主观和客观才能在本质的层次上达到统一。

那么怎样才能由感性认识能动地飞跃到理性认识，即达到主观和客观在本质层次上的统一呢？《实践论》明确讲到需要有两个条件：一是感觉的材料十分丰富，材料的占有零碎不全不行；二是感觉的材料要合于实际，感觉材料是错觉不行。实际上，《实践论》认为还要有两个条件。第一，要有一定的抽象思维能力。毛泽东说，要从感性认识能动地飞跃到理性认识，就必须在掌握了大量感性材料的基础上，经过去粗取精、去伪存真，由此及彼、由表及里地加工制作。没有一定的抽象思维能力，怎么进行这样的加工制作呢？所以，要很好地从感性认识飞跃到理性认识，就要不断地锻炼我们的抽象思维能力。第二，要有较为丰富的实践经验。没有实践经验，靠别人给你的材料再多也不行。没有经验你怎么能辨别出哪些材料是真的，哪些材料是假的呢？没有经验，你怎么能够由此及彼地加工制作呢？所以我们不搞经验主义，但必须有较为丰富的实践经验。

有了丰富、真实的感性材料，有了一定的抽象思维能力，有了较为丰富的实践经验，感性认识就能够比较顺利地飞跃到理性认识。但是理性认识也还只是对事物本质的反映，主观和客观也还只是在对象、实际"是如何"这样一个层次上的统一。辩证唯物主义的认识论认为，主观和客观的统一还应该进展到对象、实际"应如何"的层次上。根据这种认识，毛泽东说，更为重要的还在于从理性认识能动地飞跃到革命的实践。

理性认识之所以要能动地飞跃到实践，这是因为：第一，马克思主义哲学认为十分重要的问题，不在于懂得了客观世界的规律，因而能够解释世界，而在于拿了这种对于客观规律性的认识去能动地改造世界。第二，你对世界的解释是否正确，也只有在改造客观世界的实践中才能得到证明和检验。

那么怎样才能较好地从理性认识能动地飞跃到实践呢？对此，《实践论》讲得不多，但也为我们提出了原则的设想（下面结合个人的理解还要讲到）。

要不要从理性认识能动地飞跃到实践，这是马克思主义认识论不同于以往认识论的一个十分重要的特点。马克思在《关于费尔巴哈的提纲》中把它作为结尾的一条，强调以往的"哲学家们只是用不同的方式解释世界，而问题在于改变世界"。他在和恩格斯合写的《德意志意识形态》中又说，"对于实践的唯物主义者即共产主义者来说，最重要的在于使现存的世界革命化，在于实际地改造世界。"马克思和恩格斯的这些说法都告诉我们，坚持马克思主义认识论，就必须坚持把理论运用于实践的原则。正是基于这种认识，毛泽东曾经说过：共产主义者是主张理论和实践相一致的，即是有革命的彻底性的。在党的八大开幕词中他又强调："把马克思列宁主义的理论和中国革命的实践密切地联系起来，这是我们党的一贯的思想原则。"因此我们说，要不要坚持从理性认识飞跃到实践，有了理性认识要不要把它和实际结合起来，做到理论和实际的统一，这是衡量我们一个共产党员党性强不强的重要标志。作为一个共产党员，作为一个党的干部，不能言是一样，行又是一样。只有言行一致才是共产党人的固有本色。

由理性认识飞跃到实践，对于一个具体的认识过程来说，就算是完结了，但是对于过程的推移来说，人们的认识运动还没有完结。正是基于这样的认识，《实践论》在阐述了由感性认识到理性认识，由理性认识到实践的两次飞跃之后，又阐述了认识发展的总过程，强调要真正做到理论和实际具体历史的统一，还必须由实践到认识，由认识到实践的循环往复。毛泽东说："实践、认识、再实践、再认识，这种形式，循环往复以至无穷，而实践和认识之每一循环的内容，都比较地进到了高一级的程度。这就是辩证唯物论的全部认识论，这就是辩证唯物论的知行统一观。"①

马克思主义认识论，辩证唯物主义的知行统一观所以要求由实践到认识再由认识到实践的无限循环，这是因为，当人们在一定的历史条件下正确反映了客观事物的发展规律，达到了主观和客观、认识和实践的统一之后，客观事物仍然在不停地发展着、运动着，新的实践又会提出

---

① 《毛泽东选集》第 1 卷，人民出版社 1991 年版，第 296—297 页。

许多新的问题，需要人们去认识，在新的历史条件下达到新的统一。因此，我们学习《实践论》，就要在头脑中打上一个比较深刻的烙印，即如果因统一而成功，因成功而骄傲，因骄傲而产生出主观性和片面性来，就会使主观与客观、理论和实际相脱离，从而在实践中遭受挫折甚至失败。要在新的历史条件下达到新的统一，就必须戒骄戒躁，勇于实践，勤于思考，不断地解放思想，努力奋进。

（三）既唯物又辩证的认识过程的基础是实践。

在马克思主义看来，实践是认识过程的基础，离开了实践，认识就无从开始，离开了实践，认识即使是开始了也会中断，离开了实践，认识就没有明确的目的和归宿，一句话，没有实践就没有认识。正是基于这样的看法，毛泽东把马克思主义认识论称之为《实践论》，认为只有实践论才能区别出马克思主义认识论不同于以往认识论的特点。正是基于这样的看法，《实践论》开宗明义："马克思以前的唯物论，离开人的社会性，离开人的历史发展，去观察认识问题，因此不能了解认识对社会实践的依赖关系。"①

感性认识是怎样形成的？《实践论》说，是人在实践中接触外界事物而形成的。感性认识何以能够飞跃到理性认识？《实践论》说，这是由于实践活动的继续，感性的东西在头脑中反复了多次而实现的。理性认识又是怎样丰富和发展的？《实践论》说，在实践过程中，人们达到了

---

① 《毛泽东选集》第1卷，人民出版社1991年版，第282页。

预想的结果，认识就被证实了，如果不能达到预想的结果，人就会在实践中修改自己的认识，使之合于客观实际。这样，《实践论》就系统地阐述了实践是认识的基础，实践是认识发展的动力，实践是检验认识的标准的思想。实践是认识的基础，实践是认识发展的动力，实践是检验认识的标准，这样几个理论观点，在毛泽东以前就都有了，但是把它们串联起来加以系统地说明，则是毛泽东的一大贡献。列宁曾经说过，什么叫理论？理论就是把浩如烟海的事实材料综合为相互联系的几点。《实践论》正是把前人提供的思想材料概括为这样相互联系的几点，从而把实践是认识基础的理论系统化了。所以，我们学习《实践论》，就要在头脑中打下一个比较深刻的烙印，那就是只有在实践中才能产生、检验和发展认识，只有在实践中才能有既唯物又辩证的认识过程，也只有在实践中，才能实现理论和实践的统一。离开了实践，所谓理论和实践的统一，就只能是一句空话。

三

在新的历史条件下重读《实践论》，我思考的第三个问题是：如何把《实践论》的理论结论落到实处。毛泽东在《实践论》中说："我们的结论是主观和客观、理论和实践、知和行的具体的历史的统一。"[1] 怎么把这个结

---

[1] 《毛泽东选集》第1卷，人民出版社1991年版，第296页。

论落到实处呢？这当然要靠深入实际，调查研究，克服主观性、片面性和表面性。但从认识实践可以操作的环节的角度上看，还必须把握好这样几道关口，或者用列宁或黑格尔常说的把握好这样几个圆圈：

（一）从理论到实际，再从实际到理论。

这个圆圈的意思是说，首先必须把马克思主义的基本理论作为世界观和方法论，以它为指导去深入研究实际，然后再通过对实际问题的研究提升出新的理论。

这个圆圈实际上是毛泽东所讲过的。他说："中国共产党人只有在他们善于应用马克思列宁主义的立场、观点和方法，善于应用列宁斯大林关于中国革命的学说，进一步地从中国的历史实际和革命实际的认真研究中，在各方面作出合乎中国需要的理论性的创造，才叫做理论和实际相联系。"① 在这里，毛泽东就勾画出了马克思列宁主义的理论——中国的实际——合乎中国实际的理论这样一个圆圈。

要把理论和实际很好地结合起来，把握好这样一个圆圈是非常重要的。如果不是这样，而是把马克思主义的理论当做标签、当做教条到处去套，不是以它为指导去研究实际，那就只能是理论和实际的对接，不可能有什么创造。而没有创造，就不可能有理论和实际的有机结合。我们说列宁把马克思主义的理论和俄国的实际结合起来了，一个很重要的表现就在于他以马克思主义为指导，通过对

① 《毛泽东选集》第3卷，人民出版社1991年版，第820页。

俄国实际的深入研究，产生了列宁主义。没有列宁主义，就没有俄国的马克思主义，就没有俄国革命的胜利，哪里有什么马克思主义理论和俄国实际的结合！我们说以毛泽东为首的一大批老一代无产阶级革命家把马列主义和我国的实际结合起来了，一个重要的表现就在于他们用马列主义理论作指导，通过对我国实际的深入研究产生了毛泽东思想。没有毛泽东思想，就没有中国的马列主义，就没有中国革命的胜利，哪来什么理论和实际的结合！所以，能否创造出新的理论，是理论和实际是否结合的一个重要标志。因而，要真正地做到理论和实际的统一，就必须运用已有理论来深入地研究实际，通过对实际的研究产生出新的理论。

（二）从理论到决策，再从决策到实践。

这个圆圈的意思是说，有了新的理论，也不能直接把它套用到实践上，而要把通过对实际问题的研究得出来的理论化为具体的决策，然后用具体决策去引导实践。

这个圆圈实际上也是毛泽东讲过的。他说：一切事情都只有去做，才能实现。"做就必须先有人依据客观事实，引出思想、道理、意见，提出计划、方针、政策、战略、战术，方能做得好。"[①] 这里所说的"引出"的思想、道理、意见是反映性的，属于这个圆圈的第一项，即通过对实际问题的研究得出来的理论；这里所说的"提出"来的计划、方针、政策等等，是实践性的，属于这个圆圈

---

① 《毛泽东选集》第 2 卷，人民出版社 1991 年版，第 477 页。

的第二项，即决策，它是理论的进一步具体化；这里所说的"做"，就是实践，它属于这个圆圈的第三项。

要使理论和实际很好地结合起来，把握住这个圆圈是非常重要的。我们有的同志研究也研究了，要说思想、意见嘛，也有一点，可在实践中为什么老是碰壁呢？一个很重要的原因就在于没有把理论性的认识化为具体的决策。我们可以试想一下，假如只有中国革命的理论，而没有依靠工人阶级，团结中间阶级，孤立和打击敌人的具体决策，国内革命战争将会是怎样的？假如只有指导中国抗日战争的理论，而没有防御、相持、反攻这样三个阶段的重大决策，抗日战争将怎样进行呢？现在我们领导现代化建设，假如只有中国特色社会主义理论，而没有"三步走"的发展战略，那又将会是怎样的呢？只要我们想一想那句很有名的话："朋友，理论是灰色的，而生活之树常青"，就会明白，要使理论和实际很好地结合起来，就必须要有中间环节，而这个环节在这里就是决策，只有通过决策把理论化为具体的东西，才能有效地引导实践，应该说，这已是为历史所证实了的结论了。

（三）从实践到反馈，再从反馈到理论。

这个圆圈的意思是说，在实践过程中要不断地了解情况，注意实践的效果，根据了解的情况和实践的效果来一方面修正已有的认识，一方面对客观实际进行再认识，并通过对客观实际的再认识概括出新的理论。

这个圆圈实际上毛泽东也提到了。毛泽东说：由于实践中发现前所未料的情况，因而部分地改变思想、理论、计划、方案的事是常有的，全部地改变的事也是有的。即是说，原定的思想、理论、计划、方案部分地或全部地不适合于实际，部分地错了或全部地错了的事都是有的。因而他的结论是，要把事情办好，就必须"坚持真理、修正错误"。这里的坚持真理、修正错误，用现代的概念来加以表达，就属于反馈的范畴。只有通过反馈，才能对已有的认识和实际进行再认识，从而对实践作出理论上的概括。

把握好这个圆圈也是非常重要的。如果说决策是由理论飞跃到实践的一个中间环节的话，那么反馈则是由实践飞回到理论的一个中间环节。如果说没有决策这个环节，理论不能顺利地过渡到实践，因而不能达到理论和实践的统一的话，那么如果没有反馈这个环节，实践就不能在更高层次上返回到理论，因而同样达不到理论和实际的统一。所以，要使理论和实际有机地结合起来，在把握了上述两个圆圈之后，还必须把握住实践——反馈——理论这个圆圈。我们有些同志只知道干，而不注意在干中根据情况适时地调整自己的理论和决策，结果是不仅经常碰壁，而且也难于在理论上有新的创造和突破。

根据毛泽东的论述，勾画这样三个圆圈，其用意在于要把实践——认识——再实践这样一个公式具体化，在于要把理论和实际的统一作为一个动态的过程来看待。而要把理论和实际的统一作为一个动态的过程来看待，我感到，把握好这样几个圆圈就是非常重要的了，或者可以换句话来说，舍去了这样几个圆圈，就舍去了理论和实际相统一的一系列具体环节，因而也就根本不可能有理论和实际的统一。

真理的燧石越敲越闪光[*]

在毛泽东哲学思想的学习、研究中，毛泽东的辩证法思想是分歧最多的一个领域，几乎所有的观点都有人提出质疑。而这些分歧、质疑都涉及到对毛泽东辩证法思想的理解。这就给我们提出了一个问题：学习、研究毛泽东的辩证法思想必须面对、回答这些分歧和质疑。所以，我今天想结合学术界的争论，来谈谈有关毛泽东辩证法思想的几个问题。

一、矛盾问题的精髓

"共性个性、绝对相对的道理，是关于事物的矛盾问题的精髓。"对于毛泽东在《矛盾论》中所表达的这一思想，学术界有三种不同看法：

---

* 1993 年 10 月讲于国防大学理论进修班，后经加工收入《许志功讲学录（续）》（中央文献出版社，2002 年版）。

一是认为它是一个没有内容的"比喻性的形容词",不能成为哲学范畴,更不能构成一个科学论断。这个论点显然是不能成立的。历史唯物论中"生产力"的概念不就是从生活中的"力量"的概念和自然科学中的"力"的概念来的吗?"经济基础"和"上层建筑"不就是把社会比做一个大楼而形成的两个概念吗?列宁关于辩证法核心的论断,也可以说是一个比喻性的形容词,就像一个核桃的壳和核一样。为什么它们能够成立,而毛泽东关于"矛盾问题的精髓"的论断就不能成立了呢?这是一种并非科学的偏见。

其实,毛泽东关于矛盾问题的精髓的论断绝不是信手拿来的一个比喻性的形容词,而是对矛盾本质属性及其相互关系经过深入研究而得出来的科学结论。

为什么说共性个性、绝对相对的道理是矛盾问题的精髓?这是因为:现实的矛盾有着四个基本属性,即矛盾的普遍性和特殊性,矛盾的同一性和斗争性。这四个基本属性体现着两种关系。一种是一事物同周围其他事物的关系。一个事物同它以外的事物相比较,有它们的共同点,这种共同点就是它们的普遍性。一个事物同它以外的事物相比较,有它们的不同点,这种不同点,就是它们的特殊性。普遍性和特殊性,就是在这种比较中显现出来的。另一种是一事物内部的矛盾着的两个方面的关系。当着我们认识了一事物和它事物的关系之后,就要进一步深入到事物内部,考察它的矛盾着的两个方面既相互联结又相互排斥的关系。两个方面的相互联结,就是同一性,两个方面的相互排斥，就是斗争性。在普遍和特殊，同一和斗争这两种关系中，有着一个共通的道理，即共性个性、绝对相对的道理。矛盾的普遍性是共性，矛盾存在于一切事物之中，天下之物概莫能外，因而是绝对的。矛盾的特殊性是个性，随着条件的变化而变化，因而是相对的。矛盾的斗争性是共性，在一切事物的一切发展阶段都存在，不受条件限制，因而又是绝对的；矛盾的同一性则不同，因而是个性、相对性。懂得了共性个性、绝对相对的道理，就能够解释说明矛盾的四种属性所构成的两种关系，解释和说明了这两种关系，就能够解释和说明一切矛盾。

二是认为"这一范畴没有意义"。事实果真如此吗？我们的答案是否定的。大家知道，马克思为人类贡献了珍贵的《资本论》逻辑，从一定意义上说，《资本论》是唯物辩证法的一个理论体系。但是真正大写的唯物辩证法理论是由恩格斯完成的。在《自然辩证法》和《反杜林论》中，他把辩证法看做是普遍联系和发展的学说，明确提出了辩证法的三个主要规律和若干对基本范畴，确定了唯物辩证法的主要内容。恩格斯明确了唯物辩证法的主要内容，但是他没有来得及细细地研究这些内容特别是三个基本规律间的关系。深入研究唯物辩证法三大规律间的关系的工作是列宁完成的。他在研读黑格尔《逻辑学》的过程中，把辩证法的内容概括为十六个要素，并认为对立统一规律是它的实质和核心。然后在《谈谈辩证法问题》中，列宁又从客观辩证法和主观辩证法的统一上，对这个实质和核心作了进一步阐发。当然，他的阐发是不够的，列宁曾经打算写一部关于辩证法的书，但由于工作的繁忙而未果，后因敌人罪恶的子弹过早地夺去了他的生命，使写辩证法的专著成了他的哲学遗训。毛泽东紧紧抓住辩证法的实质核心，论述了矛盾法则的各个方面及其内在联系，提出共性个性、绝对相对的道理是矛盾问题精髓的理论，建立了矛盾学说的理论系统，从而成就了一个伟大的哲学业绩。如果说马克思、恩格斯创立了唯物辩证法，列宁指出了辩证法的实质核心，那么，毛泽东关于矛盾问题精髓的理论，则是为人们更加深刻地理解唯物辩证法的实质、核心提供了一把钥匙。正像毛泽东自己所说的那样，不懂得共性个性、绝对相对的道理，就等于抛弃了辩证法。要理解和掌握唯物辩证法，就要理解和掌握共性个性、绝对相对的道理。怎么能说毛泽东关于矛盾问题精髓的理论没有意义呢？

三是认为矛盾问题精髓的理论"过分强调对立统一，而否定了辩证法的其他规律特别是否定之否定规律"。这种看法也是不合实际的。毛泽东从来没有用对立统一规律来否定辩证法的其它规律，而只是主张用对立统一规律来说明其他规律。他讲过没有什么否定之否定，但他同时又说"肯定、否定、肯定"，强调事物发展的每一个环节都既是肯定，又是否定。奴隶社会否定原始社会，对于封建社会它又是肯定。封建社会对奴隶社会是否定，对资本主义社会它又是肯定。毛泽东的这些说法，可以看做是他用"肯定否定规律"的提法来代替否定之否定规律的提法的一种说明，而不能认为是他不讲否定之否定规律的根据。

二、普遍和特殊的辩证法

要深刻理解毛泽东关于矛盾问题精髓的理论，必须深入到他对普遍和特殊的辩证法、同一和斗争的辩证法的论述中去，具体地研究普遍和特殊、同一和斗争的辩证法。这里我们先来说普遍和特殊的辩证法问题。

一般和特殊的辩证法，是一个古老的哲学论题。早在奴隶制时代，中国和外国的哲学家们就提出和论述了它。亚里士多德的"房屋"和公孙龙的"白马"，直到现在还为人们所称道。他们的朴素性的理解，不管现在看来显得多么幼稚，但总是给人类思维的发展留下了宝贵的资料。马克思主义的辩证法也从这里汲取着营养。马克思在研究和分析问题的时候，总是要人们跟着他走"从个别上升到一般的道路"。这个思想用恩格斯的话来说，就是从有限中找到无限，从暂时中找到永远，并且使之确定起来。这些确定起来的具有普遍性的原则，要使它具有现实性和力量，又必须循着相反的道路行进，即用普遍性的原则指导对具体事物的研究。这样，马克思和恩格斯就从根本上阐明了从特殊到一般，又从一般到特殊的辩证法。

历史赋予列宁的任务是把马克思主义的普遍真理和俄国革命的具体实践相结合，把俄国革命引向胜利。列宁领导俄国人民在完成这一历史任务中，曾在两条战线上作战，一是反对强调特殊条件而否定马克思主义普遍真理的右倾思潮。一是反对把马克思主义当做教条的"左"倾思潮。他在斗争中发展了一般和特殊的辩证法，提出了这样互相联系的几点：个别与一般相连结而存在，一般存在于个别之中；任何一般只是大致的包括一切个别事物，任何个别都不能完全地进入一般之中；任何个别都通过千万次转化而与另一类的个别相联系。列宁把这些辩证法的道理化作一个思想原则：马克思主义的精髓和活的灵魂，对具体问题具体分析。这样，他就把一般和特殊的辩证法系统化、深刻化了。

列宁的思想是系统而深刻的，但却没有展开。毛泽东的一个重要功绩就在于他展开了列宁的这一思想。

（一）关于矛盾的普遍性。

毛泽东说，所谓矛盾的普遍性，包含两个方面的意义，其一是说，矛盾存在于一切事物的发展过程中，其二是说，每一事物的发展过程中都存在着自始至终的矛盾运动。这个定义从空间和时间的统一上展现了矛盾的普遍性，用通俗的话来说，就叫做事事有矛盾，时时有矛盾。

毛泽东在谈到矛盾的普遍性时提出了"差异就是矛盾"的著名论断。这一论断是在研读艾思奇的《哲学与生活》一书时作出的。《哲学与生活》中有这样一段话："差别的东西不是矛盾，例如笔，墨，椅子不是矛盾。但如果懂得推移和变化的原理，就知差别的东西在一定条件下也可以转化为矛盾，倘若某两件差别的东西同时同地在一起且发生互相排斥的作用时，就成了矛盾了。"在摘录了这段话之后，毛泽东写了自己的意见："根本道理是对的，但'差别不是矛盾'的说法不对。应该说一切差别的东西在一定条件下都是矛盾。"①

如何理解这一论断呢？现在有人用两个事物有差异但不是矛盾为由来否定毛泽东的这一论断，这是不对的。之所以不对，是因为他们离开了一定的条件来抽象地谈论差异。差异总是有条件的、具体的，而具体的、有条件的差异又总是矛盾。比如桌子和椅子是有差异的，抽象地说，当然不是矛盾，但是我坐在椅子上伏在桌子上给大家讲课，在这样的条件下，它们就成了一对矛盾，桌子高了就显得椅子太低，椅子高了就显得桌子太低。再比如咸盐和大白菜这两种东西，如果抽象地看，当然不是矛盾，但是在大师傅炒菜的条件下它们就成了一对现实的矛盾，盐多了太咸，要加菜，菜多了太淡，要加盐。诸如此类的情况是普遍存在的。如果我们具体地看，"差异就是矛盾"是不难理解的。一些同志否认这一论断，从思想方法上说，就在于他们抽象地谈论问题。

（二）关于矛盾的特殊性。

所谓矛盾的特殊性，毛泽东说，是指矛盾着的事物及其每一阶段各有其特点。他具体阐述了不同的物质运动形式、每一运动形式的不同过程、每一过程的不同发展阶段、每一过程或阶段的各个方面的特殊性。这样，毛泽东就从时间和空间的统一上，揭示了事物的矛盾运动在不同层次上的特殊性。管见所及，这个分析在人类思想史上也许是首次吧！不仅如此，他还把这种认识化为分析矛盾特

---

① 《毛泽东哲学批注集》，中央文献出版社 1988 年版，第 201 页。

殊性的方法论原则，强调为着认识矛盾在总体上的特殊性，必须了解总体中的各个方面，即了解每一方面各占何种特定的地位，各用何种具体形式和对方发生相互依存又互相矛盾的关系，在互相依存又互相矛盾中，以及依存破裂后，又各用何种具体的方法和对方作斗争。列宁提出了具体问题具体分析是马克思主义的活的灵魂的论断，毛泽东则从分析和综合的统一上，解决了如何具体问题具体分析的问题，从一般方法论的意义上深化了列宁的思想。

毛泽东在研究矛盾特殊性的时候提出并阐述了主要矛盾和主要矛盾方面的理论。

关于主要矛盾，毛泽东说：任何过程如果有多数矛盾存在的话，其中必定有一种是主要的，其他则处于次要和服从的地位，主要矛盾的存在和发展，规定和影响着其他矛盾的存在和发展，并规定着事物发展过程的本质。正是基于这种认识，他强调：研究任何过程，如果是存在着两个以上矛盾的复杂过程的话，就要用全力找出它的主要矛盾，并且说，捉住了这个主要矛盾，一切问题就迎刃而解了。

有人对毛泽东的这一思想提出批评，说全力抓主要矛盾，就是不要抓次要矛盾，说迎刃而解，就是自然而然地解决。其实这是一种误解。这里的关键是如何理解"全力"和"迎刃而解"。

根据毛泽东的看法，我领会，"全力"有两个方面的意义，一是着重的意思，二是抓紧的意思。《矛盾论》在提出"全力"问题的下一段落就有"着重抓住"主要矛盾的话，在后来，毛泽东又提出了对主要矛盾、中心工作不但要抓，而且要抓紧，抓而不紧等于不抓的重要论断。从毛泽东的这些论断中我们不难看出，他所说的用"全力"抓主要矛盾，决不是强调要单打一，而是讲要把主要精力用在主要问题的解决上。

对于"迎刃而解"，我领会他也有两方面的含义。一是解开矛盾之网的网上网结。客观对象是一个复杂的矛盾体系，在这个体系中，只要抓住主要矛盾，就能纲举目张，理清脉络，看清事物的复杂矛盾关系。二是为正确处理矛盾奠定基础。比如在抗日战争中，毛泽东抓住了中国和日本两个民族之间的主要矛盾，提出了抗日民族统一战线的策略，就为解决国内各阶级间的矛盾奠定了基础。总之，在"迎刃而解"中，绝没有只要抓住了主要矛盾，次要矛盾就无须解决的意思。如果把这样的意思强加给毛泽东，然后加以批驳，那就有点波格丹诺夫的作风了。

关于矛盾的主要方面，毛泽东阐述了这样几点：无论什么矛盾，矛盾的诸方面是发展的、不平衡的，其中必有一个方面是主要的，他方面是次要的；事物的性质主要的是由取得支配地位的主要方面所规定的；矛盾的两个方面的地位是不固定的，随着矛盾的主要方面的转化，事物的性质也随之发生变化。

由上述三个基本点构成的主要矛盾方面的理论是正确的。我国革命和建设的胜利也早已证明了它的正确性。然而在资产阶级自由化泛滥的那些日子里，却有人对它大加讨伐，说什么把矛盾区分为主次两个方面是不科学的，为了给这种观点立论，还举出了什么上和下、左和右就没有主次的所谓例子。上下、左右难道真的不能区分主次吗？难道说在作战中，我们真的不能根据敌人力量的配备来把左边或右边作为主攻方向吗？难道在反倾向斗争中，我们真的不能在一定条件下，根据一定的情况把反"左"或者反右作为重点吗？再比如在上级和下级之间，当出了问题的时候，就真的没有一个责任主次的问题吗？显然，如果我们对左和右，上和下等对立着的方面加以具体的分析，它们本身是存在着主要方面和次要方面的。一些同志喜欢抽象地谈论问题，而不愿作具体分析，因而在他们看来，就当然没有主次之分了。

另外还有一些同志，他们承认矛盾有主要方面和次要方面之分，但不承认主要方面和次要方面可以转化。他们说，物质对精神来说，实践对理论来说，经济基础对上层建筑来说，永远是主要的，起决定作用的。这种看法也是值得研究的。

我们知道，马克思主义经典作家往往是在两种不同的意义上使用"决定"这一概念的。在研究本体问题时，他们是在根源性的意义上使用决定概念的；在研究辩证法的问题时，他们往往是在"主要"作用的意义上使用这一概念的。《矛盾论》中所说的理论、生产关系、上层建筑等在一定条件下的决定作用，就是在主要作用的意义上使用的。正是由于这样，毛泽东称之为"主要的决定作用"。在决定之前冠以"主要"二字，意思是非常清楚的。一些同志在批评《矛盾论》的时候，闭起眼睛不看

"主要"二字，而且硬要人们相信决定作用就只能是谁派生谁的作用，因而说毛泽东"讲理论和上层建筑的决定作用就是唯心论"，这种做法是很不恰当的。

我们不仅不能把"决定"概念的两种含义混淆起来，用其中的一种含义来同经典作家们在另一种含义上得出的结论作战，而且也不能把不同层次的问题混淆起来，用一个层次上的结论去批评经典作家在另一个层次上所得出来的结论。

无论是物质世界还是人类社会，都是一个有着若干层次的整体。不同层次，有着不同的特点，不能把他们混淆起来。比如说，物质和意识的关系问题是哲学的基本问题，这个问题的首要之点是谁产生谁的问题，对此，我们坚持物质决定意识，反对意识决定物质。然而当物质发展到一定阶段产生了人的意识之后，在实践的领域中，客观物质条件和人的主观努力，就成了事物发展的两个因素。对一件事情，能否做成功，一般说来，是否具有一定的物质条件是主要的、决定的，否认这一点就会陷入唯心主义。然而当着一定的物质条件具备了的时候，能否把事情办好，主观的努力就成了主要的、决定的了。不承认这一点，就会陷入形而上学。《矛盾论》所说的理论、生产关系、上层建筑在一定条件下的决定作用，正是在这后一层次上来谈论问题的。人家在后一个层次上谈论问题，你在前一层次上对他进行批评，这种批评当然也就不恰当了。

（三）关于普遍性和特殊性的关系。

关于普遍性和特殊性的关系，毛泽东论述了这样几个基本点：

矛盾的普遍性和特殊性是相连结而存在的。在一个现实的具体事物中，不但包含了矛盾的特殊性，而且包含了矛盾的普遍性。比如，我国的新民主主义革命，同俄国十月革命比较起来，搞武装斗争是共同的，但走农村包围城市的道路，则是中国革命的特点。这种普遍性和特殊性是同一中国革命的两种属性，它是在与十月革命的比较中显现出来的。因此，当我们研究事物的矛盾运动时，既要注意它的普遍性，又要注意它的特殊性，并从二者的统一上把握矛盾运动的规律。

矛盾的普遍性存在于矛盾的特殊性之中。世界上现实存在的事物都是特殊的。普遍性是一个标示联系的范畴，它只是事物之间共同方面或共同本质的概括。普遍性不能离开特殊性而单独存在，它只能通过特殊而存在。如果认为普遍性可以作为独立的实体而存在，那正是一些人滑入唯心主义的一个斜坡。正因为普遍性是对特殊事物的抽象，因此它不能完全包括特殊，因为人们在作这种抽象时，就把许多非共同的特征作为个别的东西抛弃了。如果否认这一点，具体问题具体分析的原则就失去了现实的根据。

矛盾的普遍性和特殊性在一定条件下相互转化。就是说，普遍性和特殊性的差别是相对的。由于事物的范围是极其广大的，事物的发展也是无限的，所以，在一定场合为普遍的东西，在另一一定场合则变为特殊性的东西，反之亦然。正是基于这种认识，毛泽东特别强调在运用一般原理时，必须明确它的适用范围，而不能超过它的适用界限到处去套，否则就会陷入谬误。

毛泽东关于普遍和特殊的辩证法，具有不容质疑的真理性。然而就在这个不容质疑的地方发生了疑问。有的同志认为，把矛盾的普遍性和特殊性的关系概括为共性、个性的关系是不对的，因为共性和个性所反映的不是矛盾的普遍性和特殊性，而是普遍性的矛盾和特殊性的矛盾。在这里，他们区分了矛盾的普遍性、特殊性和普遍的矛盾、特殊的矛盾，这在概念的表达上或许是更加严格了。但以此来怀疑毛泽东的这一思想则是不对的。因为毛泽东在《矛盾论》中是从宇宙观的角度确定矛盾的普遍性和特殊性的内容的，因而他所说的矛盾的普遍性和特殊性，其内涵也就是普遍的矛盾与特殊的矛盾。怀疑是认识发展的酵母，但它必须建立在尊重事实、认真研究和思考的基础上，否则就会把人引入歧路。

三、同一和斗争的辩证法

关于同一和斗争的辩证法，黑格尔有过非常重要的论述。但是很遗憾，他的辩证法思想是建立在唯心主义的基础上的。马克思吸收了他的合理思想，克服了他的唯心主义，在唯物主义的基础上阐述了同一和斗争的辩证法。列宁在斗争实践和理论研究过程中，对同一和斗争的辩证法作出了重要贡献。他把辩证法界定为对立面是如何统一的学说，提出了斗争性的绝对性和同一性的相对性的观点，论证了存在于同一和斗争之中的绝对和相对的辩证关系。列宁的思想是深刻的，然而又是没有展开的，按他自己的话说，还需要说明和发挥。毛泽东的一个重大贡献就在于他说明和发挥了同一和斗争的辩证法。

关于同一性，毛泽东具体规定了两种含义：第一是指矛盾着的两个方面各以自己的对方作为存在的前提；第二是指矛盾着的两个方面在一定条件下的相互转化。这两个含义用一句通俗的话来说，就是对立着的双方的相互依存和相互转化。

关于第一种含义，问题不大，一般说来人们都是赞成的。第二种含义分歧就比较大了。有一种意见，认为对立面的相互转化是同一体的破裂，因而怀疑它不能作为同一性的一种含义。这种怀疑是很值得怀疑的。如果说对立面的转化不具同一性，不属于同一性的范畴，那么生为什么能够转化为死，死为什么能够转化为生呢？同样的，如果好和坏的转化之间不具同一性，那么好为什么在一定条件下会转化为坏，坏为什么在一定条件下会转化为好呢？生和死、好和坏、战争和和平等等是对立着的，但它们能够转化，说明它们之间是具有转化的同一性的。

关于斗争性，毛泽东规定它为对立着的两个方面之间的相排斥的关系，认为这种关系表现为对抗、非对抗的两种形式，强调不同性质的矛盾要用不同的方式来解决。这些思想的真理性是无须多说的。

毛泽东在较为系统地阐述他的哲学思想时，没有展开矛盾的斗争性。这是因为当时的主要对象是针对着以王明为代表的"左"倾倾向的，这种倾向不否认斗争，而是不懂得同一和斗争的关系。但是后来，他确实又犯了斗争扩大化的错误，而且讲过共产党的哲学是斗争哲学的话。该怎么看待这一点呢？应该说，斗争哲学的提法不是毛泽东最早提出来的，早在1904年，波格丹诺夫等人就提出来了。他们在喀普里办了个党校，这个党校教学大纲第4部分中的一个标题就叫做"无产阶级的斗争哲学"。对这个提法，列宁作过批评，说这种哲学是波格丹诺夫等人编造出来的远离了无产阶级世界观的哲学。

列宁的批评毛泽东是知道的，但他仍然讲斗争哲学，他是从什么意义上讲的呢？毛泽东一生中有两次讲到斗争哲学。一次是1945年党的七大上，他说，"国民党人邓宝珊说共产党的哲学是斗争哲学，我说他们的哲学也是斗争哲学"。另一次是在1959年的庐山会议上，毛泽东又谈到："资产阶级说我们共产党的哲学是斗争哲学，一点不错，不过斗争的形式以时代不同而有所不同罢了"。由此可见，毛泽东关于斗争哲学的话，是为回答资产阶级对党的攻击而说的，是把斗争性和斗争形式区别开来从斗争绝对性的意义上讲的。

然而这个话被林彪、"四人帮"别有用心地歪曲和利用了。林彪曾两次从全称上讲共产党的哲学是斗争哲学。一次是1947年在东北的一次讲话，说"共产党的哲学是斗争哲学"。一次是1960年在北京，又一字不差地重复了这句话。在这一思想指导下，他们提出了一系列荒谬的口号，如"对着干"、"斗争就是政策"，等等。好像共产党的哲学旗帜上就写着一个"斗"字，其他什么都没有了。

"斗争哲学"作为对资产阶级攻击的一种回答，未必不可，但说毛泽东就是把我们党的哲学看做是斗争哲学，这就未必妥当了。当然，联系我们的经验教训，应该抛弃斗争哲学的提法。但这不等于说，我们抛弃斗争哲学的提法就是要抛弃斗争，不等于说，我们抛弃斗争哲学的提法是因为毛泽东不正确地用它来概括过马克思主义哲学。

关于斗争性和同一性的关系。斗争性和同一性的关系是一种对立统一的关系，这是没有问题的，问题是怎样概括这种对立统一关系。列宁是用相对、绝对来概括的，他说："对立面的统一（一致、同一、均势）是有条件的、暂时的、易逝的、相对的。相互排斥的对立面的斗争则是绝对的，正如发展、运动是绝对的一样。"① 列宁显然是从整个宇宙的发展看问题的。在宇宙中，每一个现实、具体的矛盾统一体的存在都是有条件的、暂时的，因而是相对的；而由统一体内部两方面的斗争所引起的统一体的破裂、更替及其无穷发展则是绝对的。

毛泽东继承了列宁，又发展了列宁。如果说，列宁是从宇宙的无限发展上考察了同一和斗争相对、绝对的辩证法，那么，毛泽东则是深入到一个具体事物的内部，在另一个更深的层次上揭示了它们之间绝对和相对的关系。他认为，无论什么事物的运动都有两种状态，即相对静止的状态和显著变动的状态。当着事物的运动处在第一种状态

① 《列宁全集》第55卷，人民出版社1990年版，第306页。

时，矛盾双方呈现为互相依存的关系；当事物的运动处在第二种状态时，矛盾双方呈现为互相转化的情形。在一个事物的发展过程中，同一性的这两种情形与整个过程相比较，都是有条件的、暂时的，因而是相对的。然而运动过程中的这两种状态，都是由事物内部包含的两种矛盾着的因素互相斗争引起的，矛盾双方互相排除的斗争无条件地贯穿于整个过程的始终，因而是绝对的。

对于列宁和毛泽东的这种思想，学术界也有不同看法。有一种意见认为："同一性和斗争性是不可分割地联系着的，没有斗争性就没有同一性，斗争性就存在于同一性之中。如果说斗争性是绝对的，那同一性也应该是绝对的。既然二者都是绝对的，同一性的相对性和斗争性的绝对性的理论就不能成立了。"这种看法难以令人信服，绝不能说两个方面有着不可分割的联系就否定它们之间有绝对和相对的区别。一般和特殊、有限和无限、运动和静止等，不都是不可分割地联系在一起的吗？为什么它们之间的绝对和相对的关系是毫无疑义的，而同一和斗争之间绝对和相对的关系就成了问题了呢？其实，绝对和相对本身就是对立的统一，绝对是对相对而言的，相对也是针对绝对的，它们总是不可分割的联系在一起的。从相对意义上说，这种区分还是成立的、有意义的，如果从相对意义上也否认这种区分，那么同一性和斗争性就只能是没有差别的绝对同一了，而认为它们是没有差别的绝对同一，则显然是不能成立的。

四、毛泽东的辩证法思想源于中国
革命又指导了中国革命

毛泽东在写《实践论》、《矛盾论》，阐述他的辩证法思想时，是参考了当时苏联的哲学教科书的，其中有些概念、提法也被吸收到了自己的著作中。这在理论创造上是允许的，任何理论无疑都包含着前人的思想成果。但是从根本上说来，毛泽东的辩证法思想是生长于中国革命的土壤之中的，是中国共产党人的经验总结。

中国革命是在俄国革命影响下发生的。列宁逝世后，在国际共产主义运动中，逐渐产生了理论脱离实际的教条主义倾向。这种倾向以第三国际的组织形式影响到我们中国共产党，在党内发生了以王明为代表的"左"倾教条主义。它的基本特征是理论脱离实际，不顾中国的实际情况，一切照搬苏联。结果把中国革命引到了失败的边缘。以毛泽东为代表的老一辈无产阶级革命家同这条"左"倾路线进行了坚决的斗争，他们在马列主义基本原理的指导下，从中国的实际情况出发，制定了新民主主义革命的理论和策略，开始了相异于俄国城市武装起义的农村包围城市的道路，在危难之中挽救了革命。这一伟大实践在理论上的概括，就是一切从实际出发，实事求是，理论联系实际的原则，这些原则升华为辩证法范畴，就是《矛盾论》所阐明的一般和特殊的辩证法。一般和特殊的辩证法体现在革命原则上，就是理论和实践的统一，这个统一形成党的实事求是的思想路线，沿着这条路线制定党的政治路线和各项方针政策，通过路线、方针、政策的贯彻，在实践中把哲学变成现实。《矛盾论》中关于一般和特殊的理论，深深地打上了中国革命的印迹。

中国共产党领导的革命运动是在敌强我弱的形势下开始的。革命的进程就是由弱变强逐步战胜敌人的过程。面对这个基本事实，有着两个方面的偏向：一是害怕敌人，右倾投降。陈独秀的放弃领导权，鼓吹二次革命论，就属这一类。一是不顾事实，"左"倾盲动。王明的"左"倾机会主义就是它的表现。毛泽东和其他老一辈无产阶级革命家一道，摒弃这两种错误倾向，勇敢地面对现实，既敢于斗争又善于斗争，既敢于胜利又善于胜利，把进攻和防御、前进和曲折、斗争和妥协巧妙地结合起来，一句话，把原则的坚定性和策略的灵活性有机地统一起来，引导中国革命走向了胜利。这个胜利的实践在哲学上的表现就是《矛盾论》中同一和斗争的辩证法。

为了打败强大的敌人，必须正确处理和同盟者的关系，特别是和民族资产阶级的关系，组成革命的统一战线。这个统一战线在特殊条件下可以把一部分大资产阶级包括在内，以便组成浩浩荡荡的革命大军，最大限度地孤立最主要的敌人。在这个有关中国革命成败的问题上，我们也遇到了两种错误倾向：一是一切斗争、否认联合的"左"倾机会主义；一是一切联合、否认斗争的右倾机会主义。王明就是一个从一个极端跳到另一个极端的典型人物。毛泽东和其他老一辈无产阶级革命家一道，对这两种错误倾向进行了坚决的斗争，制定了革命统一战线的策略，提出了"又联合又斗争"的总方针。为了贯彻这个方针，在斗争实践中又形成了一整套的策略原则：在联合的时候，不要忘记斗争，以斗争求团结则团结存，以退让求团结则团结亡；而在斗争时，又不要忘记联合，要注意有理、有利、有节。这是毛泽东等为我们党铸造的战胜敌人的一个法宝，这个法宝反映到哲学上，就是同一和斗争的辩证法。

为了战胜敌人，必须团结自己，特别是党自身的团结。在这个问题上，我们也遇到了两种错误倾向：一是否认必要的思想斗争的右倾态度；一是"残酷斗争，无情打击"的"左"倾倾向。这两种错误都严重损害过党的机体。毛泽东和其他老一辈无产阶级革命家批判了这两种错误倾向，提出了正确处理党内矛盾的科学公式，这就是从团结的愿望出发，经过批评或者斗争，使矛盾得到解决，从而在新的基础上达到新的团结。为了贯彻这个公式的精神，毛泽东又提出了惩前毖后，治病救人，分清是非，团结同志，一看二帮等一系列原则。这是我们党健康机体、兴旺发达的原则。这个原则在哲学上的概括，就是同一和斗争的辩证法。

通过上述分析我们可以清楚地看到，无论是对敌斗争的策略，或是对待同盟者的原则，还是对党内关系的处理，都和同一与斗争的辩证法紧密相连。如果说中国革命的胜利是和这些正确的战略策略原则分不开的，那么同一和斗争的辩证法，则正是它们坚实的哲学基础。

　　唯物辩证法是世界观与方法论的一致体。把辩证法作为方法论来研究和运用，是毛泽东的一大特色。毛泽东的矛盾分析方法，从群众中来到群众中去的方法，一般号召和个别指导相结合的方法，蹲点、典型调查、解剖麻雀的方法，都不仅展示了辩证法的丰富内容，而且体现着辩证法的实践意义。联系党所领导的中国革命的胜利，我们完全可以这样说，辩证法在毛泽东手里，正是一种得心应手的指导革命的方法，中国革命的胜利，正是毛泽东辩证法思想的胜利。

要读出邓小平理论的
历史厚度来[*]

体现在邓小平著作和邓小平解决实际问题的重大决策中的邓小平理论，是在和平与发展成为时代主题的历史条件下，在我国改革开放和现代化建设的实践中，在总结我国社会主义胜利和挫折的历史经验并借鉴其他社会主义国家兴衰成败历史经验的基础上，逐步形成和发展起来的。因而它是一个博大精深的理论体系，具有厚重的历史感。研读邓小平同志的著作，要读出邓小平理论的历史厚度来。

一

邓小平理论有一个形成发展的过程。从过程的角度来研读，我们可以体会到邓小平理论厚重的历史感。

* 1998 年 3 月讲于国防大学进修系，后经加工收入《许志功讲学录》（中央文献出版社，2000 年版）。

（一）从全面整顿到十一届三中全会：邓小平理论的直接酝酿。

党的十一届三中全会是伟大历史转折的标志，是改革开放和集中力量进行社会主义现代化建设的开始，因而是邓小平理论形成、发展的起点。当然，"起点"也不是突如其来的。邓小平理论的直接酝酿，可以追溯到1975年。这一年，邓小平主持中央日常工作，着手进行全面整顿。全面整顿实际上就是改革。后来邓小平说，改革，其实在1975年已经实验过一段，那时用的名称是整顿。整顿，虽然没有也不可能明确指出"文化大革命"从根本上错了，但又的确是针对"文化大革命"的错误的。所以可以说，全面整顿的思想从总体上同当时居主导地位的思想是分离甚至是对立的。从这个意义上说，一个新的指导思想就要诞生了。毛泽东不能容忍邓小平系统地纠正"文化大革命"的错误，所以搞了"批邓、反击右倾翻案风"，后来又有"两个凡是"。临产会有阵痛，"批邓、反击右倾翻案风"、"两个凡是"，可以说是邓小平理论诞生前的两次阵痛。

（二）从十一届三中全会到十二大：邓小平理论开始产生，形成主题。

人们都熟悉邓小平的南方谈话。其实还有一个北方谈话，那就是1978年9月13日至20日，邓小平访朝归来视察黑龙江、吉林、辽宁、沈阳军区、鞍山、天津等地的谈话。按他自己的话说叫"一路煽风点火"，发表了六次讲话。以这些讲话的内容作基础，后来形成了《解放思想，实事求是，团结一致向前看》的名篇。在中央工作会上的这一重要讲话，是在"文化大革命"结束以后，中国面临向何处去的重大历史关头，为冲破"两个凡是"的禁锢所作的。它极大地解放了人们的思想，因而成了开辟新时期新道路、开创建设有中国特色社会主义新理论的宣言书。

1978 年底召开的党的十一届三中全会，是我们党在建国以后历史上的一个伟大转折。在这次会议上，以邓小平为代表的老一辈革命家拨乱反正，重新确立了马克思主义的思想路线、政治路线和组织路线，引导我们从以"阶级斗争为纲"转到以经济建设为中心。

1981 年召开的十一届六中全会，通过了邓小平亲自主持起草的《关于建国以来党的若干历史问题的决议》。决议在全面、系统、科学地总结党的历史经验的基础上，明确了一系列的方针政策，并将这些方针政策概括为十条。对于这十条，邓小平作了高度评价，认为它的中心是"三个转变"，即从以阶级斗争为纲转到以发展生产力为中心，从封闭转到开放，从固守成规转到各方面的改革。他还说，我们拨乱反正，就是要在坚持四项基本原则的基础上发展生产力。为了发展生产力，必须对我国的经济体制进行改革，实行对外开放的政策。

在 1982 年召开的党的十二大上，邓小平又进一步把这些新的方针政策概括为走自己的道路，第一次明确提出建设有中国特色的社会主义的概念。"建设有中国特色的社会主义"这个概念，在全党获得了共识，认为它比较准确、科学地反映了我们党所进行的伟大事业，因而成了邓小平理论的名称和主题。

（三）从十二大到十三大：邓小平理论逐步展开，形成轮廓。

十一届三中全会以来，我们主要做了两件事，一是拨乱反正，二是全面改革。如果说十二大以前主要是拨乱反正，那么十二大以后则主要是全面改革。

改革的全面展开和深入，要求思想解放的深入，要求理论思考的深入。邓小平理论思考的中心是什么是社会主义，如何搞社会主义。围绕着这个中心，当时我们党在理论上有两大突破，形成了社会主义商品经济理论和社会主义初级阶段理论。

社会主义商品经济理论是在十二届三中全会上通过的《中共中央关于经济体制改革的决定》中得到确认和展开论述的。邓小平对这个决定给了很高的评价，称它是马克思主义基本原理和中国社会主义实践相结合的政治经济学。并说，这次经济体制改革的文件好，好就好在解释了什么是社会主义。

社会主义初级阶段理论是在党的十三大报告中展开论述的。十三大报告要在理论上阐述什么是社会主义，讲清楚我们的改革是不是社会主义。它以社会主义初级阶段作为立论的根据，是经邓小平同志同意的。邓小平不仅作了"这个设计好"的重要批示，而且在大会之前就谈到：十三大要阐述中国社会主义还处在初级阶段，就是不发达的阶段。大会之后他又说：十三大的一个特点是阐述了社会主义初级阶段理论，在这个理论的指导下，坚定地贯彻党的十一届三中全会以来的路线、方针、政策。

随着对建设有中国特色社会主义认识的深化，随着两个重大的理论突破，十三大第一次明确提出了"建设有中国特色社会主义理论"的概念，并列举了这一理论的十二个重要观点，认为这些观点构成了建设有中国特色社会主义理论的轮廓。

（四）从十三大到十四大：邓小平理论走向成熟，形成体系。

十三大到十四大这五年，是我们沿着建设有中国特色社会主义道路继续前进的五年，也是邓小平理论走向成熟的五年。说这个理论走向成熟：首先是因为它经受了80年代末、90年代初国内风波和国际变局的严峻考验；其次是邓小平发表了著名的南方谈话，这是在国际国内政治风波严峻考验的重大历史关头，把改革开放和现代化建设推进到新阶段的又一个解放思想、实事求是的宣言书，这篇讲话提出了一系列新思想、新观点，把这个理论提到了新的高度；再次是根据邓小平南方谈话的精神，党的十四大在"建设有中国特色社会主义理论"前面冠以"邓小平同志"的名字，明确地提出了"邓小平同志建设有中国特色社会主义理论"这一概念，并对邓小平理论的主要内容作了新的概括，强调这个理论第一次比较系统地初步回答了中国这样经济文化比较落后的国家如何建设社会主义、巩固和发展社会主义的一系列基本问题，使之成了比较完备的理论体系。

（五）从十四大到十五大及其以后：邓小平理论进一步发展。

党的十四大以来，我们的事业得到了进一步的发展。总结这些年，最基本的经验就是以江泽民同志为核心的党中央创造性地坚持和发展了邓小平理论。十四大以后，江泽民同志多次强调邓小平理论的重要指导意义。1993年，他在学习《邓小平文选》报告会上提出了"旗帜"问题，指出从十一届三中全会开始，我们党郑重地把邓小平同志建设有中国特色社会主义理论写到了自己的旗帜上。1997年，又进一步指出：旗帜问题至关紧要。旗帜就是方向，旗帜就是形象。强调我们一定要高举邓小平建设有中国特色社会主义理论的伟大旗帜。党的十五大报告，不仅明确提出了"邓小平理论"这一概念，而且在党章中将其确定为党的指导思想，明确规定中国共产党以马列主义、毛泽东思想、邓小平理论作为自己的行动指南。

这期间，我们不仅坚持了邓小平理论，而且创造性地发展了邓小平理论，党的十四大提出了建立社会主义市场经济体制的伟大战略任务，党的十四届三中全会进一步作出了《关于建立社会主义市场经济体制若干问题的决议》。建立社会主义市场经济体制是我国经济体制改革经验的科学总结，是对发达市场经济国家经验的汲取，是前无古人的伟大创造。在随后召开的十四届五中全会上，江泽民同志又运用邓小平理论研究重大现实问题，创造性地提出并阐发了社会主义改革和现代化建设的十二个重大关系。《十二大关系》以社会结构为线索，在社会主义发展的各个层面上对新经验进行理论思考，系统地提出了社会主义的发展战略，极大地丰富和发展了邓小平理论。邓小平逝世后，江泽民同志又面对复杂的社会思潮，站在跨世纪的高度，坚持"三个有利于"的标准，在党的十五大报告中提出了"公有制实现形式可以而且应当多样化"等一系列新的观点，从而使其构成了再一个解放思想，实事求是的宣言书。

邓小平理论形成发展的过程，就是不断解放思想、实事求是的过程，就是马列主义、毛泽东思想与当代中国实际和时代特征相结合的过程，就是对马列主义、毛泽东思想和中国实际与时代特征认识不断深化的过程。

二

邓小平理论是一个科学体系。从体系的角度来研读，我们可以体会到邓小平理论厚重的历史感。

邓小平理论科学体系是从哪里来的，是从邓小平同志的原著中来的，是从邓小平解决实际问题、作出战略决策、进行理论概括的创造活动中来的，它是客观存在的，体现在邓小平著作的整体之中。但是，邓小平著作都是在各个时期针对当时的情况、问题作的讲话、谈话，没有哪一篇是用教科书的方式来概括理论的全部主要内容的。从这个意义上说，他又是我们党在对邓小平著作的深刻理解中逐步概括出来的。

研究把握邓小平理论的科学体系，最权威的有这样两段话。一段是中宣部在《邓小平同志建设有中国特色社会主义理论学习纲要》中说的，邓小平理论"贯穿解放思想、实事求是的思想路线，围绕什么是社会主义、怎样建设社会主义这个首要的基本理论问题，在社会主义发展道路、发展阶段、根本任务、发展动力、外部条件、政治保证、战略步骤、领导力量和依靠力量、祖国统一等重大问题上，形成的一系列相互联系的基本观点，构成了这一理论的科学体系"。另一段就是党的十五大报告中讲的，邓小平理论"是贯通哲学、政治经济学、科学社会主义等领域，涵盖经济、政治、科学、教育、文化、民族、军事、外交、统一战线，党的建设等方面比较完备的科学体系。"这两段话的角度不同，但基本精神是一致的。仔细琢磨这两段话，可以得到一个重要的方法论启迪。看一种理论是不是科学体系，要着眼于这样三个最基本的要素：有没有一种科学的世界观、方法论贯穿其中；有没有一个着力研究和解决的中心问题；是否围绕着中心问题从社会科学的各个角度分层次地形成了一系列相互联系的基本观点。

按照这样三个要素来看，邓小平理论的科学体系是怎样的呢？

首先是邓小平理论的世界观、方法论。

邓小平同志说：我读的书并不多，就是一条，相信毛主席讲的实事求是，过去我们打仗靠这个，现在搞建设、搞改革也靠这个。邓小平所谈到的实事求是不仅是指狭义上的，即从实际中求出规律来；而且是指广义上的，即整个马克思主义哲学。他说，"马克思主义的辩证唯物主义和历史唯物主义，也就是毛泽东同志概括的实事求是。"①实事求是即辩证唯物主义和历史唯物主义，是邓小平理论的哲学依据，特别是其中客观的观点、全面的观点、发展的观点、实践的观点、群众的观点以及独立自主自力更生的观点等，不仅指导了邓小平理论的形成，而且贯穿于这一理论的一切方面，使这一理论的科学体系得以确立。所以，马克思主义哲学即毛泽东同志概括的实事求是，是邓小平理论的一个层面，即它的世界观和方法论。邓小平理论不仅坚持、运用了马克思主义的世界观、方法论，而且发展了马克思主义世界观、方法论，明确提出实事求是是马克思主义的根本点；把实事求是和解放思想并提，深刻揭示了两者间的辩证关系；把毛泽东同志关于认识问题的重要命题综合起来，系统化理论化了党的思想路线；运用党的思想路线，研究社会主义现代化建设的重大问题，提出了一系列新的哲学命题，从而形成了独具特色的邓小平哲学思想。

其次是邓小平理论的根本问题。

"什么是社会主义，怎样建设社会主义"是科学社会主义理论和实践的根本问题，是时代提出的必须回答的重大课题。总结历史经验，"最根本的一条"就是对这个问题没有完全搞清楚。我国社会主义改革开放前所经历的曲折和失误，归根到底就是对这个问题没有完全搞清楚。邓

---

① 《邓小平文选》第3卷，人民出版社1993年版，第118页。

小平理论坚持科学社会主义理论和实践的基本成果，在把马克思主义普遍原理同时代特征和中国实际相结合的过程中，科学地回答了这一根本问题。《邓小平文选》第二、三卷的全部著作，十四大报告概括的九个方面，十五大报告阐述的这个理论体系的全部内容，都是紧紧围绕这个根本问题展开的。抓住这个根本问题，就抓住了邓小平理论的科学总体。

再次是邓小平理论的基本原理。

邓小平理论从社会主义的发展道路、发展阶段、根本任务、发展动力、外部条件、政治保证、战略步骤、领导力量和依靠力量以及祖国统一等方面，成功地回答了"什么是社会主义，怎样建设社会主义"这一首要的根本问题，从而形成了一系列的基本原理。

邓小平理论的基本原理可以分为两大类。一类是从过程的角度展示邓小平理论体系的基本原理。一类是从层次的角度展示邓小平理论体系的基本原理。

前者最主要的是体现邓小平理论基础的带有基石性的关于时代的理论，关于社会主义初级阶段的理论，关于社会主义改革的理论，关于社会主义市场经济的理论，关于社会主义本质的理论等。邓小平关于时代的理论回答了社会主义建设的时代背景和国际环境问题；关于社会主义初级阶段的理论回答了社会主义建设的基本国情和出发点问题；关于社会主义改革的理论回答了社会主义建设的基本形式和发展动力问题；关于社会主义市场经济的理论回答了社会主义建设的主要机制和经济体制改革的模式问题；

关于社会主义本质的理论回答了社会主义建设的价值追求和奋斗目标问题。

后者主要是经济、政治、科技、教育、文化、民族、军事、外交、统一战线、党的建设等方面的一系列重要原理。其中最重要的是体现邓小平理论实质和带有框架性的关于经济、政治、文化的重要原理。有中国特色社会主义的经济、政治、文化是中国历史上经济、政治、文化合乎规律的发展，它们渊源于中华民族悠久的文明传统，又植根于改革开放和社会主义现代化建设的伟大实践，具有鲜明的民族特色和时代特征。其中，有中国特色社会主义的经济是基础，有中国特色社会主义的政治是经济的集中表现，有中国特色的社会主义文化则反映我国社会主义经济和政治的基本特征，又对经济和政治的发展起巨大的促进作用。

这两大类原理相互联系、相互渗透，贯通于哲学、政治经济学、科学社会主义等领域，共同构成了邓小平理论的基本内容。

最后是邓小平理论的实践纲领。

邓小平理论的突出特点，就在于它的实践性，理论不仅源于实践，而且还要回到实践、指导实践。党的十五大报告吸取了十三大、十四大报告的成果，把党在社会主义初级阶段的基本路线纳入邓小平理论体系之中，进一步拓展和丰富了邓小平理论的内容。党的基本路线是在邓小平理论指导下制定的，怎么又构成了邓小平理论的重要内容？这是因为，它概括了建设有中国特色社会主义的总任务、总目标、总方针、总政策，是邓小平理论的集中体现，是这一理论向实践转化的最高层次的中介环节。党的十五大报告，围绕建设富强、民主、文明的社会主义现代化国家的目标，进一步阐明了什么是社会主义初级阶段有中国特色社会主义的经济、政治、文化，怎样建设这样的经济、政治、文化，制定了党在社会主义初级阶段的基本纲领。这个纲领是邓小平理论的重要内容，是党的基本路线在经济、政治、文化等方面的展开，是这些年来最主要经验的总结。把党在社会主义初级阶段的基本路线和基本纲领纳入邓小平理论体系，鲜明地体现了邓小平理论的革命能动性特点。

三

　　邓小平理论是中国百年历史第三次历史性巨变的理论表现，是用新思想、新语言写成的马克思主义的新版本。从这个角度来把握，更能体会出它厚重的历史感。

　　党的十五大报告站在世纪的高度来看待和评价邓小平及邓小平理论，强调一个世纪以来，中国人民在前进道路上经历了三次历史性的巨大变化，产生了孙中山、毛泽东、邓小平三位站在时代前列的伟大人物。

　　1840 年鸦片战争开始，中国进入半封建半殖民地的社会。为了救亡图存，多少仁人志士苦苦地进行探索，忘我地进行抗争，结果都失败了。在这众多的仁人志士当中，最为杰出的是孙中山，他喊出了"振兴中华"的口号，提出了"三民主义"的纲领，领导了辛亥革命。辛亥革命推翻了统治中国几千年的封建君主专制制度，使中国发生了本世纪的第一次历史性巨变。辛亥革命尽管开创了完全意义上的近代民族民主革命，但是并没有改变旧中国的社会性质和人民的悲惨境遇。实践告诉我们，在一个半殖民地半封建的中国，改良封建专制制度不是出路，实行资本主义亦非良策，唯有马克思主义才能救中国。

马克思主义要解决救中国的问题，必须使自己和中国实际紧密地结合起来，并写出新的著作，形成新的理论。经过艰难曲折的斗争，以毛泽东为代表的中国共产党人完成了这个任务，形成了毛泽东思想。在这个理论的指引下，我们党领导中国人民，经过新民主主义革命和社会主义革命，把半殖民地半封建的旧中国变为社会主义的新中国，使中国发生了本世纪的第二次历史性巨变。

1956 年以后，我国进入社会主义建设的新时期。在这个时期，以毛泽东为首，我们党进行了艰辛的探索，取得了很大的成就，但也发生了严重失误，没有能够解决好中国自己建设社会主义的道路问题。这样，形势就迫使我们党扭转"文化大革命"造成的严重局面，总结建国以来的经验教训，写出新的著作，形成新的理论，开辟一条建设有中国特色社会主义的新道路。十一届三中全会以来，以邓小平同志为代表，我们党干的就是这件事。其结果是：在实践上，开始了改革开放、为实现社会主义现代化而奋斗的第三次历史性巨变，中国社会主义的发展进入新时期；在理论上，马克思主义同当代中国实际和时代特征相结合，产生了邓小平理论。邓小平理论既是这百年历史第三次巨变的理论指导，又是这百年历史第三次巨变的理论表现。

马克思主义从诞生到现在，走过了一百五十年的风雨历程。在这一百五十年中经历了三次大的历史性飞跃。每一次飞跃都是同重大历史课题的解决相联系的。

马克思、恩格斯那个时代的历史性课题是为无产阶级锻造理论武器。他们通过对人类向何处去的研究，发现了历史发展的一般规律，创造了历史唯物论；通过对资产阶级向何处去的研究，发现了资本家剥削工人的秘密，创造了剩余价值学说。正是这两大研究，两大发现，两大创造，使社会主义由空想变成了科学，从而为无产阶级提供了伟大的认识工具。社会主义由空想到科学，无产阶级的思想武器从无到有，这是一个重大的历史飞跃。

有了马克思主义，就要把这一理论变成实际，由理想变为现实。从无产阶级革命的角度来看，列宁、斯大林、毛泽东所面对着的重大历史课题，就是怎样把马克思主义的基本理论转化为实际，把马克思、恩格斯创立的科学社会主义由理想变为现实。他们通过对这一历史课题的解决，极大的丰富和发展了马克思主义。社会主义由理论变成实践，由理想变为现实，从而推进社会主义理论，这是马克思主义发展史上的第二次历史性飞跃。

建立了社会主义，这个社会主义怎样搞？列宁、斯大林、毛泽东虽然作了大量探索，有着非常丰富的深刻思想，但是并没有找到一条很好的发展道路。社会主义有过凯歌高奏的辉煌年代，但是到本世纪后半叶，特别是八九十年代的时候，却陷入低谷，遭受了重大挫折。我们对这样一个挫折加以反思，说明怎样建设社会主义已经成为一个非常重大的历史课题。邓小平通过深入的思考、多年的实践，解决了这一重大的历史课题，从而实现了马克思主义发展史上的第三次历史性飞跃。

八十年奋斗的科学总结*

江泽民同志的"七一"重要讲话，站在时代的高度，总结党的80年，对我们党所取得的伟大业绩和基本经验进行了全面总结和科学概括。认真学习这篇重要讲话，从历史中得到启示，从经验中汲取智慧，必将对党的建设和社会主义事业的发展起到巨大的促进作用。

一

从鸦片战争到中国共产党成立，从中国共产党成立到现在，中国经历了截然不同的两个80年。在前80年中，封建统治者丧权辱国，社会战乱不断，国家积贫积弱，人民饥寒交迫。在后80年中，中国人民在中国共产党的领导下空前团结和组织起来，冲破重重难关，革命建设和改

---

* 2001年9月讲于国防大学进修系，后经加工收入《许志功讲学录（续）》（中央文献出版社，2002年版）。

革都取得了巨大成功。这80年我们完成了新民主主义革命任务，实现了民族独立和人民解放；我们建立了社会主义制度，实现了中国历史上最广泛最深刻的社会变革；我们开创了建设有中国特色社会主义事业，为实现中华民族的伟大复兴开创了道路。这三次历史性巨变，使我国的面貌发生了翻天覆地的变化。我们建立了人民民主专政的国家政权，中国人民掌握了自己的命运；我们建立了独立的和比较完整的国民经济体系，经济实力和综合国力显著增强；我们不断发展社会主义文化，全国人民精神生活日益丰富；我们彻底结束了旧中国一盘散沙的局面，实现了国家的高度统一和各民族的空前团结；我们锻造了一支党绝对领导下的人民军队，建立起巩固的国防；我们坚持独立自主的和平外交政策，为世界和平与发展的崇高事业作出了重要贡献。

从前后两个80年的比较中，我们得到了一个伟大的真理："中国能从最悲惨的境遇向着光明的前途实现伟大的历史转变，就是因为有了中国共产党的领导。没有共产党，就没有新中国。有了共产党，中国的面貌就焕然一新。"① 学习"七一"讲话，我们应该深刻理解这一伟大的真理。

中国革命、建设和改革的卓越成就，是近代以来中国一切仁人志士前赴后继不懈努力的结果，是全国各族人民共同奋斗的结果，也是一代代共产党人无私奉献的结果。

---

① 江泽民：《论"三个代表"》，中央文献出版社2001年版，第146页。

我们应该充分认识这些成就的巨大意义。

中国取得的辉煌成就，是马克思主义的胜利，是社会主义制度的胜利。马克思主义是具有生命力的，社会主义制度是具有优越性的。中国80年的实践证明，只要坚持马克思主义基本原理与中国具体实际相结合，只要通过改革使社会主义制度日益完善发展，就会从胜利走向胜利。

中国共产党人并不把自己的社会制度和意识形态强加于别的国家。但我们所取得的成就和经验对世界上其他发展中国家有借鉴意义。很多国家都在关注和研究中国的发展模式和经验。他们说，对信仰和捍卫社会主义的国家来说，中国为它们树立了榜样；对实行不同政治制度、争取国家独立和主权的国家来说，中国为它们树立了榜样；对世界上寻求国家富强、人民幸福的国家来说，中国为它们树立了榜样。从中足见作为发展中的社会主义大国，我国所取得的成就是具有世界意义的，对世界历史进程必然会产生重大影响。

可是有些人对我们的成就、成绩不了解，也不愿意了解，看不到它的巨大意义。也有人否定我们的成绩，夸大我们前进过程中的失误。这两种态度都是错误的。当代中国共产党人要珍惜无数仁人志士、无数革命先烈英勇奋斗得来的胜利果实，珍惜亿万人民用双手和汗水创造出来的巨大业绩，从推动历史进步的成就中激励自己，从历史事实的比较中认识真理，从而坚定在党领导下走社会主义道路的决心和信心。

二

对于我们党的历史，江泽民同志从世界观、历史观的高度作了概括，强调"中国共产党的八十年，是把马克思列宁主义同中国实践相结合而不断追求真理、开拓创新的八十年，是为民族解放、国家富强和人民幸福而不断艰苦奋斗、发愤图强的八十年，是为完成肩负的历史使命而不断经受考验、发展壮大的八十年"。[①] 认真消化理解这80年，可以给我们诸多的启示。

首先是必须始终坚持马克思主义基本原理同中国具体实际相结合，坚持科学理论的指导，坚定不移地走自己的路。马克思主义是我们认识和改造世界的强大思想武器，是指导中国革命、建设和改革的行动指南。马克思主义不是教条，只有正确运用于实践并在实践中不断发展才具有强大的生命力。马克思主义具有与时俱进的理论品质，我们对她的认识也必须与时俱进。马克思主义指导作用的发挥是以人们对她的认识为前提的，如果我们对她的认识不能与时俱进，就必然会影响马克思主义指导作用的发挥。

其次是必须始终紧紧依靠人民群众，诚心诚意为人民谋利益，从人民群众中汲取前进的不竭动力。江泽民同志特别强调始终保持同人民群众的血肉联系，是我们党战胜各种困难和风险、不断取得事业成功的根本保证；强调在

[①]　江泽民：《论"三个代表"》，中央文献出版社2001年版，第150页。

任何时候任何情况下，与人民群众同呼吸共命运的立场不能变，全心全意为人民服务的宗旨不能忘，坚信群众是真正英雄的历史唯物主义观点不能丢；强调必须始终把体现人民群众的意志和利益作为我们一切工作的出发点和归宿，始终把依靠人民群众的智慧和力量作为我们推进事业的根本工作路线。

再次是必须始终自觉地加强和改进党的建设，不断增强党的创造力、凝聚力和战斗力，永葆党的生机和活力。办好中国的事情，关键在我们党。在这里，江泽民同志明确了"三要"：要结合形势的发展，紧紧围绕党的中心任务，不断加强党的建设；要善于总结经验，坚持真理，纠正错误，谦虚谨慎；要勇于正视党员和干部队伍中存在的问题，并依靠全体党员和人民群众不断加以解决。并且强调，"这是保持党的生机和活力的根本所在"。我们必须继续围绕在新的历史条件下建设一个什么样的党和怎样建设党这个基本问题，进一步解决提高党的执政能力和领导水平、提高拒腐防变和抵御风险能力这两大历史性课题，全面推进党的建设的新的伟大工程。

总结 80 年的奋斗历程和基本经验，展望新世纪的艰巨任务和光明前途，我们党要继续站在时代前列，带领人民胜利前进，"归结起来，就是必须始终代表中国先进生产力的发展要求，代表中国先进义化的前进方向，代表中国最广大人民的根本利益"。①

---

① 江泽民：《论"三个代表"》，中央文献出版社 2001 年版，第 152 页。

三

江泽民同志指出：始终坚持马克思主义基本原理同中国具体实践相结合，坚持科学理论的指导，坚定不移地走自己的路。这是总结我们党的历史得出的"最基本的经验"。认真总结消化这一最基本的历史经验，有着十分重大的意义。

马克思主义是我们立党立国的根本指导思想，是我们认识和改造世界的强大思想武器，是指导中国革命、建设和改革的行动指南，是全国各族人民团结奋斗的共同理论基础。这是江泽民同志在"七一"讲话中反复强调的一个重要思想。马克思主义的基本原理决不能丢，丢了就会失去灵魂，丢掉根本。但马克思主义不是教条，她具有与时俱进的理论品质，必然随着时代、实践和科学的发展而不断丰富和发展。坚持马克思主义，关键是要结合实际运用马克思主义的基本原理，决不能不顾历史条件和现实情况的变化，拘泥于马克思主义经典作家在特定历史条件下，针对具体情况作出的某些个别论断。

我们党80年的历史，可以说是一部把马克思主义基本原理同中国具体实际相结合，不断追求真理，不断开拓创新的奋斗史。善于把马克思主义基本原理同中国具体实际相结合，并在理论和实践上不断发展、创新，是我们党的一大优点。我们党把马克思主义同中国具体实际相结合，产生了两次历史性飞跃，形成了两大理论成果——毛泽东思想和邓小平理论。这两大理论指引我们取得了革命、建设和改革的一次又一次伟大胜利。在新的历史条件下，以江泽民同志为核心的第三代中央领导集体，坚持用邓小平理论观察当今世界、观察当代中国，不断总结实践经验，作出新的理论概括，不断开拓创新，在创造性地推进建设有中国特色社会主义伟大事业的进程中，形成了一系列新的理论成果。江泽民"三个代表"重要思想，从根本上回答了在充满希望和挑战的21世纪，把我们党建设成一个什么样的党和怎样建设党的问题，进一步丰富和发展了马克思主义。80年的历史表明，什么时候马克思主义基本原理和中国实际结合得好，我们的事业就顺利发展，什么时候结合得不好，脱离中国的实际，我们的事业就受挫折，甚至失败。

坚持马克思主义，发展马克思主义，把马克思主义基本原理同中国具体实际相结合，是对待马克思主义唯一正确的科学态度。在科学对待马克思主义的问题上，马克思、恩格斯、列宁和毛泽东、邓小平为我们树立了榜样。他们对待马克思主义的态度有三个显著特点：一是从实际出发，从对社会矛盾的分析、对工人运动实践经验的分析和总结的基础上进行理论概括和理论创造，从不空谈，也不空想。二是密切注视形势的变化和实践的发展，当原来的理论观点已不适应或不完全适应实际情况和斗争需要时，他们会毫不犹豫地主动、及时地予以补充、修改和发展，从不拘泥、也不僵化。三是从不要求别人当然也包括后人把自己的理论当做教义，看做是某种一成不变和神圣不可侵犯的东西，而是希望根据生动的实际生活去运用科学的理论，并且在实践中加以发展。

恩格斯说：只有理论和实际相结合，用马克思主义的基本原理研究实际问题，并在对实际问题的研究中坚持发展马克思主义，马克思主义者这个词才有意义。江泽民同志指出：坚持马克思主义，绝不能采取教条主义、本本主义的态度，而应采取实事求是、与时俱进的科学态度，坚持一切从发展变化着的实际出发，把马克思主义看做是不断随着实践的发展而发展的科学。用发展的观点对待马克思主义，在坚持中发展，在发展中坚持，这是对待马克思主义唯一正确的态度。

江泽民同志指出：对待马克思主义，要坚持两个基本要求，一是坚持以马克思主义为指导，这一点要坚定不移，不能含糊，否则就要偏离方向。二是贯彻解放思想、实事求是的思想路线，坚持勇于追求真理、探索真理的革命精神，这一点也要坚定不移，不能含糊。这两个"坚定不移、不能含糊"，始终是检验我们是不是真正马克思主义者的试金石。

解放思想、实事求是是引导社会前进的强大力量。江泽民同志强调的这一点非常重要。从我国革命、建设和改革的实践看，我们的胜利、成功，得益于解放思想、实事求是的思想路线；我们的失误、挫折，根源于违背了这条思想路线。世界在变化，实践在发展，当代中国共产党人必须拿出马克思主义的理论勇气，绝不能因循守旧、裹足不前。这是关系到正确对待和应用马克思主义的大问题，也是关系党和国家兴旺发达、长治久安的大问题。

　　社会实践没有止境，解放思想、实事求是没有止境，理论创新、理论发展也没有止境。我们要运用马克思主义的立场、观点和方法，坚持实践是检验真理的唯一标准，在党的基本理论指导下，自觉地把思想认识从那些不合时宜的观念、做法和体制中解放出来，从对马克思主义的错误的和教条式的理解中解放出来，从主观主义和形而上学的桎梏中解放出来，使我们的思想和行动更加符合客观实际，更加符合社会主义初级阶段的基本国情和时代发展的根本要求。

"三个代表"重要思想是一个
新的理论体系[*]

（一）客观事物的存在是一个体系，反映客观事物本质的思想理论也必然是一个体系。党的指导思想是党的建设和党的事业的理论反映，又反过来指导党的建设和党的事业，因而不能不是一个理论体系。十六大通过的党章明确规定：中国共产党以马克思列宁主义、毛泽东思想、邓小平理论和"三个代表"重要思想作为自己的行动指南。在马克思列宁主义、毛泽东思想和邓小平理论之后，把"三个代表"重要思想写入党章，确立为"党必须长期坚持的指导思想"，明白无误地向世人昭示了"三个代表"重要思想是一个新的理论体系。

（二）"三个代表"不单是江泽民一系列重要论断中的一个论断，而是他一系列重要论述的本质概括。江泽民

＊　本文系学习贯彻"三个代表"重要思想理论研讨会上的发言，后经加工收入《"三个代表"重要思想精义》（中央文献出版社,2003 年版）一书。

同志说，"三个代表"是党的"全部历史经验的归结"；是十一届三中全会以来的党的路线、方针、政策的"集中体现"；是马克思主义"最主要的内容"；是新的历史条件下加强和改进党的建设的"根本要求"。从中我们不难看出"三个代表"在江泽民同志思想中的重要地位。"三个代表"重要思想以"代表中国先进生产力的发展要求"、"代表中国先进文化的前进方向"、"代表中国最广大人民的根本利益"为核心，但不只是这样几个论断，也不是这几个论断的简单相加，而是一个新的理论体系。

（三）看一种理论是不是科学的理论体系，要着眼于三个最基本的要素：有没有一种科学的世界观、方法论贯穿其中，有没有一个着力研究解决的中心问题，是否围绕着中心问题形成了一系列相互联系的基本观点。"三个代表"重要思想作为一个新的理论体系，以解放思想、实事求是、与时俱进为精髓，以保持党的先进性为主题，涵盖了经济、政治、文化等社会主义事业和党的建设的各个方面，是运用马克思主义解决我国改革开放和现代化建设实际问题的新创造。

（四）解放思想、实事求是、与时俱进，既是马克思列宁主义、毛泽东思想和邓小平理论的精髓，也是"三个代表"重要思想的精髓。江泽民同志说，如果头脑里没有辩证唯物主义、历史唯物主义的世界观、方法论，不解放思想、实事求是、与时俱进，就不可能以正确的立场和科学的态度来认识纷繁复杂的客观事物，把握事物发展的规律，在理论上有所创新。当今世界正在发生重大而深刻的变化，我国改革开放和现代化建设正在不断推进，人民群众的伟大实践正在深入发展。所有这一切都迫切要求我们解放思想、实事求是、与时俱进，以辩证唯物主义、历史唯物主义的世界观、方法论为指导，总结实践的新经验，借鉴人类文明的有益成果，在理论上不断扩展新视野，作出新概括，开拓新境界。"三个代表"重要思想正是适应时代发展的要求，解放思想、实事求是、与时俱进的理论结晶。

（五）党的先进性问题，历来是马克思主义经典作家十分重视的问题。苏联共产党取得政权以后，列宁就针对党脱离群众的极大危险，强调党是唯一的执政党在管理国家，因而必须从各个方面加强执政党的建设，以保持党的先进性。但是由于敌人的子弹过早地夺去了他的生命，加之后来斯大林的错误，没有解决好这个问题。毛泽东同志作为我们党的第一代领导核心，特别重视保持党的先进性问题，他意味深长地把"进城"比做"赶考"，强调要考试合格，全党同志就要牢记"两个务必"。在毛泽东同志的领导下，我们在执政党的建设上做了大量工作，取得了很大成绩，但是后来由于犯了像"文化大革命"这样的"左"的错误，使党的建设遭受了极大破坏，以致严重影响了国家建设，妨碍了社会主义优越性的发挥。邓小平作为党的第二代领导核心，从当时的实际出发着力研究解决"什么是社会主义、怎样建设社会主义"的问题。邓小平理论第一次比较系统地初步回答了这一基本问题。但对这个问题的认识还需要深化。邓小平同志在对这个基本问题的回答中涉及到了党的建设问题，并把它看做是解决中国问题的关键。他从国际国内环境和党的建设的实际出发，强调这个党该抓了，不抓不行了。因而嘱咐以江泽民同志为核心的党中央"要聚精会神地抓党的建设"，以更好地保持党的先进性。

一个走在时代前列的党，必然是一个敢于迎接新考验，善于回答新课题的党。已经走过了80多年光辉历程的中国共产党，在新的历史条件下，面临着一些什么样的新考验？就当前的国际局势来说，政治格局多极化、经济全球化、科学技术迅猛发展，我们面临着国际局势深刻变动的严峻考验。就国内形势来说，发展进入关键时期、改革处于攻坚阶段、社会生活发生了深刻变化，我们面临着国内建设不断发展的严峻考验。就党的自身建设来说，当然总的是好的，但也还存在着许多同新形势新任务不相适应的地方，特别是如何不断提高党的执政能力和领导水平，不断增强拒腐防变和抵御风险的能力，还有不少需要研究解决的问题，我们面临着党的自身状况变化带来的严峻考验。面对着如此严峻的考验，我们党能不能始终保持先进性，在世界形势深刻变化的历史进程中始终走在时代前列，在应对国内外各种风险考验的历史进程中始终成为全国人民的主心骨，在建设中国特色社会主义的历史进程中始终成为坚强的领导核心，以江泽民同志为核心的党的第三代领导集体，顺应时代潮流，紧扣时代脉搏，运用马克思主义的世界观、方法论作出了科学回答，进一步加深了对什么是社会主义、怎样建设社会主义和建设什么样的党、怎样建设党这一根本问题的认识。

党的先进性不是抽象的，必须放到推动当代中国先进生产力和先进文化的发展中去考察，放到维护和实现最广大人民的根本利益的奋斗中去考察，归根到底要看党在推动历史前进中的实际作用。中国共产党作为执政党，党的先进性必须具体地体现在全面推进中国特色社会主义的伟大事业上。所以，江泽民同志特别强调，新时期党的建设必须按照党的政治路线来进行，围绕党的中心任务来展开，朝着党的建设总目标来加强。这一新的视角和理念，把党的建设和中国特色社会主义事业高度地统一起来了。

（六）围绕党的先进性这一主题，从党的建设和社会主义事业相统一的角度，江泽民同志形成了一系列新的重大理论，这主要是：

与时俱进论。"实事求是"是毛泽东同志提出来的，这是我们党的思想路线的核心。它着重回答的是主观和客观的关系问题，强调主观要符合客观。加上"解放思想"，强调"解放思想、实事求是"，是邓小平同志的伟大贡献。它着重回答的是如何才能使主观和客观相统一的问题，强调只有解放思想，才能实事求是。党的十三届四中全会以来，江泽民同志又加上了"与时俱进"，特别强调"解放思想、实事求是、与时俱进"。它着重回答的是主观和客观相统一的程度、境界问题，强调解放思想、实事求是要做到与时代共进。围绕着这一思想，江泽民同志形成了一系列重要的新观点，他说，坚持解放思想、实事求是的思想路线，弘扬与时俱进的精神状态，是党在长期执政条件下保持先进性和创造力的决定性因素。与时俱进，就是党的全部理论和工作，要体现时代性，把握规律性，富于创造性。马克思主义的实质是解放思想、实事求是、与时俱进，抓住这个实质，就抓住了马克思主义的活的灵魂，就把握了马克思主义最本质的东西。要与时俱进，就必须解放思想，把思想认识从那些不合时宜的观念、做法和体制的束缚中解放出来，从对马克思主义的错误的和教条式的理解中解放出来，从主观主义和形而上学的桎梏中解放出来。要确立以研究实际问题为中心的马克思主义方法论，这种方法论要求我们要以我国改革开放和现代化建设的实际问题，以我们正在做的事情为中心，着眼于马克思主义理论的运用，着眼于实际问题的理论思考，着眼于新的实践和新的发展。坚持与时俱进，一定要看到《共产党宣言》发表一百五十多年来世界政治、经济、文化、科技等发生的重大变化，一定要看到我国社会主义建设发生的重大变化，一定要看到广大党员干部工作、生活条件和社会环境发生的重大变化，一定要充分估计这些变化对我们党执政提出的严峻挑战和崭新课题。江泽民同志的这些思想理论观点，形成了比较完备的与时俱进的理论。与时俱进，既是"三个代表"重要思想产生的思想基础，又是"三个代表"思想的重要内容，它侧重回答了我们党要始终成为"三个代表"的思想路线、思想方法问题。

历史方位论。强调历史方位是江泽民同志在思想理论上的一个重要特点。他说，我们党处在一个什么样的历史方位上？弄清这一问题至关重要。并且明确地提出，历经革命、建设和改革，我们党已经从领导人民为夺取全国政权而奋斗的党，成为领导人民掌握全国政权并长期执政的党；已经从受到外部封锁和实行计划经济条件下领导国家建设的党，成为对外开放和发展社会主义市场经济条件下领导国家建设的党。我们党是在什么样的内外环境下执政并领导国家建设的呢？江泽民同志强调，当今世界仍然以和平和发展为主题，但发生了许多新的特点，这个世界并不安宁；我国社会正处在并将长期处在社会主义的初级阶段。我们是执政党，是领导国家建设的党，这是我们思考和解决一切问题的基点。能否正确认识党所处的历史方位，涉及到对党的性质的科学把握，我们党是中国工人阶级的先锋队，同时是中国人民和中华民族的先锋队。要做到这两个先锋队，我们必须从中国和世界的历史、现状和未来着眼，准确把握时代特点和党的任务，科学制定并正确执行党的路线方针政策，做到既不割断历史、又不迷失方向，既不落后于时代、又不超越阶段，使我们的事业不断从胜利走向胜利。江泽民关于历史方位的理论，在"三个代表"重要思想中占有非常重要的位置，它回答了党身在何处以及保持先进性的历史定位问题。

第一要务论。发展问题是我们党历来非常重视的问题，但是把发展看做党执政兴国的第一要务，则是江泽民"三个代表"思想的一个重要特点。发展问题至关重要，江泽民同志说，能不能解决好发展问题，直接关系人心向背，事业兴衰；离开发展，坚持党的先进性，发挥社会主义制度的优越性和实现民富国强都无从谈起。江泽民同志特别强调，社会主义的根本任务是发展生产力，他说，只有完成好这一根本任务，才能增强社会主义国家的综合国力，使人民的生活日益改善，不断体现社会主义优于资本主义的特点。面对着各种矛盾，江泽民同志强调，要用发展的办法解决前进中的问题，他说，党要承担起推动中国社会进步的历史责任，必须始终紧紧抓住发展这个执政兴国的第一要务。发展的决定性力量是人民群众，江泽民同志特别强调，不断提高工人、农民、知识分子和其他劳动群众以及全体人民的思想道德素质和科学文化素质，不断提高他们的劳动技能和创造才能，充分发挥他们的积极性主动性创造性，始终是我们党代表中国先进生产力发展要求必须履行的第一要务。解决发展问题，必须妥善处理好各方面的利益关系，把一切积极因素充分调动和凝聚起来。发展要走新型工业化的道路，要靠科学技术，江泽民同志的一个重要思想是，科学技术是第一生产力，而且是先进生产力的集中体现和主要标志。发展是全面的，要以经济建设为中心，促进社会全面进步。发展要坚持科教兴国战略，西部大开发战略，可持续发展战略等。发展要有新思路，必须立足中国现实，顺应时代潮流，不断开拓促进先进生产力和先进文化发展的新途径。江泽民同志的这些重要论断构成了比较完备的第一要务理论。这一理论明确回答了我们党主要做什么的问题。

目标纲领论。党的奋斗目标和纲领是党公开树立起来的以动员群众、凝聚力量的一面旗帜。在这方面，江泽民同志形成了一系列富有新意的重要理论观点。他指出，在革命、建设和改革的各个历史阶段中，我们党既有每个阶段的基本纲领即最低纲领，也有确定长远奋斗目标的最高纲领，我们是最低纲领与最高纲领的统一论者。我们坚信马克思主义关于人类社会必然走向共产主义这一基本原理，但必须看到，实现共产主义是一个非常漫长的历史过程，我们要坚持正确的前进方向，但不可能也没必要去对遥远的未来作具体的设想和描绘。全党同志既要树立共产主义的远大理想、坚定信念，以高尚的思想道德要求和鞭策自己，更要脚踏实地地为实现党在现阶段的基本纲领而不懈努力，扎扎实实地做好现阶段的每一项工作。忘记远大理想而只顾眼前，就会失去前进方向；离开现实工作而空谈远大理想，就会脱离实际。正是基于这种认识，江泽民同志提出了党在现阶段的奋斗目标和纲领，强调党在新世纪头二十年的中心任务是全面建设惠及十几亿人口的更高水平的小康社会，并进一步明确了全面建设小康社会的基本目标和基本政策。形成了富有独创性的经济建设和经济体制改革思想，政治建设和政治体制改革思想，文化建设和文化体制改革思想，深化并丰富了我们党关于巩固和扩大最广泛的爱国统一战线思想，推进国防和军队现代化建设思想，以及实现祖国完全统一的思想、坚持独立自主的和平外交政策、维护和平与促进发展的思想等。江泽民同志强调，要把改革的力度、发展的速度和社会可承受的程度统一起来，在保持社会政治稳定中推进改革、发展，在改革、发展中实现社会稳定。江泽民同志的这些思想理论观点，构成了比较完备的党在现阶段的奋斗目标和纲领的理论，从而使发展这个党执政兴国的第一要务具体化了。

改革创新论。改革创新是马克思主义的本质特征，我们党的几代领导核心都特别重视改革创新，但在理论上着力阐述这一问题则是江泽民同志的一个重要特点。他说：改革创新是一个民族进步的灵魂，是一个国家兴旺发达的不竭动力，也是一个政党永葆生机的源泉；创新首先是理论创新，要使我们的事业不停顿，首先是理论上不能停顿；在实践基础上的理论创新是社会发展和变革的先导，通过理论创新推进制度创新、科技创新、文化创新以及其它各方面的创新，不断地在实践中探索前进，永不自满，永不懈怠，这是我们要长期坚持的治党治国之道；实践没有止境，创新也没有止境，我们要突破前人，后人也必然会突破我们，这是社会前进的必然规律；影响我们发展的有一个经济条件和科技水平问题，但从根本上说是观念和体制问题，一切妨碍发展的思想观念都要坚决冲破，一切束缚发展的做法和规定都要坚决改变，一切影响发展的体制弊端都要坚决革除；改革创新是多方面的，主要是党的领导方式和执政方式、决策机制、行政管理体制、司法体制、干部人事制度以及文化体制的改革和创新，这些改革和创新涉及到经济、政治、文化等各个方面，是全面的改革和创新。江泽民同志的这些重要论断构成了比较完备的改革创新理论，从发展动力的角度回答和解决了我们党怎么做的问题。

执政为民论。为人民服务是我们党的一贯思想，但是把执政和为民联系起来，强调执政为民，则是江泽民同志一个重要的思想特点。在这方面，他也形成了一系列至关重要并富有新意的思想理论观点。江泽民同志指出：立党为公、执政为民，是我们党同一切剥削阶级政党的根本区别，党除了最广大人民的利益，没有自己特殊的利益，党的一切工作必须以最广大人民的根本利益为最高标准；社会的历史，就是人民群众不断进行物质生产和精神生产的历史，任何时候我们都必须坚持尊重社会发展规律与尊重人民历史主体地位的一致性，坚持为崇高理想奋斗与为最广大人民谋利益的一致性，坚持完成党的各项工作与实现人民利益的一致性；最大多数人的利益是最要紧和最具有决定性的因素，我们所有的政策措施和工作，都应该认真考虑和兼顾不同阶层、不同方面群众的利益，但是最重要的是必须首先考虑并满足最大多数人的利益要求，这始终关系党的执政的全局，关系国家经济、政治、文化发展的全局，关系全国各族人民团结、稳定的全局；我们党的最大政治优势是密切联系群众，党执政后的最大危险是脱离群众，在任何时候、任何情况下，都必须坚持党的群众路线；坚决反对和防止腐败是全党一项十分重大的政治任务，不坚决地惩治腐败，党同人民群众的血肉联系就会受到严重损害，党的执政地位就有丧失的危险，党就有可能走向自我毁灭；在长期执政的条件下，在对外开放和发展社会主义市场经济的环境中，党必须十分注重防范各种腐朽思想的侵蚀，维护党的队伍的纯洁，全党在任何时候、任何情况下，与人民群众同呼吸共命运的立场不能变，全心全意为人民服务的宗旨不能忘，坚信群众是真正英雄的历史唯物主义观点不能丢；党要始终代表中国最广大人民的根本利益，就是党的理论、路线、纲领、方针、政策和各项工作，必须坚持把人民的根本利益作为出发点和归宿，充分发挥人民群众的积极性主动性创造性，在社会不断发展进步的基础上，使人民群众不断获得切实的经济、政治、文化利益。江泽民执政为民的理论是"三个代表"重要思想的本质内容，它从根本上回答和解决了我们党为谁做的问题。

从严治党论。江泽民同志说：我们要深刻认识和吸取世界上一些长期执政的共产党失去政权的教训，治国必先治党，治党务必从严；从严治党，就是要用时代发展的要求审视自己，以改革的精神加强和完善自己；从严治党是保持党的先进性和纯洁性，巩固党的执政地位的重要保证；从严治党，要着力解决好提高党的领导水平和执政水平、提高拒腐防变和抵御风险能力这两大历史性课题；从严治党，必须全面贯彻于党的思想、政治、组织、作风建设，切实体现到对各级党组织、广大党员和干部进行教育、管理、监督的各个环节中去；要全面加强党的思想作风、学风、工作作风、领导作风和干部生活作风建设；要结合新的实际，努力发扬党的理论联系实际、密切联系群众、批评自我批评的优良作风，同时又要总结新的实践经验，努力培育新的作风；党的干部的手中权力是人民给的，必须接受人民和法律的监督；各级领导干部要自重、自省、自警、自励，但关键是建立和完善监督机制。江泽民同志的这些思想，系统地回答了执政党建设的根本指导方针问题。

（七）"三个代表"重要思想的理论体系，体现了加强党的建设和完成党的任务的统一，体现了党的先进性和社会主义制度优越性的统一，体现了党的最高纲领和最低纲领的统一，比较系统地初步回答了保持党的先进性的一系列重大问题。

（八）"三个代表"重要思想是个开放的体系，其本身是不断发展不断前进的。因而，全党必须在思想上不断有新解放，理论上不断有新发展，实践上不断有新创造。

"三个代表"重要思想和马列主义、毛泽东思想、邓小平理论具有共同的、鲜明的理论特征和政治品质，它们都以辩证唯物主义、历史唯物主义作为自己理论的哲学基础，都坚持解放思想、实事求是、一切从实际出发这一马克思主义的活的灵魂。它们都把通过解放和发展社会生产力、发展先进文化来建设社会主义、最终实现共产主义作为马克思主义政党的政治纲领。它们都尊重人民群众的历史主体地位，把为最广大人民谋利益作为马克思主义政党制定方针政策和开展工作的根本出发点和落脚点。它们都主张在实践的基础上，通过批判地吸收人类社会创造的一切文明成果来丰富和发展自己，与时俱进，开拓创新，使马克思主义政党始终走在时代前列，始终具有蓬勃的生机和活力。从中我们不难看出，"三个代表"重要思想和马列主义、毛泽东思想、邓小平理论是一脉相承、一以贯之、统一的科学体系。

党的唯物史观的生动体现[*]

江泽民"三个代表"重要思想内容博大精深,立意辽阔高远,是马列主义、毛泽东思想、邓小平理论的新发展。它贯通了马克思主义哲学、政治经济学、科学社会主义等领域,涵盖了经济、政治、文化、科技、教育、军队、国防等各个方面,其理论基础是马克思主义哲学。它的形成,是运用马克思主义哲学,特别是唯物史观的结果;它的实质,是共产党的哲学,特别是历史哲学、人生哲学;它的价值,在于从哲学世界观,特别是从唯物史观的高度回答了新时期党的建设的根本指导方针问题。

一

马克思主义哲学是完备的唯物主义哲学。这个完备的唯物主义哲学包含着两个统一：唯物论和辩证法的统一，辩证唯物主义和历史唯物主义的统一。列宁说：马克思主义哲学是由这两个统一构成的一块"整钢"，掌握马克思主义哲学，不可将其中的任何一个部分舍弃掉。同时，列宁也告诉我们，马克思、恩格斯所特别注意的不是唯物主义认识论，而是唯物主义历史观。把辩证唯物主义运用于社会历史，形成历史唯物主义，这是马克思、恩格斯作出的最重要的理论贡献，是他们在人类思想发展史上迈进的重大一步。

在马克思的唯物史观科学体系中，物质生产力、社会意识形态与人民群众是居于核心地位又相互关联的三个基本范畴。社会的物质生产力，是第一位的，在社会历史的发展中起决定作用；社会的意识形态，即文化的、宗教的、艺术的和哲学的，简言之文化的，是第二位的，它由社会的物质生产力所决定，又反作用于社会的物质生产力；人民群众，作为社会的主体是社会生产力和社会文化的创造者，是推动社会发展的根本力量。无论是社会的物质生产力，还是社会文化，都是人们在自己生活的社会生产中发生并服务于人们自己的社会生活的。

依据马克思主义唯物史观的基本原理，毛泽东、邓小平都特别重视生产力的发展、文化的进步和人民群众的根本利益。比如邓小平就多次强调："在社会主义国家，一个真正的马克思主义政党在执政以后，一定要致力于发展生产力，并在这个基础上逐步提高人民的生活水平。"①
他还说："我们要在建设高度物质文明的同时，提高全民
族的科学文化水平，发展高尚的丰富多彩的文化生活，建
设高度的社会主义精神文明。"② 江泽民高举马克思列宁
主义、毛泽东思想、邓小平理论的旗帜，将唯物史观的基
本原理运用于今天新的历史条件，把我们党是否具有先进
性及先进程度之大小的问题，把我们党是否能够巩固执政
地位和立于不败之地的问题，放到当代中国先进生产力和
先进文化的发展中去考察，放到同最广大人民的联系当中
去考察，从而创造性地提出了"三个代表"的重要论断。
他指出，只要我们党始终成为中国先进社会生产力的发展
要求、中国先进文化的前进方向、中国最广大人民的根本
利益的忠实代表，我们党就能永远立于不败之地。并且从
唯物史观的高度，通过《在庆祝中国共产党成立80周年
大会上的讲话》系统地阐发了"三个代表"重要思想。

比如他对"党要始终代表中国先进生产力的发展要
求"的阐述，首先肯定生产力是最活跃最革命的因素，
是社会发展的最终决定力量。进而把它放到生产力与生产
关系、经济基础与上层建筑这个社会基本矛盾之中，强调
这个基本矛盾的运动决定着社会性质的变化和社会经济政
治文化的发展方向，并明确断定，社会主义和资本主义的
根本区别就在于它们的生产关系和上层建筑是不同的。然

---

① 《邓小平文选》第3卷，人民出版社1993年版，第28页。
② 《邓小平文选》第2卷，人民出版社1994年版，第208页。

后指出，社会主义制度的建立和不断完善，为我国社会生产力的解放和发展打开了广阔的道路，但"无论什么样的生产关系和上层建筑，都要随着生产力的发展而发展。如果它们不能适应生产力发展的要求，而成为生产力发展和社会进步的障碍，那就必然要发生调整和变革"①。

江泽民同志在分析生产力中人和物的因素的关系时，强调指出，人是生产力中最具有决定性的力量，并依据这一原理，明确了推动我国社会生产力发展的基本力量和重要力量。进而强调不断提高工人、农民、知识分子和其他劳动群众以及全体人民的思想道德素质和科学文化素质，不断提高他们的劳动技能和创造才能，充分发挥他们的积极性主动性创造性，始终是我们党代表中国先进生产力发展要求必须履行的第一要务。

江泽民在谈到生产力和科学技术的关系时，首先明确科学技术不仅是第一生产力，而且"是先进生产力的集中体现和主要标志"。接着分析了科学技术突飞猛进的形势，并且预见未来的科技发展还将产生新的重大飞跃。进而强调必须敏锐地把握这个客观趋势，始终注意把发挥我国社会主义制度的优越性，同掌握、运用和发展先进的科学技术紧密地结合起来；大力推动科技进步和创新，不断用先进科技改造和提高国民经济，努力实现我国生产力发展的跨越，这是我们党代表中国先进生产力发展要求必须履行的重要职责。

---

① 江泽民：《论"三个代表"》，中央文献出版社2001年版，第154页。

最后，江泽民同志把问题的认识阐述落脚到不断完善社会主义生产关系和上层建筑上。强调了六个坚持和完善，即继续坚持和完善公有制为主体、多种所有制经济共同发展的基本经济制度，坚持和完善社会主义市场经济体制，坚持和完善按劳分配为主体的多种分配方式，坚持和完善对外开放，坚持和完善工人阶级领导的、以工农联盟为基础的人民民主专政，坚持和完善人民代表大会制度和共产党领导的多党合作、政治协商以及民族区域自治制度。并且强调，要始终代表先进生产力的发展要求，就要通过坚持不懈的努力，不断完善社会主义的生产关系和上层建筑，不断为生产力的解放和发展打开更广阔的通途。

在这里，所体现的无疑是马克思主义唯物史观的基本原理。没有对马克思主义唯物史观基本原理的深刻领悟，就没有对始终代表中国先进生产力发展要求的深刻阐述。

江泽民同志对"始终代表中国先进文化的前进方向"的阐述也是这样。纵观他的一系列论述，我们不难发现这样的逻辑思路：首先引用马克思在《〈政治经济学批判〉序言》中关于社会结构的一段话，即"人们在自己生活的社会生产中发生一定的、必然的、不以他们的意志为转移的关系，即同他们的物质生产力的一定发展阶段相适合的生产关系。这些关系的总和构成社会的经济结构，即有法律的和政治的上层建筑竖立其上并有一定的社会意识形式与之相适应的现实基础。"① 接着强调，一个社会，只

---

① 《马克思恩格斯选集》第 2 卷，人民出版社 1995 年版，第 32 页。

要成为社会，就一定具有生产力、生产关系、政治上层建筑和社会意识形态这四个层次。社会精神文明，尽管包含着科学文化，但就其实质而言，基本上属于社会意识形态。一个社会，不能没有自己的意识形态。同样，社会主义社会也不能没有社会主义精神文明。然后又引用邓小平的话：搞社会主义不搞好物质文明不行，不搞好精神文明也不行，只有两个文明都搞好，才是有中国特色的社会主义。进而得出自己的结论：社会主义精神文明是社会主义社会的重要特征。"在当代中国，发展先进文化，就是发展有中国特色社会主义的文化，就是建设社会主义精神文明。"① 发展有中国特色社会主义的文化，建设社会主义精神文明，党的理论、路线、纲领、方针、政策和各项工作，就"必须努力体现发展面向现代化、面向世界、面向未来的，民主的科学的大众的社会主义文化的要求，促进全民族思想道德素质和科学文化素质的不断提高，为我国经济发展和社会进步提供精神动力和智力支持"。② 这样，就深刻地揭示了"党要始终代表中国先进文化前进方向"的科学内涵。

江泽民同志对"始终代表中国最广大人民的根本利益"的阐述更是这样。历史是人民群众创造的，人民群众不仅是物质财富和精神财富的创造者，而且是社会变革的决定力量。这是马克思主义唯物史观的一个最基本的观

---

① 江泽民：《论"三个代表"》，中央文献出版社 2001 年版，第 158 页。

② 江泽民：《论"三个代表"》，中央文献出版社 2001 年版，第 157 页。

点。没有人民群众，就没有社会的一切，就没有社会的历史。正是基于这种认识，邓小平指出，中国共产党党员的含义或任务，如果用概括的语言来说，只有两句话：全心全意为人民服务，一切以人民利益作为每一个党员的最高准绳。江泽民依据这一思想，进一步强调全心全意为人民服务，立党为公、执政为民是我们党同一切剥削阶级政党的根本区别。他把群众观点、群众路线看做是我们党的根本的政治，强调在马克思主义的政治观点中，第一位的是群众观点；从根本上说，政治问题主要是对人民群众的态度问题，同人民群众的关系问题。把群众观点、群众路线当做最根本的政治，其深层原因在于我们的党是代表最广大人民的根本利益的。能否具有群众观点，是否实行群众路线，决定着党的性质，政权的性质。正是基于这种认识，江泽民同志强调，代表中国最大多数人的利益要求始终关系党的执政的全局，关系国家经济政治文化发展的全局，关系全国各族人民的团结和社会安定的全局。因而，"任何时候我们都必须坚持尊重社会发展规律与尊重人民历史主体地位的一致性，坚持为崇高理想奋斗与为最广大人民谋利益的一致性，坚持完成党的各项工作与实现人民利益的一致性"。[①] 也正是基于这种认识，他总是强调：要始终把人民群众摆在至高无上的位置，充分尊重民心民意；要充分依靠人民群众的智慧和力量解决前进中的困难和问题，高度凝聚民智民力；要全身心地重视和提高人民

---

① 江泽民：《论"三个代表"》，中央文献出版社 2001 年版，第 161 页。

群众的物质文化生活，十分关心民生民利。只有这样，我们才能始终保持与人民群众的血肉联系，始终代表中国最广大人民的利益，我们党才能无往而不胜。

江泽民同志以马克思主义哲学为指导，特别是从唯物史观的高度，深刻地揭示了"三个代表"重要思想的丰富内涵，表明了我们党对执政党建设规律的认识和把握达到了一个新的高度，标志着马克思主义党的建设理论发展到了一个新的阶段。

二

我们党有个很大的优点，就是有一个科学的世界观作为理论的基础。这个科学的世界观就是马克思主义的辩证唯物主义和历史唯物主义，特别是历史唯物论。马克思主义的唯物史观之所以是科学的，一个重要的原因在于它不是教条，而是研究历史的方法。拿了这种方法，马克思、恩格斯广泛研究前人的思想材料，批判地汲取前人的思想成果，形成了超越前人的学说，为无产阶级和全人类的解放运动创建了科学的思想体系。拿了这种方法，列宁揭示了世界资本主义经济政治发展不平衡的规律，提出了社会主义革命可以在一个国家或几个国家首先获得成功的论断，并且领导十月革命取得了胜利。拿了这种方法，毛泽东把马克思列宁主义基本原理同中国革命具体实际相结合，创立了新民主主义革命理论，指导中国革命取得了胜利，并领导中国人民走上社会主义道路。同样的，拿了这种方法，邓小平总结国内外社会主义发展的经验教训，创造了建设有中国特色社会主义的理论，指引我国社会主义事业进入蓬勃发展的新时期。可以说，无论是马克思主义的创立还是对马克思主义的重大发展，都离不开唯物史观作指导，离不开对唯物史观方法的正确运用。在新的历史时期，坚持马克思主义的唯物史观，关键是要坚持用邓小平理论去观察当今世界、观察当代中国，不断总结实践经验，不断作出新的理论概括。江泽民同志站在两个世纪的交汇点上这样做了，因而他创造性地提出并阐述了"三个代表"重要思想。从这个角度我们不难看出，江泽民"三个代表"重要思想是马克思主义唯物史观的生动体现，是对马克思主义唯物史观的创造性运用。

"三个代表"重要思想既是党建纲领，同时又是共产党人的哲学，是共产党人的历史哲学、人生价值哲学。共产党人应该怎样看待社会历史？历史是由生产力决定的，是由先进文化引导的，是由人民群众创造的。这就决定了代表先进生产力的发展要求，代表先进文化的前进方向，代表中国最广大人民的根本利益是共产党人的人生价值追求。我们说"三个代表"重要思想是个哲学问题，首先是因为他是共产党人对历史的根本看法，是共产党人的根本价值追求。依据共产党人对社会历史的这样一种根本看法和共产党人的这样一种价值追求，江泽民同志强调，共产党员任何时候任何情况下，都要注意"与人民群众同呼吸共命运的立场不能变，全心全意为人民服务的宗旨不能忘，坚信群众是真正英雄的历史唯物主义观点不能丢"。①

　　说"三个代表"重要思想是个哲学问题，是因为"三个代表"重要思想的内容各自都是唯物史观需要研究的重要问题。这些问题涉及到了社会发展的基本规律、社会发展的根本动力、社会进步的根本趋势。江泽民"三个代表"重要思想所涉及的正是唯物史观的这些基本内容。如何认识和把握先进生产力的发展要求、先进文化的前进方向和中国最广大人民的根本利益，这是坚持、丰富和发展唯物史观所要研究的重要内容。舍去了这些内容，就不可能在当代推进唯物史观的发展，就有可能削弱唯物史观在党的建设方面的理论指导作用。

　　说"三个代表"重要思想是个哲学问题，还在于"三个代表"体现了社会的系统发展和全面进步。唯物史观认为，人类社会是一个巨大的有机系统，其中的任何要素都不可能单独、孤立地发挥作用。尽管生产力、社会文化、人民群众等在社会发展中都起着极其重要的作用，但是孤立地看待和强调哪一种要素，都不可能推进社会的协调发展和全面进步。"三个代表"重要思想虽然各有其含义，但把三者综合起来表述，就构成了一个紧密相连、相互促进的有机整体。发展先进生产力，是发展先进文化，实现最广大人民根本利益的基础条件。人民群众是先进生产力和先进文化的创造主体，也是实现自身利益的根本力

---

　　① 　江泽民：《论"三个代表"》，中央文献出版社2001年版，第152页。

量。不断发展先进生产力和先进文化，归根到底都是为了满足人民群众日益增长的物质文化生活需要，不断实现最广大人民的根本利益。"三个代表"重要思想把先进生产力和先进文化以及人民群众的根本利益统一起来，体现了唯物史观关于人的物质生产与精神生产协调发展的基本理论。唯物史观认为，社会的历史是人的活动和需求的历史，人的基本活动和需求归根结底表现为物质和精神两个方面。无产阶级政党只有代表先进生产力的发展要求，代表先进文化的前进方向，才能满足人民群众日益增长的物质文化需要，才符合于人民群众的根本利益。总之，从整体上研究社会历史，是唯物史观的一个基本要求。而"三个代表"重要思想正是一个相互联系、相互促进、有机统一的整体。

说"三个代表"重要思想是个哲学问题，还因为"三个代表"重要思想以唯物史观为依据，敏锐地把握住了当代社会发展的最重大问题。20世纪下半叶以来，随着新科技革命的兴起，社会生产力的飞速发展，资本主义国家的经济结构、政治结构发生了深刻变化，社会主义与资本主义的对立呈现出新的格局；信息技术的广泛应用，推进了经济全球化的步伐，预示着新的知识经济时代的到来。怎样应对这些变化，它对党的建设提出了哪些新的要求，这不能不是我们思考的一个重大的现实问题。这个问题的尖锐性还在于，一些执政多年的老党、大党正是由于没有解决好这个问题而垮台，这不能不对我们党发生强烈的冲击和振荡。面对世纪性的新变化，代表先进生产力发展要求、代表先进文化的前进方向和代表最广大人民的根本利益，就是要使我们党始终站在时代的前列，永远保持党的先进性，勇敢地面对和回应时代对党的建设提出的新的要求。"三个代表"重要思想正是以唯物史观为指导，抓住时代的重大课题，提出和解决建设一个什么样的党和怎样建设党的问题的。

我们说"三个代表"是"立党之本，执政之基，力量之源"，就在于它是一个哲学问题，是我们最根本的世界观、历史观、价值观。"三个代表"重要思想是在新的历史条件下从世界观、历史观、价值观的高度，进一步明确了我们党的立党之本、执政之基、力量之源。

三

回顾我们党80年的历史，从总体上说是按照"三个代表"的要求，不断加强和改进党的建设，领导中国人民夺取民主革命胜利和取得社会主义建设伟大成就的历史。将来我们能否坚持"三个代表"，这全靠我们自己以"三个代表"重要思想为指导来加强党的建设。只有以"三个代表"重要思想为指导来加强党的建设，才能使我们党在世界形势深刻变化的历史进程中始终走在时代前列，在应对国内外各种风险考验的历史进程中始终成为全国人民的主心骨，在建设中国特色社会主义的历史进程中始终成为坚强的领导核心。

把党的建设同党的历史任务紧密联系起来，同党为实现这些任务而确立的理论和路线紧密联系起来，使党的建设更好地为完成党的历史任务服务，这是我们党在加强自身建设中创造的一条成功经验。实际上，这也正是"三个代表"重要思想的一个突出特点。之所以要以"三个代表"重要思想为指导来加强党的建设，就是因为"三个代表"重要思想从唯物史观的高度抓住了时代变化的特点和趋势，提出和回答了党在新时期建设的目标、任务和判断标准。

首先，"三个代表"重要思想从唯物史观的高度明确回答了党在新时期建设的根本目标。根据唯物史观关于生产力是最活跃、最革命的因素，是社会发展最终决定力量的基本理论，党在新时期的建设目标要体现出先进性的时代要求，关键是跟上生产力发展的时代趋向，因而必须以科学技术为第一生产力。20世纪90年代以来，世界正逐步进入知识经济时代，信息化、数据化、网络化，一浪高过一浪，不但迅速改变了生产发展的速度和规模，而且极大地改变了社会生活的面貌。发达国家正在利用他们的优势争夺高科技的制高点，准备在新的世纪打一场增强综合国力的世界大战。根据当代生产力发展的现状，代表先进生产力的发展要求，就要把发展目标定在符合世界新科技革命与现代生产力发展的趋势和特点上，大力推进科技进步和创新，不断用先进科技改造和提高国民经济，努力实现我国生产力发展的跨越。

先进文化作为上层建筑中的意识形态范畴，它的发展方向是由处于核心地位的科学理论所决定的。这种科学理论就是马列主义、毛泽东思想和邓小平理论。它反映了人类文化的精华以及人类文化发展的方向，因而是社会主义文化建设的根本。中国共产党要保持其先进性，就必须旗帜鲜明地坚持马列主义、毛泽东思想和邓小平理论的指导地位，帮助人们树立正确的世界观、人生观和价值观；同时又要吸收世界各国的反映时代发展要求的先进文化，根据时代的要求推进马克思主义理论在中国的发展，用发展了的马克思主义指导发展着的文化建设。

以代表先进生产力的发展要求和先进文化前进方向作为党的建设的根本目标，就能紧跟时代发展的步伐，及时准确地反映出广大人民群众不断增长的物质文化需要，并且不断地满足这种需要。而这又构成了我们党在新时期代表最广大人民根本利益的基本目标。要实现这个目标，必须始终把人民群众的意志和利益作为我们一切工作的出发点和归宿，做到在任何情况下与人民群众同呼吸共命运的立场不能变，全心全意为人民服务的宗旨不能忘，坚信群众是真正英雄的历史唯物主义观点不能丢。

其次，"三个代表"重要思想从唯物史观的高度回答了党在新时期建设的根本任务。根据唯物史观关于社会协调发展和全面进步的基本理论，要使我们党始终站在时代前列，反映出先进性的时代要求，就要依据代表先进生产力发展要求、先进文化前进方向以及最广大人民根本利益的目标，确定我们党在新时期的基本任务。

要使我们党始终代表先进生产力的发展要求，就必须继续坚持以经济建设为中心，大力实施科教兴国战略，把发展高新科技放在生产力发展的首位，努力开发和利用好人才资源，加快科技经济的一体化。代表先进生产力的发展要求，就要不断提高工人、农民、知识分子和其他劳动群众以及全体人民的思想道德素质和科学文化素质，不断提高他们的劳动技能和创造才能，充分发挥他们的积极性、主动性、创造性。代表先进生产力的发展要求，还必须深化经济体制改革，加快经济结构调整，坚持和完善能够促进生产力较快发展的社会主义市场经济体制；坚持和完善以公有制为主体、多种所有制经济共同发展的基本经济制度；坚持和完善按劳分配为主体的多种分配方式；坚持和完善对外开放；坚持和完善社会主义基本政治制度，积极稳妥地推进政治体制改革，加强民主法制建设，从而不断为生产力的解放和发展打开更加广阔的通途。

要使我们党始终代表先进文化的前进方向，就必须坚持马克思主义的指导地位，并且要紧密结合形势的变化，解放思想、实事求是，不断推进马克思主义在中国的发展，把马克思主义与时俱进的理论品格转化为中国先进文化建设的蓬勃生机。在建设先进文化的过程中，必须要面向现代化、面向世界、面向未来，正确处理马克思主义、我国优秀文化传统和西方文化积极成果的关系，加强社会主义道德建设，坚持实施科教兴国战略，大力发展科学文化事业，建设与市场经济相适应、以意识形态和知识实体为内容的民族的、科学的、大众的文化。要实现代表中国先进文化的发展方向，就必须以科学的理论武装人，以正确的舆论引导人，以高尚的精神塑造人，以优秀的作品鼓舞人，培养出一代又一代有理想、有道德、有文化、有纪律的公民。

代表中国最广大人民的根本利益是保持党的先进性的归宿。我们党要根据代表先进生产力和先进文化的要求，动员和组织人民群众为建设中国特色的社会主义而奋斗。党要时刻关心人民群众的根本利益，首先考虑并满足最大多数人的利益要求，正确处理局部利益和全局利益，眼前利益和长远利益，一部分人先富和全国人民共同富裕的关系，正确处理新时期的两类矛盾尤其是错综复杂的人民内部矛盾。始终坚持尊重社会发展规律与尊重人民历史主体地位的一致性，坚持为崇高理想奋斗与为最广大人民谋利益的一致性，坚持完成党的各项工作与实现人民利益的一致性。只有以"三个代表"重要思想为指导，完成好上述基本任务，我们党才能始终保持与人民群众的血肉联系，才能始终走在时代前列，发挥领导人民建设有中国特色社会主义的强大作用。

再次，"三个代表"重要思想从唯物史观的高度回答了党在新时期是否具有先进性，是否跟上了时代步伐的评价标准。唯物史观认为，社会发展的客观规律与人民群众的主体地位是一致的，社会发展客观趋势与人民群众渴望实现的根本价值目标是一致的。邓小平提出的"三个有利于"标准，体现了这种一致性。"三个代表"重要思想同"三个有利于"标准是完全一致的。"三个代表"重要思想把生产力标准直接引入党的性质的表述中来，赋予了党的先进性以坚实的实践特征；"三个代表"重要思想提升了文化的历史作用，把文明标准直接引入党的性质的表述中来，赋予了党的先进性以突出的社会特征；"三个代表"重要思想强调人民群众的历史地位，把群众拥护直接引入到对党的性质的表述中来，赋予了党的先进性以鲜明的人民特征。"三个代表"重要思想作为党的建设的重要评价标准，体现了符合社会发展规律和广大人民群众根本价值追求的一致性。坚持把"三个代表"重要思想作为评价标准，就是要对自己所从事的工作经常加以检查和总结，看看是不是符合先进生产力发展的要求，是不是符合先进文化前进的方向，是不是符合最广大人民的根本利益。符合的就毫不动摇地坚持，不符合的就实事求是地纠正。只有这样，才能充分体现共产党人的先进性和时代精神。由此可见，"三个代表"重要思想在理论基础、指导思想、价值取向上都充分体现了"三个有利于"的基本内容，同时又丰富发展了"三个有利于"标准，因而是衡量党在新时期是否具有先进性，能否跟上时代步伐的根本评价标准。

以科学发展观为指导
大力构建社会主义和谐社会[*]

党的十六届六中全会，专题研究了构建社会主义和谐社会的问题，并就构建社会主义和谐社会的若干重大问题作了决定。构建社会主义和谐社会，是我们党从中国特色社会主义事业总体布局和全面建设小康社会全局出发提出的重大战略任务，反映了建设富强民主文明和谐社会主义现代化国家的内在要求，体现了全党全国各族人民的共同愿望，值得我们深刻领会、认真实践。

一

学习研究胡锦涛"构建社会主义和谐社会"的重大战略思想，不能仅就这个思想本身来学习研究这个思想，

---

* 2006 年 10 月讲于国防大学全军理论骨干进修班，后经加工发表于《解放军理论学习》2006 年第 11 期。

而要把它放在胡锦涛一系列重大战略思想的关系当中，从这一系列战略思想的总体上来把握这一思想。弄清楚这一问题，对于我们进一步加深对"构建社会主义和谐社会"这一重大战略思想的认识，对于在胡锦涛一系列战略思想的总体中把握构建社会主义和谐社会的战略思想，具有非常重要的意义。

胡锦涛同志主持中央工作以来，紧密结合新世纪新阶段国际国内形势的发展变化，在实践中提出了一系列重大战略思想和重大战略任务，主要是：以人为本、实现科学发展、构建社会主义和谐社会、建设社会主义新农村、建设创新型国家、树立社会主义荣辱观、推动建设和谐世界、履行好新世纪新阶段我军历史使命以及加强党的先进性建设等。构建社会主义和谐社会，在胡锦涛一系列战略思想中具有十分重要的地位。可以这样说，以科学发展观为指导，构建社会主义和谐社会，是胡锦涛一系列战略思想的中心和主线。如果把党的十六大以后，以胡锦涛为总书记的党中央所做的事情用一句话来加以概括，那就是以科学发展观为指导，构建社会主义和谐社会。要构建社会主义和谐社会，就必须贯彻落实科学发展观，贯彻落实科学发展观，归根到底要落脚到构建社会主义和谐社会上。胡锦涛的其他重大战略思想，都是围绕这一中心和主线的。

基于这种认识，我感到，胡锦涛一系列战略思想内在地包含着这样一个逻辑系统，这个逻辑系统如果展示出来写一本书的话，似乎应该由这样十三个部分构成：科学发展观的历史地位，它是"统揽经济社会发展全局的重要指导思想"；科学发展观的核心是"坚持以人为本"；科学发展观的基本要求是"全面协调和可持续"；科学发展观的实质是"推动经济社会又快又好地发展"；"保持经济平稳较快发展"；"科学执政、民主执政、依法执政"；"在更加开放的环境中建设中国特色社会主义文化"；"构建社会主义和谐社会"；构建社会主义和谐社会需要有动力机制，主要是"坚持用改革创新的办法解决前进中的问题"；构建社会主义和谐社会需要道德支撑，因而要"牢固树立社会主义荣辱观"；构建社会主义和谐社会需要安全保障，因而要"履行好新世纪新阶段我军的历史使命"；构建社会主义和谐社会需要良好的外部条件，因而要"推动建设和谐世界"；构建社会主义和谐社会需要强有力的组织保证，因而要"大力加强党的先进性建设"。这样一个逻辑系统是从科学发展观的广义上概括的，其中包含对科学发展观的定位，狭义的科学发展观，以及科学发展观与社会主义的全面建设及其所需的各种条件。这种概括不一定科学严谨，但我感到基本上揭示了胡锦涛一系列战略思想的内在联系，突出了以科学发展观为指导构建社会主义和谐社会的中心、主线，有助于在胡锦涛一系列战略思想的总体中把握构建社会主义和谐社会的战略思想。

二

对于"构建社会主义和谐社会"这一重大战略思想，不仅要把它放在胡锦涛一系列重大战略思想的总体联系中来加以理解把握，而且要把它作为一个形成发展的动态过程来加以理解把握。了解把握了这一重大战略思想的形成发展过程，有助于我们更加深切地理解党的十六届六中全会作出的《关于构建社会主义和谐社会若干重大问题的决定》，有助于我们更加自觉地贯彻这一《决定》的基本精神。

社会和谐是我们党不懈奋斗的目标，建国后我们党为促进社会和谐进行了艰辛的探索，积累了正反两方面的经验，取得了重要进展，其重要思想成果，比如，毛泽东的《论十大关系》、《关于正确处理人民内部矛盾的问题》；邓小平的社会主义本质论中关于"解放生产力、发展生产力、消灭剥削、消除两极分化、最终实现共同富裕"以及"稳定是压倒一切的"；江泽民的论《社会主义现代化建设的若干重大关系》以及"坚持以经济建设为中心，促进社会主义物质文明、政治文明、精神文明协调发展"等，都蕴涵着社会主义和谐社会的深刻思想。这些思想，既是我们党艰辛探索的理论成果，又是我们进一步构建社会主义和谐社会的思想理论来源。

我们对构建社会主义和谐社会的认识和实践，有一个不断探索、不断深化的过程。党的十六大报告在阐述全面建设小康社会的目标时，明确提出了"实现社会更加和谐"的要求。党的十六届四中全会明确提出了"构建社会主义和谐社会"的重大战略任务，并把提高构建社会主义和谐社会的能力确定为加强党的执政能力建设的重要内容。2005年2月，我们党又明确提出了构建"民主法治、公平正义、诚信友爱、充满活力、安定有序、人与自然和谐相处"的社会主义和谐社会的总目标。党的十六届五中全会把构建社会主义和谐社会确定为贯彻落实科学发展观必须抓好的一项重大任务，并提出了工作要求和政策措施。党的十六届六中全会，进一步深化了对构建社会主义和谐社会的认识，作出了《关于构建社会主义和谐社会若干重大问题的决定》。

中央《关于构建社会主义和谐社会若干重大问题的决定》，也有一个酝酿形成的过程。2006年2月，中央政治局常委会决定，党的十六届六中全会以构建社会主义和谐社会为主要议题。2月22日，中央下发了《关于为加强社会主义和谐社会建设问题征求意见的通知》，各地区、各部门按照中央的要求，在调查研究的基础上向中央报送了124份书面报告。胡锦涛总书记亲自召开座谈会，听取专家学者的意见。中央还委托中央统战部听取了各民主党派中央、全国工商联和无党派人士的意见。文件起草组也组织了6个调研组到12个省市进行了专门调查。决定草稿出来后，中央政治局和中央政治局常委会多次进行审议，并提出了重要的修改意见和建议。7月份，又将决定稿下发党内外一定范围征求意见。8月14日，胡锦涛总书记又专门组织召开党外人士座谈会。中央对各方面的意见高度重视，责成文件起草组认真研究、积极吸收，文件起草组按照中央的要求对决定稿进行了认真修改。修改后，中央政治局和中央政治局常委会再次分别进行了审议。然后提交中央全会讨论，中央全会又提了很多修改意见，采纳大家的意见，决定稿共进行了 37 处修改，最后，大会一致通过。这一过程表明，党中央《关于构建社会主义和谐社会若干重大问题的决定》是长期经验的总结，是全党智慧的结晶，是构建社会主义和谐社会重大战略思想的集中体现，它进一步深化了我们党对构建社会主义和谐社会的认识，形成了比较完备的构建社会主义和谐社会的理论体系。

中央《关于构建社会主义和谐社会若干重大问题的决定》，以邓小平理论和"三个代表"重要思想为指导，贯彻落实科学发展观，全面把握我国发展的阶段性特征，深刻分析影响我国社会和谐的突出矛盾和问题，明确提出了当前和今后一个时期构建社会主义和谐社会的指导思想、目标任务、工作原则和重大部署，是指导我们构建社会主义和谐社会的纲领性文件。构建社会主义和谐社会，必须很好地贯彻落实这个《决定》。

三

"构建社会主义和谐社会"，我体会有这样相互联系的两层含义：一层是广义的，一层是狭义的。广义的

"社会主义和谐社会建设"，是指包含经济建设、政治建设、文化建设以及国防建设在内的全部社会建设。狭义的"社会主义和谐社会建设"，是指相对于经济建设、政治建设、文化建设、国防建设而言的与之并列的社会建设。广义的"社会主义和谐社会建设"是从社会主义事业总体布局的意义上讲的，狭义的"社会主义和谐社会建设"则是侧重于从工作部署的意义上讲的；广义的"社会主义和谐社会建设"是从社会主义事业的全过程的角度讲的，狭义的"社会主义和谐社会建设"则是从解决本世纪头二十年全面建设小康社会的现实课题的角度讲的。这两层含义既相互区别，又相互联系的。狭义的社会主义和谐社会建设必须在广义的社会主义和谐社会建设的大前提下进行，广义的社会主义和谐社会建设引导和制约着狭义的社会主义和谐社会建设；搞好了狭义的社会主义和谐社会建设，有助于广义的社会主义和谐社会建设。所以在实际工作中，我们既要从"大社会"着眼，把和谐社会建设落实到包括经济建设、政治建设、文化建设、社会建设和国防建设在内的党和国家的全部工作之中，又要从"小社会"着手，以解决人民群众最关心、最直接、最现实的利益问题为重点，着力发展社会事业，促进社会公平，完善社会管理，增强社会活力。

　　社会主义和谐社会具有一些什么样的特征呢？胡锦涛在2005年省部级主要领导干部提高构建社会主义和谐社会能力问题研讨班上明确地提了六条，党的十六届六中全会又把它作为构建社会主义和谐社会的总要求写进了

《决定》，这就是：民主法治、公平正义、诚信友爱、充满活力、安定有序、人与自然和谐相处。

一个和谐的社会必定是在民主法制轨道上运行的社会。没有民主就没有社会和谐，社会主义民主是社会主义和谐社会的政治前提；没有法制也就没有社会和谐，法制作为社会行为的规范，其境界就是稳定、就是为了保证有序，实现和谐。胡锦涛指出，构建社会主义和谐社会要切实发展社会主义民主，切实落实依法治国的基本方略，强调要把坚持党的领导、人民当家做主和依法治国有机统一起来，积极稳妥地推进政治体制改革，不断推进社会主义民主政治的制度化、规范化、程序化；要健全社会主义法制，加强和改进立法工作，坚持严格执法、公正执法，形成法律面前人人平等、人人自觉守法用法的社会氛围。

社会主义和谐社会是全体人民各得其所的社会。各得其所就是公平正义。社会公平是指社会成员对各种资源享有平等的权利，是公民参与经济、政治、文化和社会生活的权利公平、机会公平、规则公平和分配公平。社会正义是指公正的、有利于人民的、符合历史发展趋势的价值追求、价值判断和价值实践，是指对社会价值进行分配时分配行为的合理性，是指一个社会具有明确的是非标准，扶持社会正气，谴责歪风邪气，打击邪恶势力。实现社会公平正义是社会主义制度的本质要求，是构建和谐社会的关键环节。

建设社会主义和谐社会，既要求建立良好的社会管理体系，又要求公民具备良好的道德素质。社会主义和谐社会既包括人与社会之间的和谐，也包括人与自然之间的和谐，是这两种和谐的内在统一。而在这两个"和谐"中，人与人的和谐直接影响到人与自然的和谐，因此从一定意义上说，社会主义和谐社会中的"和谐"，本质上是人与人之间的一种理想的社会关系。诚信友爱是人际关系的一种理想状态，是社会主义和谐社会的重要标志。

社会主义和谐社会是全体人民各尽其能的社会。社会活力总是与创造相伴，总是与生机相联。社会活力体现的是民族的生命力，反映的是国家的发展潜力。可以说，现今所有的社会进步和文明的演进都是创造活力迸发的结果，都闪烁着人类勇气和智慧的光芒。创造活力是社会和谐的基本条件，是和谐社会的重要标志。社会活力大体包括社会主体的活力、作为社会生产和生活直接构成要素的活力、社会生产生活运行方式和机制的活力。这三个层面不可分割、互为前提，统一构成社会得以生存和不断发展的力量源泉。

人类社会是一个活的有机体，社会有机体的各个要素、各个子系统间的关系是否协调有序，影响着社会的结构与功能，决定着社会的和谐与否。只有实现安定有序，才能在社会矛盾的多样化与差异性中寻求统一，在社会利益的动态平衡中实现和谐。实现社会安定有序，就要努力促进人与人之间的和睦平和，努力使社会生活的各个方面有章可循，从而使社会的每个成员都能各获其岗、各司其职、各守其责、各享其成。

人与自然和谐相处是社会和谐的基础和保障。实现人与自然的和谐，就要科学认识和正确运用自然规律，更加科学地利用自然为人们的生活和社会发展服务，努力使经济发展与人口、资源、环境相协调，自然资源系统和经济社会系统良性循环，从而保持经济社会可持续发展。

社会主义和谐社会的这些基本特征是相互联系、相互作用的，需要全面把握、全面体现。构建社会主义和谐社会，体现了一种整体性思维，是一种从社会发展、社会机制、社会管理、社会道德以及社会经济、政治、文化、人与自然的关系等各个方面综合协调的治国理政的大视野、大思路。我们理解和实践胡锦涛"构建社会主义和谐社会"的重大战略思想，一定要有这样的大视野、大思路。

四

从建设中国特色社会主义伟大事业的高度，把握构建社会主义和谐社会的重大意义。

党的十一届三中全会以来，我们党坚定不移地推进改革开放和现代化建设，积极推动经济发展和社会全面进步，为促进社会和谐进行了不懈努力。党的十六大以后，我们对社会和谐的认识不断加深，进一步明确了构建社会主义和谐社会在中国特色社会主义事业总体布局中的地位，从理论和实践的结合上深刻地认识到了构建社会主义和谐社会的极端重要性。

构建社会主义和谐社会是社会主义的本质属性和必然要求。科学社会主义的创始人认为，未来理想社会是社会生产力高度发达和人的精神生活高度发展的社会，是每个人自由而全面发展的社会，是人与人和谐相处、人与自然和谐共生的社会。这就是说，社会和谐是科学社会主义的应有之义。社会主义社会从本质上说应该是和谐的，作为社会主义，如果社会不和谐，就意味着社会主义的本质还没有很好地体现出来。一些社会主义国家的失败，原因尽管是多方面的，但社会不和谐，尤其是党群、干群关系不和谐，关键时候未能得到人民群众的有效支持，是一个重要原因。当年邓小平同志对社会主义本质的概括，虽然总体上是完全正确的，内在地包含着社会和谐的思想，但并没有明确地提到这一点。这次中央作出这个重大论断，强调"社会和谐是社会主义的本质属性"，是对社会主义本质认识的深化，是总结国内外社会主义建设历史经验得出的重要结论，也是构建社会主义和谐社会的理论基础。为了更好地体现社会主义本质，我们必须把构建社会主义和谐社会提到更加突出的地位。

构建社会主义和谐社会是在经济社会发展进入关键时期迎接挑战、化解风险，实现全面建设小康社会目标的必然要求。十六届六中全会的《决定》中有这样一个非常重要的判断："新世纪新阶段，我们面临的发展机遇前所未有，面对的挑战也前所未有"。这两个前所未有，值得我们每个同志加以深思。当前，和平、发展、合作虽然已经成为时代潮流，世界多极化和经济全球化的趋势深入发展，科技进步日新月异，但是也必须看到，国际环境复杂多变，综合国力竞争日趋激烈，影响和平与发展的不确定因素明显增多的事实，我们仍将长期面对发达国家在经济科技等方面占优势的压力。我们国内的发展形势虽然很好，但是正处于并将长期处于社会主义初级阶段，社会的主要矛盾没有变，统筹兼顾各方面利益的任务仍然艰巨繁重，特别是我们已经进入改革发展的关键时期，社会结构深刻变动，利益格局深刻调整，思想观念深刻变化。这种空前的社会变革既给我国发展进步带来巨大的活力，同时也必然带来这样那样的矛盾问题。在这种情况下，如果不能够加大力度构建社会主义和谐社会，我们就会丧失机遇，就会在挑战面前败下阵来。社会和谐是最广大人民的根本利益所在，是促进改革发展稳定的重要条件。为了抓住、用好我国发展的重要战略机遇期，更好地应对国际挑战和风险，确保实现全面建设小康社会目标的实现，我们必须把构建社会主义和谐社会提到更加突出的地位。

我国社会总体上是和谐的，但是也存在不少不和谐的因素，构建社会主义和谐社会是解决这些不和谐因素的必然要求。当前，我国社会主义市场经济体制日趋完善，社会主义物质文明、政治文明、精神文明建设不断加强，综合国力大幅度提高，人民生活显著改善，社会总体上保持了长期稳定。这既是社会主义社会和谐的重要表现，也是进一步构建社会主义和谐社会的必要条件。但是，对照社会主义和谐社会的总要求，我们还有很多不和谐的因素存在，比如，城乡、区域、经济社会发展很不平衡，人口资源环境压力加大；就业、社会保障、收入分配、教育、医疗、住房、安全生产、社会治安等方面关系群众切身利益的问题比较突出；体制机制尚不完善，民主法制还不健全；一些社会成员诚信缺失、道德失范，一些领导干部的素质、能力和作风与新形势新任务的要求还不适应；一些领域的腐败现象仍然比较严重；敌对势力的渗透破坏活动危及国家安全和社会稳定。要解决这些问题，必须把构建社会主义和谐社会提到更加突出的地位。

五

从全面建设小康社会的总体布局上，把握构建社会主义和谐社会的指导思想、目标任务和原则。

构建社会主义和谐社会，是在全面建设小康社会的背景和进程中进行的，是全面建设更高水平的小康社会总体布局的必然要求和重要内容。因此，构建社会主义和谐社会，必须按照建设小康社会所提出的目标和要求，确立和把握正确的指导思想、目标任务和基本原则。

十六届六中全会的《决定》指出，"我们要构建的社会主义和谐社会，是在中国特色社会主义道路上，中国共产党领导全体人民共同建设、共同享有的和谐社会。"这一论断，极其深刻地向我们表明了构建社会主义和谐社会必须坚持的指导思想。第一，必须坚持以马列主义、毛泽东思想、邓小平理论和"三个代表"重要思想为指导。这里讲的是构建社会主义和谐社会的理论基础问题。马列主义、毛泽东思想、邓小平理论和"三个代表"重要思想的世界观、方法论是辩证唯物主义和历史唯物主义。构建社会主义和谐社会的理论基础，只能是辩证唯物主义和历史唯物主义而非其它的什么主义。第二，必须坚持党的基本路线、基本纲领、基本经验，坚持以科学发展观统领经济社会发展全局。这里讲的是马克思主义的具体化，是马克思主义指导社会主义和谐社会建设的转换环节。第三，必须按照民主法治、公平正义、诚信友爱、充满活力、安定有序、人与自然和谐相处的标准。这里讲的是构建社会主义和谐社会的总的要求。第四，必须以解决人民群众最关心、最直接、最现实的利益问题为重点，着力发展社会事业、促进社会公平、完善社会管理、增强社会创造力。这里讲的是构建社会主义和谐社会的着力点。理论基础、转换环节、总的要求和需要把握的着力点，构成了一个完整的构建社会主义和谐社会的指导思想。要有效地构建社会主义和谐社会，必须牢牢地把握住这一指导思想，否则，在实践中就会偏离方向。

构建社会主义和谐社会，既有远期目标，又有近期目标。所谓远期目标，是指社会主义建设的整个历史进程所要达到的目标。所谓近期目标，是指到 2020 年所要达到的目标，这个时段的目标是和全面建设更高水平小康社会的目标相一致的。关于这个时段社会主义和谐社会建设的目标和任务，十六届六中全会的《决定》概括了九条，这就是：社会主义民主法制更加完善，依法治国基本方略得到全面落实，人民的权益得到切实尊重和保障；城乡、区域发展差距扩大的趋势逐步扭转，合理有序的收入分配格局基本形成，家庭财产普遍增加，人民过上更加富足的生活；社会就业比较充分，覆盖城乡居民的社会保障体系基本建立；基本公共服务体系更加完备，政府管理和服务水平有较大提高；全民族的思想道德素质、科学文化素质和健康素质明显提高，良好的道德风尚、和谐的人际关系进一步形成；全社会创造活力显著增强，创新型国家基本建成；社会管理体系更加完善，社会秩序良好；资源利用效率显著提高，生态环境明显好转；实现全面建设惠及十几亿人口的更高水平的小康社会的目标，努力形成全体人民各尽其能、各得其所而又和谐相处的局面。作为社会主义和谐社会，这些目标是必需的，然而达到这些目标又是需要付出极大努力的，全党同志只有齐心协力、振奋精神、尽心竭力地去奋斗，才能实现这些目标。

要实现这些目标，到 2020 年真正构建起社会主义和谐社会，必须遵循正确的原则。对此，十六届六中全会《决定》明确提出了"六个必须"，即必须坚持以人为本，必须坚持科学发展，必须坚持改革开放，必须坚持民主法治，必须坚持正确处理改革发展稳定的关系，必须坚持在党的领导下全社会共同建设。这些重要原则，反映了构建社会主义和谐社会的根本宗旨，体现了构建社会主义和谐社会的总体思路，强调了构建社会主义和谐社会的领导力量，既严格科学，又切实可行，值得我们在实践中很好地贯彻。

六

从我国社会发展的阶段性特征上，把握构建社会主义和谐社会的主要举措。

人类社会总是在矛盾运动中发展进步的。构建社会主义和谐社会，是一个历史过程，也是一个不断认识矛盾、解决矛盾的过程。我们要始终保持清醒头脑，深刻认识我国发展的阶段性特征，科学分析影响社会和谐的矛盾、问题以及产生的原因，更加积极主动地正视矛盾、分析矛盾、解决矛盾，最大限度地增加和谐因素，最大限度地减少不和谐因素，不断促进社会和谐。

当前，影响我国社会和谐的矛盾因素很多，其中最主要的是发展的水平和质量问题、社会分配不公的问题、某些领域存在的腐败问题、社会管理不够科学的问题以及深层次的社会体制机制问题。对此，十六届六中全会《决定》都有深刻的分析，并据此提出了构建社会主义和谐社会的主要举措。

历史的经验告诉我们，社会要和谐，首先要发展。社会和谐在很大程度上取决于社会生产力的发展水平，取决于发展的协调性。发展未必和谐，但和谐必须发展。我们党这些年的经验也向我们表明，必须用发展的办法解决前进中的问题。只有大力发展社会生产力，才能不断为社会和谐创造雄厚的物质基础。为此，中央特别强调加强社会事业，坚持协调发展。关于协调发展的问题，《决定》提出了七个方面的政策措施，即扎实推进社会主义新农村建设、落实区域发展总体战略、实施积极的就业政策、坚持教育优先发展、加强医疗卫生服务、加快发展文化事业和文化产业、加强环境治理保护。七个方面的政策措施，概括起来就是促进四个协调发展：一是扎实推进社会主义新农村建设，促进城乡协调发展；二是落实区域总体发展战略，促进区域协调发展；三是着力解决就业、教育、卫生、文化等关系群众切身利益的问题，促进经济社会协调发展；四是加强环境治理保护，促进人与自然协调发展。四个"协调发展"，既反映了社会发展的一般规律，更反映了中国特色社会主义发展的特殊规律，只有从规律上着眼，才能使我们的社会主义社会更加和谐。

社会公平正义是社会和谐的基本条件，科学的社会制度是社会公平正义的根本保证。要构建社会主义和谐社会，必须努力加强制度建设，进一步深化制度改革。为了确实保证人民的权益，引导公民依法行使权利、履行义务，十六届六中全会《决定》提出要完善六个方面的制度，即完善民主权利保障制度、法律制度、司法体制机制、公共财政制度、收入分配制度和社会保障制度。这六大制度建设好了，并切实地落到实处，就能够有效地保证社会公平正义，从而促进社会主义社会更加和谐。

社会主义核心价值体系是建设社会主义和谐文化的根本，建设和谐文化是构建社会主义和谐社会的重要条件。围绕建设和谐文化，十六届六中全会《决定》从四个方面进行了部署：一是建设社会主义核心价值体系，二是树立社会主义荣辱观，三是坚持正确导向，四是广泛开展和谐创建活动。这里特别值得强调的是建设社会主义核心价值体系。社会主义核心价值体系包括马克思主义指导思想、中国特色社会主义的共同理想、以爱国主义为核心的民族精神和以改革创新为核心的时代精神、社会主义荣辱观。这四条，是社会主义核心价值体系的基本内容，也是社会主义意识形态的主体和根本。要构建社会主义和谐社会，决不能淡化、更不能忘却这个主体和根本。

有社会就必然有管理。加强社会管理、维护社会稳定，是构建社会主义和谐社会的必然要求。随着改革开放的深入和社会主义市场经济的发展，我国社会管理的内容、方式、手段等都发生了很大变化，这就需要深入研究社会管理规律、创新社会管理体制、提高社会管理水平。围绕社会管理问题，十六届六中全会《决定》作了七个方面的部署，即建设服务型政府、推进社区建设、健全社会组织、统筹协调各方面利益关系、完善应急管理体制机制、加强社会治安综合治理、加强国家安全工作和国防建设，概括起来就是优化社会管理格局、健全社会管理机制、完善社会治安防控体系。这些方面的工作做好了，我们的社会生活就会更加安定有序，社会和谐的程度就会进一步提高。

社会主义和谐社会既是充满活力的社会，也是团结和睦的社会。要构建社会主义和谐社会，就必须最大限度地激发社会活力，增进社会团结。现在影响社会活力和社会团结的因素虽然是多方面的，但最主要的是社会分配不公、某些领域的腐败现象严重。要激发社会活力、增进社会团结，必须下大力解决好这两个问题。这两个问题解决不好，会影响社会生活的各个方面。而要解决这些问题，必须从世界观上着眼。为此，十六届六中全会《决定》强调要做到"三个坚持"：一是坚持人民群众是历史的创造者的观点，党和政府的重大决策和工作部署都要从人民群众的创造性实践中汲取智慧、经受检验；二是坚持发挥生产力作为最活跃、最革命因素的决定性作用，坚定不移地通过深化改革破除各种障碍，不断解放和发展生产力；三是坚持把创新精神贯穿到治国理政的各个环节，保护创新热情，鼓励创新实践，宽容创新挫折，增强自主创新能力，建设创新型国家。这"三个坚持"切实做到了，就能够有效地激发社会活力，增进社会团结和睦，从而使社会主义社会更加和谐。

七

我们党是执政党，在中国社会生活中居于领导核心的地位。解决中国的一切问题的关键在于党，构建社会主义和谐社会也是如此。构建社会主义和谐社会，必须充分发挥党的领导核心作用，坚持立党为公、执政为民，为构建社会主义和谐社会提供坚强有力的政治保证。对此，十六届六中全会《决定》提出了四条要求，概括起来就是提高本领、夯实基础、培养人才、改进作风。加强党的执政能力建设，提高党领导经济、政治、文化、社会发展的水平，特别是提高科学判断形势、驾驭市场经济、应对复杂局面、依法执政、总揽全局的能力，才能确保构建社会主义和谐社会沿着正确方向前进。夯实党的基层组织这个党的全部工作和战斗力的基础，增强党的阶级基础和群众基础，才能紧密联系和团结凝聚广大人民群众，形成构建社会主义和谐社会最深厚的力量源泉。培养和造就大批高素质新型人才，形成广纳群贤、人尽其才、能上能下、充满活力的用人机制，把优秀人才集聚到党和国家的各项事业中，集聚到构建社会主义和谐社会的实践中，才能使构建社会主义和谐社会顺利进行。

深入开展党风廉政建设和反腐败斗争问题，进一步改进作风，对于构建社会主义和谐社会具有特殊重要的意义。俗话说，党风正则干群和、干群和则社会稳。反腐倡廉是加强党的执政能力建设的重大任务，也是促进中国社会更加和谐的必然要求。反腐倡廉、加强党的廉政建设，真正担负起构建社会主义和谐社会的领导责任，要靠我们每一个党员干部的高度自觉，但加强制度建设也是非常重要的。为此，十六届六中全会《决定》提出，坚持党要管党、从严治党，贯彻标本兼治、综合治理、惩防并举、注重预防的反腐倡廉战略方针，推进教育、制度、监督并重的惩治和预防腐败的体系建设，形成群众支持和参与的反腐倡廉的有效机制。为了构建社会主义和谐社会，我们每一个党员干部，特别是各级领导干部，都要严格要求、廉洁自律、率先垂范，同时，又要切实地按照党的反腐倡廉的各项制度去做，以优良的党风促进政风，营造和谐的党群、干群关系。如果不是这样，不要说构建社会主义和谐社会，就是我们党的执政地位也难以巩固，我们应该从这样的高度认识和解决问题。

围绕贯彻科学发展观
大力加强党的先进性建设[*]

　　紧密结合贯彻落实科学发展观的实践加强党的先进性建设，是胡锦涛同志提出的一个重要思想。他深刻指出："坚持以科学发展观统领经济社会发展全局，切实抓好发展这个党执政兴国的第一要务，推动经济社会又好又快发展，是我们这一代中国共产党人的神圣使命，是党的先进性在当代中国最重要最具体的体现，也是新的历史条件下加强党的先进性建设的重要着力点和衡量标准。"① 胡锦涛同志的重要论述，指明了新的历史条件下加强党的先进性建设的根本思路，对于我们党在新的起点上保持和发展自身的先进性，更好地担当起执政兴国、执政为民的崇高使命，具有重大而深远的意义。

---

　　* 本文系学习胡锦涛"七一"重要讲话座谈会上的发言，收入该自选集前未公开发表过。

　　① 《求是》杂志 2006 年第 13 期第 9 页。

一、当代中国共产党人的神圣使命

共产党人是最高纲领与最低纲领的统一论者。共产党人的最高纲领，就是实现共产主义。共产主义是人类最美好的理想社会，是社会主义经过不断发展而最终必然到达的人类社会高级形态。然而，实现共产主义又是一个非常漫长的历史过程，它需要经历若干历史阶段；在每个历史阶段，党必须制定和实施符合该阶段具体实际和要求的行动纲领即最低纲领。党的最高纲领与最低纲领的关系，就是党为之奋斗到底的最高目标与革命或建设不同阶段所追求的近期目标的关系。最高纲领为最低纲领的制定实施指明方向，最低纲领为最高纲领的实现准备条件。由此出发，共产党人一方面要始终坚持自己的最高纲领，无论条件多么艰难，无论环境多么困苦，都应矢志不移地为之奋斗。另一方面，在坚持实现最高纲领的历史进程中，共产党人始终都要脚踏实地，为完成不同历史阶段的最低纲领而进行艰苦扎实的努力。不积跬步，无以致千里；不积小流，无以成江海。离开党在每个具体历史阶段的最低纲领，抽象地谈论共产主义是没有意义的。只有一步一个脚印地完成好党在不同历史阶段的最低纲领，才能把最高纲领逐渐变为现实，最终完成共产党人的历史使命。

在领导中国革命、建设和改革的历史进程中，我们党始终坚持最高纲领与最低纲领的统一，自觉通过提出和完成各个具体历史阶段的行动纲领，推动党的事业不断向着最高理想迈进。我们党成立之初，在明确党的最终奋斗目标的同时，就根据中国的国情制定了反帝反封建的民主革命纲领。以毛泽东同志为代表的中国共产党人领导中国人民在血与火的奋斗中，不断开辟实现这个纲领的革命道路，最终取得了新民主主义革命的胜利。新中国成立后，我们党提出并实施了过渡时期的总路线，创造性地完成了社会主义改造的历史任务，全面确立了社会主义的基本制度，使占世界人口 1/4 的东方大国走上了社会主义道路。随着社会主义改造的基本完成，1956 年党的八大制定了建设社会主义的纲领和路线，但后来由于复杂的社会历史原因，这个纲领和路线未能得到正确有效的贯彻落实，留下了非常深刻的教训。1978 年底党的十一届三中全会在总结历史经验教训的基础上，果断地把全党工作重点转移到以经济建设为中心的社会主义现代化建设上来，作出了实行改革开放的战略决策。1987 年党的十三大明确提出了党在社会主义初级阶段的基本路线，作出了现代化建设"三步走"的战略部署，提出到 20 世纪末实现小康的战略目标和历史任务。进入新世纪，我们胜利地实现了"三步走"战略的前两步目标，人民生活总体上达到小康水平。党的十六大根据新世纪新阶段中国发展的实际和要求，提出了全面建设更高水平的小康社会的奋斗目标。为了实现这个目标，以胡锦涛为总书记的党中央更加坚定地把发展作为党执政兴国的第一要务，坚持以科学发展观统领经济社会发展全局，把全面建设小康社会与构建社会主义和谐社会融为一体，努力开拓中国特色社会主义事业的新境界。回顾党的奋斗历程，我们可以清楚地看出，中国共产党人始终是以实现共产主义为最终奋斗目标的，党在各个历史阶段具体行动纲领的制定和实施，都是为最终实现共产主义开拓道路、准备条件的。作为一个有着强烈使命意识的马克思主义政党，尽管行动纲领和任务会随着时代条件的变化而调整，但始终都是朝着共产主义远大目标开拓奋进的。

在这样一个历史的大纵深中，我们对胡锦涛同志关于贯彻落实科学发展观是"我们这一代中国共产党人的神圣使命"的重要论述，就会有更加深刻的领会。新世纪新阶段，我们党面临着加快推进现代化建设、完成祖国统一、维护世界和平与促进人类共同发展的三大历史任务。使命光荣，任务艰巨。我们的前进道路上充满着各种挑战和风险，发展过程中面临着各种矛盾和问题。应对挑战、解决问题的根本之举在于发展。我们党作为执政党，第一要务就是发展。人民群众对一个政党的评价，既看这个党的性质和宗旨，更为直接的还是看这个党能不能推进经济社会发展，能不能满足人民群众的物质文化需求。上个世纪80年代末90年代初以来，世界上一些大党、老党失去了长期执政的地位，而有些执政党的生命力却很旺盛，深层原因就在这里。要发展，就要解决好发展观的问题。胡锦涛同志深刻指出：一个国家坚持什么样的发展观，对这个国家的发展会产生重大影响，不同的发展观往往会导致不同的发展结果。以人为本、全面协调可持续发展的科学发展观，是我们党基于对当代中国经济社会发展的阶段性特征的准确把握，基于对社会主义中国长期发展实践经验的科学总结，基于对当今世界有关发展的认识成果的合理借鉴，着眼实现全面建设小康社会的宏伟目标而提出的重大战略思想。科学发展观指引的方向，就是中国特色社会主义的前进方向。从历史的大视角来看，贯彻落实科学发展观，是共产主义伟大事业赋予当代中国共产党人的时代使命。按照科学发展观的要求推进经济社会又好又快发展，就是在中国大地上为共产主义理想而英勇奋斗的具体行动。

二、党的先进性最重要最具体的体现

先进性是马克思主义政党的本质属性，是马克思主义政党的生命所系、力量所在。马克思主义政党的先进性不是抽象的，而是历史的具体的。衡量一个政党是否先进，要放到具体的历史实践中去考察，归根到底要看他在推动历史前进中的实际作用。在当代中国，党是否具有先进性，就是要看能不能始终代表中国先进生产力的发展要求、代表中国先进文化的前进方向、代表中国最广大人民的根本利益。而要做到"三个代表"，充分体现党的先进性，就必须把发展作为党执政兴国的第一要务。我们所追求的发展，不能以牺牲精神文明为代价，不能以牺牲生态环境为代价，更不能以牺牲绝大多数人的根本利益为代价。这就决定了我们必须把科学发展观作为谋划建设、促进发展的基本遵循的准则。科学发展观着眼当代中国发展的总趋势和总要求，把社会主义市场经济的发展道路、改革开放的发展动力、新型工业化的发展模式、为人民造福谋利的发展目的历史地贯通起来，为推进我国经济建设、政治建设、文化建设、社会建设全面发展提供了科学指南，是"三个代表"在发展问题上的集中体现。贯彻落实科学发展观，推动和实现经济社会又好又快发展，这本身就意味着我们党在更好地代表中国先进生产力的发展要求、代表中国先进文化的前进方向、代表中国最广大人民的根本利益，意味着把党的先进性体现得更加充分。

科学发展观是指导发展的马克思主义世界观和方法论，贯彻落实科学发展观对体现党的先进性具有基础性的根本意义。科学发展观是我们党运用马克思主义世界观方法论推进关于发展的理论创新的产物，它从时代高度回答了"什么是发展"、"为谁发展"、"靠谁发展"和"怎样发展"等重大问题，实现了对共产党执政规律、社会主义建设规律、人类社会发展规律认识的新飞跃。科学发展观的本质和核心是以人为本，实质上就是以广大人民群众的根本利益为本，揭示了发展的主体是人民群众，发展的目的是惠及人民群众，体现了马克思主义政党的最高价值追求，体现了我们党立党为公、执政为民的政治理念；科学发展观提出社会主义经济、政治、文化、社会建设四位一体的新要求，体现了我们党遵循社会发展规律，努力迈向共产主义社会的崇高理想追求；科学发展观强调"五个统筹"，注重经济社会发展的全面性、协调性和可持续性，蕴涵着唯物辩证的方法论原则；科学发展观洋溢着求真务实精神，体现了当代中国共产党人的科学态度和政治品格。毫无疑问，科学发展观越是得到深入贯彻落实，我们党坚持马克思主义世界观方法论的先进性就越能得到充分体现。

一个政党的先进性，不仅仅体现于思想理论的先进，更重要的还在于把先进的理论付诸实践。一步实际运动比一打纲领更重要。进入新世纪新阶段，我们党最基本的实践活动，就是领导人民以科学发展观为指导，推动经济社会又好又快发展，建设更高水平的、惠及全体人民的小康社会，努力实现经济更加发展、民主更加健全、科教更加进步、文化更加繁荣、社会更加和谐、人民生活更加殷实的宏伟目标。这场以贯彻落实科学发展观为主旋律的伟大实践，是我们党的先进性在当代中国最集中最生动的写照。正是着眼于推进这一伟大实践，以胡锦涛为总书记的党中央高举邓小平理论和"三个代表"重要思想伟大旗帜，先后提出了以人为本、科学发展、构建社会主义和谐社会、建设社会主义新农村、建设创新型国家、树立社会主义荣辱观、推动建设和谐世界、加强党的先进性建设等重大战略思想和战略任务，把科学发展观贯彻到各个领域和各个层面。这个伟大实践的一个突出亮点，就是构建社会主义和谐社会。实现社会和谐，始终是人类孜孜以求的社会理想，也是包括中国共产党在内的马克思主义政党不懈追求的社会理想。社会和谐所要达到的民主法治、公平正义、诚信友爱、充满活力、安定有序、人与自然和谐相处的境界，是我们党根据推动社会历史发展进步的先进性要求确定的。党的十六届六中全会勾画了新世纪新阶段构建社会主义和谐社会的宏伟蓝图，提出到 2020 年要实现的目标和主要任务：社会主义民主法制更加完善，依法治国基本方略得到全面落实，人民的权益得到切实尊重和保障；城乡、区域发展差距扩大的趋势逐步扭转，合理有序的收入分配格局基本形成，家庭财产普遍增加，人民过上更加富足的生活；社会就业比较充分，覆盖城乡居民的社会保障体系基本建立；基本公共服务体系更加完善，政府管理和服务水平有较大提高；全民族的思想道德素质、科学文化素质和健康素质明显提高，良好道德风尚、和谐人际关系进一步形成；全社会的创造活力显著增强，创新型国家基本建成；社会管理体系更加完善，社会秩序良好；资源利用效率显著提高，生态环境明显好转；实现全面建设惠及十几亿人口的更高水平的小康社会的目标，努力形成全体人民各尽其能、各得其所而又和谐相处的局面。随着党的十六届六中全会精神的深入贯彻，构建社会主义和谐社会作为贯彻落实科学发展观这一伟大实践的点睛之笔，必将在中国大地上描绘出更新更美的图画，也必将使我们党的先进性展示得更加绚丽夺目。

特别需要指出的是，贯彻落实科学发展观之所以是党的先进性最重要最现实的体现，还在于它彰显了我们党与时俱进的先进特质。马克思主义政党先进性的一个突出标志，就在于其理论和实践始终与时代发展同步伐。解放思想、实事求是、与时俱进，是马克思主义的精髓，也是科学发展观的精髓。我们党提出科学发展观的一个基本着眼点，就是要以与时俱进的创新精神破解发展难题。进入新世纪新阶段，我国发展的任务极其艰巨，与发展相伴生的各种矛盾和问题也异常突出和棘手。比如，像保持经济平稳快速增长与资源开发和环境保护压力增大的矛盾，依靠制度创新增添发展动力与改革成本和风险显著增加的矛盾，促进和保证社会效率提高与城乡居民收入差距愈益拉大的矛盾，实现产业结构升级与社会就业规模受到牵制的矛盾，社会阶层结构和利益关系多样化与社会管理协调机制相对滞后的矛盾，利用国际市场、资源的现实需求不断增大与参与国际竞争的综合能力不强的矛盾等等，都严重影响和制约着我国经济社会的发展。解决这些发展难题，仅凭老经验、老办法显然不行，而必须从当代中国的实际出发，把实事求是的科学态度与锐意改革的创新勇气统一起来，切实拿出既有创造性又有实效性的新思路、新办法。科学发展观作为与时俱进的马克思主义发展观，它的重大时代价值，就在于引导党和人民在把握经济社会发展规律的基础上，充分发挥主观能动性，勇于和善于根据不断变化着的实际更新发展理念，创新发展模式，提高发展能力。贯彻落实科学发展观的崭新实践，必将以其与时俱进的开拓性和创新性，把我们党的先进性升华到一个新的境界。

三、新的历史条件下加强党的先进性
建设的重要着力点

党的先进性建设围绕党的中心任务展开，是我们党的一条基本经验。从一定意义上讲，我们党自创建以来不断发展进步的历史，就是党自觉围绕不同时期的中心任务加强自身先进性建设，注重在实践中保持先进性、体现先进性、发展先进性的历史。建党85年来，我们党根据中国革命、建设和改革事业对保持和发展党的先进性提出的客观要求，先后开创和实施了党的建设两个著名的"伟大工程"。第一个伟大工程，是以毛泽东同志为核心的党的第一代中央领导集体，为完成夺取全国政权、建立和巩固社会主义制度的历史任务而开创和实施的。第二个伟大工程即新的伟大工程，是以邓小平同志为核心的党的第二代中央领导集体，为完成改革开放和社会主义现代化建设这个历史任务而开创的。以江泽民为核心的党的第三代中央领导集体和以胡锦涛为总书记的党中央，紧密结合新的形势和任务，领导全党继续推进这个新的伟大工程。历史经验表明，围绕党的中心任务加强党的先进性建设，既有利于用党的先进性建设的实际成果来促进和保证党领导的伟大事业的完成；也有利于依托党领导的伟大事业所提供的实践平台，为党的先进性建设注入强大的生机和活力，从而达到党的伟大事业与党的建设的伟大工程互为促进的双重政治效应。新世纪新阶段，我们党的中心任务就是全面贯彻落实科学发展观，又好又快地实现全面建设小康社会的宏伟目标。党的先进性建设必须紧紧围绕这个中心任务来展开，必须把着力点始终放在贯彻落实科学发展观上。只有这样，我们党的先进性建设才能产生新的历史性飞跃，也才能愈加展现巨大的时代意义和价值。

贯彻落实科学发展观对保持党的先进性提出了新的更高要求，也为加强党的先进性建设拓展了新的视野和空间。贯彻落实科学发展观作为我们党领导下的创新实践，对保持和发展党的先进性提出了一系列前所未有的新课题。比如：在贯彻落实科学发展观的历史进程中，党如何顺应时代发展的潮流和我国社会发展进步的要求，制定正确的路线、方针和政策，从战略上积极应对来自方方面面的挑战和考验；如何按照维护和促进公平正义的执政要求，依法逐步建立以权利公平、机会公平、规则公平、分配公平为主要内容的社会公平保障体系，让全体人民共享改革发展的成果；如何适应尊重和发挥人民群众历史主体作用的时代要求，在积极发展党内民主的同时，进一步健全和完善民主选举、民主决策、民主管理、民主监督机制，确保人民群众的积极性、主动性和创造性的有效发挥；如何适应建立健全社会管理和协调机制的要求，加强党与社会团体以及各类社会中介组织的联系，更好地发挥后者在社会管理和协调中的作用；如何适应社会阶层和社会组织结构的新变化，进一步改进党的基层组织设置以及吸收新党员的工作，不断扩大党的组织工作的覆盖面和影响力，等等。所有这些，都是我们党保持和发展自身先进性必须正视的重大现实课题。而研究解决这些新的重大课题，又无疑给加强党的先进性建设带来了新的机遇。因此，在贯彻落实科学发展观的过程中，全党上下都要主动把实践对自己提出的新课题和新要求，作为发展党的先进性的创新点和增长点。

要着眼于为贯彻落实科学发展观提供有力保证，把党的先进性建设扎实向前推进。首先，要按照贯彻落实科学发展观的要求加强党的理论建设。理论建设是党的先进性建设的首要任务。贯彻落实科学发展观是前所未有的崭新实践，始终需要用发展着的理论来指导这一发展着的新的实践。由于科学发展观的贯彻落实涉及生产力和生产关系，涉及经济、政治、文化、社会发展各个领域，涉及人与自然的复杂关系，因而需要从理论上加以探索和回答的课题很多，由此也给党的理论研究和建设提出了异常繁重的任务。在新的形势下，必须紧密结合我国新的发展实践，不断加强对重大理论和现实问题的研究，进一步深化在不同领域贯彻落实科学发展观的规律性认识，以利于实现科学发展观由理论原则到具体实践的转化。其次，要按照贯彻落实科学发展观的要求加强党的组织建设。贯彻落实科学发展观，是充满艰巨性和复杂性的战略任务，要求党的各级组织和党员队伍具备非凡的创造力、凝聚力和战斗力。因此，必须深入持久地抓好用科学发展观武装全党的工作，使党的各级组织真正成为促进和保证经济社会又好又快发展的坚强领导集体，使各级领导干部成为科学发展观的坚定信仰者、忠诚实践者和贯彻落实的有力推动者，使整个党员队伍在贯彻落实科学发展观的实践中充分发挥先锋模范作用。要以科学发展观为价值标准选拔和使用干部，培养和造就一支善于筹划和运筹科学发展的极其宏大的干部队伍。再次，要按照贯彻落实科学发展观的要求加强党的作风建设。一方面，要在全党大力弘扬求真务实、艰苦奋斗、联系群众、清正廉洁等优良传统和作风，坚决克服和抵制形式主义、官僚主义、弄虚作假、贪图享乐等不良风气；另一方面，要在全党大力倡导与时俱进、和谐发展、自主创新、注重效益等时代新风。第四，要按照贯彻落实科学发展观的要求加强党的制度建设。我们党作为执政党，其先进性建设的重要任务，就是要为贯彻落实科学发展观提供执政的机制保障。由此出发，党不仅要全面优化其内部制度，而且要把科学发展观所贯穿的科学、民主、法治精神，融入执政体制机制的设计和运行之中，以确保科学执政、民主执政、依法执政的落实。尤其要健全和完善党委决策机制，确保各级党委和领导在决策和决策实施过程中，真正做到以长远眼光谋划发展，以全局意识统筹发展，以科学态度抓好发展。

要紧密结合贯彻落实科学发展观的实践，不断开拓党的先进性建设的新思路和新境界。毫无疑问，全面贯彻落实科学发展观，作为我们党开创中国特色社会主义事业新局面的生动实践，是在新的历史起点上加强党的先进性建设的伟大课堂，必须充分地加以利用。要适应贯彻落实科学发展观对党执政兴国提出的新任务，进一步拓宽党的先进性建设的领域，丰富党的先进性建设的内涵。要把研究解决指导落实科学发展观所面临的新情况新问题，作为加强党的先进性建设的突出课题。要结合强化贯彻落实科学发展观的正确导向，不断激发全党上下加强先进性建设的内在动力。要善于把坚持用科学发展观指导实践、推动工作的成功经验，上升为理论原则和法规制度，以利于把保持和发展党的先进性纳入科学化和规范化的轨道。

重大理论和
现实问题

ZHONGDA LILUN HE

XIANSHI WENTI

理论联系实际的认识论断想[*]

中国共产党的历史，是把马克思主义理论和中国实际紧密结合起来，指导中国革命和建设的历史。考察这部历史，掌握理论联系实际这一特殊认识运动的规律，有着十分深广的意义。

一

理论联系实际，是马克思主义的一个基本原则，是我们党的优良传统，必须始终不渝地坚持。而要真正地坚持这一原则，就必须掌握理论联系实际这一特殊认识运动的规律。否则，理论联系实际就会变成一句空话，或者出现种种偏差。

党史上有些重大的失误，并不是由于根本否定了理论

---

* 1991 年 3 月讲于国防大学研究生班，后经加工发表于《国防大学学报》1996 年第 1 期。

联系实际的原则，而是没有掌握住理论和实践相结合的客观规律。毛泽东在阶级斗争扩大化错误越来越严重的情况下，还曾大讲理论联系实际，大讲实践观点，似乎不把阶级斗争扩大化就是脱离实际，背离了辩证唯物主义认识论。这种奇特的历史现象，很值得我们深思。

理论、思想、路线、政策，都是人脑对客观事物及其运动规律的反映，一般说来，属于主体的范畴；同时，它也可以成为另一主体的认识对象，变为客体。如果以整个无产阶级为认识主体，那么，马克思主义是这一主体在实践基础上所获得的理性认识，马克思主义同中国实际的结合，则是从主体的理性认识向主体的革命实践飞跃的一部分。而如果以中国共产党为认识主体，那么，马克思主义并不是它在实践中由于感性认识积累到一定程度产生飞跃形成的理论，而是我们党用以认识中国的精神武器。这种武器一方面是既定的，另一方面又必须经过我们的努力才能掌握。也就是说，对于中国共产党来说，马克思主义具有"外在性"、客观性。只有首先把马克思主义作为认识对象，并把它由"外在的"变为内在的，由客观的变为主观的，然后才能真正用它去认识中国实际问题，用它去指导我们的实践，把它和实践结合起来，并在实践中加深对它的理解。

以往我们在学习和研究马克思主义理论时，以为只要强调理论联系实际就可以解决一切问题，久而久之，产生了一些重大的误解。我们常说要从马克思主义中学立场、观点、方法，但由于只把马克思主义当做思想武器而不是自觉地首先当成认识对象，因而不能正确了解马克思主义的立场、观点、方法与其具体结论的关系，往往只是在各种现成的概念和判断中分辨哪些是具体结论，哪些是基本原理，自以为重要的就叫基本原理，自以为不重要的就叫具体结论。这样，被称做基本原理的那些东西，例如阶级和阶级斗争观点，就长期被当做历史唯物论的立场、观点和方法。而事实上，这些观点仍然是具有固定内容的概念或判断。既然这些概念或判断及其传统解释成了基本原理，当然也就成为永恒的、绝对的真理，成为神圣不可侵犯的东西。用这些"基本原理"去联系实际，无非是用这些概念判断去解释客观实际，或者用某些事实去证明这些概念或判断仍然正确、绝对正确，使之成为一种永远摘不掉的有色眼镜。这显然是一种莫大的误解，是导致很多历史性失误的一个重要认识论根源。

作为一种认识过程，学习马克思主义理论，同样要经历从具体到抽象，又从抽象到具体的辩证运动。所谓从马克思主义理论中学习立场、观点、方法，就是要从理性上而不是从感性上、字面上了解马克思主义。立场、观点、方法不同于具体结论，但又不是离开具体结论而单独存在的，它隐藏在具体结论之中，要靠我们的思维能动地把它从具体结论中抽象出来。

我们学习马克思主义理论，往往在一定阶段上会产生豁然开朗、恍然大悟之感，就是对某一原理的理解从感性上升到理性这种飞跃的自我感知。经过这种"恍然大悟"之后，我们对马克思主义的理解就不再局限于那些确定的概念，而是综合了不同概念的精神和自己的实践经验，并能够用自己的语言表述出马克思主义的某些精神实质。这就说明，马克思主义的立场、观点和方法，不是某些现成的概念或判断，而是由我们自己的理性思维来把握的一种认识状态，是用理性体验到的，在实际运用中不断加深的有个性的思想内容。

学习马克思主义的立场、观点和方法离不开理性思维的作用，但决不仅仅是一种纯粹的理性思维过程，在更大的程度上，要经过实践的反复砥砺。也就是说，运用马克思主义认识中国实际的过程，既是一个借助这一思想武器把握中国革命和建设规律的过程，也是一个借助中国革命和建设实践不断丰富和加深对马克思主义理解的过程，是一种双向互补的认识运动。在这种认识运动中，提出某些新概念，或对某些早有定论的概念作出新的解释，同不断发现我们实践对象的新特点、新规律一样，都是认识深化的表现。

明确把马克思主义和中国实际相结合的过程看做是双向互补的认识运动，可以促使我们不断在实践中自觉确认对马克思主义的新的理解，同时又依据这种新的理解确认新的实践目标，防止惰性，永不自满，不断把理论与实践具体地、历史地结合在一起。过去，由于在这个问题上缺乏自觉性，一旦在某些问题上实现了理论和实践的结合，就自以为再也不必担心背离马克思主义或脱离客观实际了，甚至把马克思主义与实际相结合中形成的理论当做新的教条而对新的认识课题估计不足，以新的形式把对马克思主义的理解停顿下来。这也足以使我们在认识论上得到某些重要启示。

把马克思主义和中国实际的结合看做一种双向互补的认识运动，强调研究其特殊的运动规律，并不是说辩证唯物主义认识论在这里失去了指导意义。而是说，应当在掌握一般认识规律的基础上进一步研究这种特殊的认识规律，用以丰富对马克思主义认识论的理解。例如，在这种双向互补的认识运动中，同样存在着感性认识和理性认识两个认识阶段的区分，但无论感性认识还是理性认识，就其内容来说，都有不仅是关于中国革命和建设规律的认识，而且包括马克思主义及其同中国实际相互关系的理解。随着我们对中国革命和建设规律认识的深化，对马克思主义的理解也必然跟着深化，不会总停留在一个水平上。同样，如果我们对马克思主义的理解还没有深化，就只能说明我们对中国革命和建设规律的认识也还没有上升到理性的高度，还没有把马克思主义和中国实际真正地结合起来。

二

人类认识在较高的发展阶段上，它的内容和形式是统一于概念、范畴的。概念、范畴作为认识的内容，是对客观实在的反映，同时又作为认识的形式，反映着客观实在。把握了概念、范畴，能够使我们直窥对象世界的渊海，直接从整体上把握对象。

对于概念、范畴在认识中的积极作用，很早就有人注意到了。古代著名思想家荀况称它为"登高而望"，"顺风而呼"，"乘舆马以致千里"，"假舟楫以绝江河"。一般来说，人们所掌握的概念越丰富，越先进，认识客观事物的能力就越强。基于这个道理，英国近代著名思想家培根曾经写下"知识就是力量"的著名格言。马克思主义作为人类认识史上的伟大成果，为各国无产阶级认识、改造世界，特别是为其寻找解放条件提供了丰富的认识范畴，这是不言而喻的。现在需要着重指出和防止的，是概念和范畴在认识中的另一种作用，即规范人的认识活动，增加人的思维惰性，使人的认识落后于实际生活的变动节奏。

概念、范畴之所以能够在认识中发挥规范认识对象的作用，是因为它的内涵和外延具有确定性、僵死性。然而正是因为概念、范畴的这种确定性、僵死性，使它有可能落后于认识对象，因为认识对象总是活生生的。一旦实际生活的发展越出了某一概念、范畴的内涵或外延所涵盖的阈限值，那么这一概念、范畴就不再能够使人们直接从整体上把握客观对象，而只能使我们的认识落后于客观实际，从而失去在认识活动中的能动性。这就是它的规范认识主体，增加人的思维惰性的作用。防止概念、范畴的这种消极作用，最根本的就是自觉、清醒地认识概念、范畴的相对性，准备在概念、范畴与认识对象发生矛盾的时候站在客观事实一边，突破那些过时的概念、范畴。

一般说来，突破过时的概念、范畴有两种情况。一种是突破其外延，对它作新的解释；另一种是突破它的内涵，建立新的概念、范畴。这两种情况都是人类认识史上常有的现象，是人类认识运动内在活力的必然表现，也是人类认识不断发展的基本形式。问题是长期以来，没有把这种现象当做一种认识规律来研究和对待，其结果是自觉性和主动性不高，以致对认识中特别是对改革开放以来的认识中某些新概念、新范畴的提出而大惊小怪。

党的十一届三中全会以后，在邓小平提出的"解放思想，实事求是"根本方针的指引下，经过对社会主义的再认识，我们党形成了一系列重要的新范畴，例如竞争、改革、责任制、社会主义市场经济、股份制等等。这些范畴都是马克思主义理论发展中的重大突破。但是由于人们对这些新范畴的接受有一个过程，也由于我们的认识论研究跟不上时代发展的要求，对这种范畴更新运动的必然性解释不够，所以有人误以为这些新的范畴不是发展了马克思主义，而是离开了马克思主义。联系到民主革命时期有中国特色的革命道路所曾引起的那些误解，不难看到，在认识论研究中加强对概念、范畴作用的辩证性研究，加强对概念、范畴更新的必然性和规律性研究，确实已经成为实践提出的一项重要而迫切的理论任务。

从本来的意义上讲，突破过时的范畴，建立新的范畴，是人类认识运动中很正常的现象。但是我们党的两次历史性飞跃都是伴随着伟大的思想解放运动的。这也是很值得研究和考察的认识现象。范畴一方面有其客观性，另一方面又有其约定俗成性。任何旧概念的抛弃、新概念的确立，都不可能与客观事物的运动完全同步。人们不可能做到旧事物刚刚发生变化，反映这种旧事物的概念就马上被抛弃；新事物刚一出现，反映这种新事物的概念就马上被确立。哲学家们常常借用"生活之树常青，而理论总是灰色的"这句话来形容概念的发展落后于实际生活变动节奏的现象。当一些概念已经不能继续满足人们认识新事物的需要时，常常只有少数先进分子体察到这种变化。由于大多数人还没有体察到这种变化，所以旧概念不会很快被普遍抛弃，新概念也不可能很快相约成俗。所谓思想解放运动，说到底，就是社会大多数人在先进分子引导下抛弃旧概念确立新概念的观念更新运动。

任何科学的理论都具有强大的逻辑力量。逻辑力量属于理性的范畴，它能够征服人，却并不构成令人迷信的条件。但是人类的认识活动并不仅仅是一种理性活动，还有感情的因素参与其中。特别是当一种理论在实践中获得巨大成功的时候更会形成巨大的感情力量。这种感情力量甚至可以超过理性力量，成为左右人们认识活动的主要因素。而恰恰在这时，概念对人的思维活动的限制就会借助感情的力量大大增长起来。例如人们在抛弃旧概念时的失落感，接受新概念时的陌生感、不适感，都是很常见的感情现象，然而又都可能在认识活动中发挥限制思维活动的作用。这种感情往往可以使人们对旧概念已不能涵盖的新事物"黑白在前目不见，擂鼓在侧耳不闻"。就是那些在历史上曾经发生过思想解放作用的先进概念，也很难避免这种现象的摆布，在一定时期成为新思想的羁绊。所以，在运用概念认识事物的过程中防止和克服感情因素的不适当左右，就显得尤为重要。

三

马克思在谈到政治经济学的研究时，曾提出过从表象中的具体上升到抽象规定，以及从抽象规定到达思维具体的认识道路，并明确表示，他研究政治经济学的方法是"从抽象规定到达思维具体"。一百多年来，在相当长的时间里，人们为了宣传唯物主义反映论，过多地注意了从表象中的具体上升为抽象规定的路程，而对从抽象规定到思维具体的跃迁这一马克思更为重视的方法注意不够。近年来，我国理论界开始加强了这方面的研究，但从多数文章来看，往往仅把从抽象规定到达思维具体的认识过程看做对客观对象反映的深化，仅仅看做是一种知识形态的运动。这在认识论研究上虽然是个重大进步，却仍然不能满足实践对理论的要求。

把马克思主义和中国实际相结合，绝不是简单地把既定理论外化为感性活动就能够实现的，这里包含着艰巨的理论升华运动，即把学来的马克思主义理论变成有中国特色马克思主义理论的思想创造运动。这种理论升华和理论创造，不仅包括从表象中的具体上升为抽象规定的内容，而且包括从抽象规定上升到思维具体的内容。从某种意义上说，后一种运动对于实现马克思主义和我国实际的结合，更加重要，更加关键。

众所周知，新民主主义革命的胜利，是以毛泽东在一系列著作中所阐述的新民主主义理论为思想前提的。在此之前，我们党一直为马克思主义与中国革命实际的结合而努力，但由于马克思主义还没有变成有中国特色的革命理论，主要是按照书本和外国经验办事，因而马克思主义不能变成中国的实际生活，革命指导中的非马克思主义因素还占相当大的比重。全国解放后，特别是在生产资料私有制的社会主义改造基本完成以后，党也曾设想把工作重点转移到经济建设上来。毛泽东"向地球开战"的号召，党的八大关于我国社会主要矛盾的论述，都表明了这种意向。然而这些正确的认识并没有贯彻到底，并没有能够阻止后来一系列曲折的发生。其中一个重要原因，就在于当时的认识虽然基本正确，但是并不具体、系统，社会主义建设实践所需要的新的理论创造尚未完成，真正在实际生活中发挥作用的，仍然是新民主主义革命时期形成的那些理论。例如用群众运动的办法搞经济建设，对阶级斗争现象过分敏感，等等。经过 30 年左右的曲折发展，经过正反两方面经验的充实，八大的正确认识才由抽象规定变成思维具体，实现了马克思主义同中国实践相结合的新飞跃。

从抽象规定到思维具体的认识运动，并不仅仅是一种知识形态的运动。用对中国国情的正确认识充实和补充某些马克思主义范畴的内容，当然会使这些范畴更加具体；但是如果我们的认识总是停留在知识形态上，如果不把对马克思主义的理解和对国情的认识变成党的具体战略和策略，就不能说已经完成了从抽象规定到思维具体的跃迁。

我们党关于旧中国半封建半殖民地社会性质的认识，早在第二次全国代表大会上就基本确定了，这无疑已经丰富了马克思主义关于无产阶级和资产阶级矛盾的范畴。然而并不等于马克思主义已经和中国实际结合起来了，因为当时尚未形成关于新民主主义革命的战略和策略。关于"向地球开战"的认识之所以不具体、不系统，也不是因为党对中国经济、文化落后的实际情况毫无所知，而是由于企图以群众运动的办法搞钢铁翻番，以"大跃进"的方法改变"一穷二白"的落后面貌，如此等等。总之，是由于在战略和策略上发生了失误。这些经验告诉我们，在认识从抽象规定向思维具体跃迁的进程中，特别值得注意的，不仅仅是关于对象知识的丰富和积累，更重要的是需要形成正确的战略和策略。正如列宁所认为的那样，要把知识形态的认识上升为"实践目的"和"实践技术"形态的认识。

"实践目的"和"实践技术"，一则因为它们与关于未来对象的知识相联系，二则因为它们仍然是理性思维的产物，所以仍然属于理性认识的范畴。实践目的和实践技术必须以正确反映客观对象及其与周围的实际联系为前提。只有符合对象尺度的目的和技术，才是现实的目的和技术。事实上，任何目的和技术，就其内容来说，本质上都是主体关于自己与对象之间的相互关系的认识。但是，实践目的和实践技术与直接反映对象面貌和对象本质的知识性认识不同，它不仅反映着对象的尺度，而且超出了对象的尺度，渗入了主体的尺度。目的和技术都是主体尺度的反映形式，是反映主体能力的综合指标。人们在目的和技术方面的差异，反映了人们能动性和创造性的差异。在一切认识过程中，人的理性思维必须从关于对象本身的反映开始，经过这种反映和主体尺度的相互作用，经过一系列的理性创造，形成实践目的和实践技术，才能完成从抽象规定到思维具体的运动过程。在这个过程中，理性思维必然要超越对象尺度，超越原有的范畴和知识界限，表现出或多或少的理论创造。不超越原有的范畴和知识界限，重复过去的或别人的实践目的和实践技术，就不能进入新境界，形成新的包括实践目的和实践技术在内的思维具体，就不会产生带有鲜明个性的理论形态和实践运动，就谈不到马克思主义与中国实际的真正结合。

坚持马克思主义
指导地位的几个认识问题[*]

理论是对实践的反映，理论的命运总是和实践紧密地联系在一起的。马克思主义诞生以来的 150 多年中，社会主义有过胜利凯歌的辉煌年代，也有过崎岖坎坷的蹉跎岁月。社会主义处于风正帆举的大发展时期，人们对马克思主义是敬仰、坚定的；但在社会主义陷入曲折颠沛的低潮期时，一些人则不免有这样那样的疑惑、动摇甚至责难。上个世纪 80 年代末 90 年代初相继发生的东欧剧变、苏联解体，使社会主义遭受严重挫折。西方资本主义国家曾欢呼这是"马克思主义在 20 世纪的破产"，并预言"资本主义将很快统治全球"。在这种情况下，我们的一些同志也产生了这样那样值得研究的看法，甚至对马克思主义在

---

* 2003 年 9 月讲于国防大学基本系，后经加工收入《热点问题解读》（京华出版社，2004 年版）一书，《前线》杂志 2004 年第 6 期和《新华文摘》2004 年第 16 期择要转载。

我国社会意识形态中的指导地位发生动摇。认真研究这些值得研究的问题，对于更好地坚持马克思主义的指导地位，具有十分重大的意义。

一、马克思主义产生150多年了，现在还管用不管用?

1848年《共产党宣言》问世，标志着马克思主义的诞生。一个半世纪以来，马克思主义尽管经历了风霜雨雪，但作为无产阶级政党理论基础的历史地位却始终没有变。不仅无产阶级政党自觉地把马克思主义作为自己的思想理论基础，就连有头脑的资产阶级思想家都对马克思主义推崇备至，例如美国资产阶级著名的经济学家撒缪尔森就说过，"马克思主义是科学，是我们观察社会历史的解剖刀"，强调"每一个要洞察社会历史底蕴的人都必须向马克思主义学习"。这在西方发达国家绝不是个别的现象。世纪之交，英国广播公司举办千年最伟大思想家的评选活动，马克思被评为"伟大的思想家之首"，就说明了这一点。

我们说马克思主义产生150多年之后，没有过时，在当代仍然是引领历史潮流的最先进的思想体系，这首先是由马克思主义所具有的不同于其他任何理论体系的特征所决定的。

马克思主义的第一个基本特征是科学性。它的科学性集中体现在马克思主义不仅全面继承了西方文化中最具价值的科学精神，同时它还科学地批判吸收了以往人类一切重要的思想成果，集人类思想发展史以来的精华之大成，成为人类精神之精华。马克思、恩格斯走上历史舞台的时候，思想界关注和研究的主要问题是人类向何处去、资产阶级向何处去、无产阶级向何处去。他们批判地继承前人研究的成果，进一步研究了人类向何处去，发现了历史发展的一般规律，创造了历史唯物论；研究了资产阶级向何处去，发现了资本家剥削工人的秘密，创造了剩余价值学说；研究了无产阶级向何处去，发现了工人阶级的历史地位，创造了无产阶级革命的学说。正是这三大研究、三大发现、三大创造，使社会主义由空想变成了科学。社会主义由空想变成科学，资本主义的灭亡不再只是人们的猜想，而被置于现实的经济事实之上；埋葬资本主义不再仅仅是个别天才人物的事业，而是全世界无产阶级的历史使命；社会主义不再只是理想的实现，而是现实社会生产力与生产关系、无产阶级和资产阶级矛盾运动的必然结果。

马克思主义的第二个基本特征是实践性。它不是产生于脱离现实的书斋之中，而是适应现实斗争的需要而产生的。19 世纪上半叶，资本主义的发展进入了一个历史转折时期，产业革命一方面促进了生产力的迅猛发展，另一方面加剧了生产的社会化与资本主义私人占有的矛盾；一方面创造出一个富有的工业资本家阶级，另一方面创造出一个贫困的产业工人阶级。从 1825 年起，连续爆发的三次大规模的经济危机，表明资本主义的生产关系开始由促进生产力的发展转向阻碍生产力的发展。如果说 1825 年是欧洲经济的转折点，那么，1831 年就是欧洲政治的转折点。从这一年起，连续爆发的三次大规模的工人运动，表明无产阶级和资产阶级的矛盾已经上升为社会主要矛盾，无产阶级作为一支独立的政治力量登上了历史舞台。但是由于当时的工人阶级没有自己的思想武器，所以斗争还是自发的。工人阶级的斗争由自发到自觉，必须有自己的思想武器。适应这种需要，产生了马克思主义。马克思主义诞生之后，又不断地随着实践的发展而发展。它在斗争实践中产生和发展，又反过来指导斗争实践，鲜明地体现出革命的批判精神。正是由于它能够引领人们改造世界，从而获得了越来越大的影响力。中国民主革命的胜利是在马克思主义指引下取得的，中国社会主义革命和社会主义建设的胜利，同样也是在马克思主义指引下取得的。可以说，中国革命与建设的实践需要马克思主义的指导，而选择了马克思主义为指导，我们党就掌握了指导中国革命、建设实践的最强大的思想武器。

马克思主义的第三个基本特征是阶级性。尽管马克思主义是人类思想的精华，它的思想成果属于全人类，但是马克思依然申明自己的理论是无产阶级的世界观，具有鲜明的阶级性。这是因为自无产阶级产生之日起，它就同最先进的生产方式联系在一起，是自人类社会产生阶级以来最先进、最有觉悟的阶级。无产阶级产生之后，就担负起了推翻旧制度，进而实现全人类解放的历史使命。在当代，随着信息与知识经济的发展，传统产业工人数量不断减少已经成为一种必然，但是大量知识阶层加入到工人阶级队伍中来，成为工人阶级中最有知识的一部分。因而，工人阶级依然是当代代表先进生产力前进方向的最先进的阶级。马克思主义的先进性也正在于它始终代表着历史上最先进的阶级，反映了人类历史发展的根本趋势。

马克思主义的上述基本特征，决定了它虽然经历了一个半世纪的时代发展，却依然历久弥真。正如江泽民同志所指出的：一百多年来，没有哪一种理论、学说能像马克思主义那样保持勃勃生机，对推动社会进步起那样巨大的作用，造成那样深远的影响。

有的同志怀疑马克思主义"现在还管不管用"，一个重要的症结在于，"马克思主义是指导无产阶级革命的理论，现在我们所从事的是社会主义建设"。不错，马克思主义产生于资本主义时代，是指导无产阶级革命的思想武器。马克思、恩格斯没有亲自领导过无产阶级革命，更没有直接指导过社会主义建设的实践，但这并不能否定马克思主义在社会主义建设时代的重大指导作用。首先，马克思主义哲学作为科学的世界观和方法论，揭示了人类社会发展的普遍规律，因而不会因为时代的变化而过时，至今仍然是我们认识和改造社会的重要思想方法。其次，马克思主义的科学社会主义理论不仅是指导无产阶级革命的理论，同时也包含着对社会主义社会的天才预见。至今马克思、恩格斯提出的那些原则性预见，依然具有重要的现实指导意义，依然闪烁着真理的光辉。再次，马克思主义政治经济学虽然揭示的是资本主义经济运行的规律，但其中也包含着市场经济的一般运行规律，不仅资本主义市场经济适用，当今我们所实行的社会主义市场经济同样也适用。

20世纪80年代末90年代初，国际社会主义遭受了重大挫折，这是一些人怀疑马克思主义"现在还管用不管用"的最重大、最直接、最根本的原因。20世纪80年代末90年代初，国际社会主义遭受了重大挫折，这是一个事实。我们不否认这个事实，但要加以具体分析。从客观上来讲，十月革命以来先后诞生的社会主义国家，基本上都是原来经济文化比较落后的国家，它本身处在强大资本主义世界的包围之中，要冲破这种包围，彻底改变落后面貌，在建立社会主义基本制度以后需要经历一个漫长的发展过程，其前进途中也不可避免地会遇到许多难以预料和想象的困难和风险，不可能是一帆风顺的。社会主义的历史，从世界历史进程看，毕竟还是短暂的，总的来说还处在实践和发展的初期。巩固和发展社会主义制度，需要几代人、十几代人甚至几十代人的努力。在这个长过程中发生曲折，从一定意义上说是不可避免的。从主观上来说，对马克思主义、社会主义理解的教条化是一个重要原因。马克思反复强调，他的学说不是僵死的教条。恩格斯说，如果把马克思主义当做现成的公式，按照它来剪裁各种历史事实，那么它就会转变为自己的对立物。列宁则更加明确地指出：我们认为，对于俄国社会主义者来说，尤其需要独立地探讨马克思的理论，因为它提供的只是一般的指导原理，而这些原理的应用具体地说，在英国不同于法国，在法国不同于德国，在德国又不同于俄国。马克思主义经典作家所反复阐明的这个真理，一些社会主义国家在实践中却为之付出了沉重的代价。把马克思主义经典作家关于社会主义的论述当成现成的公式和神圣不可移易的教条，不顾实际情况照搬照套，排斥关于社会主义多样化发展的选择，这是世界社会主义在长时期内存在的一种倾向。这种由于照搬"本本"和"一国模式"而产生的社会主义发展同一化现象，是国际社会主义遭受挫折的一个重要原因。从中不难看出，国际社会主义遭受挫折，原因不在于马克思主义，而在于对马克思主义的教条化。

马克思主义还管用不管用，一个十分重要的问题是我们以什么样的态度对待它。以科学的态度对待它，坚持理论联系实际，马克思主义就非常管用；以教条主义的态度对待它，理论脱离实际，马克思主义就不仅不管用，而且起负作用。马克思主义是科学，就要用科学的态度对待它。而不能片面地、僵化地、教条式地对待它。马克思主义是不断发展着的理论，而不是必须背得烂熟并机械地加以重复的教条。马克思主义经典作家也从来不认为他们的理论是一成不变的，而总是不断地依据实践发展的要求不断修正、补充和丰富发展自己的理论。马克思主义从来没有停止过理论的发展创新。在马克思、恩格斯创立了这一理论之后，根据时代的发展与无产阶级革命斗争的要求，在我国又先后形成了毛泽东思想、邓小平理论和"三个代表"重要思想。正是由于从时代的需要出发，坚持理论与实践相结合，不断推进理论创新，从而使马克思主义始终保持着蓬勃的生机和活力。马克思主义是与时俱进的，要用发展着的马克思主义指导发展着的实践，这是马克思主义历经 150 多年依然管用的真谛所在。

二、社会生活多样化了，为什么还要
坚持马克思主义的一元指导？

的确，经过二十多年的改革开放，中国社会发生了全面而深刻的变化。经济成分和利益关系、社会生活方式、社会组织形式多样化了。社会经济生活的日益多样化，为社会成员价值观和道德观念的多样化提供了社会基础，因而在社会精神生活方面也日益趋向多样化。在市场经济条件下，社会成员的个体价值和个体利益由市场规律予以确认，不再依照一种恒定不变的全社会统一的评判标准，在社会允许范围内，可以根据自身需要进行价值判断和价值选择，从而呈现为多类型、多层次、多形式的复杂格局。它体现在思想理论、是非标准、价值取向、道德选择、思维方式、社会心理和审美情趣等各个方面。社会流动的加速和对外开放的扩大，又加剧了这种多样化。

社会经济生活和社会精神生活的日趋多样化，是一个客观存在，并具有一定的历史必然性。我们既要承认和允许多样化，提倡有益的多样化，同时又必须在意识形态领域坚持马克思主义的指导地位，弘扬社会主义思想的主旋律。那么，在社会生活多样化的情况下，为什么还要坚持马克思主义的一元指导，"一元指导"与"多元并存"是否相抵触呢？

社会的一元价值导向与个体的多元价值取向同时并存，是社会发展的一个普遍现象。除原始社会外，无论在什么社会，不同的社会个体由于各自不同的经济、社会地位，往往从各自所处的利益关系中确定和选择自己的价值取向，它属于社会心理方面，带有感性的、自发的、局部的性质，往往表现为多元。但是，另一方面，任何社会都有代表这个社会统治阶级利益的占主导地位的价值观，它是社会的统治阶级为了调节各利益集团的关系、保持社会稳定而自觉倡导的一种社会价值目标，它对于各种非主导的价值观念进行统摄和抑制，起着稳定社会的精神支柱的作用，它具有理性的、自觉的、全局的性质，往往是一元的。所以任何社会，其价值观念中都既有一元的价值导向，又有多元的价值取向，是这两者的统一。

多样性是社会发展的源泉之一，有多样性，社会才有活力。没有多样的价值取向，社会就会缺乏生机和活力，从而影响社会发展。但是，多样性与有序性是一个统一的整体。多样性必须以有序性为前提。无序的、无节奏的多样性是杂乱无章的，同样不利于社会发展。社会经济生活和社会精神生活的多样化，必须在一定的规则下进行，失序、失范的多样化追求，将会引起整个社会生态系统的失衡。如果一个社会没有统一的价值导向，或者社会价值导向乏力，缺乏统摄和引导的作用，就会使个体的价值取向偏离社会价值导向而各行其是，从而造成社会运转陷入无序或混乱，这同样会影响社会的发展。所以，既要认可个人价值取向的多样性，也要坚持社会价值导向的一元性。

　　坚持马克思主义的一元指导，是由我国现阶段基本经济制度的社会主义性质所决定的。有人提出：按照马克思主义基本原理，社会存在决定社会意识，经济基础决定上层建筑，经济关系决定思想道德关系；在我国现阶段，已是多种所有制经济共同发展，市场经济条件使社会成员形成无数个利益主体，这种多元化的利益格局，反映在思想文化上，似乎也应该是多元的，重申和强调指导思想一元化，这与马克思主义基本原理究竟怎么统一起来？

　　的确，经济决定思想文化，思想上层建筑决定于经济基础，思想文化又反过来影响和作用于经济，这是马克思主义的基本常识。恩格斯曾经说过，人们总是从他们进行生产和交换的经济关系中，吸取自己的道德观念。我国社会经济生活的多样化，必然带来社会精神生活的多样化。既然允许多种所有制经济共同发展，那么，反映不同经济关系的思想道德观念，就必然是多样的。我们不仅必须在一定范围内承认其在法律上的合理性，同时也必须在一定程度上承认其道德上的合理性。如果不承认这一点，就不是一个彻底的唯物主义者。

　　但是，经济关系多样化不能作为否定指导思想一元化的根据。自从人类社会进入阶级社会以来，还没有一个社会形态的经济关系是纯而又纯的。但是，这并没有影响每一社会形态中都有一种思想体系处于支配地位。无论是奴隶社会、封建社会、资本主义社会，还是社会主义社会，这种状况从未有过改变。从马克思主义原理来说，一个社会处于支配地位的意识形态并不取决于经济关系的多种构成，而是取决于占统治地位的经济、政治关系。党的十五大早已明确指出："公有制为主体、多种所有制经济共同发展，是我国社会主义初级阶段的一项基本经济制度。"在这个基本经济制度中，其"多种"是事实，但"主体"也是事实。在我国现阶段，虽然经济成分和经济利益关系是多元的，但是，这个多元格局中的公有制"主体"部分却是"一元"的。经济关系的多样化并没有改变社会主义经济关系的主体地位，没有改变国家的社会主义性质，工人阶级及其政党是这个社会的领导阶级，因此，它反映在思想上层建筑上，作为与社会主义经济基础和政治上层建筑相适应的指导思想，也必然是一元的，必须以马克思主义为指导，必须弘扬爱国主义、集体主义和社会主义这个主旋律。

社会精神生活多样化的复杂情况，要求以马克思主义为指导，弘扬社会主义的主旋律。改革开放和现代化建设，带来了经济的快速发展和社会的巨大进步，增强了人们的竞争意识、效率意识、民主法制意识和开拓创新精神，为我们加强先进文化建设创造了更好的物质、精神条件。社会精神生活领域总的形势和主流是好的，不能对此作出漆黑一团的错误判断。但是另一方面，我们也必须清醒地看到，多样化的社会精神生活，并非清水一盆。由于新旧交替转换的过渡性和不确定性，由于市场经济对思想道德的双重影响，由于西方文化的涌入，由于旧社会消极落后的思想观念和习惯的遗留，也由于我们面对新的思想文化格局，一时缺乏足够的思想准备和有效的管理手段，致使鱼龙混杂、泥沙俱下，使社会精神生活领域存在着极为复杂的情况。党的十六大报告从先进和落后的角度，把我国现阶段的文化分为四种：第一种是先进文化。在当代中国，先进文化就是中国特色社会主义文化，是我们的主流文化，它是以马克思主义为指导、以坚持四项基本原则为基本内容、以集体主义为价值导向和以为人民服务为核心的社会主义文化。第二种是健康有益的文化。这种文化是指那些虽然未必具有鲜明的社会主义思想内涵，但不违背先进生产力的发展要求，可以满足广大群众不同的文化需求，有益于丰富人民精神生活的文化。第三种是落后文化。包括违背科学和落后于时代发展的文化观念，如教条主义、虚无主义、形式主义，包括迷信、愚昧、颓废、庸俗、品格低下的各种文化形态，也包括一些束缚文化发展的各种弊端。如文艺创作中的是非不分、善恶不分、美丑不分、媚俗追利的现象，社会生活和思想理论领域里的亵渎政治、蔑视原则等不良倾向。第四种是腐朽文化。是指那种腐蚀人们灵魂、侵害民族精神、阻挠先进生产力发展、危害人民根本利益的文化。如封建文化、殖民文化、黄色文化、暴力文化、邪教文化和反动政治文化等。

在这里，必须将两个"多样化"加以区分，一个是社会上客观存在的"多样化"，一个是我们党倡导的"多样化"。前者是良莠互见，先进、落后和腐朽并存；而后者是要大力发展先进的多样化，支持健康有益的多样化，努力改造落后的多样化，坚决抵制腐朽的多样化。必须看到，在多元文化格局中，形形色色的不健康的有害文化的滋生蔓延，对先进文化形成了严重的冲击和挑战，并对社会的稳定和全面进步带来了不可忽视的消极影响。党的十六大明确提出，要大力发展先进文化，支持健康有益文化，努力改造落后文化，坚决抵制腐朽文化。事实说明，思想文化领域的斗争不仅会长期存在，而且还很复杂，有时甚至还相当尖锐。思想文化阵地，马克思主义思想不去占领，各种非马克思主义、反马克思主义思想就必然去占领。如果我们对这项关系党和国家前途命运的重大问题抓得不紧，有了纰漏，那么我们就会犯不可饶恕的错误。在精神文化领域，既不能搞清一色的文化专制，也不能对各种有害文化视而不见，放任自流。面对精神生活的多样化，必须以马克思主义为指导，坚持主旋律与多样化的统一。

我国社会处在转型期，更需要坚持以马克思主义为指导。社会转型，是指社会由传统型社会向现代型社会转变的过程。十一届三中全会以来，中国正处于社会急剧转型的历史时期。这场社会大转型，是经济结构、政治结构、社会结构和文化结构全面的社会变迁，其核心是实现现代化，其实质是建设中国特色的社会主义。与西方发达国家相比，中国的社会转型有三个突出特点：第一，在社会转型的任务上，西方发达国家是从农业社会向工业社会转型，先完成工业化的任务，然后再搞现代化和信息化，同时，社会体制并不存在从计划体制向市场体制转轨的问题。但中国的社会转型，既要实现工业化，又要大力推进信息化，加快建设现代化，社会转型和体制转轨要同时进行，要把不同历史阶段的任务叠加在同一个时空交汇点上。第二，在社会转型的外部环境上，西方发达国家的社会转型是在没有多少外在压力的情况下进行的，而中国社会转型的外部环境则复杂得多：不仅发达国家已经进入后工业社会，而且在上个世纪80年代末90年代初，东欧剧变、苏联解体，世界社会主义发生了重大挫折，中国面临着巨大的外部压力，形势逼人，不进则退。第三，在转型的速度上，由于上述两个原因，中国社会转型不可能是慢悠悠的，而只能是把其他国家在一百多年，甚至几百年的缓慢进程压缩在极短的时间内，呈现出"加速度"的特征。

中国社会转型的特殊性，给思想文化领域带来了极为复杂的影响，对文化建设提出了极高的要求。正是由于转型任务的叠加性、转型环境的复杂性和转型速率的加速性，使一切都来得那么急迫、那么突然。旧格局被打破，传统的文化模式失去了往日神圣的权威，新秩序和新的价值体系又没有立起来，两处茫茫皆不见，人们感到无所适从，导致了种种前所未有的思想困惑、道德迷失和文化冲突。比如一些人对新的社会变革和现实环境很不适应，精神上感到迷茫和痛苦；一些人对异常激烈的思想文化竞争和思想文化渗透无所警惕，在思想上产生矛盾和迷惑；一些人对社会多样化和思想观念多样化的现实感到无所适从，在认识上出现混乱、疑惑和偏差；一些人对所处的生存境遇感到无能为力，在信仰上出现某种危机；一些人对那种只追求物质财富的增长而轻视人文精神建设的现象感到无所皈依；等等。社会上那种"跟着感觉走"的顺口溜，可以说是社会转型时期人们在精神上无"家"可归的无奈心态的一种反映。

社会转型期的文化困惑和文化冲突，如果久拖不决，社会转型的任务就难以完成，改革开放的进程必将受阻，全面建设小康社会的奋斗目标就难以实现。这个问题的解决，除了需要进一步完善市场经济体制，完善制度法规，建设制度文明以外，就是要用科学的世界观、人生观、价值观来进行正确引导，重建精神家园，化解思想矛盾，树立正确价值取向，健全国民社会心理，坚定正确理想信仰。而所有这一切，都需要以马克思主义为指导。

三、强调马克思主义的指导地位，会不会影响我们融入经济全球化进程？

经济全球化是当今世界不可回避的一个客观现实。在经济全球化的过程中，世界各国在生产和贸易、生态能源、全球性疾病、恐怖主义威胁等方面面临着一些共同的问题，需要形成诸多相同或大致相近的文化观念。在这种情况下，强调马克思主义的指导地位，会不会影响我们融入经济全球化的进程，对此，一些同志存在着这样那样的担心和疑虑。

其实，马克思主义与融入经济全球化并不矛盾，其本身就是经济全球化的产物。经济全球化是指全球范围内各国各地区之间经济相互联系、相互依存，并在世界市场扩展和深化的基础上日趋密切的发展态势和发展过程。15
世纪末、16世纪初的航海大发现为经济全球化的形成提
供了客观条件。18世纪中后期至19世纪前期的西方产业
革命以及资本主义机器大工业和世界市场的出现，标志着
经济全球化的兴起和开端。马克思、恩格斯在《共产党
宣言》中明确指出："资产阶级，由于开拓了世界市场，
使一切国家的生产和消费都成为世界性的了。……过去那
种地方的和民族的自给自足和闭关自守状态，被各民族的
各方面的互相往来和各方面的互相依赖所代替了。"[1] 这
一时期，经济全球化主要表现为自由竞争资本主义的海外
扩张和殖民运动，它不仅为西方资本主义经济的快速发展
提供了源源不断的资本、市场和人力资源，而且也日益成
为其发展和创建新的社会学说的宏观背景和重要内容。无
论是英国的经济学理论、德国的古典哲学，还是法国的空
想社会主义学说，都不是仅仅立足于本国经济现状，思考
和解决本国危机及根本问题的理论成果，它们还包含着更
为宽泛的"欧洲经济"甚至"世界经济"的内容，以及
对整个人类命运的担忧、思考和憧憬。马克思、恩格斯批
判地吸取了当时的思想成果，以"世界市场"和"全球
经济"为背景，创立了唯物史观和剩余价值学说，揭示
了资本主义生产的奥秘及不可克服的内在矛盾，把社会主
义由空想变为科学，创立了马克思主义。

　　马克思主义不仅是经济全球化的产物，而且随着经济

---

① 《马克思恩格斯选集》第1卷，人民出版社1995年版，第276页。

全球化的发展而不断发展。19 世纪末 20 世纪初，以内燃机、电动机、电报、电话等为主要内容的第二次科技革命成果得到广泛运用，进一步增强了世界各国之间的联系，有力地促进了世界经济的形成及经济全球化的发展。这一时期，经济全球化出现了一些新的特点：工业资本与金融资本相结合，形成了在经济生活中起决定作用的垄断组织，资本主义逐渐向帝国主义过渡和转化；帝国主义国家利用其垄断地位，通过商品、资本输出等形式，攫取高额垄断利润，使帝国主义国家与殖民地以及广大发展中国家的矛盾日益激化；主要帝国主义国家把世界上的领土瓜分完毕，他们之间的经济矛盾和利益冲突日趋尖锐。在这种形势下，如何利用帝国主义国家之间的矛盾，抵御经济侵略，保护广大人民利益，实现民族的独立和富强，成为殖民地以及广大发展中国家的人民必须回答和解决的重大课题。以列宁为代表的俄国共产党人，把马克思主义的普遍真理与俄国实际相结合，创立了列宁主义；以毛泽东为代表的中国共产党人，把马克思主义普遍真理与中国实际相结合，创立了毛泽东思想。列宁主义、毛泽东思想是在经济全球化的推动下对马克思主义的丰富和发展。

20 世纪 70 年代中期以来，西方发达资本主义国家利用其科技优势，通过调整改革，生产力获得了新的发展，资本主义世界市场出现了又一轮大扩展、大繁荣。与此同时，苏联东欧等社会主义国家在经济、社会发展上陷入困境，最后出现东欧剧变、苏联解体的悲惨结局。面对经济全球化的大潮以及资本主义发展和世界社会主义运动的曲折，中国共产党人以邓小平为代表，重新确立了解放思想、实事求是的思想路线，紧紧围绕"什么是社会主义，如何建设社会主义"这个根本问题，全面深刻地回答了建设有中国特色社会主义的一系列基本问题，创立了当代中国的马克思主义即邓小平理论，把马克思主义的发展推进到一个新的阶段。

经济全球化需要一种以全人类根本利益为宗旨的文化思想的支撑和指导，强调马克思主义的指导地位不仅不违背这种要求，而且正是这种要求的体现和反映。

就经济全球化发展的整个过程而言，它虽然已走过了二百余年的历程，并在一定程度和范围内实现了经济要素的全球流动、全球配置、全球整合，使生产和贸易初具世界性品性，但与其成熟形态的内在要求相比，仍存在着较大差距，需要继续经历一个漫长而曲折的过程。在这个过程中，能不能克服困难，减少挫折，使经济全球化健康发展，成为世界各国各地区经济发展乃至社会发展的现实契机，很重要的一条在于，有没有一种以全人类根本利益为宗旨和归宿的文化思想的支撑和指导。

众所周知，自18世纪中叶以来的经济全球化是西方资本主义国家主导的经济全球化。西方资本主义国家以"自由、民主、人权"和个人主义等资产阶级文化价值观为指导，立足于资产阶级及其国家的狭隘利益，利用其经济、科技优势及在经济全球化中的主导地位，采用战争、殖民扩张、建立不平等的经济规则等方式，对广大发展中国家进行经济侵略和经济盘剥。尽管我们不能把经济全球化归结为西方化，但在这一过程中存在着大量的不平等关系以及西方资本主义国家对发展中国家的压榨和欺凌，却是不容否认的事实。西方资本主义国家虽然利用暴力、商品与资本输出等手段，密切了世界各国各地区之间的经济联系，推动了经济全球化的发展，但必须看到，这种经济联系是不平等的，这种发展是建立在压迫和剥削以及西方资本主义国家与广大发展中国家之间的深刻矛盾基础之上的。西方资本主义国家一方面推动了经济全球化的发展，另一方面又为其进一步发展设置了障碍，带来了深重的危机。资产阶级文化的局限性及其在经济全球化中的主导地位，是造成这种状况的文化根源。马克思主义是与资产阶级文化根本不同的思想体系，它超越了资产阶级文化的狭隘性、局限性，强调世界各国各民族间的平等，把整个社会和人类的发展、幸福与进步作为根本价值追求。不难发现，马克思主义与经济全球化不仅不矛盾，而且有利于解决经济全球化进程中的各种矛盾和冲突，促进世界各国各地区在平等、协商、对话的基础上加强经济联系和合作，推进经济全球化健康快速发展。

就经济全球化发展的现阶段而言，它仍是由西方发达资本主义国家所主导的。为了用先进的思想指导认识和实践，在经济全球化的过程中掌握主动权，使我们更好地融入经济全球化进程，必须坚持和强调马克思主义在意识形态中的指导地位。今天的经济全球化，从实质上说，是资本主义生产方式向全球的扩张。它在进行经济扩张的同时，也传播着资本主义的价值观念和生活方式，加之西方敌对势力西化、分化我们的图谋，正加紧消解着我们的主流意识形态。如果我们动摇了马克思主义在意识形态中的指导地位，就有可能成为西方资本主义国家的经济附庸，而不是参与经济全球化。

经济全球化给我国带来了好的发展机遇，同时也带来了严峻挑战。只有强调马克思主义的指导地位，才能利用机遇，迎接挑战，以更加积极的姿态融入经济全球化进程。

从发展机遇来看，经济全球化增强了世界各国的相互联系，为我们的经济文化发展提供了交流、吸取、利用、融合的渠道。马克思、恩格斯曾指出，随着世界市场的建立以及生产和消费的世界性的形成，"各民族的精神产品成了公共的财产。民族的片面性和局限性日益成为不可能，于是由许多种民族的和地方的文学形成了一种世界的文学"。① 需要强调的是，马克思、恩格斯所说的文学，是指科学、艺术、哲学等，从实质及内容看，相当于我们所说的文化。建设中国特色社会主义，必须充分利用这个难得的发展机遇，在坚持马克思主义指导地位的前提下，积极吸收和借鉴世界各国各地区其中包括西方发达资本主义国家创造的科学文化成果以及诸如竞争意识、效率意识、能力意识等思想观念，这样才更有利于同世界各国包括西方资本主义国家进行经济、技术合作与交流，有利于更好地使我们融入经济全球化的进程。

---

① 《马克思恩格斯选集》第 1 卷，人民出版社 1995 年版，第 276 页。

　　从严峻挑战来看，以美国为首的西方发达资本主义国家凭借其经济、科技等方面的优势及在经济全球化过程中的主导地位，在对广大发展中国家进行经济盘剥的同时，利用对外援助、文化交流、媒体宣传等手段，极力推销"欧美文化中心论"的思想观念，大力推行文化霸权主义、文化帝国主义以及"和平演变"政策，不断进行文化侵略和意识形态渗透，企图以他们的世界观、人生观、价值观和民主、人权标准来统治世界。尼克松在其《1999'不战而胜》一书中明确指出，思想文化渗透在美国战略中占有极其重要的地位，"如果我们在思想意识战中败北，则我们所有的武器、条约、贸易、外援和文化关系，都将毫无用处。"因此，"必须同共产主义世界进行一场巨大的思想战"，利用美国意识形态的力量，促使"红色文化"变色，使共产主义世界自我瓦解、自我埋葬。东欧剧变、苏联解体，与此有着十分重要的关系。20世纪90年代以来，美国等发达资本主义国家进一步认识到思想文化渗透的巨大价值，利用经济全球化提供的契机，加大思想文化渗透的力度。当前，"美国之音"有十几座发射台，100多个转播站，用近40种语言对国外进行24小时不间断的广播，世界各地大约有4000家电台转播或重播其节目。在世界最有影响的五家电视广播公司中，美国就占了三家。美国两大通讯社——美联社和合众社，使用100多种文字，向世界100多个国家、地区的两万多家用户昼夜发布新闻，每天发稿量约700万字。美国哥伦比亚广播公司、美国广播公司和有线新闻网等媒体发布的信息量是世界其它国家发布的信息总量的 100 倍。正是由此，使得仅占世界人口 5% 的美国，却垄断了目前传播于世界大部分地区近 90% 的新闻。此外，美国还控制了世界 75% 的电视节目的生产与制作。其电影的生产总量只占世界电影总量的 6%—7%，却占据了世界放映时间的一半以上。因特网是目前全球信息传播的重要渠道，在这条渠道上，美国文化占据了网上信息资源的 80%，使人们一进入因特网就进入了美国文化的环境之中。所有这些，都为美国向中国等发展中国家推行其"自由、民主、人权"和个人主义等资产阶级思想文化观念提供了强有力的工具。

西方发达资本主义国家的思想文化渗透以及"西化"、"分化"的图谋与实践，严重威胁着我国意识形态安全，也给我国经济和社会发展以及参与经济全球化活动带来了巨大的负面影响。面对威胁和挑战，我们必须强调马克思主义的指导地位，加强中国特色社会主义文化建设。唯有如此，才能有效抵御西方发达资本主义国家的文化侵略和意识形态渗透，保持我国经济、政治、文化的社会主义性质，才能为中国社会主义建设以及认识和参与经济全球化提供科学的思想基础，以促进中国经济、社会的健康发展。

四、西方国家不强调统一的指导思想搞得 也不错,我们为什么非要坚持马克思 主义的指导地位?

有的人把我们国家和西方国家作比较, 以西方国家不强调统一的指导思想"搞得也不错"为由, 怀疑甚至否定我们坚持马克思主义指导地位的必要性, 这是很值得研究的。

任何一个阶级社会的意识形态都不是纯而又纯的, 必然有一种居于主导地位的意识形态。历史唯物主义告诉我们, 这种意识形态不仅主导着这个社会的思想文化制度, 而且设计、反映和维护着它所要求的经济制度和政治制度。本质上看, 正是居主导地位的意识形态的差异反映着不同社会制度的根本区别。这种居主导地位的意识形态, 只能是经济上和政治上居统治地位的阶级的意识形态。某个阶级的意识形态即某个阶级的思想体系, 是这个阶级的政治世界观, 它以理论的形式集中反映了这个阶级的政治、经济要求, 与相应的社会制度相依为命。马克思、恩格斯在他们的重要著作《德意志意识形态》中指出:"统治阶级的思想在每一时代都是占统治地位的思想。这就是说, 一个阶级是社会上占统治地位的物质力量, 同时也是社会上占统治地位的精神力量。"① 占统治地位的思想不

---

① 《马克思恩格斯选集》第 1 卷, 人民出版社 1995 年版, 第 98 页。

过是占统治地位的物质关系在观念上的表现，不过是以思想的形式表现出来的占统治地位的物质关系；居统治地位的阶级所进行的统治遍及这个社会的一切领域，当然也作为思想的生产者而进行统治，使统治阶级的思想成为这个社会占统治地位的思想；统治阶级只有在使自己的思想成为占统治地位的思想时，才能巩固自己的阶级统治。马克思、恩格斯的这一思想是马克思主义关于社会物质关系对于社会思想的决定关系以及统治阶级思想统治实质的经典性论述。根据这个观点，很容易理解阶级社会中占主导地位的意识形态存在的必然性，也很容易理解统治阶级的意识形态主导整个社会的必要性。

当代西方国家不强调统一的指导思想，并不等于这些国家没有起主导作用的意识形态。资本主义的过去和今天都表明，资产阶级个人主义始终是资本主义意识形态的核心。资本主义社会的经济基础，是以资本主义私有制为核心的生产关系。这种生产关系的必要条件，是以自由、自主的商品生产者为本位的社会结构，即个人本位的社会结构。作为这种社会关系的反映，资本主义意识形态必然要以个人主义为核心内容。个人主义是资产阶级世界观的基础和资产阶级道德的基本原则，是资产阶级关于人生的目的、价值和道德等观点的总和，其基本内涵是以自我为中心、个人利益至上、个性自由第一。作为资本主义意识形态的核心，个人主义渗透和体现在资本主义社会的各个领域，形成了一个无孔不入、无所不在的强大的、根深蒂固的价值体系。它在政治法律关系中的必然要求和反映，就是自由主义和多元主义。当代西方国家的宪法文献中关于私有财产神圣不可侵犯的规定，关于"自由、民主、人权"的规定，本质上讲都是资产阶级个人主义的体现，都是以个人主义为理论基础的。西方国家通过一套系统的方法和手段，极力维护个人主义在意识形态领域中的主导地位，防止马克思主义取而代之。对此，他们一直抓得很紧很紧。不仅如此，联系西方敌对势力对我国和其它社会主义国家的西化、分化图谋，我们不难看出，他们还要用资本主义的价值观统一世界。在这个问题上，我们切不可书生气十足。

个人主义的意识形态始终是反映资本主义私有制关系、体现资产阶级的阶级本性的，因而必然表现出其本来就有的局限性。这种局限性的恶性发展就是走向利己主义，最后表现出顽固的反社会性。这一点早已引起人们的忧虑，就连资产阶级思想家自己也明确承认。上个世纪40 年代，法国学者托克维尔在《论美国的民主》一书中就指出，在美国的民主制度下产生的个人主义，"是一种只顾自己而又心安理得的情感"，它"首先会使公德的源泉干涸"，"久而久之，个人主义也会打击和破坏一切美德，最后沦为利己主义"。反社会性，是个人主义内在的必然逻辑，也是个人主义发展的必然走向。当然，对资产阶级个人主义也不能简单地完全否定。个人主义作为一种思想体系，作为资产阶级意识形态，是在17—18 世纪资产阶级革命时期奠定理论基础的。这个时期的资产阶级思想家，系统地论证了个人的自然权利、平等、自由的不可剥夺性，肯定个人利益，强调个性发展，重视个人价值，鼓励人们追求个人幸福，等等。所有这些，都成为反对封建专制主义、发展资本主义的精神武器和思想旗帜，也是人类思想的一次重要解放，因而在当时是有革命意义的。

至于资本主义"搞得不错"，这要具体分析。全世界有100多个国家在搞资本主义，但真正搞得不错的就是那几个国家，绝大多数还不如我们。至于那几个国家搞得不错，从历史上看，它们是靠侵略发家的。从现实看，主要依靠不平等的国际经济关系剥夺发展中国家。同时，它们拥有得天独厚的自然地理和人口条件。当然，它们的制度还能容纳生产力的发展，以及在其改革中吸纳了社会主义的某些成分，也是一个重要原因。总之，不能把它们的发展看做是不强调统一指导思想的结果。

我国是社会主义国家，在意识形态领域中发挥指导作用的只能是马克思主义，而不可能是其它的什么"主义"。首先，马克思主义是我们党的立党之本。中国共产党是马克思主义政党。之所以称之为马克思主义政党，是因为它从成立的那一天起就把马克思主义作为自己的指导思想。成为执政党后，理应继续坚持这一指导思想，而且应在全社会进行马克思主义理论教育，使马克思主义在社会主义社会的意识形态领域中成为"占统治地位的思想"。唯有这样，才能坚持马克思主义政党的性质，也才能巩固党的执政地位。其次，马克思主义是我们国家的立国之本。我国的社会主义制度是在中国共产党的领导下以科学社会主义理论为指导建立起来的。依据这样一种学说建立起来的社会制度，当然要坚持它的指导地位。否则，就不成其为社会主义了。社会主义初级阶段虽然存在多种所有制，但居主体地位的是社会主义公有制，起主导作用的是社会主义国有经济。这样的基本经济制度在意识形态上的反映和要求，只能是以马克思主义为党和国家的指导思想。再次，马克思主义是巩固和发展社会主义的指南。马克思主义阐明，社会主义社会是经济、政治和文化全面发展的社会，不仅要创造高于资本主义社会的物质文明，也要创造高于资本主义社会的政治文明和精神文明。理论和实践都证明，资产阶级个人主义的意识形态达不到这样的目的。马克思主义还阐明，集体主义是社会主义社会应该而且必须坚持的一条重要原则。在社会主义社会，集体利益同个人利益在根本上是一致的，每一集体代表着集体中每一成员的利益，而集体中每一成员的利益又都把维护集体的利益作为首要的前提；集体利益高于个人利益，二者发生矛盾时，个人利益要顾全大局、以集体利益为重；集体主义特别重视个人的正当利益，并力求使个人的个性和才能得到最好的发展，使个人的价值得到实现。这样的集体主义，有利于社会的和谐与发展，也有利于个人的成长与进步，绝不像西方敌对势力攻击的那样否定人的个人利益，扼杀人的个人价值，限制人的个性自由。我国改革开放以来的实践表明，与时俱进的马克思主义是巩固和发展社会主义的理论指南和精神动力。江泽民指出，马克思主义是我们立党立国的根本指导思想，是全国各族人民团结奋斗的共同理论基础。马克思主义的基本原理任何时候都要坚持，否则我们的事业就会因为没有正确的理论基础和思想灵魂而迷失方向，就会归于失败。东欧剧变、苏联解体，一个重要的原因，就是在意识形态领域放弃马克思主义，搞指导思想的多元化。这个教训是惨痛而深刻的，我们必须记取。

五、我们一贯重视马克思主义的指导地位,但现实生活中还有诸多违背马克思主义的现象,究竟如何坚持以马克思主义为指导?

我们党从诞生之日起，就把马克思主义确立为自己的指导思想。八十多年来，在马克思主义的指导下，我们党领导人民完成了新民主主义革命任务，实现了民族独立和人民解放；建立了社会主义制度，实现了中国历史上最广泛最深刻的社会变革；开创了中国特色的社会主义事业，为实现中华民族的伟大复兴开创了正确道路；建立了人民民主专政的国家政权，中国人民掌握了自己的命运；建立了独立的和比较完整的国民经济体系，经济实力和综合国力显著增强；不断发展社会主义文化，全国人民的精神生活日益丰富；彻底结束了旧中国一盘散沙的局面，实现了国家的高度统一和各民族的空前团结；锻造了一支党绝对领导下的人民军队，建立起巩固的国防；坚持独立自主的和平外交政策，为世界和平与发展的崇高事业作出了重要贡献。党领导人民奋斗的峥嵘岁月和光荣业绩，如同一幅逶迤而又气势磅礴、雄浑而又绚丽多彩的画卷。八十多年来之所以取得如此重大的成就，一个十分重要的原因就在于有马克思主义的科学指导。

当然，我们在看到成绩的同时也必须正视，在意识形态领域和现实生活中还存在着诸多违背马克思主义的现象。比如，一些人在经济上鼓吹私有化、主张国有企业一卖了之；在政治上鼓吹"三权分立"、主张多党制；在意识形态上完全不顾中国国情，推崇资产阶级的自由、民主、人权；等等。在现实生活中，旧社会的一些腐朽、没落的东西沉渣泛起，资产阶级享乐主义、拜金主义、利己主义还有很大市场。一些党员干部丧失了对马克思主义的理想信念，有的在权力、金钱、美色面前经不起考验，蜕化变质，跌入了腐败的泥坑。在某些地方，封建迷信、腐朽文化在一些群众中大行其道，权钱交易、唯利是图、坑蒙拐骗的行为屡见不鲜，一些愚昧低级的东西正严重侵害着社会的肌体。但是对这些现象，我们应该有个正确的认识，要冷静全面地分析造成这种状况的复杂原因，而不能简单地认为是我们的指导思想本身出了问题。即便是从指导思想上找原因，也是对马克思主义的理解出了偏差，理论和实际相结合的学风贯彻得不好。事实告诉我们，要解决诸如此类的问题，必须坚持马克思主义基本原理同具体实践相结合，坚持科学理论的指导，大力加强思想意识形态工作。实践证明，意识形态领域是一个没有硝烟的战场，意识形态领域的争夺比起经济、政治和军事领域的斗争更为持久和激烈、更为诡秘和惊心动魄。无论什么时候，只要我们放松和忽视了意识形态领域的斗争，一些非马克思主义的东西就会趁机占领我们的思想阵地。因此，在意识形态领域坚持和巩固马克思主义的指导地位是一项长期而艰巨的任务，忽视不得，动摇不得。

坚持马克思主义的指导地位，首先是要全面深入地学习马克思主义理论。我们党历来重视理论学习。毛泽东同志曾经指出，指导一个伟大革命运动的政党，如果没有革命理论，没有历史知识，没有对于实际运动的深刻了解，要取得胜利是不可能的。邓小平同志也曾指出，全党必须重新学习，首先是领导干部，在繁忙的工作中，仍然要有一定的时间学习，熟悉马克思主义的基本理论，从而加强我们工作中的原则性、系统性、预见性和创造性。江泽民同志更是强调全党要"学习、学习、再学习"。要把学习特别是马克思主义理论的学习作为一种政治责任、一种精神追求、一种思想境界来对待，真正做到系统地而不是零碎地、深入地而不是肤浅地学习。只有这样，才能把握好马克思主义的科学体系和思想真谛。

坚持马克思主义的指导地位，最主要的是坚持"三个代表"重要思想。马克思主义是开放的体系，是不断发展的学说。"三个代表"重要思想是我们党继毛泽东思想、邓小平理论之后的第三大理论成果，是最新的马克思主义。坚持"三个代表"重要思想，就是真正坚持马列主义、毛泽东思想和邓小平理论。在新的历史条件下，加强和巩固马克思主义的指导地位，就是要真正把"三个代表"重要思想落实到中国特色社会主义的各方面、全过程，体现到各级党组织和广大党员的实际行动中去。只有这样，马克思主义才能转化为推动事业发展、开创社会主义新局面的强大精神动力，真正成为我们的指导思想。

坚持马克思主义的指导地位，必须以科学的态度对待马克思主义，既坚持马克思主义的立场、观点和方法，坚持马克思主义基本原理，又坚持勇于追求真理和探索真理的革命精神。要确立以研究实际问题为中心的马克思主义方法论，这种方法论要求我们要以我国改革开放和现代化建设的实际问题，以我们正在做的事情为中心，着眼于马克思主义理论的运用，着眼于实际问题的理论思考，着眼于新的实践和新的发展。一句话，就是要求真务实。求真务实，是我们共产党人应该具备的政治品质，是我们党以人民群众为本的价值观的生动体现。我们要充分认识大力弘扬求真务实精神、大兴求真务实之风的极端重要性，在实践中不断求我国社会主义初级阶段基本国情之真，务坚持长期艰苦奋斗之实；求社会主义建设规律和人类社会发展规律之真，务抓好发展这个党执政兴国的第一要务之实；求人民群众的历史地位和作用之真，务发展最广大人民根本利益之实；求共产党执政规律之真，务全面加强和改进党的建设之实。

坚持马克思主义的指导地位，就意识形态领域而言，要努力贴近实际、贴近生活、贴近群众。要深入研究新形势下意识形态工作的特点规律，及时总结干部群众在实践中创造的新经验和获得的新认识，回答干部群众在现实生活中关心的重大思想理论问题，善于运用马克思主义观点同各种错误观点进行积极的斗争，帮助广大干部群众树立和坚定正确的思想观点。做到"三贴近"，意识形态领域的工作就能较好地落到实处，就能发挥丰富人们的精神世界、增强人们的精神力量、满足人们的精神文化需求的强大功效。也只有这样，才能使马克思主义成为武装全党、教育人民的理论武器和思想保证。

马克思主义哲学
与社会主义精神文明建设[*]

　　马克思主义哲学是人类精神文明的重要成果，同时又
对社会主义精神文明建设起重要的指导作用。加强社会主
义精神文明建设，内在地包含着对马克思主义哲学的学
习。学习马克思主义哲学，有助于我们对社会主义精神文
明战略地位的认识，有助于我们对社会主义精神文明建设
状况的评价，有助于我们更好地改造主观世界，在更高的
层次上推进社会主义精神文明建设。

一、社会精神文明的哲学定位

　　马克思主义哲学是完备的唯物主义哲学。这个完备的
唯物主义哲学包含着两个统一：唯物论和辩证法的统一，

　　* 1996 年 9 月讲于国防大学进修系，后经加工收入《许志功讲学录》（中央文献
出版社，2000 年版）。

辩证唯物主义和历史唯物主义的统一。列宁说，马克思主义哲学是由这两个统一构成的一块"整钢"，掌握马克思主义哲学，不可将其中的任何一个部分舍弃掉。同时，列宁也告诉我们，马克思、恩格斯所特别注意的不是唯物主义认识论，而是唯物主义历史观。把辩证唯物主义应用于社会历史，形成历史唯物主义，这是马克思、恩格斯作出的最重要的理论贡献，是他们在革命思想史上英明地迈进的一步。而在历史唯物主义当中，一个最基本、最重要的理论，被马克思称之为他所得到并且一经得到就用于指导他的研究工作的总的结果，是关于社会结构学说。因而我们学习马克思主义哲学，要特别注意马克思关于社会结构的学说。

马克思在《政治经济学批判序言》中说："人们在自己生活的社会生产中发生一定的、必然的、不以他们的意志为转移的关系，即同他们的物质生产力的一定发展阶段相适合的生产关系。这些关系的总和构成社会的经济结构，即有法律的和政治的上层建筑树立其上并有一定的社会意识形式与之相适应的现实基础。"① 在这里，马克思揭示了社会有机体的这样四个层次：生产力、生产关系、政治上层建筑和社会意识形态。一个社会，只要成为社会，就一定具有这样四个层次。社会精神文明，本质地说，就是一个社会的社会意识形态。一个社会，不能没有自己的意识形态。同样的，社会主义精神文明，本质上就

---

① 《马克思恩格斯选集》第2卷，人民出版社1995年版，第32页。

是社会主义社会的意识形态，社会主义社会，不能没有社会主义精神文明作为自己的意识形态。正是从这个意义上，邓小平说，搞社会主义，不搞好物质文明不行，不搞好精神文明也不行，只有两个文明都搞好，才是有中国特色的社会主义。也正是在这个意义上，党的十四届六中全会决议指出："社会主义精神文明是社会主义社会的重要特征。"

　　马克思主义关于社会结构的学说揭示了社会结构的四个层次，这四个层次规定了社会主义现代化建设至少包含着这样三个层面。第一个层面是物质方面的，即生产力方面的现代化，这也就是我们通常所说的"四个现代化"建设。这是一个基本的层面，是其他层面的现代化建设的基础。第二个层面是社会经济制度、政治制度方面的现代化建设，具体表现为社会体制和运行机制方面的现代化，也就是我们通常所说的经济、政治体制的改革。第三个层面是社会精神文化的现代化，具体表现为社会主义精神文明建设。总之，中国的社会主义现代化建设是一个总体性的概念，不能一提社会主义现代化建设就以为只是四个现代化。四个现代化建设是基础，除此之外，还包括经济、政治制度建设和社会主义精神文明建设。邓小平说：在社会主义国家，一个真正的马克思主义政党执政以后，一定要致力于发展生产力，并在这个基础上逐步改善人民的生活水平。他还说："我们要在大幅度提高社会生产力的同时，改革和完善社会主义的经济制度和政治制度，发展高度的社会主义民主和完备的社会主义法制。我们要在建设高度物质文明的同时，提高全民族的科学文化水平，发展高尚的丰富多彩的文化生活，建设高度的社会主义精神文明。"① 正是基于这种认识，党的十四届六中全会决议指出：社会主义精神文明是社会主义"现代化建设的重要目标"。

马克思主义关于社会结构的学说告诉我们，任何一个社会都是一个有机的整体，其中生产力和生产关系、经济基础和上层建筑之间是相互依存、相互制约的。一般说来，生产力、经济基础表现为主要的决定作用，但是生产关系、上层建筑包括社会意识形态，也具有重大的反作用。恩格斯晚年针对一些人把马克思主义的唯物史观歪曲为单一的"经济决定论"，特别强调"经济状况是基础，但是对历史斗争的进程发生影响并且在许多情况下主要是决定着这一斗争的形式的，还有上层建筑的各种因素"。② 这就是说，社会意识形态也反过来作用于经济，作用于社会的发展。依据这一原理，邓小平针对着一些同志不重视精神文明建设的情况，总结我们的经验，深刻地指出：光靠物质条件，我们的革命和建设都不可能胜利。过去我们党无论怎样弱小，无论遇到什么困难，一直有强大的战斗力，因为我们有马克思主义和共产主义的信念。有了共同的理想，也就有了铁的纪律。无论过去、现在和将来，这都是我们的真正优势。遗憾的是，这个真理，有些同志已

---

① 《邓小平文选》第 2 卷，人民出版社 1994 年版，第 208 页。
② 《马克思恩格斯选集》第 4 卷，人民出版社 1995 年版，第 696 页。

经不那么清楚了。他还说，不加强精神文明的建设，物质文明的建设也要受破坏，走弯路。风气如果坏下去，会在另一方面变质，反过来影响经济变质，发展下去会形成贪污、盗窃、贿赂横行的世界。邓小平的这一论述反映了我们党的认识。正是基于这种认识，十四届六中全会的决议明确指出：社会主义精神文明是"社会主义现代化建设的重要保证。"

社会主义精神文明是社会主义社会的重要特征，是社会主义现代化建设的重要目标和重要保证，因而我们必须具有很强的社会主义精神文明的意识，本质地说，要有很强的社会主义社会意识形态的观念。特别是在西方资本主义国家对我实行"西化"、"分化"的情况下，具有这种观念更加重要。东欧剧变、苏联解体，固然有其经济陷入困境的一面，但社会主义的社会意识形态淡化，进而使其思想阵地被西方敌对势力所突破，所占领，不能不说是一个重要原因。东欧剧变、苏联解体以后，西方资本主义国家加紧了对我国的意识形态渗透，明确地提出了要"消解"我们的"主流意识形态"。我们的主流意识形态是什么？是马克思列宁主义、毛泽东思想，是邓小平建设有中国特色的社会主义理论，是共产主义的理想道德。假如这些都被消解掉了，我们搞社会主义就没有了主心骨。没有了社会主义的主心骨，所谓搞社会主义岂不成了一句空话！所以，我们要增强社会意识形态观念，加强社会主义精神文明建设，进一步强化社会主义现代化建设的主心骨。

二、社会精神文明状况的哲学评价

马克思主义关于社会结构的学说，从静态上来说，区分了社会有机体的几个层次，揭示了它们之间的相互关系。从动态上来讲，揭示了社会发展的一般规律。由于社会有机体各个层次的相互作用，使得社会尽管是由人创造的，但它的发展并不依人的意志为转移，而是有其内在的一般规律。马克思说："社会的物质生产力发展到一定阶段，便同它们一直在其中运动的现存生产关系或财产关系（这只是生产关系的法律用语）发生矛盾。于是这些关系便由生产力的发展形式变成生产力的桎梏。那时社会革命的时代就到来了。随着经济基础的变更，全部庞大的上层建筑也或慢或快地发生变革。"① 依据这一规律，马克思主义认为，人类社会经过奴隶社会、封建社会、资本主义社会，走向社会主义社会是必然的。

历史发展的一般规律，在不同民族和不同社会条件下，会有不同的表现和特点。坚持从历史发展的一般规律出发观察和思考社会精神文明，必须同国家的大局联系起来。历史发展的一般规律不仅支配着每一民族社会生活的演变进程和结果，而且支配着每一时代世界格局的演变进程和结果。因此，坚持从历史发展的一般规律出发，观察和思考社会的精神文明，还必须同国际大局联系起来。

----

① 《马克思恩格斯选集》第 2 卷，人民出版社 1995 年版，第 32—33 页。

　　十四届六中全会决议提出要从"两个大局"的高度来看待我国的精神文明，这是合乎历史唯物主义的，也是很有深意的。从国际大局的高度来看，历史进入到本世纪后半叶，社会主义遭受了重大挫折，特别是 90 年代以来，东欧剧变，苏联解体。在这种极端困难的情况下，我们国家却坚强地站住了，这不能不说是社会主义在低谷中的一个重大胜利。然而社会主义要在世界上站稳脚跟并取得更大的胜利，中国的社会主义建设不能不具有重大的国际意义。中国之所以能够站住脚，一个重要的原因是我们把马克思主义的基本原理正确地运用到了本国实际，并从而形成了建设有中国特色的社会主义理论。这一理论的形成，不能不说是社会主义精神文明建设的重大成果。充分认识并认真实践建设有中国特色的社会主义理论，对于社会主义来说，不能不具有重大的国际意义。

　　从国内大局的高度来看，党的十一届三中全会以来到现在，已经 18 年了。这 18 年国内大局的特点，用一句话来概括，就是历史大转折和事业大发展。从以阶级斗争为纲到以经济建设为中心，从停滞封闭到改革开放，从计划经济到社会主义市场经济，这样的伟大转折，带来了我国社会主义事业的伟大发展。国民生产总值在长达 18 年的时间中连续高速增长，年增长率平均达到 9.8%，在最近的 5 年间达到 11.8%，为世界所罕见。我们事业的大发展是在极为艰难复杂的情势下实现的。正如十四届六中全会决议所说："这是我们党领导全国各族人民扭转'文化大革命'十年内乱造成了严重局势，从困难中重新奋起，为中国社会主义发展开辟新道路的伟大进程；又是我们经受住 80 年代末、90 年代初国内国际风波的严峻考验，把我国改革开放和社会主义现代化建设推进到新阶段的伟大进程。"这样的伟大进程，没有以经济建设为中心是不可想象的，没有改革开放是不可想象的，没有精神力量的推动也是不可想象的。

我们是辩证唯物主义和历史唯物主义者，我们所说的精神力量，指的是决定于经济和政治，正确反映经济和政治，又给予伟大作用于经济和政治的精神力量。十四届六中全会决议从四个方面分析了这种精神力量。

首先是解放思想，实事求是，以实践为检验真理唯一标准的思想路线的重新确立。我们整个新时期的新事业，就是以思想解放形成新的精神面貌为起点的。对于打破精神枷锁带来的巨大喜悦和鼓舞，经历过那段历史的人们都会有亲身的感受。

第二是对什么是社会主义、怎样建设社会主义的重新认识。这是一个首要的基本理论问题，我国社会主义在改革开放前所经历的曲折和失误归根到底在于对这个问题没有完全搞清楚，改革开放以来在前进中遇到的一些犹疑和困惑归根到底也在于对这个问题没有完全搞清楚。逐渐搞清楚这个问题，这是在指导理论这个最深层次上推动我们事业前进的精神力量。

第三是为国家富强、人民幸福而开拓进取的群众创造精神的振起。党的思想路线和指导理论的拨乱反正，启发和保护了群众的创造精神；集中和总结群众的实践和创造精神，又成为党的思想和理论发展的源泉。

第四是"不信邪、不怕压、维护国家主权、冲破西方制裁的民族自立精神的发扬"。中华民族的自立精神，在反对帝国主义的长期斗争中得到锤炼，面对近年来的西方压力而进一步焕发出来，显示了新的光彩。

我们在新时期取得的历史性成就，同上述这四条是分不开的。没有党的指导思想这种历史性飞跃，没有全民族精神状态这种深刻变化，没有敢闯敢试的劲头和及时总结经验的智慧，就走不出一条好路，就干不出新的事业。十四届六中全会决议的这段话，生动地反映了我们党对 18 年伟大变革中精神力量的战略意义和巨大作用的充分肯定。

看不到 18 年来精神文明建设的主流，就会丧失信心，是错误的；看不到问题的严重性和紧迫性，就会丧失警惕，是危险的。在充分肯定成绩的同时，我们必须清醒地看到，在一些地方和部门的领导工作中，忽视思想教育，忽视精神文明，"一手比较硬、一手比较软"的问题还没有解决。在社会精神生活方面存在不少问题，有的还相当严重。一些领域道德失范，拜金主义、享乐主义、个人主义滋长；封建迷信活动和黄赌毒等丑恶现象沉渣泛起；假冒伪劣、欺诈活动成为社会公害；文化事业受到消极因素的严重冲击，危害青少年身心健康的东西屡禁不止；腐败现象在一些地方蔓延，党风、政风受到很大损害；一部分人国家观念淡薄，对社会主义前途发生困惑和动摇。估量精神文明建设的形势，决不能忽视这些问题的存在。

　　对精神文明状况的评价，涉及到一个判断标准问题。从理论和实践上说，衡量精神文明特别是道德变化进退得失的标准有两个层次：一个是道德本身的标准，另一个是社会历史的标准。道德本身的标准，是以一定道德体系为坐标，用它的观念和指标，来衡量人们的行为和社会风气。凡是符合这些标准的人和事，就给以肯定，反之则加以否定。而道德的社会历史标准，则是以其对于社会发展的意义和作用如何，作为衡量道德体系的标准。在历史上每个时代中，都存在着各种各样的道德，因此还有指导、评价和选择它们的更高标准。对于我们来说，这个更高的标准就是实现人和人类的解放与全面发展。社会的道德标准主要适用于一个既定社会的道德建设，而道德的社会历史标准则更多地适用于社会变革时期的道德建设。道德的历史标准是更高、更根本的标准，在社会变革时期，每一具体的道德标准都要在它的面前经受检验而决定弃取。两个层次标准之间如果发生冲突，历史的结论往往是道德标准最终要服从历史标准。我们不要忘记，历史上变革时期的观念冲突都有这样的现象：用旧观念看新情况，革命和改革的行为在道德上都是"堕落"；而用革命和改革的标准来衡量，它们恰好是进步。我们当前面临的道德观念的冲突，其深刻的背景和焦点就在这里。因而，如何使道德观与历史观真正统一起来，用历史观指导道德观，这是值得我们认真思考的一个问题。

　　与此相联系，值得我们认真思考的另一个问题，是如何克服道德与经济二元论的思维方式。自古以来，我国的传统中就有"重义轻利"的影响。这种影响的消极方面是使"道德与经济二元论"的思维方式成为不少人自觉不自觉的思维习惯。它的表现是：认为搞经济就是言利，而"利"和"义"必然是对立的；从道德上看经济，它总是消极、低级、庸俗的；所以越是要发展经济，就越是要用道德从外面或旁边来牵制它，约束它。由此也就造成另一种相反的心理，认为要发展经济就必须以牺牲道德为代价；而实际上，它是选择了某种极端的功利主义道德，并不是完全没有了道德。这二者虽然对立，却是"两极相通"的，他们都把道德与经济割裂开来，当做是互不相干的东西。用这样的方式思考问题，结论总是"非此即彼，不能两全"，为了一个就得"牺牲"另一个。我们的道德建设也曾脱离过经济建设，甚至使道德建设过于政治化。这种片面理解道德的倾向，不仅非常不利于社会主义的经济和科技事业，也不利于道德和政治本身的建设和发展。实行向"以经济建设为中心"的转变，本身就意味着要摆正政治、道德与经济的关系，使道德重新建立在现实的经济基础之上。从这个意义上可以说，改革开放以来，我们实际上是在使道德与经济"并轨"。

从理论上看当前的道德现实，关键在于解决好义利观问题。我国古人就有"义者利也"的见解，看到了它们之间的统一。其实道德也是人与人之间的社会关系，包括人们的利益关系。难道说，经济上讲的利包括"利己"或"利人"，本身不是道德问题？"为人民谋利益"、"为国家社会发展经济"不是我们正应该提倡的高尚道德？

市场经济中讲究公平竞争、优胜劣汰、等价交换等等，不管人们对它们的看法如何，不也是一种道德？所以道德和经济、义和利不能两全，甚至相反，对立的观念，是需要重点反思的。没有这个理论上深刻反思的过程，没有道德观念和道德思维的科学化，就无法为社会文明的真正现代化提供有力的精神支柱。正是基于这种认识，我感到党的十四届六中全会决议强调要引导人们正确处理各种关系，形成"社会主义的义利观"，这就抓住了问题的症结，值得我们很好地加以实践。

三、社会主义精神文明建设的哲学意蕴

遵循社会发展的一般规律，推进社会按其自身的固有规律向前发展，需要加强人的自身建设。因为社会是人的社会，社会的发展，需要加强人的自身建设。因为社会是人的社会，社会的发展规律是存在于人的实践活动之中的，而人的实践活动又是与人的自身素质有关的。

加强人的自身建设，从哲学层次上来说，就是要加强世界观、人生观、价值观的改造。而这也正是社会主义精神文明建设的核心。加强社会主义精神文明建设而不改造世界观、人生观、价值观是不可想象的，改造世界观、人生观、价值观，而不学习马克思主义哲学，同样是不可想象的。

世界观、人生观、价值观是统一的，但又有所区别。其中世界观是首要的问题。江泽民同志指出：树立正确的

世界观，无论过去、现在和将来，对于每一个干部和党员来说，都是首要的问题。世界观之所以具有如此突出的地位，首先在于它是人们关于客观世界存在与发展的一般规律和观点的总和。人们只有树立了正确的世界观，才能科学地认识自身与客观世界的关系，科学地认识自己在客观世界中的地位，也才能科学地处理主观与客观、个人与社会、现实与未来等等的相互关系，从而形成改造客观世界与主观世界的正确目标与方案。在这个意义上，世界观制约着人们的人生观与价值观。

强调世界观的改造，问题的实质在于用什么样的宇宙观来作为观察国家命运的工具。这是毛泽东提出的一个很重要的命题。他说，中国人找到了马克思列宁主义，中国革命的面目就为之一新。我们今天抓紧理论学习，从最根本的意义上说，就是要使我们的广大人民特别是广大干部尤其是中高级干部，能够更加自觉地用马列主义、毛泽东思想，用邓小平建设有中国特色的社会主义理论作为观察国家前途命运的工具。毛泽东在 1942 年延安整风时曾经这样说：延安现在所进行的关于把马克思主义中国化的教育工作，意义很大。延安的干部教育好了，学习好了，我们内部就能巩固，我们的干部就能够得到提高，我们也才能够有本事迎接未来的光明世界，掌握这个新的光明世界。他还说：国民党说我们在转变作风，整顿内部，巩固内部，这是说的完全正确的。为了现在，我们必须这样；为了将来，我们也必须这样。并且强调加强全党的理论教育，这是对付黑暗和迎接光明的思想准备。从那时到现在，情况根本不同了。但是从为了迎接下一个世纪和经受各种可能的风险考验而做好思想准备的意义上说，今天我们提出用邓小平建设有中国特色社会主义理论武装全党，加强世界观的改造，应该说做的是同样的工作。我感到江泽民同志特别强调要讲学习、讲政治、讲正气，高级干部要成为政治家，要划清重大的原则界线，都是基于这样的考虑，都是在为迎接21世纪，为经受各种可能的风险考验而做思想准备。

世界观改造的内容是多方面的。但是对于领导干部来说，最重要的是要树立社会主义的理想信念。无数事实证明，有了共产主义的理想、信念，就有了胜利前进的正确方向、坚韧不拔的毅力和战胜困难的勇气。正如邓小平所说，我们之所以能在非常困难的情况下奋斗出来，战胜千难万险使革命胜利，就是因为我们有理想，有马克思主义信念，有共产主义信念。

世界观的一个重要组成部分是人生观。所谓人生观，是指对什么是人生、人为什么活着、怎样做人、人生的意义等问题进行哲学思考所形成的根本看法和根本态度。人生观是在世界观的指导下形成的，同时又是一定生产方式的产物，因而在阶级社会中是有阶级性的。无产阶级的人生观是在马克思主义世界观的指导下，科学地认识社会发展规律的基础上产生的，其核心是集体主义。在无产阶级人生观看来。人生的最大意义是为人民服务。

人生观的改造，内容也是多方面的。对于领导干部来说，最重要的是要解决好为谁当官、为谁掌权的问题。全心全意为人民服务是我们党的宗旨，是区别于其他政党的显著标志。我们党之所以把为人民服务作为宗旨，从本质上讲是因为人民群众的根本愿望和根本要求是符合社会发展规律的。

学习马克思主义哲学，加强社会主义精神文明建设，还要改造价值观。价值观是对人生价值的总的看法、总的观点。它处于意识和行为的交汇点，直接体现着人们的世界观和人生观，相对于世界观、人生观来说，更具有直接性和现实性。世界观、人生观对人们思想行为的支配和决定，往往需要通过价值观的作用才能实现。人们只有运用各自的价值观念对各种经济、政治和社会事物作出价值判断，才能决定以什么样的态度和精神对待之。由此可见，一方面，世界观、人生观决定了价值观，有什么样的世界观、人生观，就有什么样的价值观。另一方面，价值观又反映和体现世界观、人生观，用什么样的观点对人生价值作出判断，直接体现着世界观和人生观，体现着人们的思想境界和精神面貌。

是索取还是奉献，这是两种价值观的分水岭。资本主义价值观的核心是个人主义，是索取。社会主义价值观的核心是集体主义，是奉献。共产党人的价值观应该是后者。我们这样说，并不是说共产党人就不应该讲利益。过去在"左"的思想指导下是禁止人们谈利益的，好像只要是共产党人，就应该是不食人间烟火的苦行僧，这是不对的。马克思说，人们奋斗所争取的一切，都同他们的利益有关。问题是要分清国家利益、集体利益和个体利益的关系，绝不能把个人利益置于国家和集体的利益之上。改革开放以来，随着经济体制的转变，人们的价值观念发生了很大变化，不仅过去那种讳言利益、空谈理想的不正常现象早已不存在了，而且由于对社会主义市场经济的不正确看法，人们的价值观念又走向了另一个极端，日益看重金钱的身价，甚至认为有钱就有一切。这种拜金主义的思潮也波及到了我们的高级干部。如果任其泛滥，我们改革和建设的目标就会倾斜，我们的社会就会变质，几代人所为之奋斗的伟大事业就会付之东流。因而是很值得注意的。

价值观改造的内容是多方面的，对于领导干部来说，最主要的是要艰苦创业、艰苦奋斗。我们还处在社会主义的初级阶段，经济、文化还很落后，现在还不是享受的时候，而是要艰苦奋斗、扎实工作的时候。可是同志们知道，一些同志的工作是很不扎实的。我们现在的工作是很不落实的。当然，工作不落实的原因是多方面的，但是有没有一种很强的责任感，有没有一种很好的精神状态，是至关重要的。不可否认，工作不落实有个领导方法、领导作风问题。但我们的领导方法、领导作风是建立在辩证唯物主义历史唯物主义基础之上的。要把握它，要有很强的责任心，很强的工作精神。高高在上、舒舒服服是不行的。我们现在有些同志的问题就在这里。

总之，对于各级领导干部来说，强调世界观的改造，主要的是要把邓小平建设有中国特色社会主义理论作为观察当代中国命运的工具。有了这一条，我们就有了社会主义必胜的信念。强调人生观的改造，主要的是要树立为人民服务的思想。有了这一条，就从根本上解决了为谁当官、为谁掌权的问题。强调价值观的改造，主要的是要树立艰苦奋斗、无私奉献的精神。有了这一条，就能够安心、用心、专心、尽心地为党工作。

沟通心灵　升华理想[*]

——与北大学子座谈实录

　　北京大学有着悠久的历史和光荣的革命传统，有着一流的师生队伍和优良的学风校风。一个世纪以来，北大的历史和中国的历史紧密相连，在北大学习、工作过的一批批科学家、思想家、政治家，影响和推动了中国近现代科学文化和思想理论的发展，对中国的社会主义革命和建设事业作出了重大贡献。

　　社会主义有过胜利凯歌的年代。俄国十月革命胜利后，仅仅十多年的时间成了世界第二大强国。第二次世界大战之后，社会主义几乎席卷了整个欧洲。不仅如此，而且越出了欧洲，像亚洲的我们国家、越南、朝鲜以及美国后院的古巴等，都先后建立了社会主义制度。曾几何时，

---

　　[*] 2000 年 1 月 15 日下午，应邀与北京大学学生进行了座谈，本文是这次座谈会的实录，后经整理发表于《解放军报》2000 年 1 月 24 日第 2 版，1 月 25 日新华社全文转发。

社会主义成了一个强大的阵营。正如毛泽东当年所说：不是社会主义怕帝国主义，而是帝国主义怕社会主义。每一个过来人想起那一段都是非常自豪的，很多老同志说，毛主席的这个话讲的是何等的豪迈呀！但不幸的是，到了本世纪的后半叶，特别是八九十年代以后，社会主义遇到了麻烦，遭受了挫折，陷入了低谷。在这种情况下，社会主义的前途命运问题、社会主义的理想信念问题成了人们关注的焦点、议论的中心。这些年来，我们国防大学非常重视这个问题，紧紧围绕这个问题展开教学。北大的同志是怎么看的？我很想就这个话题和大家座谈一下。

国防大学与北大有着千丝万缕的联系，我们的很多教授都来自北大，北大和我们密切得就像亲戚一样，在座的好多老师都是我们的朋友。所以今天我们可以说是回娘家、走亲戚、看朋友。家里人说话，亲戚、朋友之间交谈，是无拘无束的。我这个人尽管也 50 有余，但自认为还不那么老到、僵化，很愿意感受年轻人活跃的思想。所以大家可以敞开心扉，畅所欲言。

光华管理学院本科生李骅：作为北大学生，我们十分关心中国传统文化的发扬光大。许教授，您认为中国的传统文化与马列主义能否结合？如何结合？

我记得马克思曾经讲过：越是民族的东西，就越是世界的东西。中国的传统文化是中国的，但同时也是世界的。比方说佛教，它就是外来的，但是经过中国传统文化的改造，变成了我们中国传统文化的一个重要组成部分。比方说孔子，他是中国的，但儒学世界上好多国家都信，都用。孔子去世两千多年了，现在世界上很多国家都还纪念他。世界性的孔学讨论会已经开过很多次了。再比方说我们的《孙子兵法》，它是中国的，外国人想抢也抢不去。但它被世界上很多国家所采用，就拿美国来说，它的士兵人手一册。世界上好多国家都在研究这个问题，不仅把它运用于军事，而且还运用于经济建设。现在世界上有专门的国际性会议研究《孙子兵法》，可见它不仅属于中国，而且属于世界。

同样，马克思主义是德国的、西方的，但它也不单单是德国的、西方的，而是属于世界的。在这千年之交，世界上好多国家的人们都把马克思评为千年人物的第一名，就足以说明这一点。马克思主义，它的哲学理论来源是德国古典哲学，但它政治经济学的理论来源则是英国的，而科学社会主义的理论来源又是法国的。可见，它不单单是德国的。马克思主义文化是总结了人类文化发展到那样一个阶段最精华的东西而形成发展起来的，所以马克思主义对人类文化具有普遍的指导意义。在马克思、恩格斯的著作里面，不单单是论及西方发达国家的文化，论及东方落后国家文化的也不少，像俄罗斯、中国、印度都论及了。特别是到了晚年，他们把目光东移，专心研究、关注东方落后国家的文化建设问题。

马克思主义和中国传统文化都具有世界性，这种内在的东西决定了两者是可以结合的。马克思主义不仅可以和中国文化相结合，而且必须和中国文化相结合。只有和中国的实际相结合，经过中国文化的改造，使马克思主义具有中国气魄，具有中国风格，才能被中国人民所接受，才能在中国发挥其效力。同样的，中国传统文化要发展，也必须改造地吸收外来文化。

马克思主义和我国传统文化相结合，它的切入点在哪里呢？那就是以我们正在做的事情为中心。西方的一些东西我们把它拿过来，叫做"洋为中用"；中国古代的东西我们把它拿过来，叫做"古为今用"。毛泽东这个话讲得非常精辟。用马克思主义作指导，无论是中国的传统文化，还是外国文化，都要以我们正在做的事情为中心，去其糟粕，取其精华，并结合实践使它丰富发展。当年在毛泽东的领导下，我们党以中国革命为中心，实现了两者的结合，形成了毛泽东思想。今天，在邓小平的领导下，我们党以社会主义现代化建设为中心，实现了两者的结合，形成了邓小平理论。毛泽东思想、邓小平理论都既是马克思主义的，同时又是我们中国的，是马克思主义和中国传统文化相结合的结晶。没有以我们正在做的事情为中心，搞纯学理式的研究，马克思主义和中国传统文化是很难结合的。当年王明等人就不懂得这一点，所以他们手里的"马克思主义"始终是外国的，而不是中国的。因而我说，马克思主义和中国传统文化的结合，其实就是以我们正在做的事情为中心，使马克思主义中国化，使传统文化现代化。

法学院本科生徐晴：许教授，随着市场经济的发展，现在不少人越来越关心现实的、物质的东西，而对理论学习尤其是政治理论学习好像越来越不感兴趣。请问您如何看待这个问题？

　　这个问题是不是有两重性，可不可以从两方面加以分析。首先应该看到，人们关心现实的物质的东西确有它合理的一面。马克思有一句很重要的话，意思是说，人们必须首先穿衣吃饭，然后才能从事文化和政治的事业。这就是说，现实的物质的东西是人们从事一切文化和政治活动的基础。马克思还从历史发展的角度把人类历史区分为三个阶段，即人对人的依赖阶段；人对物的依赖阶段；人的个体自由发展的阶段。由于生产力的极端低下，任何一个人都不可能离开其他人单独生活，因而人对人的依赖非常突出。当社会经济发展到一定程度，人对物的依赖有所增强。人对物的依赖发展到一个极高的阶段，人的自由度就更大了，这样就逐渐地转化为人的个体自由发展的阶段。我们现在处在什么阶段呢？我觉得还仅仅处在人对人的依赖阶段向人对物的依赖阶段的转化过程中。从这个意义上说，人们关心现实的物质的东西，不仅是合理的，而且是一种进步。

　　但是，问题也还有另一方面。如果因为关注现实的物质的东西，就否定了人的精神，就冷淡了理论教育，我看这种态度未必可取。因为人既有物质生活，又有精神生活，他不能只有物质生活而没有精神生活。人的精神生活的最高层次就是理论生活。黑格尔有句名言：人之所以为人，就在于他用概念把头脑充实起来。我们的青年学子不能像有些人那样，做经济上的大腕，精神上的乞丐。

　　当然，一些人对理论学习冷淡，我们也不能简单地埋怨，事实上这里有着很复杂的主客观原因。比如我们曾经犯过"左"的错误，理论严重脱离了现实。比如我们正在改革转轨时期，难免出现漏洞，社会反差太大，使一些人心理失去平衡。再比如我们工作中确实存在着一手硬、一手软的问题。又比如我们有些做政治思想工作的同志，脱离实际，脱离群众，搞一些"花拳绣腿"之类的形式主义的东西，这都伤害了一些人对理论学习的兴趣。另外，一些同志自己看问题的思想方法不对头，价值观念发生偏差，文化素质有待提高等也都是原因。总之，要分析原因，找到解决问题的办法，而不应简单地埋怨。

一个民族，一个国家，没有理论思维是不行的，要想站在时代的高峰，站在时代的前列，它就一刻也不能没有理论思维。在座的同学都是祖国的未来，我们要为这个民族着想。要成为祖国的栋梁之材，就要努力地掌握理论，在提高自己业务能力的同时，不断提高自己的政治素质和理论思维能力。我想这既是在座各位同学的志向，也是同学们对国家、对民族所应承担的责任。

本科生王征宇：当代青年的世界观、人生观和价值观与以往相比有了很大的不同，请问许教授，您怎么看待这一问题？现在务实的青年是否还应该树立坚定的信念和远大的理想？

应该承认，人们的世界观、人生观和价值观与以往相比确实发生了很大变化，这是一个事实。应该怎样看待这一变化呢？我认为这种变化是有两重性的。总体上看有它积极的一面。因为人的世界观、人生观和价值观是社会生活的一种反映。较之计划经济时代相比，社会生活变了，人们的"三观"不可能不变。现在我们搞的是社会主义市场经济，这样一种经济，它不仅要求而且赋予了人们自立意识、竞争意识以及民主法制意识等。从这样一个意义上说，当前人们"三观"的变化确实包含着积极因素。但是我们也不能否认，在人们的"三观"变化中，确也存在着值得注意的方面，比如享乐主义、极端个人主义、拜金主义等等。

在"三观"变化的过程中，传统的价值观是否应该抛弃呢？我想是不能这样认为的。传统的价值观念比方说集体主义观念、团结协作的观念、为人民服务的观念、热爱党、热爱国家、热爱我们的社会主义，以及具有坚定的信念和远大的理想等等，都是非常科学而重要的，在任何时候都是需要坚持的。尤其在当今国际国内复杂的社会背景下，对此我们更是不能有丝毫的怀疑，一定要把传统价值观中这些好的东西继承下来，这与青年一代的务实并不矛盾。我认为，青年一代是应该而且我相信是能够树立起科学的世界观、人生观和价值观的，是应该而且能够树立起坚定的信念和远大的理想的。事实上，现在的青年一代是充满希望的，是完全值得信赖的。

法学院本科生胡爽：目前我国个人收入差距拉大的问题日趋严重，虽然实现了让一部分人先富起来的目标，但离共同富裕还相差很远。请问许教授，您是怎么看这个问题的？

我想这是一个几乎人人都在关注和思考的问题。实事求是地说，在我们的现实生活中确实在一定程度上存在着行业之间、地区之间和不同社会阶层之间的收入差距过大的问题。有这么两组数字：一是我国城镇收入最高的20％的家庭与收入最低的20％的家庭，年人均收入之比，在1990年时还只有4.2倍，而到了1998年，这个差距就扩大到9.6倍了；二是1998年收入最高的20％的家庭收入占全国家庭总收入的52.3％，而最低的20％的家庭收入却只占5.5％。这些数字的准确性虽然还可以研究，但它从一个侧面反映了我们的收入分配确实存在着必须高度重视和迫切解决的问题。

　　但这是不是意味着我们分配制度和分配政策是不成功的甚至是失败的呢？我看不能这么看。应当说，这20多年来我们的分配制度改革总体上是成功的。因为适当拉开收入差距是对过去平均主义分配方式的否定，它有助于调动人们的积极性，促进了经济的发展。大家可以回想一下，如果没有收入分配制度的改革，还实行平均主义，我们能取得"连续多年经济发展速度世界第一"的奇迹吗？显然不能。同时，我们收入差距的拉开，也是建立在人民生活水平普遍有所提高基础上的。改革开放以来，城镇和农村居民的人均收入扣除物价上涨因素，实际增长了2.2倍和3.4倍。拿农村来说，1978年的人均收入只有134元，而1998年人均收入就达到了2162元；20年前贫困人口是2.5亿，而现在已经减少到了4000多万。在座的各位当然都还年轻，不过我想你们的父辈可能都会有强烈的感受。过去谁家能有自行车、手表、缝纫机这"三大件"

就觉得很了不起了，可现在人们家里都是什么呀！彩电、冰箱、DVD，有的甚至还有汽车。现在人们生活水平普遍提高了，就连农民出国旅游也不算什么新鲜事了。这说明，目前我国收入差距的拉大，总体上是人民生活水平普遍提高基础上的拉大，是一种富裕程度的区别，是先富与后富的区别。也就是说，我们的收入差距拉大，并不是穷的越穷，富的越富，而是一部分人的富裕程度更高一些，更快一些。

当然，正像我在前面说过的那样，目前我们收入分配中的问题也是比较严重的。从总体上说，这些问题是在经济转轨时期产生的，是改革过程中的问题，而不是我们的分配政策本身造成的。比如一些人是靠炒地皮、倒批文、偷税漏税，甚至贪污受贿等歪门邪道暴富起来的，这并不是我们的分配政策必然导致的，因而不能用这些来否定我们的分配政策。

尽管如此，如果问题得不到及时有效的解决，也会严重挫伤人民群众的劳动积极性，影响社会稳定，阻碍生产力的发展。正因为这样，我们党和国家非常重视解决这个问题。早在党的十四届五中全会上，中央就明确地提出了这个问题。到了十五大，又更加明确提出了"保护合法收入、取缔非法收入、整顿不合理收入、调节过高收入和保障低收入者基本生活"的五项原则，这就为社会主义分配制度的完善提供了根本保证。只要我们坚持改革，就能在体制上防止收入差距过大，因为有些人暴富是钻了我们体制不健全的空子。事实上，现在体制上的漏洞就比过

去少多了。为什么现在有些下海经商的人感到钱难挣了，
很重要的一条就是体制上和政策上的空子越来越少了嘛！
所以，通过改革，我们是一定能够把分配关系处理好的。
初次分配，更多地拉开差距，引导人们不断地提高效率，
增加社会财富，把"蛋糕"做大；再次分配，更多地强
调公平，加大税收力度，使收入分配趋向合理，把"蛋
糕"切好。只要我们认真地这样做了，分配政策的前景
一定是美好的。

　　政治系本科生史善峰：许教授，请您谈谈民主与效
率、稳定与发展的关系，好吗？

　　现在有一种说法，我们的经济体制改革是超前的，而
政治体制改革是滞后的。对此，我们究竟应当怎样看？在
讨论这个问题的时候，我想大家应该把眼界放宽来加以比
较。苏联当年的改革是怎么样的？它是先从政治体制改革
开始的，但是实践证明它是不成功的。不知同学们注意了
没有，戈尔巴乔夫下台的时候，一位记者采访他："戈尔
巴乔夫先生，在你即将卸任的时候，谈谈你的感想好
吗？"戈尔巴乔夫说："如果说我有什么遗憾的话，那么
我最大的遗憾就是使伟大的苏联公民丢掉了伟大的苏联国
籍。"这其中的原因当然是多方面的，但改革观的错位是
根本的，改革的思路不对是一个重要原因。我们是先从经
济体制改革着手，然后积极稳妥地推进政治体制改革。我
想我们的政治体制改革步伐稳一点，既同经济体制改革和
经济文化发展相适应，又有步骤有秩序地向前推进，这样
一个思路既是总结了我们的经验，也是接受了苏联的教

训。在改革实践中，正确认识和处理民主和效率、稳定和发展的关系尤为重要。民主和效率、稳定和发展的关系，是不是可以概括成这样几句话：效率是基础，民主是保证，发展是目的，稳定是前提。就是说，效率为民主奠定一定的物质基础，民主是促进效率提高的重要保证；发展民主不能没有法制，不能破坏稳定的政治环境和社会秩序；我们的事情归根到底要靠自己的发展来解决，经济发展又要以社会稳定为前提。中国这样一个大国，若是一下子完全放开，想想将会是怎样的一种局面？在我国这样一种国情下，我们党所采取的这样一种做法，我认为是完全正确的。

中文系本科生杨俊峰：许教授，现在同学中有这么一种看法，认为马克思主义有着自己精彩的认识论、辩证法理论，但对人的研究却不够，或者说马克思主义没有自己的人学理论。请您谈谈对这个问题的看法好吗？

这个问题学术界的看法不一。但我认为马克思主义是有它自己的"人学"理论的。讲"人学"，关键在于如何看待人。马克思有一句名言：什么是人？人在本质上来说是一切社会关系的总和。我认为这句名言的根本意义不在于为人下一个完满无缺的定义，而在于为我们如何认识人提供了科学的方法论：认识人，就要认识人所处的社会关系；改造人，就要改造人所处的社会关系。离开了对人的社会关系的认识和改造，所谓认识和改造人，就只能是抽象的、空洞的。我想这是我们理解马克思主义人学理论的关键。从这样的认识出发，我感到，马克思主义不仅有自己的人学理论，而且从本质上说来，它就是马克思恩格斯的人学。马克思主义是研究社会、认识社会和改造社会的学问。而研究、认识和改造社会，就是从更深的层次上研究人、认识人、改造人。马克思主义不是研究单个的人、抽象的人，而是研究并改造人所处的社会关系，怎么能说不是或没有自己的人学理论呢！

宗教系本科生成果：我们说科学是同迷信邪说根本对立的，现代科学已相当发展，却仍旧有不少人包括个别的科学家还相信"法轮功"之类的邪教。许教授，请问您怎么看待这一现象？

科学家成为迷信邪说的俘虏的毕竟不是多数，但历史上却也不乏其人。19世纪功勋卓著的英国博物学家华莱士，他曾经与达尔文同时提出了物种进化的"自然选择"理论，但却由于醉心于"神灵世界"问题，而变成一名"降神术"的虔诚拥护者。牛顿是近代科学最为辉煌的巨星，但却由于相信"神的第一推动力"而转向神学。20世纪著名的现代天体物理学家爱丁顿，曾最先观察证实了爱因斯坦的广义相对论，但却由于相信"热寂论"而提出"宇宙末日说"。日本东京大学教授五岛勉，是一位著名的火箭专家，但却利用现代科学技术注释诺查丹玛斯的《诸世纪》，大力宣扬1999年人类大劫难。

科学是同迷信邪说根本对立的，科学家又拥有科学知识，为什么还有少数科学家相信迷信邪说呢？我想这除了有社会历史、文化传统等方面的原因外，还与这些科学家自身的原因有关。首先是知识结构的局限性。科学家在他所研究的领域之内无疑是专家学者，不易被歪理邪说所欺骗。但是一旦超出他的研究领域，对于他不知或知之不多的东西，他就有可能上当受骗。其次是缺乏科学的思维方法。在科学的思维方法中，重要的是唯物辩证法。如果一个科学家不能自觉地进行辩证思维，那么他就不能很好地处理部分与整体、已知与未知的关系。当他面对一些自己不熟知的问题，而又仅仅从经验出发时，就往往难以辨别真伪，就可能上当受骗。再次是缺乏科学精神。科学精神是科学的实质，它从根本上体现着科学与迷信邪说的对立。但是一个拥有科学知识的人不一定具有科学精神，而没有科学精神，科学家也是会上当受骗的。

　　科学精神与马克思主义哲学精神从根本上说是一致的。发扬科学精神在一定的意义上说就是坚持辩证唯物主义、历史唯物主义的世界观。这种世界观认为：客观世界的统一性在于它的物质性，精神意识不过是统一的物质世界的反映，在物质世界之外没有任何东西，如果认为在物质世界之外还存在着什么，那就是为神或上帝的存在留下地盘；物质世界既是有限的，又是无限的，人们对它的认识同样也既是有限的，又是无限的，是有限和无限的统一；统一的物质世界是处于发展变化之中的，而发展变化的根本原因在于其内部的矛盾性，而不是什么外力比如神或上帝等推动事物的发展变化；人类社会是物质世界的一个重要组成部分，其内在本质是实践，人类社会中的一切都是实践的产物，都可以通过实践加以说明，因而神秘主义是没有根据的；实践的主体是人民群众；社会历史是人创造的，但又不是按照人的意志发展的，有其自身的发展规律。

总之，我认为，作为一个科学家，不仅要具有科学知识，而且更应该具有科学思想、科学方法和科学精神，具有科学的世界观、人生观。只有这样，才能够自觉抵制迷信邪教的歪理邪说。

同志们的思想很活跃，提的问题也很深刻，我的看法未必全对，大家一起研究。由于时间关系，今天咱们就谈到这里，好吧！

忠实代表最广大人民的
根 本 利 益[*]

　　总结 80 年的奋斗历程和基本经验，展望新世纪的艰巨任务和光明前途，我们党要继续站在时代前列，带领人民胜利前进，必须始终坚持"三个代表"。而代表中国最广大人民的根本利益，是"三个代表"的出发点和归宿。发展先进生产力和先进文化，说到底都是为了代表最广大人民的根本利益。江泽民同志强调的"代表中国最广大人民根本利益"的思想，有着极其重大的意义，有着特别丰富的内涵，对我们党提出了更高的要求。

---

　　[*] 2002 年 4 月讲于国防大学国防研究系，后经加工收入《中国共产党新世纪宣言》（红旗出版社，2002 年版）一书。

一、代表最广大人民的根本利益是关系党和
国家前途命运的一个根本问题

80 年来，中国共产党从总体上说，就是在坚持"三个代表"，因而得到了最广大人民的衷心拥护。但是，在新的历史条件下，我们党如何更好地做到"三个代表"，始终保持同人民群众的血肉联系，却是一个需要全党同志特别是党的各级领导干部深刻思考的重大课题。

始终代表中国最广大人民的根本利益，是马克思主义唯物史观的集中体现。马克思、恩格斯说，历史活动是群众的事业，随着历史活动的深入，必将是群众队伍的扩大。列宁把这一思想和无产阶级联系起来，强调无产阶级在实际上表明，它而且只有它才是现代文化的支柱，它的劳动创造了财富和豪华，它的劳动是我们整个文化的基石。人民群众不仅创造了物质和精神财富，而且变革了社会。列宁说，没有千百万觉悟群众的革命行动，没有群众汹涌澎湃的英勇气概，是不可能消灭专制制度的。对此，斯大林也讲过一段相当深刻的话。他说，历史科学要想成为真正的科学，就不能把社会发展史归结为帝王将相的行动史，而首先应当研究物质资料生产者的历史，劳动群众的历史，各国人民的历史。正是基于这种认识，毛泽东同志强调：人民，只有人民，才是创造世界历史的动力。邓小平同志也是这样，他在讲到十三大报告时说，改革开放中许许多多的东西，都是由群众在实践中提出的。报告中

讲到我的功绩，一定要放在集体领导范围内，绝不是一个人的脑筋可以钻出什么新东西来的，是群众的智慧，集体的智慧，我的功劳是把这些新事物概括起来，加以提倡。继承这些思想，在新的历史条件下，江泽民同志进一步强调了"要始终代表中国最广大人民根本利益"的重要思想。

代表中国最广大人民的根本利益，是我们党的根本宗旨。我们党为什么把自己定名为中国共产党？毛泽东同志指出，因为共产党是为民族、为人民谋利益的政党，它本身绝无私利可图。邓小平同志说，中国共产党人的含义或任务，如果用概括的语言来说，只有两句话，全心全意为人民服务，一切以人民的利益作为每一个党员的最高准绳。江泽民同志也指出，全心全意为人民服务，立党为公，执政为民，是我们党同一切剥削阶级政党的根本区别。党的三代领导核心之所以长期坚持、反复强调这个思想，就是因为代表中国最广大人民的根本利益是我们党的宗旨的集中体现。在革命战争年代，党号召全党同志不怕牺牲、前赴后继地为革命的胜利而英勇斗争。新中国成立后，党告诫全党同志谦虚谨慎，戒骄戒躁，永远保持艰苦奋斗的革命精神。在新的历史时期，党要求全党同志必须经得起改革开放和执政的考验，带领人民群众为实现社会主义现代化而勤奋工作。所有这些，都是为了不断实现好、维护好和发展好最广大人民的利益，始终保持党同人民群众的血肉联系。中国共产党的性质决定了每一个共产党员和党的干部都必须把为人民谋利益作为自己最高的价值追求。背离了这种价值追求，就背离了党，背离了人民，背离了社会主义事业。因而，能否确立以人民群众为本的价值观、很好地为人民服务，不仅仅是一般的思想境界问题，更是关系到党的事业兴衰成败、国家生死存亡的十分严肃的重大政治问题。江泽民同志说得好，什么叫政治？在马克思主义的政治观点中，第一位的是群众观点。对于执政党而言，政治问题归根结底，就是对人民群众的态度问题，同人民群众的关系问题。我们党把群众观点、群众路线当做最根本的政治，其深层原因在于我们的党是代表广大群众利益的。能否具有群众观点，代表最广大群众的根本利益，决定着党的性质，政权的性质。

代表中国最广大人民的根本利益，是国际共产主义运动经验教训的深刻总结。一百多年来，世界社会主义运动经历了曲折复杂的发展过程，从马克思、恩格斯《共产党宣言》的发表，到俄国十月革命的胜利，第一个社会主义国家苏联的建立，到20世纪四五十年代社会主义运动的蓬勃发展，再到20世纪80年代末90年代初东欧剧变、苏联解体。纵观这些错综复杂的现象，总结深刻的经验教训，可以清楚地看到："三个代表"是无产阶级政党的立党之本，执政之基，力量之源。什么时候很好地代表了最广大人民的根本利益，党就兴旺发达，就能赢得人民群众的拥护和爱戴；什么时候脱离群众，党的事业就遭受挫折，党与人民群众之间就会出现裂痕。这种裂痕如不及时弥补，就会最终导致党的先进性的丧失，从而失去其领导的资格。江泽民同志说，我们党的最大政治优势是善于组织群众、宣传群众、联系群众，党执政后的最大危险是脱离群众。当前，在国际上，社会主义运动处于低潮，经济全球化进程日益加快，东西方思想文化相互激荡，西化与反西化、分化与反分化的斗争错综复杂；在国内，发展进入关键时期，改革进入攻坚阶段，社会生活发生了深刻变化，人们的思想异常活跃。面对这复杂的内外环境，有的党员，包括有的党员领导干部确实淡化甚至背离了党的宗旨，他们当中有的人生活上奢侈，有的人甚至搞权钱交易，贪赃枉法，收受贿赂；有的人政治上糊涂，或者是贪图钱财，基本的立场不是站在劳动人民一边；有的甚至从追求金钱享受到政治上变节，堕落成国民党的间谍。这种情况虽然是极个别的，但却从反面说明，能否代表最广大人民的根本利益，确实是关系党的生死存亡的重大问题。前苏联部长会议主席雷日科夫在总结苏联亡党的经验教训时，意味深长地说了这样一句话："权力，应当成为一种负担，当把权力当负担的时候，我们的政权就会稳如泰山；一旦权力变成乐趣，那么一切也就完了。"这个话很有哲理，非常值得我们认真思索。

代表中国最广大人民的根本利益，是事关全局的重大问题。改革开放以来，伴随着生产方式的变革、经济结构的调整，中国社会发生了巨大变化，最为突出的是出现了民营科技企业的创业人员和技术人员、受聘于外资企业的管理技术人员、个体户、私营企业主、中介组织的从业人员、自由职业人员等新的社会阶层。面对新的社会阶层，有两种截然相反的倾向：一种是固守传统的"人民群众"

概念，排斥或否定新社会阶层的价值和意义；另一种是强调新社会阶层的特殊地位和作用，轻视或否定普通人民群众在当代社会发展中的地位、价值。江泽民同志把"代表中国最广大人民的根本利益"作为"三个代表"的根本点，科学地回答了这一问题。他从发展生产力、建设社会主义市场经济的实践需要出发，明确肯定新社会阶层的出现具有历史的必然性和现实的合理性，强调新社会阶层的广大人员通过诚实劳动和工作，通过合法经营为发展社会主义社会的生产力和其他事业做出了贡献。他们和工人、农民、知识分子、干部和解放军指战员等基本力量团结在一起，也是有中国特色社会主义事业的建设者。当代中国，人民内部不同阶层之间的地位、作用和利益等关系问题较之过去更为突出。因而江泽民同志明确指出：在新的形势下，我们必须正确处理各种利益关系，注意兼顾不同阶层、不同方面的利益需要。但是，最重要的是必须首先考虑并满足最大多数人的利益要求，并且强调，这始终是关系党的执政的全局，关系国家经济政治文化发展的全局，关系全国各族人民团结和社会安定全局的重大问题。这三个"关系"，充分说明了当代条件下坚持代表中国最广大人民根本利益的重要意义。最大多数人的利益是最要紧的和最具决定性的，这是马克思主义的基本观点，各级领导机关和领导干部必须充分认识和认真实践。

二、准确把握代表最广大人民
根本利益的科学内涵

党要始终代表中国最广大人民的根本利益，首先要准确把握所处时代人民根本利益的具体历史内涵，否则就不知道应该怎样去实现、维护和发展广大人民群众的根本利益。江泽民同志在 2001 年纪念"七一"的重要讲话中概括了两个一百年：从 19 世纪中叶到 20 世纪中叶的一百年间，中国人民的一切奋斗，都是为了实现祖国的独立和民族的解放，彻底结束民族屈辱的历史。这一奋斗目标，也就是这一时代中国人民的根本利益之所在。这一历史涵义上的人民的根本利益已经得到实现。从 20 世纪中叶到 21 世纪中叶的 100 年间，中国人民的一切奋斗，都是为了实现祖国的富强、人民的富裕和中华民族的伟大复兴。这是真切的事实和明白的道理。但是在把握现时代最广大人民根本利益的历史内涵上，我们还常常面对两种无视这一事实和明白道理的倾向。一是固守书本的个别词句与结论，肤浅、简单的空谈未来社会，企求用书本上关于未来社会利益关系的描述来裁剪当代人民群众的根本利益。这种肤浅、简单的做法曾经使人民群众的利益受到过严重损害。十一届三中全会以来，经过 20 多年的改革开放，我们已经找到了正确认识和实现人民根本利益的思路，但是以往那种肤浅、简单的看法所造成的思想观念很难完全消除，至今仍时时干扰党对现时代人民利益的把握。另一种倾向是受一些西方思潮的影响，试图用西方国家现代化进程中的利益关系格局来裁剪当代中国人民群众的利益，这会动摇维系广大人民根本利益、保障广大人民根本利益得以实现的社会主义根基。所以，科学准确地把握当代中国人民根本利益的历史内涵是十分重要的。

"我们党要始终代表中国最广大人民的根本利益，就是党的理论、路线、纲领、方针、政策和各项工作，必须坚持把人民的根本利益作为出发点和归宿，充分发挥人民群众的积极性主动性创造性，在社会不断发展进步的基础上，使人民群众不断获得切实的经济、政治、文化利益。"① 在这里，江泽民同志从三个方面全面阐述了代表中国最广大人民根本利益的科学内涵，具有鲜明的时代感。

首先，必须坚持把人民的根本利益作为出发点和归宿。

党的理论、路线、纲领、方针、政策和各项工作的出发点和归宿，是党的宗旨的体现。党的性质和宗旨不同，党的理论、路线、纲领、方针、政策和各项工作的出发点和归宿也就不同。忠实地代表中国最广大人民的根本利益是我们党的根本宗旨，是党的全部工作和全部活动的根本出发点。毛泽东同志说过，全心全意为人民服务，一刻也不脱离群众，一切从人民的利益出发，而不是从个人和小集团的利益出发，向人民负责和向党的领导机关负责的一

---

① 江泽民：《论"三个代表"》，中央文献出版社2001年版，第160—161页。

致性，这就是我们的出发点。邓小平同志也说过，我们的各项工作各项决策，必须从人民群众的根本利益出发，必须最大限度的满足广大人民群众的根本利益。遵循着这一思想，江泽民同志说，我们想问题、办事情的出发点和落脚点，始终要考虑人民群众的根本利益。并且强调，在任何时候任何情况下，党的一切工作和方针政策都要以是否符合最广大人民群众的利益为最高衡量标准。这是我们观察和处理问题的一个根本原则。

80年来，我们党所进行的一切奋斗，归根到底都是为了最广大人民的根本利益。但是，当前条件下坚持这一宗旨和观点确实与以前有着明显不同的特点。我们党在民主革命时期，由于没有掌握全国政权，需要人民的支持，因而容易牢记自己的根本宗旨，容易做到同人民群众打成一片。新中国成立后的一段时期内，我们党执政了，但由于是计划经济体制，实行单一的所有制结构，人民之间的物质利益基本一致，为人民服务的宗旨也相对容易坚持。随着时代的发展，在今天，我国社会发生了深刻变化，出现了经济主体、经济利益、就业方式、分配方式以及价值趋向的多样化。人民群众之间的现实利益差距拉大了，人民内部包括工人阶级内部也形成了不同的利益群体，尤其是新时期的党员越来越分属于不同的社会阶层，从事着不同的社会职业，党员之间也存在着不同的利益差别。在这种情况下，我们党作为执政党，以什么为基点制定政策，为什么人服务，这是一个涉及党的性质、宗旨的大问题，面对着党内腐败现象的严重存在，我们党能不能始终把人民的根本利益作为出发点和归宿，也是人民普遍关心的现实问题。江泽民同志从新的实际出发，强调党的理论、路线、纲领、方针、政策和各项工作，必须坚持把人民的根本利益作为出发点和归宿，鲜明地回答了这一根本性问题。

然而，也有一种观点从另一个角度提出问题，说什么代表中国最广大人民的利益很难与全民党划清界限。应当指出，在国际共产主义运动中，没有谁真正提出过"全民党"的主张。所谓"全民党"，是五六十年代中、苏两党论战中我们对苏共二十大党章中一句话的概括。苏共二十大党章中有这样一句话："由于社会主义在苏联的胜利……工人阶级的共产党已经变成苏联人民的先锋队，成了全体人民的党。"据此，我们将其概括为"全民党"。对于当年中苏两党论战的是非，这里姑且不去评论。显然江泽民同志讲的与此毫无相干。因为他讲的是要代表"中国最广大人民的根本利益"，而不是讲代表"所有人、一切人"的根本利益。在阶级存在或一定范围内存在着阶级斗争的社会里，所谓"一切人、所有人"的根本利益，不过是一种空洞的抽象，在现实中是根本不存在的。利益，在阶级社会中，在一定范围内存在着阶级斗争的社会里，是不可能对所有的人都完全一样的。不同的阶级、阶层与社会集团会有不同的利益。因此，代表谁的利益，代表多少人的利益，就成了一个带根本性的重要问题。"三个代表"强调的是最广大人民的利益，这就从根本上排除了代表极少数敌对分子的利益。对此，我们不能有任何的含混。

坚持把人民的根本利益作为出发点和归宿，反映了我们党最根本的历史观和最根本的价值追求。我们共产党人怎么看待社会历史？认为社会历史是人民群众创造的，是生产力的发展决定的，是先进文化引导的。这是我们共产党人对待社会历史的根本观点。从这种根本观点出发，代表先进生产力的发展要求，代表先进文化的前进方向，代表最广大人民的根本利益，就合乎逻辑的成了共产党人的价值追求。坚持把人民的根本利益作为制定理论、路线、方针、政策和各项工作的出发点和归宿，反映的就是这样的历史观和价值追求。

其次，要充分发挥人民群众的积极性、主动性和创造性。

历史唯物主义认为，人民群众的利益不是哪一个人、哪一个党恩赐的，而是人民群众自己创造的。因而要满足人民群众的利益就必须发挥人民群众的积极性、主动性和创造性。

80年的实践启示我们，紧紧依靠人民群众，充分发挥人民群众的积极性、主动性和创造性，是我们党战胜各种困难和风险、不断取得事业成功、满足人民群众根本利益的基本保障。革命战争年代，我们党紧紧地依靠人民，充分发挥人民群众的积极性主动性创造性，取得了一个又一个的胜利，并最终夺取了全国政权。新中国成立以后，我们紧紧地依靠人民，充分发挥广大人民群众的积极性、主动性和创造性，顺利地实现了生产资料所有制的社会主义改造。改革开放以来，我们党紧紧地依靠人民，充分发挥人民群众的积极性、主动性和创造性，改革了单一的生产资料公有制形式，建立起适应不同层次生产力需要的生产关系，极大地促进了生产力的发展。现在，我们党面临的形势更复杂，任务更繁重，困难也更大。要实现党所承担的历史任务，关键是紧紧依靠最广大的人民群众，充分发挥好他们的积极性、主动性和创造性。也正是在这个意义上，江泽民同志特别强调，要把人民群众的积极性、主动性和创造性发挥好、引导好、保护好。

要充分发挥人民群众的积极性、主动性和创造性，关键是要尊重人民群众的主人翁地位。经过艰苦卓绝的斗争，我党领导中国人民取得了新民主主义革命的伟大胜利，1949 年建立了中华人民共和国。中国人民从此站起来了，广大人民群众当家做了主人，确立了主人翁地位。在中国共产党的领导下，广大人民群众以主人翁的姿态在社会主义革命和建设事业中充分发挥了积极性、主动性和创造性，为实现自己的利益做出了巨大的贡献。在改革开放实行社会主义市场经济的新形势下，坚持不断巩固、增强人民群众的主人翁地位，是充分发挥人民群众积极性、主动性和创造性的关键。

要充分发挥人民群众的积极性、主动性和创造性，非常重要的一点是要倾听群众的意见。一是要深入群众，了解群众的真实想法。只有深入群众，倾听人民群众的呼声，才能了解群众的真实想法，才能知民之所想，察民之所虑，亲民之所爱，为民之所需。我们到群众中去，既要身到，更要心到，情真意切，做群众的知心朋友。只有这样，才能透彻了解群众的心思，真切感受群众的情绪，如实反映群众的要求。二是要对群众的反映和意见进行综合分析，使代表绝大多数群众根本利益的意见成为制定决策和部署工作的依据。人民群众提出的意见有对的，也有不对的。党的领导就是要善于集中人民群众的正确意见，对不正确的意见给以适当的解释。这是保证我们的路线、方针、政策符合实际，保证我们的工作切实有效，保证我们所办的事情符合群众要求的一个重要条件。三是要集思广益，主动让群众参与重大问题的决策，大力支持和鼓励人民群众的创造性实践。

要充分发挥人民群众的积极性、主动性和创造性，一切空话都是无用的，必须给人民以看得见的物质利益。为此，就要加快经济发展，下大力解决好事关群众切身利益的重大问题，调整好新形势下的利益关系。在这方面，江泽民同志有一系列重要论述。比如他说，发展是硬道理，这是我们必须始终坚持的一个战略思想。解决一切问题都要靠发展；现在世界经济和科技发展的形势逼人，我们不加快发展，就会落后。比如他说，关心群众，首先要关心困难群体的疾苦；为最广大人民谋利益，首先要为困难群体谋好利益。比如他说，如何应对不同群体的不同利益要求，如何通过调整既激发广大人民群众的积极性，又保证整个社会的平稳有序，是我们各级领导干部面临的一个新课题。比如他说，我们要通过提高处理人民内部矛盾的能力，既要善于统筹，顾全大局，注意维护国家、民族、人民的根本利益，又要认真考虑和兼顾不同阶层、不同群体的利益，调动各方面的积极性。所有这些，都是值得我们很好学习和实践的。

当前，影响人民群众积极性、主动性和创造性发挥的一个重要原因，是党内存在的腐败现象和不良作风。因而，要充分发挥人民群众的积极性、主动性和创造性，就必须切实地反对腐败、改进作风。江泽民同志说，全党同志一定要从党和国家生死存亡的高度，充分认识反腐倡廉工作的重大意义，把党风廉政建设和反腐败斗争进行到底。要深刻认识反腐败工作的长期性、艰巨性和复杂性，既要树立持久作战的思想，又要抓紧当前的工作。坚持标本兼治、综合治理的方针，从思想上筑牢拒腐防变的堤防，同时通过体制创新努力铲除腐败现象滋生的土壤和条件，加大从源头上预防和解决腐败问题的力度。党的作风，关系党的形象，关系人心向背，关系党的生命。要全面加强党的思想作风、工作作风、领导作风和干部生活作风建设。当前党的作风存在这样那样的问题，归根到底都在于脱离群众。那种因循守旧、不思进取的思想作风，照抄照搬、脱离实际的学风，官僚主义、形式主义的工作作风，独断专行、软弱涣散的领导作风，贪图享乐、以权谋私的生活作风等等，都有一个共同的特征，就是脱离群众。抓住始终保持党同人民群众的血肉联系这一环节，就抓住了党的作风建设的关键。脱离群众的问题解决了，就为充分发挥人民群众的积极性主动性创造性提供了重要的前提条件。

再次，要使人民群众不断获得切实的经济、政治、文化利益。

唯物主义历史观认为，每个社会的经济关系都是作为利益关系表现出来的。人们的一切奋斗，都同他们的利益有关。人民群众的创造性劳动，也正是为着不断满足和实现自身的利益需求的。我们党代表最广大人民的根本利益，就要体现在带领人民在推动社会不断发展进步的基础上，使之不断获得切实的经济、政治、文化利益。这是我们党的神圣职责，也是对我们党是否坚持"三个代表"的实际检验。

我们党曾经把人民群众的利益需要，概括为物质和文化生活的需要。在七一讲话中，江泽民同志把它具体化为三大基本方面，即人民的经济利益、政治利益和文化利益。这个概括较之过去，更准确、更全面，对党的要求也更高了。经济利益是人民群众生存和发展的基础，表现为不断地改善劳动环境，改善吃、穿、住、行、用等条件。政治利益是人民群众的最高利益，表现为人民具有管理国家事务的知情权、选举权、监督权以及直接管理权等。文化利益是前两者的反映，表现为人民群众具有接受教育和享受各种文化成果的权力等。三者统一，是人的自由而全面的发展在现阶段的生动体现。

要使人民群众不断获得切实的经济、政治、文化利益，关键在于发展。江泽民同志强调：我们党要承担起推动中国社会发展的历史使命，必须始终紧紧抓住发展这个执政兴国的第一要务。他说，党的先进性是具体的历史的，必须放到推动当代中国先进生产力和先进文化的发展中去考察，放到维护和实现最广大人民根本利益的奋斗中去考察，归根到底要看党在推动历史前进中的实际作用。我们要把党的先进性和发挥社会主义制度的优越性，落实到发展先进生产力、发展先进文化、维护和实现最广大人民的根本利益上来。把握住这一点，就从根本上把握了人民的愿望，把握了社会主义现代化建设的本质。

要使人民群众不断获得切实的经济、政治、文化利益，必须正确处理整体利益与具体利益的关系。人民群众的整体利益是由各方面的具体利益构成的。改革开放以来，我国取得了举世公认的巨大成就，广大人民群众普遍得到了实惠。但随着社会经济成分、组织形式、就业方式和分配方式的多样性，在人民群众整体利益一致的同时，不同阶层、不同群体之间的利益关系，局部利益与整体利益、当前利益与长远利益之间的关系却较之过去复杂得多了。重视各方面的具体利益，处理好各种利益关系成了我们党在新时期代表广大人民利益必须解决的一个重要课题。江泽民同志指出：我们所有的政策措施和工作，都应该正确反映并有利于妥善处理各种利益关系，都应认真考虑和兼顾不同阶层、不同方面群众的利益。同时，他强调：在处理各种利益关系时，最重要的是必须首先考虑并满足最大多数人的利益要求。并说，最大多数人的利益是最紧要和最具有决定性的因素。这些论述，不仅指明了最大多数人的利益对于党和国家大局的决定性、根本性作用，深化了代表中国最广大人民根本利益的思想内涵，而且为我们党在新时期处理整体利益和各种具体利益的关系指明了方向。

要使人民群众不断获得切实的经济、政治、文化利益，就要努力贯彻党的路线方针政策。改革开放的实践证明，我们党的基本理论、基本路线、基本纲领和各项方针政策，符合中国社会发展的需要，集中反映了最广大人民的根本利益。因此，代表中国最广大人民的根本利益，推动中国社会不断发展，就要努力贯彻执行党在现阶段的理论、路线、纲领和方针政策，就要努力建设好有中国特色社会主义的经济、政治、文化，就要切实维护当前改革、发展和稳定的大好局面。

要使人民群众不断获得切实的经济、政治、文化利益，最根本的是要坚持、完善和发展社会主义制度。中国最广大人民的根本利益是与时俱进的。在抗日战争时期，打败日本帝国主义，实现民族独立，就是中国最广大人民的根本利益。解放战争时期，打倒蒋介石，解放全中国，就是中国最广大人民的根本利益。今天，解放、发展生产力，消灭剥削，消除两极分化，逐步实现共同富裕，就是中国最广大人民的根本利益。而解放、发展生产力，消灭剥削、消除两极分化，逐步实现共同富裕，邓小平同志说，就是社会主义的本质。我们为什么要坚持社会主义的基本制度，因为它有利于解放、发展生产力，有利于消灭剥削、消除两极分化，逐步实现共同富裕。这也就是说，不坚持、完善和发展社会主义，就没有中国最广大人民的根本利益。代表中国最广大人民的根本利益，使人民群众不断获得切实的经济、政治、文化利益，就必须坚持、完善和发展社会主义。

三、努力践行代表最广大人民的根本利益

代表中国最广大人民的根本利益，党的理论、路线、纲领、方针、政策和各项工作，必须坚持把人民的根本利益作为出发点和归宿，充分发挥人民群众的积极性主动性创造性，努力推进社会主义的经济、政治和文化发展。而要做到这一点，还需要我们全党、全体党员干部做出极大的努力，其中特别是要加强和改进思想作风建设。

在任何时候任何情况下，与人民群众同呼吸、共命运的立场不能变，全心全意为人民服务的宗旨不能忘，坚信群众是真正英雄的历史唯物主义观点不能丢。江泽民同志指出：贯彻"三个代表"要求，"本质在坚持执政为民"。"执政为民"之所以是贯彻"三个代表"要求的本质，这是因为"三个代表"根本上说就是执政为民，代表人民群众的根本利益。人民群众是先进生产力和先进文化的创造主体，也是实现自身利益的根本力量。不断发展先进生产力和先进文化，归根到底都是为了满足人民群众日益增长的物质文化需要，不断实现最广大人民的根本利益。忘记了"执政为民"、代表人民群众的根本利益这一本质，就从根本上背离了"三个代表"。我们党来自于人民，植根于人民，人民群众是我们的生存之本，离开了人民群众，我们将一无所有；人民群众是我们的力量源泉，离开

了人民群众，我们将一事无成。这个道理，应该在我们党员干部的头脑中深深地扎下根来。江泽民同志强调在任何时候任何情况下，与人民群众同呼吸、共命运的立场不能变，全心全意为人民服务的宗旨不能忘，坚信群众是真正英雄的历史唯物主义观点不能丢，就是基于这个道理。

　　任何时候我们都必须坚持尊重社会发展规律与尊重人民群众主体地位的一致性，坚持为崇高理想奋斗与为最广大人民谋利益的一致性，坚持完成党的各项工作与实现人民利益的一致性。江泽民同志强调的"三个一致性"，有着极强的现实针对性。我们党已经从一个领导人民为夺取政权而奋斗的党，成为一个领导人民掌握着全国政权并长期执政的党；已经从一个在受到外部封锁的状态下领导国家建设的党，成为在全面改革开放条件下领导国家建设的党。新党员的数量大幅度增加，干部队伍新老交替不断进行，一大批年轻干部走上领导岗位。这给党的发展带来了新的活力，也提出了新挑战。其中尤为突出的问题如：我们处于执政地位，认识和尊重人民群众的历史主体地位不同于发动群众进行革命夺取政权的时期，也不同于通过群众运动方式搞社会主义改造的时期，不像上述时期那样直截了当，那样朴素直观，那样无可置疑，甚至出现一些人不能准确把握社会主义初级阶段的社会关系结构，因而茫然不见人民群众的主体地位；我们处在经济全球化、世界多极化和国内社会主义市场经济发育的时代条件下，谋求最广大人民利益必须按照党的基本路线，通过改革开放和发展社会主义市场经济来实现，这就不像革命时期那样把

"高歌猛进"式的革命动员和追求美好的未来直接相联系，就可能发生对党的最高纲领和最低纲领在认识上的分离，甚至因对未来社会肤浅、简单的认识而对党在现阶段谋求最广大人民利益的路线、方针、政策产生怀疑；我们党处于长期的执政地位，加上党员队伍和执政环境的变化，我们不能不面对个别人从人民公仆变为人民主人的可能，不能不警惕出现既得利益集团的可能，不能不防止个别人以为党工作的名义谋取个人私利、损害人民利益的可能。针对上述这些变化和问题，江泽民同志强调要坚持"三个一致性"，为解决我们党在新的历史条件下始终代表最广大人民根本利益的新课题指明了方向。

代表人民群众的根本利益，必须坚持把人民的根本利益作为我们一切工作的出发点和归宿。古人说得好，得天下有道，在于得其民；得其民有道，在于得其心；得其心有道，在于谋其利。要为人民谋其利，就必须坚持一切工作、一切活动都从最广大人民的根本利益出发，使人民群众不断获得切实的经济、政治、文化利益。共产党人应当记住，"立党为公，执政为民"，这是我们党的得天下之道，得民心之道。今天，我国社会发生了深刻变化，出现了经济主体、经济利益、就业方式、分配方式以及价值取向的多样性，与人民群众联系的问题也呈现出一些新的特点。这就要求我们努力探寻群众工作的新特点，努力掌握新形势下做好群众工作的本领和方法，始终保持共产党人的蓬勃朝气、昂扬锐气、浩然正气，在各项工作中真正把群众的呼声作为"第一信号"，把群众的冷暖放在心上，坚持一切为了群众的基本出发点。

党的作风与人民群众的利益息息相关，维护人民利益，就必须搞好党的作风建设。我们党历来高度重视作风建设与人民利益的密切联系，总是围绕着维护人民利益这个核心进行党的作风建设。毛泽东同志提出从思想上建党，致力于通过教育和整风来消除各种非无产阶级思想，不断纠正党内存在的轻视实践、脱离实际、脱离群众等官僚主义倾向和作风。邓小平同志反复阐明，继承和发扬我们党加强作风建设的好传统，加强党的领导，端正党的作风，所具有的决定性意义。针对新的历史时期出现的新情况、新问题，江泽民同志一再强调重视党的作风建设。他说，加强党的作风建设，必须紧密结合解决党内存在的突出问题来进行，紧密结合更好地维护和发展最广大人民的根本利益来进行。江泽民同志的这一思想是非常重要的。不解决好党内存在的突出问题，我们就难以更好地为最广大人民谋利益；不能把最广大人民的根本利益实现好、维护好、发展好，我们就很难始终保持与人民群众的血肉联系。把维护人民利益与党的作风建设统一起来，必须坚决克服一切不符合人民利益的不良风气。当前，要特别注意改变不思进取、无所作为和种种严重脱离群众的现象，坚决反对形式主义和官僚主义的歪风。各级党组织和领导干部都要旗帜鲜明地反对腐败。解决这些问题，既要一如既往地加强思想教育，更要切实解决体制机制方面存在的问题，从法律、制度上建立健全防范、制约和监督机制。总之，要通过切实有效的措施，使党的作风有新的明显改进，使党群干群关系有新的明显进步，以党风廉政建设的实际成果取信于民，确保最广大人民的根本利益在优良的党风中得到切实维护。

　　始终代表最广大人民群众的根本利益，归根到底是要树立以人民群众为本的价值观。价值观，从根本上说来是个世界观问题。江泽民同志指出：树立正确的世界观，无论过去、现在和将来，对于每一个干部和党员来说，都是首要的问题。世界观之所以具有如此突出的地位，关键在于它是人们关于客观世界的根本看法，是人们关于包括自然、社会和人自身在内的客观世界存在与发展的一般规律和观点的总和。人们只有树立了正确的世界观，才能科学地认识自身与客观世界的关系，科学地认识自己在客观世界中的地位，也才能科学地处理主观与客观、个人与社会、现实与未来等等的相互关系，从而形成改造客观世界与主观世界的正确目标与方案。树立正确的世界观，就是要树立马克思主义的，即辩证唯物主义历史唯物主义的世界观。有了马克思主义的世界观，就能够确立为人民服务、以人民群众为本的人生观、价值观，就能够更好地代表最广大人民的根本利益。

加强国防和军队建设问题

JIAQIANG GUOFANG HE JUNDUI

JIANSHE WENTI

牢固确立科学发展观在 国防和军队建设中的指导地位[*]

胡锦涛同志站在时代发展和战略全局的高度，在去年 4 月召开的军委民主生活会上，明确提出要在国防和军队 建设中贯彻落实科学发展观，年底，又在军委扩大会议上 专题阐述了这一问题，强调要把科学发展观作为加强国防 和军队建设的重要指导方针。胡锦涛同志的这一重要思 想，紧紧抓住了国防和军队建设发展的根本性、全局性和 方向性问题，进一步深化了对国防和军队建设发展规律的 认识，对促进国防和军队建设又好又快发展具有极为重要 的指导意义。落实好这一重要思想，有很多工作要做，但 首要的是通过深入学习领会，在思想上把科学发展观的指 导地位牢固地确立起来。

---

* 2006 年 5 月讲于中央军委委托国防大学承办的全军高级干部研讨班，收入本文 集前未公开发表过。

一、牢固确立科学发展观在国防和军队 建设中的指导地位,是由我军与党的 本质关系所决定的

在国防和军队建设中之所以要牢固确立科学发展观的指导地位,一个十分重要的道理在于,国防和军队建设是我们党为维护国家安全而进行的军事实践,我军是党绝对领导下的人民军队;党的理论的任何创新发展,都会为国防和军队建设的理论指导增添新的内容,注入新的活力。进入新世纪新阶段,我们党创造性地提出了科学发展观。这一重大理论创新,必然要求国防和军队建设在坚持邓小平理论和"三个代表"重要思想的基础上,把科学发展观作为重要指导方针。

(一) 科学发展观是马克思主义与时俱进的最新理论成果。

理论是实践的反映,必然随着实践的发展而发展。随着实践的发展而发展,是理论发展的内在规律。我们党在指导中国革命、建设和改革的过程中,先后形成了毛泽东思想、邓小平理论和"三个代表"重要思想。党的十六大以后,以胡锦涛为总书记的党中央又在全面建设小康社会的实践中,创造性地提出了"以人为本,全面、协调和可持续发展"的科学发展观,把党的理论创新推进到了一个新的阶段。科学发展观的一些基本观点和重要概念,马克思主义经典作家特别是邓小平、江泽民同志都有

过论述，但是提出科学发展观这个概念，把马克思主义关于发展的若干重要思想综合为一个有机的整体，并把它提升到关于发展的世界观、方法论的高度，则不能不说是以胡锦涛为总书记的党中央的一大创造，是对马克思主义关于发展理论的新贡献。

科学发展观不是凭空产生的，而是经济社会发展的经验教训的科学总结。改革开放以来，我们取得了举世瞩目的巨大成就，但是在发展的过程中，也确实遇到了一些新的矛盾、新的问题，比如产业结构不合理、经济增长方式落后、资源开采过度、环境污染严重、社会分配不公，等等。怎么解决这些问题？以胡锦涛为总书记的党中央总结我们自身的经验教训、借鉴国际上特别是拉美国家的经验教训，创造性地提出了科学发展观。科学发展观不是来自别处，而是来自于发展中国家特别是我国现代化建设的实践。

科学发展观的提出，没有割断它与邓小平理论和"三个代表"重要思想的历史联系，而是充分体现、包含和凝结了马克思主义关于发展理论的精华。特别是邓小平理论和"三个代表"重要思想中关于发展的主体理论、发展的起点理论、发展的道路理论、发展的动力理论以及发展的目的理论等，一个都没有丢掉，其中的精华都包括在科学发展观之中。如果发展不依靠人民群众、不从中国的实际出发、不走社会主义市场经济之路、不以深化改革为动力，发展的成果不惠及全体人民，那么，发展就不可能是科学的发展。科学发展观之所以科学，就在于它内在地包含了马克思主义关于发展思想的精华，同时又充实了新的内容，体现了新的时代精神，与马克思主义的发展理论既一脉相承又与时俱进。

科学发展观是马克思主义世界观、方法论在发展问题上的集中体现。科学发展观的主题是发展。它所强调的发展，是现阶段的发展和未来发展的有机统一。从现阶段发展来讲，就是要全面建设更高水平的小康社会；从长远发展来讲，就是要为建设社会主义进而实现共产主义奠定基础。共产党人为人民群众的最近的目的和利益而奋斗，但他们在当前的运动中同时代表运动的未来。科学发展观深刻反映了我们党按照人类社会发展规律而奋斗的历史方向，生动体现了我们党建设中国特色社会主义、发展社会主义并逐步实现共产主义的社会理想。

科学发展观的核心是以人为本。以人为本有着十分丰厚的文化内涵。在我国，最早明确提出"以人为本"的是春秋时期齐国名相管仲。管仲是辅佐齐桓公九合诸侯、一匡天下的杰出政治家、思想家。他曾深有所感地说："夫霸王之所始也，以人为本。本理则国固，本乱则国危。"① 意思是说齐王的霸业之所以有良好的开端，是因为以人为根本；这个本理顺了国家才能巩固，这个本搞乱了国家势必危亡。西方传统文化同样也贯穿着"以人为本"的基本精神。中世纪欧洲笼罩着教会神权统治。14世纪到19世纪的欧洲思想解放运动，重新弘扬了以人为

---

① 《管子》第2册，商务印书馆1936年版，第8页。

本的理念，出现了人本主义思潮。西方的人本主义所体现的"以人为本"思想，极大地打击了宗教神学和封建专制主义君权的统治，推进了资产阶级的民主革命。然而，资产阶级的统治建立起来之后，实行的却是"以富人为本"，广大无产阶级和劳苦大众依然处于贫穷、无权的状态。社会历史的发展要求建立和实现无产阶级的新的"以人为本"观。适应这种要求，马克思鲜明地提出了"人的解放"问题。马克思所主张的人的解放，有这样相互联系的三重含义：一是工人阶级的解放，二是穷人的解放，三是全人类的解放，即每一个人的解放。与这一思想相联系，科学发展观所强调的以人为本，也有三重含义，即以工人阶级为本，以广大人民群众为本，以每一个人为本。科学发展观强调的以人为本，就是以工人阶级的解放为前提，以实现人的自由而全面的发展为目标，从人民群众的根本利益出发，谋发展、促发展，不断满足人民群众日益增长的物质文化需要，切实保证人民群众的经济、政治和文化权益，让发展的成果惠及全体人民。从中我们不难看出，科学发展观充分体现了我们党坚持以最广大人民群众根本利益为基本出发点和落脚点的鲜明政治立场。

科学发展观的基本内容是全面、协调和可持续发展的统一。所谓全面发展，就是防止发展中的片面性，始终把经济社会发展看成一个有机联系的整体，解决好重点和全面的辩证法问题；所谓协调发展，就是防止发展中的孤立性，始终把构成经济社会发展的各种要素，看成一个互相矛盾又互相统一的总体，重点解决好发展中平衡和不平衡的辩证法问题；所谓可持续发展，就是防止发展中只顾眼前、不顾长远的倾向，始终把人类社会和自然界看成一个有机的整体，辩证地处理人口、资源和环境的关系，走"天人合一"的发展道路，解决好眼前和长远的辩证法问题。显然，这种发展观是我们党既唯物又辩证的科学思维方式在发展问题上的生动体现。

科学发展观中所讲的发展，是靠人们求真务实、真抓实干干出来的。没有求真务实、真抓实干，就无所谓科学发展。要实现我国经济社会的科学发展，全党同志必须求真务实，扑下身子真抓实干。没有这种精神，是根本不可能有什么科学发展的。科学发展观所体现的就是我们党的这种求真务实、真抓实干的革命精神。

社会理想、政治立场、辩证思维和革命精神，都与世界观方法论紧密相联，都属于世界观方法论的范畴。只有从世界观方法论的高度着眼，才能深刻理解科学发展观的深刻内涵和重大指导意义。

（二）我军与党的本质关系决定了必须把科学发展观作为国防和军队建设的指导方针。

我军是党绝对领导下的人民军队，是执行党的政治任务的武装集团，历来以党的方向为方向，以党的意志为意志，以党的旗帜为旗帜。党的理论创新发展了，军队建设的指导方针也必然要随之进行相应的充实和完善。只有这样，我军才能始终置于党的绝对领导之下，才能坚定不移地听党话、跟党走，始终保持军队建设的正确方向。这个道理似乎非常浅显，但却是十分内在、特别重要的。

党对军队的领导，最主要的是思想上的领导。军队接受和服从党的领导，最主要的是深刻领会和自觉接受党的指导思想，坚持用党的基本理论特别是创新理论武装官兵的头脑。否则，就谈不上党对军队的绝对领导。科学发展观是党的理论创新的最新成果，是党的指导思想的丰富和发展。军队接受党的思想领导，理所当然地要把科学发展观作为重要指导方针。这是党对人民军队根本的政治要求，也是我军必须承担的政治责任。

党对军队的领导，集中体现在军队与党在根本宗旨的一致性上。我军是人民军队，坚持全心全意为人民服务，是我军的唯一宗旨和最高准则，也是军队践行党的宗旨、与党保持高度一致的必然要求。科学发展观着眼时代特点，从维护最广大人民群众根本利益的高度看待和处理发展问题，充分体现了党与人民群众的血肉联系。我军要保持自己的性质不变，就必须坚持以科学发展观为指导，一切为了人民，紧紧依靠人民，做人民利益的忠实捍卫者。

党对军队的领导，是通过党所制定的有关军队建设的各项政策制度来体现的。党领导军队的一系列基本制度是行之有效的，在当前国际国内形势异常复杂的情况下，坚持党对军队绝对领导的一系列行之有效的基本制度就显得特别重要。一些基本制度行之有效，但进入新世纪新阶段，关系广大官兵切身利益的某些政策制度却滞后于社会利益关系的调整变化和国家政策制度的创新发展，滞后于军队现代化建设的发展，亟待加以研究解决。胡锦涛同志明确提出，要集中精力抓好政策制度的调整改革，解决好那些关系广大官兵切身利益的问题。我们只有坚持以科学发展观为指导，努力贯彻落实好科学发展观的要求，才能从政策制度的调整改革上找到解决"两个滞后"问题的出路和办法，才能进一步集聚人才、凝聚军心。

（三）确立科学发展观在国防和军队建设中的指导地位，是履行我军使命、维护国家安全、捍卫人民利益的现实需要。

我军是在党绝对领导下的人民军队，维护国家安全、捍卫人民利益是我军的根本使命。在经济全球化的条件下，任何国家的发展都离不开世界，任何国家的利益都不只局限于本国的领土、领海和领空，而是伴随着自己实力的增强延伸到世界力所能及的范围，因此，各国之间的竞争是非常激烈的。这是规律，任何国家的发展都逃不脱，我国也不例外，再加上西方敌对势力亡我之心不死，这种竞争就显得更加激烈甚至残酷。在这种情况下，我国的安全形势虽然总的说是好的，但国家安全问题的综合性、复杂性、多变性是进一步增强了。这对国防和军队建设提出了新的更高要求，即是说要提高我军的战略能力，有效捍卫不断发展着的国家利益。如果国防军队建设不能满足这种要求，长期滞后国家利益的发展，就会反过来制约甚至阻碍国家利益的发展。而我军要履行好自己的历史使命，有效地捍卫不断发展着的国家利益，就必须认真贯彻落实科学发展观，通过科学筹划、科学组织使军队建设又快又好的发展，以提高我们的战略能力。从这个意义上说，牢固确立科学发展观在国防和军队建设中的指导地位，也是履行我军历史使命、维护国家安全、捍卫人民利益的现实需要。

二、牢固确立科学发展观在国防军队建设中的指导地位,是实现国防军队建设与经济社会协调发展的必然选择

在国防和军队建设中之所以要牢固确立科学发展观的指导地位,一个十分重要的道理在于,科学发展观反映和揭示的是经济社会发展和国防军队建设的共同规律;国防和军队建设只有贯彻落实好科学发展观,才能更好地融入国家经济社会发展的大系统中,从而实现富国与强军的有机统一。

(一)科学发展观反映和揭示的是经济建设和国防建设的共同规律。

科学发展观之所以科学,关键在于它把社会主义经济建设、政治建设、文化建设、社会建设、国防和军队建设置于一个大的系统中实施全面协调的指导。国防军队建设本身是一个系统,同时它又是国家经济社会发展这个大系统中的一个子系统。胡锦涛同志在军委扩大会议上强调:坚持以科学发展观统领经济社会发展全局,其中就包括统领好国防建设与经济建设的关系。国家经济社会发展以科学发展观作为指导方针,就内在地包含着国防军队建设要以科学发展观为指导。否则,国防和军队建设就很难与国家其它建设特别是经济建设相协调,更不可能被纳入国家

经济社会发展的大系统之中，最终将导致国家总体建设的失调。正是基于这种认识，胡锦涛同志强调，科学发展观既是经济社会发展的重要指导方针，也是国防和军队建设发展的重要指导方针。

国防建设与经济建设协调发展的方针，是我们党对国防建设和经济建设"内在规律"的科学总结。胡锦涛同志指出：经济建设与国防建设是相互影响、互为作用的。只有国家经济实力增强了，国防建设才会有更大的发展；只有把国防和军队建设搞上去，国家经济发展才会得到可靠的安全保障。历史经验表明，什么时候按这条规律办事，国家总体建设就会顺利发展，什么时候违背了这条规律，国家总体建设就会遇到挫折。胡锦涛同志把国防建设与经济建设协调发展上升到"内在规律"的高度，充分反映了我们党对这一问题认识的升华。

科学发展观的主题是发展，核心是以人为本，基本内容是全面、协调和可持续，这都是规律的反映。经济社会发展要以人为本，坚持全面、协调、可持续。国防和军队建设也同样要坚持以人为本，坚持全面、协调、可持续。以人为本、全面、协调、可持续的发展，既是经济社会发展的规律，也是国防和军队建设的规律。

值得指出的是，在军事转型的特定历史条件下，遵循科学发展观所揭示的规律更为迫切，要求也更高。以美国为代表的西方国家的军事转型，是在市场经济条件相当成熟和稳定的社会环境中进行的，不存在军事转型与社会转型之间的较大矛盾，表现为军事领域的"单一变革"。而中国的军事转型是在整个社会由计划经济体制向社会主义市场经济体制转型的环境中进行的，军事转型与社会转型几乎同时进行，表现为军事领域与社会领域的"双重变革"。我国社会经济环境的过渡性，不可避免地表现为经济环境的不稳定性和不成熟性，必然使我国军事转型面临着诸多矛盾。在这种情况下，要实现我国"双重变革"的顺利发展，就必须格外地强调以人为本，发挥好人的能动作用；就必须格外地强调经济发展和军事发展的全面协调。从这个意义上讲，科学发展观既反映了人类社会发展的共同规律，更揭示了中国建设与发展的特殊规律。

科学发展观反映的是经济发展和国防军队建设的共同规律，不存在在哪些领域中贯彻科学发展观更重要的问题。但是与国家其他领域相比，国防和军队建设领域又确实具有特殊性。军事领域最突出的特点在于它的对抗性和不可实验性。战争是敌对双方的暴烈性对抗，由此决定了军队必然具有同等的暴烈性对抗特征。这种性质决定了军队建设与其他领域建设的检验标准是不完全相同的。国家其他领域建设好坏的检验标准，主要是看能否提高社会主义国家的综合国力，能否提高人民群众的物质生活和精神生活水平。而检验军队建设成效的唯一标准则是应对危机、维护和平，遏制战争、打赢战争。不能有效地应对危机、维护和平，遏制战争、打赢战争，不管军队建设取得什么样的成果，都可视为军队建设的失败。社会其他领域的建设与发展是可以实验，也允许失败的，而战争是不可实验，甚至是不允许失败的。一场重要战争的失败就可能导致一个国家或民族陷入深重的灾难之中，甚至亡国灭种。这就决定了在国防和军队建设中贯彻科学发展观的极端重要性。

（二）在全面建设小康社会的历史进程中实现富国与强军的统一。

我们之所以要始终不渝地坚持国防建设与经济建设协调发展的方针，重要的目的在于，在全面建设小康社会的历史进程中实现富国与强军的统一。实现富国与强军的统一，是中华民族几千年的梦想，是几代中国共产党人不懈奋斗的事业和理想，是对当代中国发展的最高要求。要实现这个梦想，要达到这个要求，必须贯彻科学发展观。只有以科学发展观为指导，将国防建设与经济建设放在一个大系统中来统筹，坚持国防和经济两大发展战略相协调、两大战略任务相结合，才能真正实现富国与强军的统一。

新世纪新阶段，是国家发展的重要战略机遇期，也是国防和军队建设与发展的重要战略机遇期。在这个特殊而重大的历史关头，以胡锦涛为总书记的党中央把富国与强军相统一的问题提到了全新的时代高度。我们必须清醒地认识到：国家发展的重要战略机遇和国防军队建设发展的重要战略机遇是有机统一着的，两者相互依存、互为依托，丧失其中的任何一个，都会对中华民族的发展造成无法弥补的严重影响。中华民族发展的历史证明，没有军事的强大，就没有完整意义上的中华民族的伟大复兴。今天时代转换的机遇提醒我们，如果国家经济建设跨入了信息时代，而国防和军队建设仍停留于工业时代，那将是一种

非常危险的畸形发展。加强国防和军队建设已不单纯是我
国军事领域自身的任务，而是中华民族实现整体腾飞的总
体要求。在国防和军队建设中贯彻落实科学发展观，军队
的同志负有极其重要的责任，但绝不仅仅只是军队自身的
事，而是党、国家和军队共同的战略任务，是一种应该引
起并已经引起高度重视的国家行为。胡锦涛同志把国防建
设与经济建设协调发展的方针看做是国防建设和经济建设
的"内在规律"，就充分说明了这一点。

　　对于一个国家的发展来说，没有富国，不可能强军，
没有强军，国家就会失去安全保障，也不可能做到真正的
富国。富国与强军是有机地统一着的。有的同志作了这样
的比喻：如果说经济实力是"两条腿"，决定着一个国家
能否"站得起"、"走得动"，那么军事实力就是"脊梁
骨"，决定着这个国家能否在国际舞台上"挺起胸"。对
于一个国家来说，没有一定的经济实力就站不起来，但是
没有一定的军事实力，即使"站起来"，也只能"弯着
腰"。这个比喻不一定十分准确，但它反映的思想则是十
分深刻的。富国和强军的统一，在我们国家，由于党中
央、中央军委的正确领导，经过各级的大量工作，近年来
有了很大发展。但就发展的更高要求来说，也还存在一些
值得进一步研究解决的问题。比如在思想认识上，有些同
志只看到了经济发展的重要性，认为仗一时打不起来，国
防建设可以放一放，重视经济建设而忽视国防安全；也有
些同志，离开国家经济发展的大局，片面强调国防和军队
建设。在总体筹划方面，国防科技、国防工业与国家科技

和工业发展各起炉灶，重复投资、重复建设的现象还比较严重。在基础设施建设方面，有些同志片面强调"以经济建设为中心"，忽视国防基础设施建设，甚至在一定程度上干扰或影响国防基础设施和战场建设。在国防动员方面，国防观念淡薄的问题还具有一定的普遍性，民兵预备役建设与训练"资金难筹集、人员难集中、活动难开展"的问题也还比较突出，如此等等。联系这些情况，我们会更加深切地感受到，胡锦涛同志强调富国与强军相统一的极端重要性。

实现富国与强军的统一，必须按照科学发展观的要求，坚持经济建设与国防建设相协调的方针，把国防和军队建设纳入国家总体建设的大系统之中，在国家发展战略的大盘子中统筹考虑和设计国防和军队发展战略，合理确定国防和军队建设布局，通过科学的发展规划和计划把国防和军队现代化建设融入国家现代化建设的战略全局之中。年初召开的"两会"，通过了《国民经济和社会发展第十一个五年规划》，为今后五年我国经济社会发展提出了总体目标、指导方针并作出了重大部署，也为国防和军队现代化建设进一步指明了方向。军委扩大会议讨论通过的《军队建设发展"十一五"规划》，就是按照科学发展观的要求，既适应了"十一五"时期国家建设的总体部署，又体现了军队自身现代化建设的特点和规律，在很大程度上体现了国家发展战略与国防发展战略的有机结合。

坚持两大发展战略相协调，最重要的是促进经济建设与国防建设两大战略任务的完成。两大战略任务不能分立，必须融为一体。对此，胡锦涛同志强调：实现国防和军队现代化建设又快又好地发展，必须坚持军民结合、寓军于民，把国防和军队现代化建设深深融入经济社会发展体系之中。这是国防和军队现代化建设贯彻落实科学发展观必须做好的一篇大文章。做好这篇大文章，根据已有的认识，必须做到"五个纳入"：一是把国防和军队建设规划纳入国家经济社会发展总体规划；二是将国防科技和武器装备发展纳入国家科技创新体系；三是把军事斗争准备需求和战场建设纳入国家基础设施建设体系；四是把军队人才基础培养纳入国民教育体系；五是把军队生活服务纳入社会服务保障体系。这些问题解决好了，有助于形成国防建设与经济建设的良性互动，促进国防建设与经济建设两大战略任务的完成，从而实现富国与强军的统一。

三、牢固确立科学发展观在国防和军队建设中的指导地位，是解决我军建设主要矛盾、促进军队建设又快又好发展的内在要求

在国防和军队建设中之所以要牢固确立科学发展观的指导地位，一个十分重要的道理在于，科学发展观是胡锦涛同志建军治军思想的核心内容，深刻揭示了信息时代国防和军队建设的内在规律，为解决制约国防和军队建设主要矛盾、推进部队建设又快又好发展提供了强大的思想武器。只有坚定地把科学发展观作为国防和军队建设的重要指导方针，我军建设和军事斗争准备才能顺利进行。

（一）科学发展观是胡锦涛同志建军治军思想的核心
内容。

胡锦涛同志担任中央军委主席以来，全面继承毛泽东
军事思想、邓小平新时期军队建设思想和江泽民国防和军
队建设思想，着眼国际国内两个大局，在新的起点上对新
世纪新阶段国防和军队建设作出了一系列重要论述，提出
了一系列重要思想：

——关于新世纪新阶段我军的历史使命。胡锦涛同志
明确提出了"三个提供、一个发挥"，强调军队要为党巩
固执政地位提供重要的力量保证，为维护国家发展的重要
战略机遇期提供坚强的安全保障，为国家利益的发展提供
有力的战略支撑，为维护世界和平和促进共同发展发挥重
要作用。

——关于国防和军队建设的指导方针。胡锦涛同志明
确提出，科学发展观是推进经济社会发展的重要指导方
针，也是加强国防和军队建设的重要指导方针，强调各级
领导要充分认识在国防和军队建设中贯彻落实科学发展观
的极端重要性，从而增强贯彻落实科学发展观的自觉性和
坚定性。

——关于国防和军队建设的基本着眼点。胡锦涛同志
明确提出，各级领导要深入研究军队建设的阶段性特征，
强调一定要把军队建设的基础和现状搞清楚，把影响和制
约军队建设的重点难点问题搞清楚，把军队建设的发展方
向和主要任务搞清楚。

——关于国防和军队建设的目标任务。胡锦涛同志明

确提出，我军要以增强打赢信息化条件下局部战争的能力为核心，不断提高应对多种安全威胁、完成多样化军事任务的能力，强调军队要确保在各种复杂形势下都能有效地应对危机、维护和平，遏制战争、打赢战争。

——关于国防和军队建设的牵引力量。胡锦涛同志明确提出，要以反"台独"军事斗争准备为牵引，把军队现代化建设搞上去，强调要把军事斗争准备作为最重要、最现实、最紧迫的战略任务抓得紧而又紧，坚持从难从严从实战需要出发进行训练，在近似实战的环境和条件下摔打磨炼部队。

——关于国防和军队建设的推进动力。胡锦涛同志明确提出，科学技术是第一生产力，也是推动国防和军队建设又快又好发展的巨大动力，强调要进一步实施科技强军战略，切实把军队战斗力生成模式转到依靠科技进步上来。

——关于国防和军队建设的基本要求。胡锦涛同志明确提出，要坚持革命化现代化正规化建设的有机统一，搞好"五个统筹"，强调注重解决体制机制上制约军队发展的深层次矛盾和问题，不断提高国防和军队建设的质量和效益，走出一条投入较少、效益较高的国防和军队现代化建设路子。

——关于国防和军队建设的政治保证。胡锦涛同志明确提出，要把革命化建设放在首位，确保党对军队的绝对领导，强调要扎实搞好保持共产党员先进性教育，切实发扬好人民军队的光荣传统。

在胡锦涛同志这一系列重要论述中，科学发展观是核心内容。科学发展观强调"以人为本"，明确了我军建设的依靠力量、根本出发点和落脚点。科学发展观强调发展是第一要义，发展必须是全面、协调、可持续的发展，指明了重大时代转换时期改变中国军事落后状况的根本途径和内在要求。可以说，科学发展观在更高的层次上揭示和回答了新世纪新阶段中国国防和军队建设发展"为了谁"、"依靠谁"、"发展什么"和"怎样发展"等一系列重大问题。抓住了科学发展观，就抓住了胡锦涛同志一系列重要论述的纲，就把握了胡锦涛同志建军治军思想的魂。

军队建设贯彻科学发展观，最重要的是必须始终坚持我军人民军队的根本性质宗旨，坚决维护人民群众的根本利益。不管时代如何发展，形势和任务如何变化，这一条任何时候都不能改变。同时，军队要紧紧依靠人民，广泛动员人民支持国防和军队建设，支援军事斗争准备和作战行动。对军队自身建设来说，贯彻科学发展观，就是要尊重广大官兵的主体地位，发挥他们在军队建设中的主体作用，同时要把推进部队建设与促进官兵全面发展有机统一起来，关心官兵切身利益，维护官兵正当权益，提高官兵全面素质。军队建设贯彻科学发展观，要符合军队作为武装集团的特殊性，适应遂行作战任务的要求，把爱护官兵生命与培养战斗精神统一起来，把关心官兵个人发展与从严治军统一起来，把尊重官兵权益与确保一切行动听指挥统一起来。

军队建设贯彻科学发展观，要正确认识和把握"三化"建设的关系，始终把革命化建设放在第一位，永葆人民军队的性质、本色和作风。要以现代化建设为中心，不断提高打赢信息化战争的能力。正规化是现代化的重要基础和保证。革命化、现代化、正规化建设必须相互促进、共同提高、整体推进。"五句话"的总要求，以推动军队全面建设为基本着眼点，把部队各个层次、各个方面的工作都纳入"三化"建设的轨道，是"三化"建设总目标在实际工作中的具体化和规范化，是实现军队全面建设必须遵循的基本方针。

在国防和军队建设中贯彻科学发展观，中央军委提出了有别于地方的"五个统筹"，即统筹中国特色军事变革与军事斗争准备、统筹机械化建设与信息化建设、统筹诸军兵种作战力量建设、统筹当前建设与长远发展、统筹主要战略方向建设与其他战略方向建设。这"五个统筹"，是全面、协调和可持续发展在工作指导上的具体体现。

科学发展的巨大动力在于科技创新。军队贯彻科学发展观必须进一步实施科技强军战略，依靠科技进步加快转变战斗力生成模式。要着力推进军事理论创新、军事技术创新、军事组织体制创新和军事管理创新。这是国防和军队建设贯彻落实科学发展观的必然要求。

（二）牢固确立科学发展观在国防和军队建设中的指导地位，要注重理清大的思路。

牢固确立科学发展观在国防和军队建设中的指导地位，就要真正把科学发展观作为凝聚军心、激励士气的强大思想武器。科学发展观揭示了经济建设和国防建设的内在规律，反映了我们党对经济社会发展与国防军队建设规律认识的深化，是马克思主义关于发展理论与时俱进的最新成果。在国防和军队建设中确立科学发展观的指导地位，第一位的就是要把科学发展观作为一面旗帜，自觉用这面旗帜把官兵的思想和意志进一步统一起来，把官兵的力量和智慧进一步凝聚起来，把官兵的创造热情和活力进一步激发出来。我们应该树立和强化这样一种意识，科学发展观所指引的方向，就是当代中国军队的前进方向。坚定马克思主义信仰不动摇，最现实的是要坚定对科学发展观的信仰；高举邓小平理论和"三个代表"重要思想旗帜，最关键的是要把科学发展观学好用好；加强党的理论武装工作，最紧要的是要用科学发展观武装广大官兵头脑。我们要像当年学习毛泽东思想、邓小平理论和"三个代表"重要思想那样，以极大的政治热情，引导组织官兵把科学发展观学深悟透，真正入脑入心。

牢固确立科学发展观在国防和军队建设中的指导地位，就要真正把科学发展观作为谋划建设的基本遵循，并将其转化为促进发展的正确思路。在当代中国的发展问题上，科学发展观作为经济社会发展一般规律的集中反映，作为我们党指导发展的世界观和方法论，具有普遍的真理性和适用性。确立科学发展观的指导地位，很重要的一条就是要把它作为推动和实现又快又好发展的基本遵循，使之成为统领发展全局的总开关、总要求、总标准。我们军队建设，无论是军事工作、政治工作、后勤工作、装备工作，还是人才建设、制度建设，无一例外地都应该纳入科学发展的轨道，都应该按照科学发展观的要求来进行运作。如果说，贯彻落实科学发展观有一个结合本部门、本单位、本行业具体实际的问题，不能搞"一刀切"；那么，在遵循科学发展观的基本要求这个原则问题上，则又不能有任何例外。部队建设的实际告诉我们，只有把科学发展观作为谋划建设、促进发展的基本遵循，才能增强作决策、解难题、抓落实的科学性和有效性。

牢固确立科学发展观在国防和军队建设中的指导地位，就要真正把科学发展观作为衡量利弊、检验得失的价值尺度。从社会价值的层面来讲，科学发展观既是坚持人民军队根本宗旨的发展观，又是确保人民军队履行职能使命的发展观。这就决定了它是一个管总的价值判断标准。确立科学发展观的指导地位，很重要的一条，就是要把它作为衡量利弊、检验得失最根本的价值尺度。我们应该自觉地用科学发展观全面审视和清理长期以来所形成的思想观念、工作思路和政策制度。一切与科学发展观不相适应的思想观念都要坚决更新，一切违背科学发展观要求的做法都要坚决改变，一切影响制约科学发展观贯彻落实的体制弊端都要坚决革除。同时，对那些好的或比较好的政策措施，该坚持的要坚持，该充实的要充实，该完善的要完善。要把科学发展观这个最根本的价值尺度贯彻到部队的各项建设和全部工作中去。一个单位的建设究竟抓得怎么样，一个干部履行职责究竟做得好不好，各项政策措施和工作究竟对不对，都要用科学发展观这把尺子来量一量。

我们要通过全方位地树立和强化科学发展观作为价值尺度的权威性，在全军上下形成有利于推进部队建设又快又好发展的舆论导向、政策导向、用人导向和制度导向。

牢固确立科学发展观在国防和军队建设中的指导地位，就要真正把科学发展观作为修身立德、建功立业的行为准则。科学发展观从时代高度深刻反映了中国共产党人的价值理想和追求。胡锦涛同志强调科学发展观是指导发展的世界观和方法论的集中体现，这本身就昭示我们，要贯彻落实好科学发展观，各级领导干部首先就必须用它把自己武装起来，从而使科学发展观真正成为自己无法割舍的价值理念，成为修身立德、建功立业的行为准则。不这样做，无论是在观念形态上，还是在实际工作中，确立科学发展观的指导地位都将是一句空话。也正是基于这种认识，胡锦涛同志强调，每个领导者都要结合党性修养和锻炼，不断加强主观世界的改造，牢固树立马克思主义的权力观、地位观、利益观和荣辱观，愈益夯实团结带领官兵促进部队科学发展的思想道德基础。要用科学发展观不断校正和纯洁我们的政绩观，自觉抵御各种形式主义和表面文章的诱惑，以求真务实的精神和作风，努力创造出无愧于党、无愧于人民、无愧于军队、无愧于时代的业绩。

认真加强能力建设
切实履行好我军使命[*]

胡锦涛同志在最近召开的军委扩大会议上，对新世纪新阶段我军肩负的历史使命作了新的概括，强调军队要为党巩固执政地位提供重要的力量保证、为维护国家发展的重要战略机遇期提供坚强的安全保障、为国家利益的发展提供有力的战略支撑、为维护世界和平与促进共同发展发挥重要作用。这是对新世纪新阶段我军职能任务的新概括、地位作用的新发展、建设发展的新要求。我们一定要深刻认识胡锦涛同志对军队使命新概括的重大意义，深刻理解其精神实质，切实按照履行使命的要求扎扎实实地推进部队建设。

* 讲于 2005 年 5 月中央军委委托国防大学承办的全军高级干部研讨班，后经加工发表于《国防大学学报》2005 年第 6 期。

一、我军历史使命新概括的重大意义

我军已有近 80 年的历史，军队的历史使命应该说是清楚的。胡锦涛同志为什么要对我军历史使命加以新的概括呢？我体会有这样四点：

第一，对我军历史使命加以新的概括，是胡锦涛同志从战略高度指导军队建设的一个重大举措。十六届四中全会选举胡锦涛同志担任军委主席。胡锦涛同志作为军委主席，如何带领军委按照邓小平理论和"三个代表"重要思想，以新的战略视野加强对军队建设的战略指导，是一个十分重大而紧迫的问题。对军队建设实施战略指导从哪里抓起呢？军队的历史使命是与军队的性质、宗旨紧密联系在一起的，是与军队的根本任务、前进方向和奋斗目标紧密联系在一起的。抓住了军队的历史使命这个核心，就抓住了关键、抓住了根本，就从战略上、宏观上进一步明确了我军的性质、宗旨，明确了我军的根本任务和奋斗目标，就能够有效地统领我军建设。

第二，胡锦涛同志对我军历史使命的新概括，反映了历史条件变化对军队建设的新要求，在我军历史使命的把握上实现了新的与时俱进。马克思、恩格斯曾经说过："一切划时代的体系的真正的内容都是由于产生这些体系的那个时期的需要而形成起来的。"① 对我军历史使命的

① 《马克思恩格斯全集》第 3 卷，人民出版社 1960 年版，第 544 页。

认识和把握，同样遵循着这个规律。随着党领导的事业的不断发展，我军已经从革命战争时期在党领导下为夺取全国政权而进行武装斗争的重要力量，成为社会主义建设时期巩固人民民主专政的坚强柱石、保卫社会主义祖国的钢铁长城和建设社会主义的重要力量。我军所处的历史方位和所面临的安全形势发生了变化，其肩负的历史使命也必然要有新的变化，这是马克思主义与时俱进的基本要求，也是理论创新的重要前提和动力。胡锦涛同志根据我们面临的安全环境、肩负任务的巨大变化，对我军的历史使命作出新的概括，反映了时代发展的新要求，体现了中国共产党人勇于推进理论创新的品质，是我军历史使命在认识上的一次新飞跃。

第三，胡锦涛同志对我军历史使命的新概括具有重大的实践意义，是我们搞好军队建设的根本指针。胡锦涛同志对我军历史使命的新概括高屋建瓴、气势恢宏，为我军在新世纪新阶段坚持党对军队绝对领导这一根本原则奠定了坚实的理论基础，进一步指明了加强革命化、现代化、正规化建设的前进方向，提供了解决"打得赢、不变质"两个历史性课题的强大思想武器。牢记新世纪新阶段我军肩负的历史使命，以江泽民国防和军队建设思想为指导，按照履行新世纪新阶段我军历史使命的要求建设军队，我们的军队建设一定会提高到一个新的水平。

第四，我军历史使命的新概括具有重大的理论意义，很可能是胡锦涛同志军队建设理论的逻辑起点。我们党在指导军队建设的过程中，曾经产生过三次历史性飞跃，形成了毛泽东军事思想、邓小平新时期军队建设思想和江泽民国防和军队建设思想三大理论成果。这三大理论成果，都是根据时代要求和形势的变化，在指导军事斗争和军队建设的伟大实践中形成的。理论是实践的反映，实践没有完结，理论的发展也不可能完结。新世纪新阶段，我党要领导人民实现全面建设小康社会的宏伟目标，要完成三大历史任务。与此相适应，我军要实现革命化、现代化、正规化建设，完成中国特色的军事变革以及党赋予的各项任务。在这一伟大实践中，必然要在既有理论的基础上，根据军队建设的实际进行理论创新，形成新的军事思想或军事理论，这是马克思主义与时俱进的题中应有之义。可以预测，胡锦涛同志在指导国防和军队建设的伟大实践中，必然会以我军历史使命的新概括为起点，形成新的国防和军队建设理论。

二、我军历史使命新概括的科学内涵

胡锦涛同志对新世纪新阶段我军历史使命的新概括，具有丰富而深刻的思想内涵。要履行好我军的历史使命，必须深刻理解这一新概括的科学内涵。

（一）为党巩固执政地位提供重要的力量保证。

军队要"为党巩固执政地位提供重要的力量保证"，这是一个全新的概括。这一概括既体现了马克思主义关于国家学说的基本原理，又适应了新的形势需要，对军队建设提出了更高要求。

军队要为党巩固执政地位提供重要的力量保证，是由军队从属于政党的本质关系所决定的。马克思主义告诉我们，国家、政党、军队都与特定的阶级相联系。国家是实行阶级统治的组织形式，是一个阶级压迫另一个阶级的机关。政党是阶级斗争的产物，是阶级利益的集中表现。军队是阶级斗争的工具，是执行政治任务的武装集团。从马克思主义关于国家学说的观点来看，军队是国家政权的主要成分，谁想夺取政权，并想保持它，谁就应有强大的军队。敌对之间的阶级斗争总是以国家政权为中心，以武力为后盾的。任何阶级、政党要取得政权并巩固自己的统治都离不开军队。资产阶级国家是如此，无产阶级国家也不例外。马克思在总结巴黎公社失败的教训时明确指出："无产阶级专政的首要条件就是无产阶级的军队。"[①] 恩格斯说："获得胜利的政党如果不愿意失去自己努力争得的成果，就必须凭借它以武器对反动派造成的恐惧，来维持自己的统治。"[②] 列宁则直截了当地称，无产阶级专政是不与任何人分掌而直接凭借群众武装力量的政权。中国共产党是无产阶级的政党。我们党成为执政党，是历史的选择、人民的选择。党的执政地位，是党团结带领全国各族人民经过长期革命斗争、历尽千辛万苦、战胜无数艰难险阻才取得的。中国人民解放军是我们党缔造和领导的人民军队，是执行党的政治任务的武装集团，历来是以党的宗

---

① 《马克思恩格斯选集》第 2 卷，人民出版社 1972 年版，第 443 页。
② 《马克思恩格斯选集》第 3 卷，人民出版社 1995 年版，第 227 页。

旨为宗旨、以党的方向为方向的。党和军队的性质、军队和党的关系决定了军队不但要坚持党的绝对领导，还要维护和捍卫党的领导，巩固党的执政地位。党领导军队与军队巩固党的执政地位这两者是有机统一、互为条件的。

　　强调军队要为党巩固执政地位提供重要的力量保证，这是由我们党的执政地位面临新的挑战决定的。防止各种力量打断一个国家的性质、改变它的制度、颠覆它的政权，保卫作为国家思想命脉的价值观和信仰，是现代化国家政治安全的重要内容。进入新世纪新阶段，我们党面临着发展机遇，也面临着严峻挑战。归纳起来，主要有三个方面：一是我们还处在社会主义的初级阶段，经济、文化还不发达，我们仍面临发达国家在经济、科技、军事等方面占优势的压力。二是西方敌对势力亡我之心不死，加紧对我实施西化、分化的战略图谋，通过经济、政治、社会、文化、外交、军事等各种手段，千方百计地对我进行渗透和遏制，企图用他们那一套政治模式和价值观来改造我们。三是我国改革发展正处在关键时期，社会利益关系更为复杂，各种新情况新问题层出不穷，各种敌对势力千方百计地利用现实社会生活中的一些矛盾和问题兴风作浪，进行捣乱和破坏。在这种复杂的国际背景和新的社会历史条件下，我们党能不能正确地应对各种风险和挑战，巩固党的执政地位，关键取决于党的执政能力建设，核心是始终保持党和人民群众的血肉联系。但是也必须看到，军队具有举足轻重的作用。苏联、东欧发生剧变，其社会主义政党相继失去政权，原因是多方面的，其中一个十分重要的原因就是军队脱离了党的领导，在关键时刻不听党的，而是站在反动势力一边。与此形成鲜明对照的是，由于受国际大气候和国内小气候的影响，1989 年北京发生了那场政治风波，我军在关键时刻坚定地站在党的一边，成功地平息了政治风波，维护了党的执政地位。这个经验教训告诉我们，只要我们党紧紧依靠全国人民，牢牢掌握军队，国家就出不了大的乱子，党的执政地位就能得到巩固。

军队要为党巩固执政地位提供重要的力量保证，这是由党在中华民族伟大复兴中的历史地位决定的。历史已经证明并将继续证明，只有中国共产党能够救中国，只有中国共产党能够发展中国。只有巩固执政地位，党才能更好地团结和带领全国各族人民建设小康社会，实现中华民族的伟大复兴。既然只有坚持党的领导才能实现中华民族的伟大复兴，那么，军队肩负起巩固党的执政地位的历史使命，也就是肩负起中华民族伟大复兴的历史使命。因此，赋予军队这样的使命是完全正确和符合逻辑的。

要军队为党巩固执政地位提供重要的力量保证，党就必须牢牢地掌握军队。为此，必须把坚持党对军队的绝对领导的根本原则和制度、加强军队的革命化现代化正规化建设作为党执政的一项战略任务抓紧抓好。只有这样，才能确保我军能够经受住各种斗争任务和各种复杂环境的考验，始终成为党巩固执政地位的中坚力量。

（二）为维护国家发展的重要战略机遇期提供坚强的安全保障。

党的十四大报告概括军队使命时强调"要为国家的发展和繁荣贡献力量。"2000 年 3 月江泽民同志又强调，我军的一个重大使命是"为改革开放和社会主义现代化建设提供坚强有力的安全保障"。胡锦涛同志的概括则着重强调了"重要战略机遇期"。之所以这样强调，我体会是基于这么三点考虑。

第一，战略机遇期对我国的发展至关重要。战略机遇期，是指国际国内各种因素综合作用形成的，能为一个国家经济社会发展提供良好机会和境遇，并对其命运产生全局性、长远性、决定性影响的特定历史时期。在历史上，中华民族曾痛失过几次重大的发展机遇，丧失了与世界先进国家缩小差距的时机。进入 21 世纪后，我国又面临一次新的发展机遇：世界格局相对稳定，为我们争取一个较长时期的和平国际环境提供了可能；经济全球化和科技革命势不可当，为我国经济的跨越式发展提供了条件；人均国内生产总值达到 1000 美元，为我国经济实现更大的发展奠定了基础。据此，党的十六大作出了本世纪头 20 年，对我国来说是一个"可以大有作为的重要战略机遇期"的判断。战略机遇期来之不易，抓住并用好这个战略机遇期至关重要。现在，世界几个大国都有很强的战略机遇意识，都有 20 年后再比高低的雄心斗志。把握、利用战略机遇期难免引发大国之间的激烈竞争，尽管这场竞争在许多方面可能会出现双赢的局面，但是国际竞争带来的挑战是严重的甚至是残酷的。比如美国、日本包括俄罗斯，就都把我们作为战略对手，认为 21 世纪他们可能面临的最危险的前景，是中国成为东北亚潜在的霸权国。有人说，20 世纪是"战争和对抗的世纪"，而 21 世纪则是"竞争和淘汰的世纪"，不能抓住机遇、把握先机，就会被"边缘化"。战争的结局是以成败论英雄，竞争的结局是在淘汰中见兴衰。战争是残酷的竞争，竞争是文明的战争。这一点，我们一定要有清醒的认识。

第二，当前影响和冲击战略机遇期的因素仍然不少。主要表现在四个方面：一是领土争端可能激化。我国历史上遗留的陆地边界问题尚未完全解决，中印边境部分地区还存在着复杂的领土争端；在我国拥有主权和管辖权的 300 多万平方公里的海洋面积中，有一半以上同周边国家存在争端，钓鱼岛主权归属之争、南沙群岛主权之争还可能激化。二是台海局势不容乐观，尽管近期出现了某种缓和迹象，但"台独"分裂势力及其活动对国家主权和领土完整构成了严重威胁。他们不仅购买先进武器，公然提出先发制人战略，而且谋求建立美日台军事合作机制来共同对付我们。三是民族分裂势力和恐怖主义活动猖獗，"藏独"、"东突"等民族分裂势力对边疆地区的安定团结构成危害，恐怖主义活动对国家安全稳定带来了不利影响。四是社会稳定面临新的挑战。西方世界现代化的过程，是农业经济、工业经济、知识经济依次演进的过程，而在中国，这三个社会经济层次却被重叠、积压、交叉、渗透在一个共同的时间与空间结构之中。一者说明我们有后发优势，二者带来的矛盾问题也是相当尖锐的。随着我国社会结构的深刻变革，各种思想文化相互激荡，各种社会矛盾相互影响，不利于社会稳定的因素增多。有学者把当前影响我国社会稳定的因素归纳为 10 项，比如就业问题、三农问题、金融问题、贫富差距、生态与资源问题、台湾问题、全球化问题、国内治理问题、信仰与诚信问题、艾滋病和公共卫生问题等，足见这方面问题的复杂和严重。特别是农业、农村、农民问题值得高度重视。现在我国有失去土地的农民 4000 多万，有 1 亿多的贫困人口其中大部分在农村，有 1.5 亿农村富余劳动力要转移出来。有历史学家说，1789 年的法国大革命，是大批脱离土地进入城市又找不到工作的流民革命；现在，我国八九亿农民种地不挣钱，进城市又没有工作，是很危险的。有的专家担心，中国的农业危机将有可能转化为 1789 年法国式的政治灾难。这种看法可能过了，而且我们党和政府正在采取措施，但还是保持一个清醒的头脑为好。国家主权面临的威胁、祖国统一面临的挑战和社会稳定面临的问题，哪一方面防范不好、处置不当，都有可能影响和冲击国家发展的重要战略机遇期。

　　第三，在千载难逢的战略机遇期到来的时候，在重要的战略机遇期仍存在诸多负面影响因素的情况下，我军应当肩负起怎样的使命呢？胡锦涛同志强调，军队要把国家主权和安全放在第一位，履行好维护国家安全、捍卫国家主权和领土完整的神圣职责，为创造一个有利于全面建设小康社会、加快推进社会主义现代化的长期安全环境作出应有的贡献。在这里，包含了重要战略机遇期对我军提出的四个基本要求，一是坚决抵御外来侵略，确保我国领海、领空和边境不受侵犯。这个要求是非常现实的。人民对我军强大的期盼是热切的，我军抵御外来侵略的准备任务是很艰巨的。二是坚决反对和遏制"台独"分裂势力及其活动，严密防范和打击"藏独"、"东突"等民族分裂主义势力，决不让各种分裂势力和西方敌对势力分化我国、破坏我国主权和领土完整的图谋得逞。三是严密防范和坚决打击恐怖主义活动，确保国家建设和人民群众的生命财产不受影响。四是做好维护社会稳定的工作。军队应当密切关注社会形势，积极支持和配合地方党委、政府妥善处理各种社会矛盾和问题，维护好社会稳定。

（三）为国家利益的发展提供有力的战略支撑。

随着时代的进步和国家的发展，发展国家利益这是一个不以人的意志为转移的客观规律。在经济全球化的条件下，任何国家的发展都离不开世界，任何国家的利益都不只局限于本国的领土、领海和领空，而是伴随自己的实力延伸到世界力所能及的范围。

国家利益是主权国家在国际关系格局中生存与发展需求的总和。通常认为国家利益有六个基本的构成要素：国家领土，国家安全，国家主权，国家发展，国家稳定和国家尊严。

国家利益有可能使势力范围甚至地域边疆发生改变。比如中亚地区，过去曾是苏联的地盘，现在可能成为美国的势力范围。中亚和里海地区蕴藏着极为丰富的油气资源，有"第二个中东"之称。未来的中亚还将是欧亚大陆的交通枢纽。中亚在全球地缘战略和资源战略中的特殊价值，就像磁场般地吸引着世界各种力量，并使其成为各个大国和各种力量的角斗场。美国近期的一系列军事行动充分暴露了它通过控制中亚，遏制周边的俄罗斯、伊朗并防范中国的战略意图。这两年，美国同所有中亚国家都签署了军事技术合作协议，内容包括租用军用机场、建立军事基地、进行人员培训、举行联合军事演习等。中国与中亚国家依山傍水，共同边界3000多公里。这种情况，我们不能不引起高度重视。

国家利益已从狭义的地域边疆不断地向海洋、太空和电磁空间扩展，海洋安全、太空安全和电磁空间安全已经成为国家安全的重要领域。就拿海洋安全来说吧。海洋是全球的大通道和国家对外贸易的大动脉。随着经济全球化进程的加快，目前我国已有30多条远洋运输航线通达150多个国家地区的600多个港口，对外贸易额有97%是通过海上运输来实现的。2002年我国石油进口达7100万吨，约占全部需求的1/3。国际能源机构预测，2010年中国石油消费将有一半依赖进口，2020年能源的对外依赖程度将达到80%。我国社会主义现代化建设，要依靠这些战略通道来实现资源保障，假如没有海洋安全怎么得了。同时我们还要看到，海洋是人类可持续发展的战略资源宝库。从生物资源看，其种类多达25万多种，超过陆地生物量的10倍，给人类提供食物的能力相当于世界所有耕地的1000倍。从矿物资源看，大洋底蕴藏着40多亿吨核能源的铀，约为陆地储量的4000倍，全世界石油可采储量仅近海海底就达2500亿吨，相当于陆地的3倍。

从化学资源看，海水中几乎含有陆上已发现的所有元素。全部海洋矿物、生物、化学等资源可供人类使用数千年。在属于中国的海洋里，约有 23 万种生物，其中鱼类就有3000 多种。南海已探明的石油储量为 630 亿吨，在我国传统海疆范围内为 420 亿吨。南海区域探测到的一条"可燃冰"带，其能源总量相当于全国石油总量的一半。可惜的是我们没有能力控制南海，使一些国家在那里肆无忌惮地开采我们的石油，这不仅使我们的经济利益受损，更让我们的国民心疼啊！海洋将成为本世纪开发利用的重点，谁掌握了制海权，谁就掌握了打开未来生存和可持续发展大门的钥匙。无论是推进发展还是维护国家安全，我国在海洋空间都拥有巨大的战略利益。在这种情况下，假如我军不能为国家利益的发展提供有力的战略支撑，我们的国家利益就会受到巨大损失，甚至我们的民族将陷入灭顶之灾。

军队要为国家利益的发展提供有力的战略支撑，并不是要通过战争去扩充疆土。恰恰相反，我们反对战争，反对霸权，这是中国走和平发展道路的要义之一，也是发展国家利益的基本准则。我军要为国家利益的发展提供有力的战略支撑，强调的是军队要以强大的威慑力和实战能力来实现和保护国家在世界各地包括海洋和太空在内的合法利益。这种利益的实现和保护，是在尊重其它国家的主权和文化的基础上进行的。我们尊重别国的主权、包容别国的文明，而不是像有些国家那样以自己的文明为宗旨，贬抑甚至灭绝异己。我们发展国家利益坚持的是"共赢"

原则，主张互信互利、平等协作，而不是通过损人利己来发展自己的国家利益。

军队要为国家利益的发展提供有力的战略支撑，必须进一步解放思想，发展安全战略和军事战略视野。不仅要关注和维护国家的生存利益，还要关注和维护国家的发展利益；不仅要关注和维护领土安全、领海安全、领空安全，还要关注和维护海洋安全、太空安全、电磁空间安全以及其他方面的国家安全。国家的安全是越来越重要、越来越突出、越来越复杂了。比如电磁空间，在国家的安全与发展中就起着越来越重要的作用。现在，经济社会发展、军队建设和作战对电磁空间的依赖程度越来越高，电磁空间安全直接关系国家战略安全，特别是关系掌握战争的主动权。电磁空间的斗争渗透到战场的各个领域和方面，已从过去的无线电通信对抗、雷达对抗，扩展到指挥、控制、引导以及光电对抗等多种领域。太空有电子侦察卫星，空中有专用电子战飞机，地面有各种电子战设备，海上有电子战舰船、海下有声呐侦察干扰设备等，更有许多作战飞机、舰船、坦克等武器装备都安装有电子设备。社会经济对电磁空间的依赖也越来越大。目前，美国的金融、贸易系统已完全实现网络化，60% 以上的企业已进入因特网，国防部的电信需求 95% 以上由商业网络提供。计算机网络的出现，在"网"住人们生活、带来方便与精彩的同时，也给国家安全带来了许多潜在的隐患。据美国中央情报局的一份调查报告显示，美国国防部最核心的计算机网络系统平均每天至少有 500 次以上的入侵发生。但是，实际被监察到的却只有 25 次，而且其中只有 2—3 次被报告给负责计算机安全的军官。我们的军用长城网也曾遭到过黑客的攻击。关注网络空间的安全已经成为我们必须解决的紧迫课题。

军队要履行好为国家利益的发展提供有力的战略支撑的历史使命，关键是提高我军的战略能力。一是要加强海军建设，提高维护海洋安全的战略能力，以此来捍卫国家领海和海洋权益，保护国家日益发展的海洋产业以及海上运输通道的安全。二是要加强航天航空力量建设，提高我军有效防范来自太空安全威胁的能力和空中防卫作战的能力。三是要加强信息网络力量建设，维护电磁空间安全，确保国家经济社会生活正常运行，同时为军队建设和作战创造条件。

（四）为维护世界和平与促进共同发展发挥重要作用。

军队要为维护世界和平与促进共同发展发挥重要作用，这也是一个全新的概括。尽管我军一直是维护世界和平与促进共同发展的重要力量，但明确地把为维护世界和平与促进共同发展发挥重要作用作为我军的历史使命之一，还是第一次。认真学习胡锦涛同志的重要论述，我体会，他表达了这样四层意思：

第一，我们是社会主义国家，要坚持走和平发展的道路，高举和平、发展、合作的旗帜。历史上，一些国家的崛起，往往走的是对外掠夺扩张的道路，导致世界秩序的急剧变动甚至引发战争。这种殖民主义、帝国主义的旧方式不符合历史潮流。我国是社会主义国家，不能也不会走那样的发展道路。我们要坚持依靠自身的力量独立自主地建设我们的国家，同时积极地通过合作共赢的方式充分利用国外资源和市场，争取和平的国际环境来发展自己，又以自身的发展来维护世界和平。

第二，中国能否顺利地发展起来，很大程度上取决于是否有一个和平的国际环境。随着对外开放的深入，我国经济和世界经济总体上形成了一种你中有我、我中有你的局面，形成了中国的发展离不开世界，世界的发展也离不开中国的发展态势。在发展受国际因素影响和制约越来越大的情况下，维护世界和平对我国的发展来说就显得特别重要。

第三，要坚持倡导互信、互利、平等和协作的新安全观，坚持在和平共处五项原则的基础上同各国友好相处，在平等互利的基础上同各国开展交流与合作，推动建立合理的国际政治经济新秩序。

第四，要维护世界和平与促进共同发展，必须有强大的军事实力做后盾。没有强大的军事实力做后盾，一切都是空的，至多只能是良好的愿望。比如说改变旧的世界经济、政治秩序，建立合理的国际政治经济新秩序，没有强大的军事实力，只是喊喊口号、提提倡议，旧秩序是永远改变不了、新秩序是永远建立不起来的。因此，要改变旧秩序、建立新秩序，自己就必须有强大的军事实力。所以我们一定要在国家经济不断发展的基础上，着力建设一支强大的军事力量。这支军事力量要有应对危机的能力，要有维护和平、遏制战争、打赢战争的能力。只有这样，我们才能为维护世界和平与促进共同发展发挥重要作用。

三、认清差距,切实提高履行使命的能力

新世纪新阶段我军肩负的使命光荣而重大,然而我军建设的现状与履行历史使命的要求相比,应该说还有较大的差距。早在 1977 年,邓小平就指出我军存在"两个不够",即军队打现代化战争的能力不够;干部指挥现代化战争的能力不够。江泽民任军委主席后又指出,军队干部存在"两个欠缺",即指挥联合作战的知识欠缺;高科技知识欠缺。这"两个不够"和"两个欠缺"反映的问题是多方面的。

就军事理论而言,毫无疑问,我们有毛泽东军事思想、邓小平新时期军队建设思想以及江泽民国防和军队建设思想,这是指导我军建设的根本的军事理论。这一军事理论是科学的。但从理论转化、理论研究的角度来说,还存在一些不容忽视的问题。人无我有的原创性理论不多,经验型和粗放型的军事理论仍起重要作用,没有形成一套具有我军特点、符合信息化战争要求的理论体系。事后反思的总结型研究、就事论事的被动型研究居多,超前设计的指导型研究、把握规律的主动型研究较少。理论研究的顶层设计、力量整合、成果认定和转化的领导体系和专门机构还不健全,存在大家都抓大家都不抓的职责不清、运行不畅的情况。理论研究与实际需要"两张皮"的现象还没有得到很好解决。

就武器装备而言，这些年来虽有很大进步，但与世界先进国家相比还存在着很大差距，主要表现在武器装备的技术含量比较低，第一代、第二代武器多而第三代的高技术武器比较少。一些复杂武器系统不配套，主战装备与电子信息装备、保障装备不协调。武器装备平时管理与战时要求脱节的现象还比较严重。

就编制体制而言，建国以来，我军的编制体制历经10次调整，有了明显的进步，但一些深层次的矛盾和问题尚未从根本上得到解决，官兵结构、军兵种结构等一些重大比例关系仍不够合理，"头重脚轻尾巴长"的问题还比较突出。

官兵素质仍然偏低，主要表现一是文化水平偏低。据2003年的统计，全军的干部中，具有大学本科学历的占39.6%，研究生学历的仅占4.4%；士官队伍中具有高中以上文化程度的仅占53%。不仅远远低于发达国家军队，而且低于不少发展中国家军队。二是现代作战指挥人才缺乏。在我军的干部中，经验型、管理型的居多，熟悉军兵种知识、军政兼通、指技合一的复合型人才较少，具有联合作战指挥能力的人才更缺。三是高科技专业技术人才匮乏。

这些差距的存在，已经严重影响和制约着我军的现代化建设和对台军事斗争准备。要解决好这些问题，在新世纪新阶段肩负起我军的历史使命，就必须始终不渝地坚持马列主义、毛泽东思想、邓小平理论和"三个代表"重要思想在军队建设中的指导地位，紧紧围绕打得赢、不变质两个历史课题，切实按照五句话的总要求加强部队的全面建设。对于各级领导干部特别是中高级领导干部来说，就是要不断增强战略筹划、科学管理和作战指挥能力。

当今时代，军事斗争与政治、经济、外交、文化、法律等的联系更加紧密，战略层面上的相关性、整体性日益增强。军事斗争的空间大大发展。军队的技术构成愈益复杂，军队内部结构发生新的变化，专业化程度日益提高。信息化条件下的战争是陆、海、空、天、电（磁）五维一体的作战体系的对抗。军事斗争和军队建设的这些新特点，迫切要求我们全面提高战略素养，进一步增强战略筹划、科学管理和作战指挥能力。

要不断提高加强部队思想政治建设、把握部队建设正确方向的本领。把握部队建设的正确方向，是部队建设的命脉，是领导干部的首要职责。我们要不断提高这方面的能力，确保党从思想上、政治上、组织上牢牢掌握部队。现在一些官兵的社会主义理想信念动摇，党的观念不强，有的甚至与党离心离德，在这种情况下，各级领导干部的担子更重。我们一定要尽心尽力地抓好理论武装，引导部队深入学习邓小平理论和"三个代表"重要思想，特别是江泽民国防和军队建设思想，以坚定政治信仰、铸牢精神支柱。一定要尽心尽力地抓好党领导军队的根本原则和制度的落实，确保部队听党的话、跟党走、听从党的指挥。一定要尽心尽力地抓好思想政治教育，针对官兵的思想特点，创新和改进教育的内容、形式和手段，以使部队保持高昂的战斗士气。

　　要不断提高领导军事斗争准备、带领部队完成信息化条件下作战任务的本领。维护国家安全和统一，坚决反对和遏制"台独"分裂势力及其活动，带领部队打胜仗，是我军履行使命的根本要求，是各级领导干部的天职。一定要以临战的姿态、实战的标准、只争朝夕的精神，做好各方面的工作，全面提高部队整体作战能力。一定要紧紧把握反"台独"军事斗争准备的重点，从人力、物力、财力上向反"台独"应急军事斗争准备倾斜，同时兼顾好军队建设和军事斗争准备的全面落实。一定要抓紧完善反"台独"应急作战方案，立足强敌介入，有针对性地组织综合演练，不断提高组织指挥水平。一定要抓好战斗精神教育，培养部队坚定的战斗意志和顽强的战斗作风。

　　要不断提高推进中国特色军事变革、推进部队机械化信息化建设的本领。推进中国特色军事变革，完成机械化、信息化建设的双重历史任务，是加强军队党组织能力建设的基本要求。提高这方面的能力，要牢固确立"四个观念"，即信息主导观念、综合集成观念、科技先行观念、人才为本观念，以观念的更新促进思路的创新，进而推动军队的跨越式发展。要正确处理好"三个关系"，即机械化与信息化的关系，重点突破与整体协调的关系，武器装备发展、体制编制调整与人才队伍建设的关系。坚持以机械化为基础，以信息化为主导，走复合式发展道路；突出应急机动作战部队建设，积极发展高技术部队，抓好重要装备和战场建设，加快发展陆海空天一体化军事信息系统，同时搞好统筹协调，按照综合集成的要求推进信息化建设整体协调发展；既要重视武器装备配套建设，完善联合作战指挥体制，又要加快实施人才战略工程，扎实推进"五支队伍"建设，培养造就高素质新型军事人才。

　　不断提高依法从严治军、加强部队正规化建设的本领。正规化是现代化的基础和保证，军队越是现代化，越要正规化。我们必须不断提高通过依法从严治军加强正规化建设的能力，努力做到"四个基本"：一是把法规制度作为实施领导的基本依据，从决策内容、决策程序到决策实施，都应严格遵守法规制度，克服和防止随意性。二是把依法办事作为开展工作的基本方针，从单纯凭经验、按惯例办事向按法规办事转变，从习惯突击式、运动式抓工作向依法有序抓工作转变，形成党委依法决策、机关依法指导、部队依法运转的良好局面。三是把懂法知法作为领导干部的基本素质，健全学习培训制度，党委领导带头学习掌握各种规章制度，自觉维护法规制度的权威性。四是把抓好法规制度落实作为领导机关的基本职责，健全落实法规的长效机制，把党的领导与依法办事统一起来、严格要求与科学管理统一起来、依法带兵与依法治官统一起来，使部队建设走上科学化、法制化、规范化的轨道。

　　提高本领，首要的是要认真学习实践"三个代表"重要思想，坚定对党、对社会主义的信念。学习实践"三个代表"重要思想和坚定信念是一致的。没有对党、对社会主义事业的坚定信念，不可能很好地学习实践"三个代表"重要思想；不认真学习实践"三个代表"重要思想，对党、对社会主义也不可能有坚定的信念。现在，一些同志思想空虚，意志衰退，抵御不住拜金主义、享乐主义、极端个人主义的诱惑，以至于发生各种消极腐败现象，从根本上说，就是因为丧失了社会主义的理想信念，丧失了对党的信任。一个没有了社会主义理想信念、对党不忠的人，还能自觉地提高治军、带兵、打仗的能力吗？因此，我们一定要紧密联系实际学习贯彻"三个代表"重要思想，进一步坚定共产党人的理想信念。有没有共产党人的理想信念，是不是保持清正廉洁的作风，关系党和群众的关系，关系党和军队的性质，关系我们事业的成败。我们的党员干部应该从这样的高度来看待自己世界观、人生观的改造。

提高本领，必须牢固树立与履行我军新的历史使命相适应的思想观念，特别是要有很强的政治意识、大局意识和战略意识。过去我们满足于在世界各国不驻一兵一卒，现在看来这是值得研究的。当然，那时我们的国力有限、军力不强，也不能不如此。新世纪新阶段履行我军使命，意味着我军要走出国门、走向世界。这对我们各级领导干部的要求更高了。各级领导干部一定要认真学习研究世界政治、世界经济，钻研并精通国际法，进一步增强政治意识、大局意识和战略意识，善于从政治高度观察和处理军事问题，善于着眼于国家利益全局和发展大局筹划军队建设、指导军事行动。

提高本领，必须具备求真务实、真抓实干的革命精神。胡锦涛同志强调，求真务实是马克思主义的科学精神，体现了理论与实践的统一、认识世界与改造世界的统一，是我们党的思想路线的核心内容。是不是求真务实、真抓实干，反映了一个党员干部的思想路线，反映了一个党员干部的精神状态。一个严肃的党，一个正直的共产党员，必然是求真务实、真抓实干的。没有马克思主义素养、没有革命精神的党员干部是不可能求真务实、真抓实干的。现在有些党员干部，他们不思进取、得过且过、作风漂浮；他们好大喜功、急功近利、弄虚作假；他们以权谋私、贪图享受、奢侈浪费；他们高高在上、脱离群众，如此等等。这些极端个人主义的现象，是与党的性质、宗旨和优良传统格格不入的，因而必须克服，代之以求真务实、真抓实干的革命精神。只有具备了这种革命精神，我们才能更加自觉地提高能力，把部队建设好，才能担负起新世纪新阶段党和人民赋予我军的历史使命，也才能做到像胡锦涛同志所要求的无愧于时代、无愧于祖国、无愧于人民、无愧于军队。

人民军队永远不变的军魂*

在党坚强有力的领导下，我军走过了 70 多年的光辉历程。这 70 多年中，我军从无到有，从小到大，从弱到强，战胜了一个个强大的敌人，为革命和建设做出了不可磨灭的贡献。我军取得这一系列成就，最根本的是靠党的绝对领导。我们可以这样说，没有党的绝对领导，就没有人民的军队，就没有人民军队的一切。江泽民同志指出："一个军队要有军魂，我看，我们军队的军魂就是党的绝对领导。"① 这是总结我军 70 多年光辉历程得出的一个不可动摇的结论。我们这些人民军队的后来者，如何强化军魂意识，保持党对军队的绝对领导这一军魂不变，是一个很值得研究解决的重大问题。

---

　* 2001 年 6 月讲于国防大学基本系指挥员班，后经加工收入《许志功讲学录（续）》（中央文献出版社，2002 年版）。

　① 《江泽民国防和军队建设思想学习纲要》，解放军出版社 2003 年版，第 19 页。

一、深刻认识党对军队绝对领导的 根本原则,牢固树立军魂意识

党对军队的绝对领导是我们军队的军魂。党对军队的绝对领导何以成为我们军队的军魂？我体会这是因为：

（一） 党对军队的绝对领导是我军建设的根本原则。

现代社会，有群众、有阶级，就会有政党。有阶级、有政党，就会有领导。正是基于这种需要，马克思主义经典作家创立了无产阶级领导权的理论。无产阶级领导权在目标上，是要建立无产阶级政权；在途径上，只能由无产阶级政党来实现，因为党是阶级的先锋队，是政治领袖和战斗的司令部；在对象上，首先是对无产阶级军队的领导，因为无产阶级专政的首要条件就是无产阶级的军队。以毛泽东为核心的老一辈无产阶级革命家，把马克思主义关于领导权的理论运用于我国革命的实践，创造性地提出了党对军队绝对领导的根本原则。

毛泽东当年指出：中国不是一个独立的民主国家，而是一个半殖民地半封建的国家，在内部没有民主制度，而受封建制度压迫；在外部没有民族独立，而受帝国主义压迫。因此，没有进行合法斗争的条件。中国革命，主要的特点是武装的革命反对武装的反革命，主要的斗争形式是战争，主要的组织形式是军队。这就决定了党对军队绝对领导的极端重要性和客观必然性。中国革命走的是农村包围城市的道路，以农村为中心，以农民为主力。一方面是

"军队成分以农民为主体",另一方面又要建立人民的军队,实现军队性质的"无产阶级化",这在国际共产主义运动史上是个新课题。要解决好这个课题,只能靠党的领导,用无产阶级思想改造军队。中国革命战争的特点,是以劣胜优、以弱胜强。创造这个奇迹,需要强大的政治优势。只有党,才能把马列主义和中国革命战争的实际相结合,才能集中和代表无产阶级的最高智慧,领导我军打胜仗。

我军之所以是人民的军队,是社会主义国家的军队,之所以是有战斗力的军队,归根到底在于党的绝对领导。我军以党的宗旨为宗旨,以党的任务为中心,以党的先进性为标准。违背了这一根本原则,军队就会迷失方向,改变性质,丧失战斗力。

(二) 党对军队的绝对领导是我军优良传统的精髓。

在长期的斗争实践中,我军形成了一系列优良传统。在我军的优良传统中,最重要、最根本、作为精髓而存在的是党对军队的绝对领导。因而保持发扬我军的优良传统,最重要、最根本的就是要保持和发扬党对军队的绝对领导。丢掉了这一条,就从根本上丢掉了我军的优良传统。

党对军队的绝对领导权是党和军队的一种生存权、发展权。没有党对军队的绝对领导,就既没有人民的军队,也没有党,没有党所领导的一切。对于这一点,我们党在建党之初是认识不足的,因此党所领导的几次大的罢工斗争都被反动势力镇压了。

为了挽救革命，我们党于 1927 年在湖北汉口召开了"八七会议"。在这次会议上，毛泽东提出"政权是由枪杆子中取得的"。从此，我们党进入了创建工农红军，独立领导武装斗争的新时期。

但是我军在创建初期，部队人数不多，组织也很不健全，再加上旧军队习气的影响以及多次战斗失利，生活艰苦等等，部队思想相当混乱。针对这种情况，毛泽东在率领部队进驻江西永新县的三湾村后，进行了"三湾改编"。三湾改编，我军第一次实行班有党员，排有党小组，连队建立党支部，营、团建立党委的新制度。经过三湾改编，初步确立了党对军队的领导制度，为建设新型的人民军队奠定了重要基础。

尽管如此，由于党和红军长期处于高度分散的农村游击战争环境中，党员和红军的成分主要来自农民、北伐军的雇佣兵以及解放过来的俘虏兵等，于是各种非无产阶级思想和旧军队的作风，便大量地反映到党内军内来。针对这种情况，1929 年 12 月 28 日，在毛泽东的主持下，红四军党的第九次代表大会在福建上杭县古田镇召开。"古田会议决议"就如何加强党对红军的领导，在组织上提出了一系列重大原则和措施。除此以外，还规定了对红军进行马克思主义和党的路线教育，克服各种非无产阶级思想的原则和方法。古田会议作为我军建设史上的一个里程碑，从思想上确立党的观念、组织上确立党的领导制度这两个方面，奠定了党领导军队和军队听从党指挥的基础。

后来，毛泽东又针对长征中张国焘分裂党、分裂红军，另立中央的严重错误，谆谆告诫全党：共产党员要争党的兵权、人民的兵权，但决不能争个人的兵权，并且强调：我们的原则是党指挥枪，而决不允许枪指挥党。进而从政治原则的高度规定了党对军队的绝对领导。

从以上简要的历史回顾中，我们不难看出，党对军队的绝对领导发端于"八七会议"，奠基于"三湾改编"，形成于"古田会议"，坚持于我军建设的全过程，是我军一以贯之的优良传统。正是这一传统，使我军由小到大，由弱到强，从胜利走向胜利。

（三）党对军队的绝对领导，是新时期我军建设最根本的政治保证。

在新的历史条件下，我军建设的任务和面临的环境发生了深刻变化，因而面临着前所未有的新的考验。这种考验概括起来，规定了我军必须解决好的两大历史性课题。一是确保打得赢，二是确保不变质。而要完成好这两大历史性课题，就一刻也离不开党对军队的绝对领导。江泽民同志强调，这一点在新的历史时期尤为重要，它是新时期加强我军建设，确保打得赢、不变质的根本政治保证。

军队是党的执行政治任务的武装集团，时刻准备打仗是我们军队的本分。而要打得赢，离不开党对军队的绝对领导。未来战争，是高技术条件下的战争。打赢未来高技术战争需要的强大物质技术条件是党领导人民群众创造的。未来战争更需要军队、人民和政府的紧密团结，而军政、军民的紧密团结，离不开党的领导。未来战争需要有适应未来战争需要的作战指导思想，而这一作战指导思

想，是党领导我们制定的。未来战争更需要全军将士英勇
奋斗的牺牲精神，而这种精神是在党的领导下培育出来
的。因而，没有党对军队的绝对领导，就不可能有未来战
争的胜利。为了赢得未来战争的胜利，我们必须强化党对
军队绝对领导的观念。

　　军队是从属于阶级和政党的，军队的性质归根结底是
由党的性质决定的。保持中国共产党的先进性，使我们党
始终成为"三个代表"，也就从根本上回答和解决了保持
人民军队性质不变的问题。从历史和现实中我们看到，党
能够领导人民集中力量发展经济，摆脱贫穷落后的面貌。
改革开放以来，我国社会生产力迅速发展，人民生活水平
大幅度提高，广大人民群众和部队官兵由衷地感受到社会
主义好，改革开放好，这就为我军抵制敌对势力西化分化
的图谋打下了坚实的基础；党能够坚持用以马列主义、毛
泽东思想、邓小平理论为核心的先进思想文化灌注部队，
这就为有效抵御各种腐朽思想文化的侵袭，培养官兵崇高
的理想信念打下了坚实的基础；党能够代表最广大人民群
众的根本利益，因而能够得到最广大人民群众的拥护，这
就为密切军队和人民的关系打下了坚实的基础。这种坚实
的基础，是我军永不变质的根本保证。为了保证军队不变
质，我们必须强化党对军队绝对领导的观念。

二、高度警惕各种错误政治观点
的影响,坚持军魂不动摇

在坚持党对军队绝对领导这一根本原则问题上,广大官兵的认识是清楚的,思想是坚定的,行动也是自觉的。但是,我们军队并不是生活在真空中。这些年来,国内外敌对势力大肆鼓吹的"军队非党化"、"军队非政治化"和"军队国家化",不可能不对我们的某些同志发生某种影响。因而要军魂不变,就必须批判抵制各种反动政治观点和错误思想的影响。

"军队非党化"、"军队非政治化"和"军队国家化",这是西方敌对势力向我们放出的带着同一毒素的三支毒箭。其实质就是要我军摆脱党的领导,改变我军性质,从而搞垮我们党和我们的社会主义国家。这是他们"西化"、"分化"战略的一个重要组成部分。对此,我们一定要保持高度的警惕,绝不能上当。

(一)批判"军队非党化"的反动观点,牢固树立人民军队"是党所领导的军队"的观念。

所谓"军队非党化",就是说军队不属于某一个政党,党不能领导军队。这种看法完全歪曲了军队与政党的关系。军队源于阶级和阶级斗争,是一定阶级用以完成其政治任务的武装集团。近代产生政党以来,阶级通常是由政党来领导的,这就决定了军队必然由政党来领导。这是军队与生俱来的属性。政党是本阶级的"领导组织",军队是本阶级的"武装集团"，军队只有接受政党的领导，为实现政党的政治任务去奋斗，才能保持自己的阶级性质。军队如果脱离了本阶级政党的领导，就必然会成为脱离本阶级的异己力量。敌对势力鼓吹"军队非党化"，其实质就是让我军脱离共产党的绝对领导，成为国内外反对势力搞垮我们的工具。这一点在东欧剧变苏联解体的过程中，我们看得非常清楚。"军队非党化"严重地影响了这些国家的军队，以至于在党和国家发生危难的时候，军队袖手旁观甚至倒戈。前苏联是这样，罗马尼亚、南斯拉夫党和国家的垮台，无不与丧失军权有关。这从另一个方面说明了党对军队绝对领导的极端重要性。

"军队非党化"是有很大的欺骗性的。一些人往往认为，西方军队是"非党化"的，因为他们的宪法明文规定，总统或总理是武装部队的总司令和最高统帅。从字面上看，它是一支"非党化"的军队，但实际上，西方军队只是形式上的非党化，本质上并没有非党化。在西方国家，不论是美国的总统还是英国的首相，都是资产阶级政党的领袖。除了最高统帅之外，直接控制军权的上层官僚绝大多数是执政党的政治家。西方国家，不论是实行内阁制还是总统制，都由在议会选举或大选中获胜的政党来组织政府。当选的总统或首相，要任命本党的政治家为政府、军队的领导成员，即使任命一些无党派人士，也是作为民主的点缀，其本党成员一定要占绝大多数。这就决定了表面看来是总统、总理对军队的领导，本质上是执政党的领导。有人说西方国家是政党的轮流执政。这不假，但轮流执政不等于就是军队非党化。在这些国家，军队虽然不专属于某一固定政党的控制，但不管哪个政党上台，都是资产阶级政党执政，军队也始终处在资产阶级政党的领导之下。对于这一点，我们必须有个清醒的认识，切不可囿于表面的现象而忽略了问题的实质。

（二）批判"军队非政治化"的反动观点，牢固树立我军是"为无产阶级政治服务的"观念。

所谓"军队非政治化"，就是说军队不是政治斗争的产物，不是政治斗争的工具，因而军队不能介入政治，在政治斗争中军队要保持中立。这种看法完全歪曲和掩盖了军队与政治的本质关系。在阶级社会中，政治首先是各阶级之间的斗争，军队则是阶级斗争的产物，是为本阶级的政治服务的，战争是政治的继续，是流血的政治。古今中外，没有一支超阶级的军队，没有一支不为政治服务的军队。国内外敌对势力鼓吹军队非政治化，其实质是要我军摆脱无产阶级政治。

军队非政治化不是新的，20世纪初就已存在。列宁早在1906年就对它作过十分严厉的批判，指出这种论调特别有利于掩盖资产阶级在这方面的真正意图。他强调："军队不可能而且也不应当保持中立。使军队不问政治，这是资产阶级和沙皇政府的伪善的奴仆们的口号，实际上他们一向都把军队拖入反动的政治中"①。今天也同样如此。美国军队在国内是资产阶级统治的工具，在国际上充

---

① 《列宁全集》第12卷，人民出版社1987年版，第103—104页。

当世界宪兵，进攻伊拉克，空袭南联盟，侵犯我主权，毫无疑问，它是美国推行强权政治的工具。

西方国家为保证军队的资产阶级性质，很重视对军队的政治工作。美国一个战略专家写了一本书，书名就叫《军队的政治教育》，书中特别强调全体美国军人任何时候"都不能脱离政治"。为了从政治上控制军队，美军总司令部专门成立了"精神处"。英国外交部成立了军事宣传局，主抓意识形态。德国军队出版了《军队政治教育工作细则》。西方国家对军队进行政治控制的手段很多，包括文官治军、牧师随军等等。美军牧师列人正式编制，随军牧师军衔可到少将。二战期间随军牧师曾多达8800多人，现在还有3000多人。海湾战争中，派往海湾地区的美军牧师就有800多。牧师被誉为上帝意志的传播者，其实是以宗教的形式进行思想政治控制的。

西方资产阶级国家的军队不是不讲政治的。所谓"军队非政治化"，那是说给我们听，是对着我们、瓦解我们的，我们切不可上当。我国1989年动乱期间，西方敌对势力大肆煽动部队"调转枪口，打倒政府"。既然军队非政治化，还要军队调转枪口，打倒政府干什么？显然，所谓军队非政治化，是虚伪的、骗人的。我们的军队是为无产阶级政治服务的，是体现我们党和国家政治优势的重要力量，任何时候都要听从党的指挥，这一点，头脑要特别清醒。

（三）批判"军队国家化"的反动观点，牢固树立"党的执政地位"的观念。

　　所谓"军队国家化"，就是说军队是国家的，不是党的，因而应该把党所有的军队改变为国家所有。这种论调完全割裂了党领导军队与国家领导军队的统一性。国家是占统治地位的阶级的国家，而统治阶级通常是由政党来领导的，所以国家领导军队和党领导军队是一致的。在我国，人民解放军是党领导的军队，也是国家的军队。这是因为，我党是无产阶级的政党，我国是无产阶级专政的国家，我军是无产阶级的人民军队，三者的阶级属性是一致的。西方敌对势力鼓吹军队国家化，不是真的要把我们党的军队改为社会主义国家所有，而是在军队中制造党和国家的对立，从而使军队摆脱党的领导，以便最终搞垮我们的党和社会主义国家。

　　在我们的一些同志中存在着这样一种模糊认识：既然党和国家是统一的，那么军队由党领导和由国家领导就都是一样的，为什么又非要由党来绝对领导军队呢？

　　这是因为，党和国家相比，党领导军队更带根本性。社会主义国家，本质地说是共产党执政的国家。党是整个国家的领导核心，当然也是军队的领导核心。另外，我们强调党对军队的绝对领导，主要不是相对于国家，而是相对于其他政治势力而言的。所谓党对军队的绝对领导，就是说其它任何政治势力不能染指军队。这一点非常重要。前苏联推行军队国家化，其军队脱离共产党领导之时，也就是敌对势力控制军队，颠覆国家政权之时。津巴布韦军队的行政局长（相当于我们的总政治部主任）在国防大学学习时，讲了这样一种感受：他们60年代搞民族革命的时候是学我们的，我们帮助他们建立了党，建立了军队，他们的军队是在党领导下的。夺得了国家政权之后，他们决定走资本主义道路，因而又请英国人帮助。英国人提出要搞多党制，搞军队国家化。一开始他们想，国家是我们建立的，军队国家化就国家化吧。但由于搞多党制，一下子出来了好多党，后来有的党成了气候，由于军队国家化，他们的党不领导军队，所以失去了对国家的有效控制。这个时候，他们认识到了党领导军队的重要，但感到已经晚了。这件事很给我们启示：一个党要取得国家政权，在夺取国家政权之前，自然要掌握军队；夺取国家政权之后，要有效地巩固国家政权，同样要掌握军队。没有对军队的绝对领导，不可能取得国家政权，即便是取得了国家政权，也不能有效地巩固它。

三、模范践行党对军队绝对领导的根本要求,永葆我军政治合格

党对军队的绝对领导是我军的军魂，要使这种军魂永远不变，必须把党对军队绝对领导的根本要求落到实处。

（一）必须把思想政治建设摆在军队各项建设的首位。

党对军队的绝对领导，首先是思想政治上的领导。只有真正把思想政治建设摆在军队各项建设的首位，才能把党对军队的绝对领导落到实处。不久前，江泽民同志曾讲到，在国际国内各种严峻考验面前，靠什么保持官兵政治

上的坚定和军队建设的正确方向？在社会利益关系调整和军队遇到诸多矛盾和困难的情况下，靠什么凝聚军心，稳定部队？在完成军事斗争和其他急难险重任务中，靠什么鼓舞士气，夺取胜利？还是要靠充分发挥思想政治建设这个优势。因此，思想政治建设必须摆在全军各项建设的首位。

把思想政治建设摆在全军各项建设的首位，需要做的工作很多，但最根本的是用马列主义、毛泽东思想、邓小平理论统一广大官兵的思想。历史和现实都证明，一个政党、一个军队，不能没有一个统一的思想。而对于我们来说，这个统一的思想只能是马列主义、毛泽东思想、邓小平理论。在80年代末、90年代初国际国内政治风波的严峻考验面前，我们为什么能够挺过来？就是因为我们始终坚持了马列主义、毛泽东思想、邓小平理论。而东欧为什么剧变，苏联为什么解体？一个重要原因就在于丢掉了马列主义的旗帜。旗帜一倒，人亡政息，这可以说是一个规律。

这些年来，以江泽民同志为核心的党中央、中央军委是特别重视邓小平理论这一当代中国的马克思主义理论旗帜的。但是这些年来我也感到，我们有些同志对这个问题并没有引起高度重视。所以我常想，当一种科学理论正在指导着这个国家、这个军队时，人们不一定意识到这种理论的价值，而一旦失去了这种理论的指导并显现出另外的后果时，人们才意识到这种理论的价值原来是如此的重要，但却已是悔之晚矣。研究东欧剧变、苏联解体后广大人民的心态，足以说明了这一点。国防大学国防研究系的学员到俄罗斯访问，俄军的高级将领就对我们的学员说：上帝不公平啊！给了你们个邓小平，有了邓小平理论，20年中国发展了；给了我们个戈尔巴乔夫，把苏联搞散了。当然，苏联搞散了不能简单全部地归罪于戈尔巴乔夫一个人，但俄国人的这种感受是很值得我们思考的。

　　用邓小平理论武装头脑，最重要的是真信，不言不由衷；真学，不言不及义；真用，不言行不一。功夫就在一个真字上。不在真字上下功夫，邓小平理论就不能入心入脑，所谓用邓小平理论统一思想，也就只能是一句空话。为了保证党对军队的绝对领导这一军魂不变，我们必须用马列主义、毛泽东思想、邓小平理论武装头脑，为此，就要舍得在这个真字上下功夫。只有这样，我们才能按党指引的路走，做让党放心的战士，干为党争光的业绩。

　　（二）必须下大力加强军队中的党组织建设。

　　坚持党对军队的绝对领导，归根到底要通过军队中的各级党组织来实现。只有把各级党的组织建设好，党对军队的绝对领导才会有坚实的组织保证。这可以说是一条规律。江泽民同志非常重视这一点，他指出，任何时候都要坚定不移地抓好各级党组织建设。这不是一般的工作要求，而是关系到军队建设方向的重大原则问题；不是一个阶段的工作思路，而是长期性的指导思想。

　　加强军队中的各级党组织建设，重点是加强各级领导班子建设。对于基层来说，就是要集中精力抓好党支部建设，充分发挥党支部的战斗堡垒作用和党员的先锋模范作用。在实践中，我们都有这样的体会，哪个支部搞得好，哪个单位的形势就好，发展就稳，进步就快；哪个支部建设得不好，哪个单位的建设就会走弯路、受影响，甚至出问题。因此，能不能把基层党支部建设好，是事关党对军队绝对领导能不能落到实处的重大问题。

　　加强基层党支部建设，当前需要提高认识，理清思路、研究方法，但更重要的是要真抓实干。基层党支部建设是经常性建设、基础性建设，不是一朝一夕的努力就能奏效的，需要年复一年、日复一日扎实地打基础，反复地抓落实。如果说空话、出虚招，只有唱功，没有做功，或者急功近利，热衷于搞出名挂号的事，不可能有工作的落实，只能损害支部建设。

　　要真抓实干，就必须要有良好的精神状态。江泽民同志曾严肃地指出，我们军队中有些同志的精神状态同国防和军队现代化建设的要求很不适应。有的安于现状，不求有功，但求无过；有的不认真学习，不思考和研究问题，遇到困难绕道走；有些人心思没用在工作上，热衷于拉关系，搞应酬，作表面文章。像这样的精神面貌能把部队建设好吗？江主席的这个指示针对性非常强，我们实践党对军队绝对领导的要求，一定要切实解决好精神状态问题，安心、用心、专心、尽心地为党工作。

　　（三）必须坚定维护好党中央中央军委的权威。

　　历史和现实都证明，一个领导集体是不能没有一个核心的。没有核心的领导是靠不住的。特别是领导我们这么大一个党，治理我们这么大一个国家，建设我们这么大一支军队，必须有一个团结的核心，可以说这是一条历史的规律。

江泽民同志作为党的第三代领导集体的核心，是邓小平提议、党的十三届四中全会决定的。这个决定是合党心、合军心、合民心的，经过实践检验是完全正确的。没有以江泽民同志为核心的党中央的领导，这些年来，要经受住政治风险、金融风险和自然风险的考验，克服前进道路上一个又一个的艰难险阻，取得令世人瞩目的巨大成就是不可想象的。党形成一个坚强的领导核心，这是党成熟的表现。回顾这些年的风雨历程，我们不难感受到，以江泽民同志为核心的党中央具有很强的政治意识、群众观点和求实精神，处变不惊、沉稳坚毅，善于利用优势、创造机遇，使我们处于主动，因而是值得信赖的。

中央和中央军委首长常讲要服从大局。服从大局，最重要的就是要自觉维护以江泽民同志为核心的党中央的权威，坚决执行党的路线、方针、政策，在任何时候都要做到令行禁止。这是我们军队的一种责任。如果没有这一条，那就可能是一盘散沙，出现灾难性的局面。而一盘散沙的历史离我们并不久远，当年日本帝国主义之所以敢于欺负我们，一个重要原因就在于我们一盘散沙。所以，同以江泽民同志为核心的党中央保持高度一致，这是党和人民的根本利益之所在，是我们党、国家、军队的前途命运之所在。因而决不能认为这是上边的事，与我们无关，每一个关心党和国家前途命运的革命军人，都应该有这样的政治自觉。

加强党的先进性建设
切实维护国防安全[*]

国防安全是一个国家生存发展的前提和基础，是实现国家利益的必然要求。党的十六届四中全会明确指出，坚持国防建设和经济建设协调发展，建设一支现代化、正规化的革命军队，确保国防安全，是党执政的一项重大战略任务。做到这一点，当前最重要的就是要以高度的政治责任感，大力加强党的先进性建设，切实提高我们党领导国防建设、维护国防安全的能力。

一、党的先进性是我国国防安全的根本保证

中国共产党是执政党，是维护我国国防安全的领导核心和中坚力量。党是否能够始终保持工人阶级政党的先进性，对实现国防安全具有决定性作用。

---

* 本文发表于《人民日报》2005 年 3 月 25 日第 14 版。

党的科学理论和正确的路线方针政策，是我国国防安全的科学指南。新世纪新阶段，我国的安全环境发生了许多深刻变化，和平与发展仍然是时代主题，但天下并不太平，霸权主义和强权政治有新的表现，民族、宗教矛盾和冲突错综复杂，传统和非传统安全威胁的因素相互交织，恐怖主义危害上升，台海局势日益严峻，国内外敌对势力加紧进行破坏活动。我们在国防安全建设上也存在着一些突出的矛盾和问题。形势和任务迫切要求我们必须始终坚持把国家主权和安全放在第一位，努力把维护国防安全的工作抓紧抓好。维护国防安全，要求执政党必须从国际环境和本国国情出发，提出正确的理论和政策，对国防建设实施有效指导。新中国成立以来，不管国际风云如何变幻，国内局势如何发展，我们党始终把维护国家主权和安全放在第一位，不断进行理论创新，制定和实行了一系列正确的路线方针政策，在实现经济和社会发展的同时，有效地维护了国防安全。现在，我们正处在世界多极化、经济全球化和科学技术迅猛发展的时代背景下，处在改革开放和社会主义市场经济的环境中，建立一个强大而巩固的国防，维护日益拓展的国家利益，既非常重要和紧迫，也更加复杂和艰巨。能不能完成这一重大战略任务，是对党的先进性最实际的检验。新的形势任务，要求我们党必须坚持以毛泽东思想、邓小平理论和"三个代表"重要思想为指导，准确把握国内外形势发展变化对我国国防安全带来的新挑战，坚持从最广大人民群众的根本利益出发，自觉顺应时代发展潮流和国家发展进步的要求，科学认识和界定国家利益，确立合理的国防安全目标，制定正确的国家安全战略和军事战略，以及与此相配套的一系列方针政策。只有做到了这些，党才能对国防安全的实践实施科学指导，才能牢牢把握国防安全的正确方向，从而确保国防安全，最大限度地维护国家利益。

各级党组织的坚强领导，是我国国防安全的可靠组织保证。我们党在国家政治生活中的地位和作用，决定了各级党组织既是国家建设的领导中枢，也是维护国防安全的中流砥柱。党关于国防建设的大政方针，要靠各级党组织去贯彻落实；党维护国防安全的重大举措，要靠各级党组织去具体实行。只有各级党组织有了很强的凝聚力、创造力和战斗力，充分发挥出领导核心和战斗堡垒作用，才能团结和带领人民群众为维护国防安全而不懈奋斗。新世纪新阶段，我们党的中心任务仍然是经济建设，各级党组织领导经济建设的任务十分繁重，在这样的情况下，始终居安思危，牢固树立国防安全意识，自觉把党关于国防建设的方针政策落到实处，既是维护国防安全的必然要求，也是各级党组织的重要责任。各级党组织都要充分认识加强国防和军队建设的重大意义，把关心支持国防和军队现代化建设作为义不容辞的职责；要充分利用国家的教育、科技、人才等资源，积极支持国防和军队建设，形成国防建设和经济建设相互促进、协调发展的机制；要加强国防教育，增强全民国防观念，进一步搞好国防后备力量建设，建立和完善快速高效的国防动员体制；要加强军政军民团结，认真抓好拥军优属、拥政爱民各项政策法规的落实。

只有这样，国防建设才能扎扎实实地稳步推进，国防安全才会有可靠的组织保证，才能形成全民共建国防、共铸长城的良好局面。

广大党员的先锋模范作用，是我国国防安全的力量源泉。党员是党的细胞。离开了党员的先锋模范作用，党的先进性、党组织的领导核心和战斗堡垒作用就无法得到体现，国防安全也就会失去最重要的基础。革命战争年代，正是成千上万的共产党员不惜流血牺牲，处处以身作则，才建起了一个属于人民的崭新国家。今天，建立巩固的国防，抵抗侵略，保卫祖国，保卫人民的和平劳动，仍然需要广大党员继续发挥先锋模范作用。现在，我们党已经拥有 6800 多万党员，这些党员分布在不同战线、不同岗位，每一个党员既是中国特色社会主义事业的建设者，同时也是国防安全的维护者。如果所有党员都能在自己的本职岗位上为国防建设作出积极贡献，都能以自己的模范行动团结和带领广大群众投身国防建设，就能凝聚起维护国防安全的强大力量。在新的历史条件下特别是长期和平环境中，广大党员要进一步增强国家利益和国防安全观念，增强忧患意识和责任意识，自觉把个人的命运同国家的安危联系起来，切实按照胡锦涛总书记提出的新时期共产党员保持先进性的六条基本要求，以努力做好本职工作的实际行动，在人民群众中树立起先进性形象，体现出先进性标准，成为自觉维护国防安全的先锋战士。

二、确保国防安全是党的先进性的重要体现

党的先进性是历史的、具体的，它体现在不同历史时期的政治、经济、文化、国防等各个方面。其中，确保国防安全，是党的先进性的重要体现和集中反映。如果党不能有效地维护国防安全，捍卫国家利益，所有其他方面的先进性都将无从谈起。从一定意义上讲，衡量党是否具有和能否保持先进性，很重要的标志就是要看其是否能确保国防安全。新的历史条件下，要确保国防安全，充分体现党的先进性，必须注意把握好以下几个基本方面。

坚持国防建设与经济建设协调发展。把经济建设搞上去和建立强大的国防，是我国现代化建设的两大战略任务。毫无疑问，我们必须始终不渝地坚持以经济建设为中心，使国防建设服从和服务于国家经济建设的大局，为改革开放和经济建设提供坚强有力的安全保证。但与此同时，我们也必须努力加强国防建设，使国防建设在国家经济实力增长的基础上不断有所发展。要把国防和军队现代化建设纳入国家现代化建设全局之中，形成国防建设和经济建设相互兼顾、相互促进、协调发展的机制。当前，尤其要注意在实际工作中，认真贯彻体现这一原则要求，正确处理好国防建设与经济建设的关系，防止和克服片面强调经济发展，忽视和放松国防和军队建设的倾向。

建设一支现代化正规化革命军队。军队是国防的主要武装力量，是维护和实现国防安全的重要工具。军队建设

的强弱，直接关系到国家的根本利益，关系到党和国家的前途命运。我军建设的总目标是革命化、现代化、正规化，这是中国特色社会主义事业对我军建设的必然要求，也是我军履行职责使命的必然选择。革命化现代化正规化归结到一点，就是要把军队搞强大，使其能够担负起维护国防安全的神圣使命。当前，我军建设进入了积极推进中国特色军事变革、实现军队现代化建设跨越式发展的新阶段，我们必须紧紧抓住这个重要的战略机遇期，积极适应世界新军事变革的发展趋势，坚持走以信息化带动机械化、以机械化促进信息化的跨越式发展道路，通过深化改革，实现军队建设的整体转型，建设一支能够打赢信息化战争的信息化军队，形成维护国防安全的坚强力量。

确保军队忠实履行肩负的历史使命。随着我们党领导的事业不断发展，我军已经从战争时期武装斗争的重要力量，成为巩固人民民主专政的坚强柱石，捍卫社会主义祖国的钢铁长城，建设中国特色社会主义的重要力量。我军要适应形势发展的新变化，适应党的历史任务的新要求，为党巩固执政地位提供重要的力量保证，为维护国家发展的重要战略机遇期提供坚强的安全保障，为维护发展国家利益提供有力的战略支撑，为维护世界和平与促进共同发展发挥重要作用。这是新世纪新阶段我军担负的光荣使命，也是我军崇高的历史责任。全军官兵一定要深刻理解和认识这些重要历史使命对我军建设提出的新要求，紧紧围绕打得赢和不变质这两个历史性课题，切实按照"五句话"总要求，不断提高部队全面建设的质量和水平，使我军真正做到适应新形势、肩负新使命、完成新任务、实现新进步。

三、着眼确保国防安全,不断加强能力建设

确保国防安全，这是军队的主要职能和任务所在。军队各级党组织是军队建设的具体领导者和组织者，因而加强军队党组织能力建设是加强党的先进性建设、履行我军使命的必然要求。加强军队党组织的能力建设要着力在提高"四种本领"上下功夫。

不断提高加强部队思想政治建设、把握部队建设正确方向的本领。加强部队思想政治建设，确保部队建设的正确方向，既是保持党的先进性的必然要求，也是军队党组织能力建设的首要任务。加强部队思想政治建设，要紧紧抓住科学理论武装。当前，国际政治斗争形势复杂多变，国家和军队建设正处在一个十分重要的发展时期，维护国家统一和社会稳定的任务异常艰巨紧迫。形势愈复杂，任务愈艰巨，科学理论武装就愈重要。对于军队来说，学好科学理论，就要始终着眼高举旗帜、听从指挥这个根本，深入学习邓小平理论和"三个代表"重要思想以及胡锦涛同志的一系列重要指示，通过开展先进性教育活动，使广大党员更加坚定对邓小平理论和"三个代表"重要思想的信仰，更加坚定对全面建设小康社会的信心，更加坚定对党对军队绝对领导的信念，更加坚定对党中央和胡主席的信赖，从而为军队履行神圣使命、维护国防安全打下

坚实的思想政治基础。

不断提高领导军事斗争准备、带领部队完成信息化条件下作战任务的本领。打赢战争，是我军确保国防安全的根本要求，也是检验军队党组织先进性和能力建设水平的根本标准。在新的历史条件下，要把握信息化战争的作战规律，创新作战思想和战法，有针对性地组织训练演练，不断提高组织指挥水平。要扎实做好军事斗争准备，把全面准备与重点准备、物质准备与精神准备、军事工作准备与政治工作准备结合起来，以临战的姿态、实战的标准、只争朝夕的精神，做好各领域、各环节的工作，全面提高部队整体作战能力。要依据新的体制编制，适应战争形态和作战样式的变化，探索一体化联合作战党委组成方式和工作机制，改进领导作战的方式方法。

不断提高推进中国特色军事变革、推进部队机械化信息化建设的本领。推进中国特色军事变革，是解决打得赢、不变质两大历史课题的必由之路。完成机械化、信息化建设的双重历史任务，贯穿于中国特色军事变革之中，是加强军队党组织能力建设的基本要求。要牢固确立信息主导、综合集成、科技先行和人才为本的观念，以观念的更新促进思维的创新，以创新思维推动军队跨越式发展。要正确处理好机械化与信息化的关系，以机械化为基础，以信息化为主导，走复合式发展道路。正确处理好重点突破与整体协调的关系，积极发展高技术部队，抓好重要装备和战场建设，加快发展陆海空天一体化军事信息系统，同时要搞好统筹协调，按照综合集成的要求推进信息化建设整体协调发展。要加快实施人才战略工程，培养造就一大批高素质新型军事人才。

不断提高依法从严治军、加强部队正规化建设的本领。依法从严治军是军队正规化建设的重要标志。要把依照法律法规指导和开展工作作为基本的领导方式和领导方法，把法规制度作为实施领导的基本依据，进一步提高决策的科学化、正规化水平，克服和防止随意性。坚持严格要求与科学管理相结合，把党的领导和依法办事统一起来。坚持治军先治官，把依法带兵和依法治官统一起来。只有这样，才能不断提高我军建设的水平。

哲学素养与战略思维[*]

中高级领导干部应该成为战略家，或者说应该朝着战略家的方向发展，退一步说，起码应该具有战略家的素养特别是战略思维。战略、战役、战术三个层次，战略指挥员自不必说，战役指挥员也必须具备战略指挥员的思维。胸中没有战略全局，不能很好地谋划全局，怎么有效地进行战役指挥！而要有战略思维，就必须加强哲学素养的训练，哲学素养增强了，战略思维能力才能提高。所以，中高级领导干部应侧重哲学素养的训练和战略思维的培养。

一、领导干部要注重战略思维能力的提高

战略思维是一种谋划全局、着眼长远、精心博弈的思维。战略思维要把握和处理的是全局与局部、当前与未

---

* 2006 年 3 月讲于国防大学战略班、指挥员班，后摘要发表于《解放军报》2006 年 8 月 10 日第 6 版。

来、目标与手段、利益与代价等方面的关系。战略思维能力，是从全局、从长远、从宏观的高度来分析和解决问题的能力；是善于大处着眼、未雨绸缪、运筹帷幄的能力。战略思维的核心是能够把握住事物运动变化的发展趋势，做到"运筹于帷幄之中，决胜于千里之外"。这就要求指挥员能够深谋远虑，具有宽阔的眼界和深邃的洞察力。没有这种能力，就谈不上战略思维。

进入新世纪以来，布什领导的美国政府一直怒气冲冲地面对国际社会，追寻使它感受到"威胁"的打击对象。美国寻找敌人，也在制造敌人。"反恐反恐，越反越恐"。一个如此强大的国度何以提心吊胆地过日子？只有一种解释，那就是霸权主义必然遭到反霸权的回击，国家恐怖主义必然遭到恐怖分子的回击，制造文明冲突论的国家必然走入文明冲突的陷阱，侵犯别国安全的国家必然自己不会有安全。从这个意义上说，美国人没有战略思维。当然，没有战略思维也是一种战略思维，是一种坏的战略思维。美国发动伊拉克战争之初，布什曾宣称他是用战争思维来考虑美国对外政策的总统。然而他连正确的战争思维也没有，发动反恐战争，师出无名又不信守战争道德。结果打掉一个萨达姆却打出了一个世仇的伊斯兰世界；萨达姆没有能力发动的人民战争，布什替他发动了，直到现在十几万大军还陷在那里拔不出来。美国人民将长久地为布什的战略错误付出代价。

决定战略思维能力的要素很多，我感到这样四个要素是至关重要的。

　　一是要有深厚的文化底蕴。文化，对于人的思维是至关重要的，它既是人进行思维的基础，又是人进行思维的重要组成部分。一个人没有深厚的文化底蕴，不可能有通畅便捷的思维，更不可能进行战略思维。历史上的战略大家，尽管有的学历不高，但都是文化底蕴很深的人。战略思维是在通晓大量知识文化基础上的整合思维。战略的选择与制定，涉及到许多方面的因素，即使在古代，为将者也要知天知地、知道知法、知彼知己。如果没有深厚的文化底蕴甚至孤陋寡闻、才疏学浅，是很难进行正确有效的战略思维的。

　　二是要有强烈的爱国情怀。战略思维关系到"国之大事"。一个战略家必须站在民族和国家的利益高度思考问题，作出决策。这就要求他同时也是一个具有高度爱国主义精神的人，把国家和民族的利益牢牢地装在心中，高高地举过头顶。这样，他才能想国家之所想，忧民族之所忧，急人民之所急，才能激发出"不可不察"的高度责任感和使命感。捍卫国家利益，是一个政党及其战略家的最高政治道德定位，因而必须有强烈的爱国情怀。细想古今中外的战略大家，哪一个没有这样的爱国情怀！近代以来，中国屡遭外敌侵略，山河破碎，国土沦丧，生灵涂炭。新中国成立后，我们才有了真正的国家安全和尊严。我们是以先辈的血泪洗面才得以容光焕发的。然而统一祖国的历史任务还没有最后完成，外来威胁依然现实地摆在眼前。因此，中国的一切爱国者，特别是中高级领导干部都应具有维护国家利益的忧患意识与历史责任感。没有这种责任意识，何谈战略思维！

三是要有丰富的历史经验。战略思维是一种有历史纵深感的思维，这种思维要有巨大的历史感作基础，要与世界历史的发展相平行。因而战略思维需要历史经验的积淀。以史为鉴，可以知兴替。毛泽东改造中国、治理中国，不仅精通中国的历史，而且仔细研究了历代王朝兴衰更替的经验教训。秦始皇一统天下，却横征暴敛，秦二世而亡。秦朝的短命（仅存 15 年）教训了西汉的开国者，汉初"轻徭薄赋，与民休息"，带来了"文景之治"，西汉延续了 231 年。隋炀帝的穷奢极欲，导致了隋朝的早亡（仅存 29 年），教训了唐朝的开国者。唐太宗励精图治，从善如流，开创了"贞观之治"，唐朝延续了 289 年。1644 年，李自成进北京。李自成打天下用了 14 年，坐天下却只有 40 天。郭沫若总结历史的经验教训，写出了《甲申三百年祭》。1944 年，毛泽东向全党推荐并告诫全党，前车之覆，后车为鉴，我们绝不当李自成。历史是一面镜子，学习历史研究历史，是每一个进行战略思维的人必不可少的。没有对历史的学习研究，没有历史经验的积淀，不可能有高超的战略思维能力。

四是要有科学的思维方式。科学的思维方式是以科学发展的全部成果为基础的思维方式。它的特点是背靠历史、立足现实、面向未来，善于透过现象抓住本质、揭示规律，善于在同一中把握对立、在对立中把握同一，善于用一般的原则指导对具体问题的具体分析，并从具体分析中升华出一般的指导原则。这种思维方式对战略思维至关重要。思维方式不正确，战略思维很难上层次。古今中外战略大家的战略思维能力之所以很高超，是与这种思维方式有关的。

思维有不同的对象、空间、角度和性质，因此形成了不同思维的各自特点。

战略思维具有很强的政治性。战略问题决定着国家的重大利益、根本利益和长远利益，本身就是重大的政治问题。即使是军事战略，也不能离开政治。战争并非独立现象而是政治所使用的不同手段的延续，任何大规模战略计划的主要路向都是政治性的。所以不应该对重大战略问题作纯军事的研究判断，也不应该用纯军事计划去求解。毛泽东解决军事问题那样的得心应手，一个至关重要的原因就在于他首先是一个大政治家，非常注重并善于从政治上考虑问题。邓小平也是这样，1965年他在接见军委作战会议全体同志的讲话中，就要求我们高级将领应该关心战略问题，强调战略问题是整个国家的问题，是政治问题，说我们带兵的人尽管政治语言不多，但都是搞政治的。这就告诉我们，战略思维首先要依据于政治，着眼于政治，服务于政治。也正是基于这种认识，胡锦涛同志说，我们做军事工作的同志一定要有很强的政治意识，要善于从政治的高度观察和处理军事问题。有没有很强的政治意识、政治观念，可是大不一样。你看历史上的楚汉相争：刘邦先进入咸阳，他约法三章争取人心，封存秦朝官府的财宝以表示清白，还军灞上等待诸侯联军的到来以表示没有野心，这些都是着眼于政治的。而项羽进入咸阳后则滥杀无辜，烧阿房宫，将所有的财宝宫女收为己有，还违背约定，乱封乱赏。所以，尽管项羽军事上比刘邦强，但他不讲政治，不得人心，没有盟友，导致了失败的结局。这一历史的经验教训，值得我们好好汲取。

战略思维具有很强的全局性。战略就是事关全局的筹划。战略问题具有全局性，所以战略家的思想也就必须具有全局性。古人曰，"不谋全局者不足以谋一域"。目无全局的将军，即使争得一城一地，最终难免全军覆没；目无全局的棋手，纵然围得一子一目，最终难免满盘皆输。只要有战争，就有战争的全局。研究带全局性的战争指导规律，是战略学的任务，战略思维必须照顾全局。一般人思考问题的通病往往是只见树木、不见森林，而战略家的思考则必须先见森林而后见树木，甚至可以只见森林、不见树木。战略家思考问题必须保持朝大处想的心态。我国宋代大史学家司马光在《谏院题名记》中曾讲过："居是官者（指谏官——引者注），当志其大，舍其细；先其急，后其缓；专利国家，而不为身谋。"这里讲的就是一个"大"字。战略家的思考必须所见者大，宁可失之以大，不可失之以细；宁可失之以远，不可失之以近；宁可受大而无当的批评，决不可做小儿科。只有抓住了战略思考中的这个"大"字，才能识大体、顾大局、成大事。

战略思维具有很强的前瞻性。战略是对于未来大势的谋划，它指向于未来，着眼于未来，因此战略思维具有很强的前瞻性。孙子强调"先知"，孔子强调"远虑"。"先知"与"远虑"是交相为用的。不能先知者，自不能远虑；不能远虑者，也就自然不能先知。先知和远虑强调的都是思维的前瞻性。战略既是为今天而设计的，更是为明天着想的。火烧眉毛顾眼前不是战略家的心态。尽管重视现在、忽视未来是一般人所常有的心态，但作为战略家不能这样，而必须考虑长远、考虑未来。战略问题影响的主要的不是现在而是未来。从历史的观点来看，当前局势的形成，与过去一代人的决策有关；未来局势的形成，现在这一代又焉能逃避责任！所以战略家思考的首要问题是如何创造和控制未来，因此思维必须具有前瞻性。前瞻性不是幻想，而是以对规律的把握和运用为基础的，是把战略利益、战略空间、战略能力、战略博弈等方面的因素加以综合分析作出的科学判断。有人说，今后不再有任何所谓战略之存在，而只有危机之处理。这种说法的积极意义在于提醒世人对于危机处理的重视，但也显示了这些人对战略的无知。我国汉代的司马相如说过，明者远见于未萌，知者避危于无形。若能在危机尚未形成时就予以化解，也就自然不需要那样紧迫的危机处理了。危机频仍，应从战略上考虑问题。作前瞻性的思考，从心理条件来说，必须养成完整的未来意识，不能仅以现有的经验为基础，有时必须以假定的可能性为前提。前瞻性的思维所应重视的是明天，而不是现在，是求新，而不是守旧。要做到这一点，就必须有广博的知识、敏锐的心灵，善于抓住本质、把握规律。

战略思维具有很强的务实性。一切战略理论就概括的意义而言，都是行动学。如果不是为了采取战略行动，也就没有战略思考的必要，所以战略思维必须有助于战略行动，有助于重大实际问题的解决，也就是说必须保持一定的务实性。要保持战略思维的务实性，第一，战略思维不可过分抽象。战略思维当然需要抽象，不抽象、就事论事，就揭示不了本质、把握不了规律、预见不了未来，因而也不成其为战略思维。但是，如果过度的抽象，那就会使思想变得毫无内容。所以，战略思维既要抽象，又不能抽象得过分。第二，战略思维必须从一定的时空条件出发。人世间的一切都是在一定的时空条件下存在和运行的，战略思维必须照顾到一定的时空条件，切忌把过去的经验不假思索地用在新的时空条件下。时空条件的变化不可避免地要求战略思考甚至战略思想作出变化，否则，战略思想就会与现实脱节。第三，战略思维必须保持充分的弹性。战略领域中充满了不确定性，料想不到的事情有可能随时发生。所以战略，包括战略思想、战略计划、战略行动，必须在保持充分弹性的基础上做到随机应变。第四，进行战略思维，既要作定性分析，又要作定量分析。虽然从一定意义上说，符合实际的定性分析，是更高形态的、浓缩了的定量分析，但不能代替定量分析。没有定量分析，所谓质的确定性在思想上就是模糊的，即便是正确的质的判断，也难以转化为现实的行动。所以，战略家必须学会"打算盘"、学会计算。

政治性、全局性、前瞻性和务实性，这样几个特点是战略思维的一般特点。我们要进行正确有效的战略思维，必须把握好这样几个特点。但是仅仅把握了这样几个特点还是不够的，必须在实践中形成各自不同的具体特点，呈现出自己鲜明的个性特征。就以我们所熟知的毛泽东同志来说吧，他的战略思维就很有自己的个性特征。

纵观毛泽东一生的革命实践可以看到，毛泽东在每一个时期，总是集中精力重点抓住一个主要问题加以研究解决，同时兼及其他；一个主要问题解决了，再集中精力解决另一个主要问题，由此推进革命和建设事业不断发展。毛泽东对每一个时期的主要问题的研究解决都是特别投入、特别倾注心血的。比如，抗美援朝战争一打响，毛泽东就将全副精力都集中到朝鲜战场上。战争初期，他过着十分紧张的生活，有段时间，半个月没有下床，就在床上工作、吃饭，睡眠极少。那段日子，他每天批阅大量材料，来自前方的电报和各方面的情报，一个接着一个，以最快的速度送到他手里。毛泽东要根据各方面的情况加以分析，很快作出决断，指导前方作战。等到局面打开了，他才将自己的主要精力转到指导国内的镇压反革命以及其他工作上。再比如1956年发表《论十大关系》。毛泽东为了探索中国社会主义建设的道路，从1956年2月24日开始，花了43天时间集中精力听取国务院34个部门和国家计委的工作汇报。用毛泽东自己的话说，那43天，几乎每天都是"床上地下，地下床上"。正是在这样广泛、心无旁骛的调查研究的基础上，毛泽东亲自动手写出了著名的《论十大关系》。这种集中精力抓大事、注重并善于抓主要矛盾的战略思维特征，贯穿于毛泽东在各个历史时期的战略思考之中。翻开毛泽东的著作，可以十分清楚地看到，他在各个历史时期都有自己倾注心血思考解决的战略重点，非常善于通过研究解决重点问题来推动工作。

气势宏阔、立意高远是毛泽东战略思维的一个重要特征。诚然，战略家必须站得高、看得远，但迄今为止，若论战略思维之高之远，毛泽东真可以说是空前绝后。在革命战争年代，每当中国革命处在低谷，乃至许多同志萌生了悲观失望的情绪时，毛泽东的目光总能穿透混乱的时局和历史的迷雾，准确地预测和设计中国革命的未来。1927年大革命失败后，在中国革命面临何去何从的历史关头，毛泽东创造性地提出了"工农武装割据"的思想，使中国革命峰回路转。井冈山时期，面对"红旗到底打得多久"的疑问，毛泽东以卓立千峰的气势指出，"星星之火，可以燎原"。抗日战争爆发后，面对"亡国论"和"速胜论"，毛泽东独具慧眼，提出了"持久战"的光辉思想。解放战争如火如荼之时，面对"划江而治"的内外舆论，他坚定决策"将革命进行到底"。建国以后，毛泽东的许多重大决策同样体现了其战略思维的高远。比如，决定发展原子弹、氢弹，奠定了中国的核大国地位；邀请尼克松访华，形成中、美、苏大三角关系，稳定了冷战时期的国际局势；提出"三个世界"的著名论断，加强同第三世界广大发展中国家的友好交往，使中国获得了远远超过自身经济实力的重要国际政治地位。毛泽东战略思维的这种宏阔高远，很大程度上来源于他对人类社会历史发展规律的深刻洞察和对国际国内局势的准确判断。对于人类社会历史的发展规律，毛泽东有一种纵览千年的宽广视野和了然于胸的通透感。"人猿相揖别。只几个石头磨过，小儿时节。铜铁炉中翻火焰，为问何时猜得，不过几千寒热。"① 没有对历史一览无余的通透感，是不可能用短短 30 几个字就如此明洁地将人类上百万年的历史表达出来的。"惜秦皇汉武，略输文采；唐宗宋祖，稍逊风骚；一代天骄，成吉思汗，只识弯弓射大雕。"② "往事越千年，魏武挥鞭"。③ 同样洋溢着这种历史的纵深感。对于国际国内局势及其发展趋势，毛泽东也是洞若观火。正因为有这种对人类社会历史发展规律的深刻洞察和对国际国内局势的准确判断，毛泽东的战略思维才有如此恢宏的视野和气魄。

举重若轻、挥洒自如是毛泽东战略思维的又一个鲜明特征。战略的运用如果到了出神入化的地步，就达到了艺术的境界。毛泽东就是一位这样的战略艺术大师，他一生的战略实践真如一幅生动瑰丽的画卷，而他的举重若轻、挥洒自如更令人叹服。井冈山时期毛泽东制定了敌进我退，敌驻我扰，敌疲我打，敌退我追的"十六字诀"，面对数倍于己的国民党军队，红军虚虚实实，避实击虚，出敌不意，粉碎了敌人的数次围剿。遵义会议后的"四渡赤水"是毛泽东"用兵如神"的经典范例，红军就在重重包围的蒋介石军队的眼皮底下，忽东忽西、忽左忽右，

---

① 《毛泽东诗词集》，中央文献出版社 1996 年版，第 145 页。

② 《毛泽东诗词集》，中央文献出版社 1996 年版，第 68 页。

③ 《毛泽东诗词集》，中央文献出版社 1996 年版，第 92 页。

使敌人捉摸不定，穷于应付，疲于奔命，最终使红军跳出了蒋介石数十万重兵的围追堵截。1946 年 6 月，蒋介石下令 30 万大军进攻延安，毛泽东再次展示了他挥洒自如的战略家风采。在许多人表示誓死保卫延安革命圣地的情况下，他却决定主动撤离延安，采取避实击虚、保存实力，集中优势兵力、在运动中歼灭敌人的作战方针，最终收复了延安，并极大地歼灭了敌人的有生力量。1950 年抗美援朝是毛泽东一生中面临的最为艰难的抉择之一。在新中国刚刚成立、苏联决定不出兵、我方毫无制空权和制海权的情况下，要在异国战场上和拥有绝对优势装备的美国军队作战，这个决心实在是太难下了，但毛泽东在经过缜密思考之后认为，应当参战，必须参战。打烂了可以重建，如果不参战，让美国人陈兵鸭绿江畔则极为不利。当年对原子弹，许多人谈核色变，毛泽东却以哲学家的睿智语出惊人：原子弹是纸老虎。1954 年，他对芬兰首任驻华大使说，即便美国的原子弹威力再大，把地球炸毁了，对于太阳系来说，还算是一件大事情，但对整个宇宙来说，算不了什么。这是何等的气度！1958 年炮击金门，是毛泽东纯熟运用战略思维的又一经典之作，他巧妙地利用美蒋之间的矛盾，并借助苏联和国际社会的声势，将政治斗争、军事斗争、外交斗争和舆论宣传攻势融为一体，打出了一个台湾海峡的新局面，粉碎了美国搞"两个中国"的阴谋。1972 年，毛泽东见到来访的尼克松时，第一句话就是："台湾是小问题，世界才是大问题。"其气度令尼克松折服。毛泽东在期盼世界和平时以极其浪漫的语调说："而今我谓昆仑：不要这高，不要这多雪。安得倚天抽宝剑，把汝裁为三截？一截遗欧，一截赠美，一截还东国。太平世界，环球同此凉热。"① 地球在他眼里只不过是个"小小寰球"，错综复杂的国际国内局势在他心中也不过是一个小小的棋盘，他则以"坐地日行八万里，巡天遥看一千河"的姿态从容对之。有人称毛泽东"掌上千秋史，胸中百万兵"，这个说法实不为过。

毛泽东战略思维还有许多其他的特点，举这些例子是想说明，任何一位战略家，他的战略思维都是在特定的历史环境下、经由特定的战略实践逐渐形成的，并融会了战略家自身的性格特征和人生经历。从为数众多的战略家那里我们可以抽象出战略思维的一般特点，但具体到每一个战略家，则又呈现出个性鲜明的具体特点。战略思维既有一般性的规律可循，又决不可拘泥于成规，必须形成自己的思维特点。

二、提高战略思维能力，必须增强哲学素养

战略思想史专家钮先钟认为，战略研究有四种境界：历史境界、科学境界、艺术境界和哲学境界。这种看法充分体现了哲学素养对战略思维的重要。纵观中外军事、战争与思想的历史，各个历史时期的哲学家，在形成自己的哲学思想时，大都研究并概括了当时已有的军事实践，而

---

① 《毛泽东诗词集》，中央文献出版社1996年版，第60页。

各个历史时期的军事家，为了解释战争现象，揭示战争规律，寻求战争指导的制胜法则，也都自觉不自觉地求助于当时的哲学成就。历史上，好多哲学家本身就是军事家，而伟大的军事家、战略家，从来都是伟大的哲学家或者具有深厚哲学素养的人。

回溯两千多年前，我国春秋战国时代诞生的伟大军事家孙子，他既是一位著名的战略家，也是一位著名的哲学家。他留给后世的《孙子兵法》既是一部举世公认的军事思想的名著，同时也是一部中国哲学史上的经典。《孙子兵法》把春秋时期及其以前丰富的战争经验，归纳为具有普遍性的战争规律，作出了哲学化的表述。如"知彼知己，百战不殆"，"兵无常势，水无常形"等等。《孙子兵法》以清醒冷静的理性态度看待战争，一切以现实利害为依据，要求"合于利而动，不合于利而止"，必须"先计而后战"。《孙子兵法》把求"知"放在了求"胜"的首要位置，相信"胜可知"，但"先知者，不可取于鬼神，必取于人，知敌之情也。"《孙子兵法》抓住战争行为的矛盾本质，上升为辩证的矛盾思维，在敌与我、强与弱、利与害、进与退、胜与负等军事矛盾中，把握它们的相互依存和相互转化，如"乱生于治，怯生于勇，弱生于强"等等。《孙子兵法》讲的是战争与军事，但它的眼界又超越了战争和军事，把"非战"、"非攻"、"不战"作为主帅用兵的最高境界，强调"百战百胜，非善之善者；不战而屈人之兵，善之善者也"，体现了一种对待战争的哲学态度。战争形态虽几经转变，但《孙子兵法》

作为世界兵学之经典，仍然经久不衰。它吸引后人的不是谋略、不是战术、也不是技巧，而是深邃的哲学启迪。所谓前孙子者，孙子不遗；后孙子者，不遗孙子，讲的正是其中蕴涵的哲学魅力。尽管《孙子兵法》是一部两千多年前的兵书，但它却成为现代商战的宝典，哈佛大学商学院就要求学生必须熟记《孙子》中的名言。这说明，人类不同的活动领域，存在着共同的"道"，很多"道"是相通的。"道"是共同规律，领悟了"道"，也就进入了哲学。

毛泽东作为一位伟大的领袖人物，不但具备政治家的胆识，军事家的韬略，同时又具备哲学家的睿智。美国前助理国防部长菲利普·戴维逊在他上世纪后期出版的《毛泽东的战略》一书中，曾经公正而客观地评价毛泽东是一位伟大的战略家，同时又是一位杰出的哲学家。他善于把军事战略与哲学思维融为一体，以哲学思维来指导军事战略，以军事战略来体现哲学思维。这一点，在《中国革命战争的战略问题》中体现的最为明显，它既是一部重要的军事著作，也是一部重要的哲学著作；既阐发了深刻的战略思维，又蕴涵着深厚的哲学底蕴。对战争本质和战争形式，对战争规律和战争指导规律，对战争的物质基础和人在战争中的自觉性，对战争力量强弱转化的条件、过程及规律等等，都作了极为深刻的阐述。对这些重大问题的透彻阐述，如果没有很高的哲学素养，没有很深的哲学功力是不可想象的。

哲学素养的高低对于战略思维的作用是至关重要的。

那么怎样看待一个人哲学素养的高低呢？对这个问题，难免仁者见仁、智者见智，但有几点是确定的。

一个人哲学素养的高低，一是看他能不能正确处理主观与客观之间的关系。是从客观实际出发，还是从主观愿望出发，反映一个人的哲学素养。不唯书、不唯上，只唯实，是个很高的境界。反之，即便是书读的再多，只是把理论当做教条，也不能算做是有较高的哲学素养。在马克思主义看来，书本上的东西即便是正确的，也只是原则的东西，原则不是研究的出发点，而是他的最终结果。这些原则不是被应用于自然界和人类社会，而是从它们中抽象出来的。不是自然界和人类去适应原则，而是原则只有适合于自然界和历史的情况下才是正确的。承认自然界的必然性，并从中引出思维的必然性，这是唯物主义。正是基于这种认识，毛泽东强调，应该从客观存在的实际出发，从中引出规律，作为我们行动的向导，而不是相反。唯物主义强调客观、存在第一性，主观、思维第二性，这一原理看来简单，做起来可是相当的不容易。第二次国内革命战争中导致红军重大损失的教条主义，其认识论根源就在这里。毛泽东在总结这一惨痛的教训时说，为什么主观上会犯错误呢？就是因为战争或战斗的部署和指挥不适合当时当地的情况，或者叫做没有解决主观和客观之间的矛盾，主观和客观没有很好地符合起来。主观与客观如何很好地符合起来？既要研究理论，又要研究实际；对理论和实际的研究，既要重视历史，又要重视现实；既要分门别类地研究，又要作综合起来的研究；既要揭示本质，又要预见未来。在战时或者平时的工作中，意见、办法、计划全对的情况不多，要注意在实践中完善；即便是全对的，也要随着实践的变化而变化。只有这样，主观才能很好地符合客观。

二是看他能不能正确处理现象与本质的关系。要使主观与客观很好地符合起来，主观认识就不能停留在现象的层面上，而必须揭示事物的本质。而我们所面对的都是现象世界，大千世界千姿百态、千变万化，展示在我们面前的都是现象。但这现象之中有本质，本质不在现象之外，而在现象之中，比现象更深刻，它决定着现象，现象只是本质的表现。现象是直接的东西，人们凭感官可以感觉得到；而本质，人们凭感官是感觉不到的，必须靠思维。思维的任务就是透过现象揭示出事物的本质。军事领域现象和本质的差别更明显，自古就有兵者，诡道也，故能而示之不能，用而示之不用，近而示之以远，远而示之以近的说法。尽管关于战争的理论不能像精确的数学计算那样，来教会每一个人在所有各种可能的情形中应该如何行动，但战争的规律可以告诉人们，哪些错误是必须加以避免的。在战争中，指导者如何透过现象抓住本质呢？毛泽东认为，要使用一切可能的和必要的侦察手段，侦察敌方情况，尽可能多地收集到各种实际材料，同时要对这些材料加以去粗取精、去伪存真、由此及彼、由表及里的加工制作。这里包含着三点，第一是要通过侦察掌握大量第一手的材料，材料要全、要真；第二是要有较为丰富的实践经验，没有经验，材料放在你面前，你也很难辨别真伪；第三是要有一定的逻辑思维能力，要善于将材料在头脑中加工制作。是透过现象抓住本质，从而把复杂的问题简单化，还是被现象所迷惑，甚至把简单的问题复杂化，这里确有一个哲学素养的高低问题。

三是看他能不能正确处理变与不变的关系。世界上的万事万物都处在不断变化之中，变化是绝对的、永恒的，而稳定、不变则是相对的。早在两千多年前，古希腊哲学家就已经看到了世界变化的永恒性，著名哲学家赫拉克利特留下了许多至今仍被传诵的至理名言："万物流转，无物常住"，"太阳每天都是新的"，"人不能两次踏进同一条河流"，等等。这一思想是极为深刻的，然而这还只说了问题的一半，问题另一半是，变中又有着不变。在唯物辩证法看来，事物的本质具有相对的稳定性。世界上的事物总是变和不变的对立统一，因而我们既要看到变，又要看到不变，要在变中把握不变，在不变中把握变。其中变是绝对的，不变是相对的。因而又要防止把事物的变动性绝对化，否则就会犯相对主义的错误；防止把事物的不变性绝对化，否则就会犯绝对主义的错误。怎么处理变与不变的关系确实是一门学问，它反映着一个人的哲学素养。《孙子兵法》说：兵形象水，水之形避高而趋下，兵之形避实而击虚，水因地而制流，兵因敌而制胜。故兵无常势，水无常形，能因变化而取胜者谓之神。战争没有固定不变的方式，必须因敌人的变化而变化，因各种条件的改变而改变，不能依靠一种方式去战胜不同条件下的各种不同的敌人。"践墨随敌，以决成事"，讲的就是根据实际情况确定战争计划。毛泽东吸收了中国古代哲学思想中的精华，在指导中国革命的过程中，特别注重运用变和不变对立同一的思想。他说，军事领域既有发展变化快的特点，军情瞬息万变，机会稍纵即逝；又有着相对的稳定阶段，即在绝对的流动性中存在着相对的固定性。依据战争的稳定性，毛泽东深刻揭示了战争的指导规律。依据战争的变动性，毛泽东创造了各种各样的具体战法，导演了一系列有声有色的战争活剧，体现了很高的哲学素养。

四是看他能不能正确处理普遍与特殊的关系。如果变与不变揭示的是一事物自身的存在与发展的关系，那么，普遍和特殊揭示的则是一事物和它事物的关系，是在一事物和它事物的比较中显现出来的事物的共性和个性，即一般和特殊。一般和特殊的思想早在古代就有了，所谓"白马非马"，就蕴含着这个思想。白马是个别，马是一般，个别包含着一般，但它不等于一般，所以白马不是马。关于一般和个别的关系，列宁曾经有过经典的表述："个别一定与一般相联而存在。一般只能在个别中存在，只能通过个别而存在。任何个别（不论怎样）都是一般。任何一般都是个别的（一部分，或一方面，或本质）。任何一般只是大致地包括一切个别事物。任何个别都不能完全地包括在一般之中，如此等等。"① 这个思想给我们的方法论启迪就是具体问题具体分析。毛泽东依据这一思想指出，指导中国革命战争，不但要研究一般战争的规律，

---

① 《列宁选集》第2卷，人民出版社1972年版，第713页。

还要研究特殊的革命战争的规律，更要研究中国革命战争的更加特殊的规律。当年的王明不懂得这个道理，一味地照抄照搬苏联的做法，结果老是打败仗。针对这种情况，毛泽东说，苏联的规律和条令，包含着苏联内战和苏联红军的特殊性，如果我们一模一样地抄了来用，不允许任何的变更，就是削足适履，就一定要打败仗。我们固然应该尊重苏联的战争经验，但是我们还应该尊重中国革命战争的经验，因为中国革命和中国红军又有许多特殊的情况。战争情况的不同，决定着不同的战争指导规律。别国的经验有别国的情况，历史的经验有历史的情况，都只能借鉴，不能照搬。一定要以一般规律为指导，借鉴别人的和过去的经验，并在这个基础上研究自己的情况，从自己现在的情况中找出规律，拿出办法，这样才能进行正确的战略指导。这个话好说，但真正做起来并非易事。这个道理人们并非不懂，但在实践中也存在照搬别人的做法和研究自己的情况不够的问题。如果说过去照搬苏联的不能成功，那么今天，如果照搬西方的也同样不能成功。要想成功，必须下功夫研究我们自己的情况。

　　五是看他能不能正确运用矛盾分析的方法。在唯物辩证法看来，任何事物都存在矛盾，因而任何事物都是可以分析的。中国古代的所谓"一尺之捶，日取其半，万世不竭"，讲的就是这个道理。这种思想，在西方哲学史上也是非常丰富的。马克思恩格斯总结前人的思想，形成了辩证唯物主义的矛盾分析方法。毛泽东继承马克思主义的矛盾分析方法，十分纯熟地分析了中国国情、中国革命。

总结他的经验，我们不难看到，进行矛盾分析不能就事论事，而要从世界观、方法论上着眼。毛泽东强调，辩证法的根本任务就是分析矛盾和解决矛盾；在分析矛盾的时候，不仅要研究矛盾的普遍性，尤为重要的是研究它的特殊性；在研究矛盾的特殊性时，要特别注意主要矛盾和主要矛盾方面的分析；在分析矛盾诸方面的关系时，要深入研究矛盾诸方面的同一性和斗争性；而在研究矛盾的斗争性时，要特别注意斗争形式的区别，不同质的矛盾要用不同质的方法来解决。由此，形成了矛盾分析方法的逻辑系统。进行矛盾分析，一定要把对象放在特定的历史条件下来考察。在分析任何一个社会问题时，马克思主义理论的绝对要求就是要把问题提到一定的历史范围之内。毛泽东对抗日战争的分析就是这样。他强调，在革命和战争为主题的时代条件下，日本虽强，但它是快要灭亡的帝国主义；中国虽弱，但处于历史上进步的时代。并说这就是中国足以战胜日本的主要根据。进行矛盾分析，一定要具体分析矛盾双方的基本特点和相互联系。据此，毛泽东分析了中日双方的四个基本特点：（1）日本的军力、经济力和政治组织力是强的，中国的军力、经济力和政治组织力是弱的；（2）日本的帝国主义侵略战争是退步的、野蛮的，中国的抗战是进步的和正义的；（3）日本是一个人力、物力不足的小国，中国是一个地大、物博、人多、兵多的大国；（4）日本在国际上是寡助的，中国在国际上是多助的。进行矛盾分析，一定要从运动中把握矛盾的特点和发展趋势。毛泽东说，战争是这些特点的比赛，这些特点在战争过程中将各依其本性发生变化。他在分析了中日双方各自向上和向下的变化之后强调，认识了这些特点的变化，虽不能造出一本中日战争的流年，但可以看出战争趋势中的某些大端。毛泽东就是根据这些大端制定抗日战争的战略指导原则的。进行矛盾分析，一定要防止和克服主观性和片面性，力戒表面化和形式主义，要在全面、比较和反复中加深对矛盾本质的认识。毛泽东的这些思想直到今天，还是非常值得我们很好地研究体味的。

　　六是看他是不是站在人民群众的立场上，能不能很好地贯彻群众路线。立场问题是决定一切的根本问题。在马克思主义看来，历史是人民群众创造的，人民群众是历史的主体。能不能站在人民群众的立场上看问题、想问题、处理问题，是区别马克思主义者和非马克思主义者的试金石。一个人马克思主义哲学素养高不高，最根本的是看他能不能站在人民群众的立场上贯彻好群众路线。毛泽东在指导中国革命的整个过程中都始终一贯地站在人民大众的立场上，充分地相信群众、依靠群众。早在土地革命时期，毛泽东就指出，革命战争是群众的战争，只有动员群众才能进行战争，只有依靠群众才能进行战争。抗日战争时期，毛泽东提出的著名论断是兵民是胜利之本。他指出，战争的伟力之最深厚的根源，存在于民众之中，动员了全国的老百姓，就造成了陷敌于灭顶之灾的汪洋大海，造成了弥补武器等等缺陷的补救条件，造成了克服一切战争困难的前提。解放战争时期，毛泽东又提出，为着粉碎蒋介石的进攻，必须和人民群众亲密合作，必须争取一切可能争取的人。毛泽东的这一思想，武装了全党，极大地鼓舞了全国人民，为中国革命的胜利发挥了极其巨大的作用。中国革命的胜利，是党的人民群众的根本立场的胜利，是党的群众路线的胜利。站在人民群众的立场上，在各项工作中必然走群众路线。群众路线的理论前提是人民群众创造历史，群众路线的出发点和归宿是一切为了群众，群众路线的根本原则是一切依靠群众，群众路线的基本方法是从群众中来、到群众中去。党的群众路线是党的思想路线、政治路线在工作中的体现，是党的根本的工作路线。这一根本的工作路线体现了马克思主义的认识论，和党的认识路线是完全一致的。从群众中来又到群众中去的过程，实际上就是从实践到认识、又从认识到实践的过程。把群众分散的无系统的意见，化为集中的系统的意见，就是从感性认识上升到理性认识的过程；用集中起来的意见去指导群众行动的过程，就是从理论回到实践、在实践中检验和发展理论的过程。从这里我们可以看到一个更深刻的问题，即认识论和历史观是统一的。没有马克思主义的历史观，不能很好地坚持马克思主义认识论。同样的，不懂马克思主义认识论，也不能很好地坚持马克思主义历史观。

三、增强哲学素养关键在学习和实践

　　人的哲学素养不是天生的，也不是后天自然而然地形成的。一个人要有较高的哲学素养，关键在于学习和实践。

学习，首先是要学习哲学，尤其是要学习马克思主义哲学。学习哲学是训练思维能力、加强哲学素养的重要途径。恩格斯曾经指出，理论思维的能力必须加以发展和锻炼。而为了进行这种锻炼，除了学习以往的哲学，直到现在还没有别的更好的手段。也正是基于这种认识，我们党高度重视哲学特别是马克思主义哲学的学习。毛泽东同志说，马克思主义有三个东西：马克思主义哲学、马克思主义政治经济学和科学社会主义，其中哲学是基础。不懂得马克思主义哲学，我们就没有共同语言，结果是扯了好多皮还扯不清楚，所以"我劝同志们学习哲学"。毛泽东不仅劝同志们学习哲学，而且他自己就非常认真地学习哲学。在延安时期，毛泽东亲自组织哲学学习小组，参加的人有艾思奇、何思敬、杨超等，每到星期三的晚上，总有七八个人在他办公的窑洞里围坐在一支蜡烛前学习漫谈马克思主义哲学。到后来参加的人越来越多，高级干部和理论家都来了，毛泽东办公的窑洞容不下这么多人，只好移到中央组织部的大窑洞里去学习。那一时期，毛泽东批读了大量中外哲学书籍，其中特别是1931年苏联出版的《辩证唯物论教程》、米丁主编的《辩证唯物论与历史唯物论》上册、李达的《社会学大纲》以及艾思奇的《哲学选辑》等。他的批注主要是从四个方面进行的：一是评论性批注，二是提要性批注，三是结合中国实际进行的批注，四是理论发挥性的批注。在阅读《辩证唯物论教程》时，仅论述辩证法三大原则这一章里，毛泽东批注的文字就达 9000 多字。米丁主编的《辩证唯物论与历史唯物论》上册共 34 万多字，毛泽东在全书 491 页中，留下批划符号的有 186 页，将近全书的 2/5，所作批注有 2600 多字。李达的《社会学大纲》出版后，毛泽东研读之后十分赞赏，在延安的一次小型会议上，他说：李达同志给我寄了一本《社会学大纲》，我已看了十遍。我写信请他再寄十本来，让大家都看看。这本书共 854 页，其中毛泽东作过批划的就达 640 页之多，占全书的 3/4，批注文字有 3400 多字。艾思奇的《哲学选辑》荟萃了延安出版的中外哲学著作的精华，有 37 万多字，毛泽东至少批读了三遍。全书 500 多页，几乎每页都有毛泽东批划的符号，批注文字达 3200 多字。建国以后，毛泽东更是研读了大量哲学著作。前些年中央编译局出版了一本《毛泽东哲学批注集》，很值得一读，从中不仅可以学到理论、学到思想，还能体味到毛泽东学习的专注。

　　邓小平同志也非常重视哲学学习。他说，现在我们的干部中很多人不懂哲学，要想使自己的思想方法和工作方法提高一步，很需要学习马克思主义哲学。陈云同志重视学哲学是大家所熟知的。他指出：学习理论，最要紧的是把思想方法搞对头，因此，首先要学习哲学，学习正确观察问题的思想方法。他还结合自己的亲身经历和体会说，学好哲学，终身受益。江泽民同志更是多次强调，要比较系统地学习马克思主义哲学。在党的第三代领导集体中，李瑞环同志重视哲学学习是有名的，并且学得很有成效。去年中国人民大学出版社出版了他的一本书，名字就叫

《学哲学　用哲学》。该书分上下两册，总计 553000 字，很值得一读。李瑞环同志为什么如此重视哲学学习呢？根据他自己的体会，用他自己富有个性的语言说，就是"哲学是明白学、智慧学，学懂了哲学，脑子就灵，眼睛就亮，办法就多；不管什么时候、干什么工作都会给你方向、给你思路、给你办法"，"哲学这门学问说来也神，你的工作越变化、越新，它越显得有用；你的地位越高、场面越大，它的作用越大；你碰到的问题越困难、越复杂，它的效力越神奇；面对的问题越关键，它发挥的作用越关键"。什么原因呢？"因为哲学讲的是事物最根本、最普遍的规律，任何事物都逃不出它的范围"①。

　　哲学是对自然科学和社会科学的概括和总结，要更加深刻地领会好哲学，就必须学习自然科学和社会科学。正是基于这种认识，毛泽东在刻苦研读哲学著作之外，还极为重视对自然科学和社会科学的学习研究。毛泽东在湖南读师范的时候，喜欢社会科学，自然科学方面的书读的不多，后来他意识到这一点，给自己提出了补课的任务。建国后，他曾对一位老朋友说，我很想请两三年假，专心学习自然科学。可惜，工作不允许他有这样长的假期，所以，他就抽空钻研农业、机械、化学、水文、气象、地质等方面的自然科学知识。1963 年，日本物理学家坂田昌一的《基本粒子的新概念》一文在我国翻译发表，很快

---

① 李瑞环：《学哲学用哲学》上卷，中国人民大学出版社 2005 年版，第 16—17 页。

引起了毛泽东的高度重视。他赞赏坂田昌一关于基本粒子并不是最后不可分的观点，并引申到宇宙的无限，他从哲学的角度强调，宇宙从宏观的方面来说是无限的，从微观的方面来看也是无限的。后来，自然科学的发展证明了毛泽东的这一论点。

对于社会科学，毛泽东更是终其一生都表现出浓厚的兴趣，甚至可以说是痴迷。他一生中读过的社会科学书籍是难以统计的，这里仅举几例。二十四史是从西汉伟大史学家司马迁开始，经由两千多年历朝著名历史学家们精心编撰的记传体史书合集，记载了四千多年来中华民族政治、经济、天文、地理各方面的史实，材料丰富翔实。毛泽东特别爱读二十四史，在繁忙的工作之余，他通读了这部历史长卷，重点篇章还"三番四复"地读过。毛泽东酷爱《资治通鉴》，1954年冬，他曾对史学家吴晗说，《资治通鉴》这部书写得好，尽管立场观点是封建统治阶级的，但叙事有法，历代兴衰治乱本末毕具，我们可以批判地读这部书，借以熟悉历史事件，从中汲取经验教训。这部书毛泽东读了十七遍。在历史之外，毛泽东很重视学习军事。抗日战争时期，毛泽东精心研读了克劳塞维茨的《战争论》。据毛泽东本人在延安时期的读书笔记记载，他从1938年3月18日开始读《战争论》，不但自己读，还组织和倡导其他同志一起读。在延安凤凰山自己的住处，他组织了一个《战争论》研究会，当时参加这个研究会的有萧劲光、罗瑞卿、滕代远、莫文骅、叶子龙等同志。每次从晚七八点钟开始，到深夜十一点多结束。先由何思敬发自己翻译的讲义，一章一章地介绍，然后大家进行讨论，最后由毛泽东讲述自己的意见。在他的倡导下，延安掀起了研究《战争论》的热潮。《容斋随笔》也是毛泽东很爱读的一部书。《容斋随笔》是南宋洪迈撰写的涉及经史百家、文学艺术及宋代当时的掌故、人物、世风等的笔记，读起来轻松愉快。毛泽东对此书一生爱不释手，在紧张的战争年代，他的不少用品和书籍都在行军途中遗弃或丢失了，可是这部书连同他读过的马列著作、哲学书籍、鲁迅全集等一直带在身边。从延安东渡黄河带到西柏坡，又从西柏坡带到北京，带到中南海。建国以后，毛泽东到外地开会或视察工作，随行必带的就是书籍，每次都嘱咐工作人员带上《容斋随笔》。毛泽东非常爱读中国古代散文，对柳宗元的文章尤其推崇。1960 年，时任中央文史研究馆馆长的章士钊先生分到了新房，心情非常愉快，开始埋头撰写《柳文指要》一书。毛泽东得知后，就提出请章士钊将书稿送来先睹为快。《柳文指要》上下两集近一百万字的书稿写出后，章士钊便先给毛泽东送去。对这部书稿，毛泽东逐字逐句地阅读，并亲自修改了若干处。对于该书的主要缺陷，毛泽东同志说，大问题是唯物史观问题，即主要是阶级斗争问题。对此，他表现出了极大的宽容和理解，在给章士钊的信中说：此事不能求之于世界观已经固定的老先生们，故不必改动。在他的亲自过问下，《柳文指要》在文革期间得以出版，这是很能说明问题的。毛泽东还特别重视研究地方志。"盛世修志"是中国文化的优秀传统。我国的传世志书约 8700 余种，11万余卷，占古籍的10%左右。方志作为"一方之总览"和"一方之百科全书"，能起到"资治、教化、存史"的作用。因此，无论是在战争年代，还是在社会主义建设时期，毛泽东都非常重视搜集和阅读各地的志书。他在年轻时就熟读过顾祖禹的《读史方舆纪要》，也浏览了不少地方志书。1929年红军打下兴国县城，毛泽东一住下，就开始专心致志地读《兴国县志》。在瑞金时，他得到一部清代续修的八卷本的《瑞金县志》，虽残缺一卷，但他仍如获至宝、挑灯夜读。建国后，毛泽东每到一地，总要开出一批书单，当地志书自然是少不了的。

　　毛泽东读书之多、涉猎之广是罕见的，其读书之刻苦也是古往今来少有的。有一首歌叫《毛主席窗前一盏灯》，唱的就是毛泽东孜孜不倦挑灯夜读。毛泽东的警卫战士曾根据毛泽东房间里灯光的明灭，计算过他的睡眠时间，平均每天不超过5个小时，一年四季，常年如此。在正常的工作之外，读书是毛泽东一生最大的嗜好。在他的住处，到处摆的是书，床上，半边是被褥，半边是书；坐的地方，胳臂一伸就会碰到书；饭桌上摆的也是书。毛泽东看书常常入迷，废寝忘食在他那里是家常便饭。他经常对身边工作人员讲，减少应酬，挤出时间多读书，对于锻炼思维，提高素养，改进工作，都是极有好处的。有的同志总是埋怨工作忙，没有时间读书，针对这种情况，毛泽东说，忙就要挤，就像木匠在木板上钉钉子一样，是可以挤进去的；有的同志反映难，针对这种情况，毛泽东说，难就要钻，像木匠一样下功夫，多钻研就会看懂。毛泽东终其一生，都是在挤、在钻，甚至到了晚年，因为视力减弱，平装小字本的书看不清了，就看新印的大字线装本。在逝世前已经无法自己看书的时候，他就让工作人员读给他听。我们都承认毛泽东战略思维能力强，哲学素养高，哪来的？学习中得来的，是在繁忙的工作之余挤来的、钻来的。

　　毛泽东一生博览群书，但并不是漫无目的地读书，也从不固守书本上的成见。他在青年时期，就将求学的志向标定为探求真理，改造社会。1917 年，他在写给一位朋友的信中说，十年未得真理，即十年无志，终身不得真理，即终身无志。找到了马克思主义、投身革命后，毛泽东就将他的一生义无反顾地献给了中国人民的解放事业。毛泽东总是紧密联系中国革命的实际来读书。1932 年 4 月，红军打下福建漳州，毛泽东意外地得到了一些马列的书。他一边阅读，一边结合中国革命的实际作了很多批语。他还推荐给别人读，先将列宁的《两个策略》送给彭德怀，并在书上写道：此书要在大革命时读着，就不会犯错误。后来又将《"左派"幼稚病》送给彭德怀，并在书上写道：你看了以前送的那一本，叫做知其一而不知其二。你看了《"左派"幼稚病》才会知道左与右同样是有害的。毛泽东读书，总能结合实际活学活用。比如他读《三国》，不但看战争，看外交，而且看组织。他风趣地说，刘、关、张、赵云、诸葛亮是北方人，他们组织了一个班子南下，到了四川，同地方干部一起建立了一块很好的根据地。并借此引申说，外来的干部一定要和当地的干部很好团结，只有这样，才能做出一番事业来。五十年代末，他提议领导干部看《三国志》中的《郭嘉传》。郭嘉是三国时期一位著名的谋士，曾协助曹操南征北战，功绩卓著。曹操称他每有大议，临敌制变，平定天下，谋功为高。毛泽东推荐大家看《郭嘉传》，是希望各级领导干部做事要多谋。他说，多谋善断，这句话重点在"谋"字上，要多谋，少谋是不行的，要与各方面去商量，不商量，又武断，那事情就办不好。毛泽东读《水浒》也是这样，他说，要把《水浒》当做一部政治书来读。梁山泊的农民起义队伍是由各个山头汇集起来的，如清风山、桃花山、二龙山，但这支队伍统帅得好。由此他想到我们自己，很有感慨地说，我们干革命，既要认识山头，承认山头，照顾山头，也要消灭山头，克服山头主义。毛泽东读书善疑，常能读出别人所未见的道理来，这是很值得我们学习的。

　　书本知识包括哲学原理在内，从某种意义上说，都是前人实践经验的总结，反映了人类对自然和社会的认识成果。从实践的观点来看，人类社会的历史进程实质上就是一代又一代人不断地认识和改造自然与社会的历史过程。从这个意义上讲，学习书本知识是汲取前人实践的经验教训，以更好地服务于现实实践。俗话说，实践出真知。这个真知，若是上升到理论思维的层面，内化为一种思想的自觉，就是哲学素养。实践对于加强哲学素养的重要性，首先表现在实践是认识的基础，没有实践就不可能形成认识，积累经验。只有在实践中不断形成认识，不断积累经验、提升经验，才能不断提高自己的哲学素养。其次，实践是检验认识的唯一标准。书本上那些正确的理论、观念包括自然的和社会的，都是在历史实践中被证明是正确的东西；而那些或昙花一现或风靡一时但后来又被人们抛弃了的理论、观念，则大多是经过实践检验认为是错误的东西。理论的东西、观念的东西，在人的头脑中积淀起来就体现为一种哲学素养。实践对加强人的哲学素养的重要性还在于，哲学素养作为"思想中的现实"，它同现实之间保持着一定的距离。就是说，人的哲学素养超越了人的感觉的杂多性、表象的流变性、意志的主观性，从而更全面地反映现实，更理智地引导现实。然而，正因为哲学素养超越了现实，当它还原到现实中去时，就必须经过实践。离开实践，哲学素养只是观念的东西，而观念的东西是不能在自身的范围内得到证明和提高的。一个人的哲学素养的高低看什么？尽管理论上可以讲出几条来，但归根到底要看实践。

增强哲学素养，不仅要读书、实践，还要在读书、实践中加深感悟。同样是读书，同样是实践，有的人提高得快，有的人提高得慢，这里的关键在用心、在感悟。在历史和现实中，我们常常看到有这样一些人，他们一生勤奋好学甚至可以说是饱读诗书，但是一遇到具体问题就手足无措、一筹莫展。这是为什么呢？因为他们缺乏实践经验，不善于联系实际。在历史和现实中，我们也看到有这样一些人，他们一生都在辛苦劳作，可以说是兢兢业业、勤勤恳恳，但工作效率却不高，一生的事迹也乏善可陈。

这又是为什么呢？因为他们不懂得或不善于在工作和生活实践中总结经验、发现规律。增强哲学素养，不仅要博学、笃行，还要深思，努力做到触类旁通、举一反三，也就是我们常说的感悟。感悟是一种高超的思维品质，历史上许多杰出人物的身上都闪烁着这种思维品质的光芒。牛顿看到苹果落地因而发现了万有引力定律。马克思通过商品，发现了剩余价值、揭示了资本家剥削工人的秘密。苹果落地、商品生产和交易是每个人都可以看到的现象，但为什么独独牛顿和马克思能发现这些现象的深层奥秘呢？这不仅仅是由于他们有丰厚的知识积淀，还在于他们善于思考，善于从大家都司空见惯的事物中发现别人看不到的东西。这种思维品质含有天赋的成分，但更重要的还在于后天自觉地培养和锻炼，要在学习、实践中好悟善悟，才能增强悟性，从而提高哲学素养。

图书在版编目（CIP）数据

许志功自选集/许志功著．（"学习"理论文库）

－北京：学习出版社，2007.6

ISBN 978－7－80116－615－9

Ⅰ．许… Ⅱ．许… Ⅲ．①许志功－文集②社会科学－文
集 Ⅳ．C53

中国版本图书馆 CIP 数据核字（2007）第 038898 号

许志功自选集

XUZHIGONG ZIXUANJI

许志功　著

责任编辑：杨庆文

技术编辑：纪　边

出版发行：学习出版社
　　　　　北京市西长安街 5 号（100806）
　　　　　010－66063020　　010－66061634

经　　销：新华书店

印　　刷：北京新丰印刷厂

开　　本：880 毫米×1230 毫米　1/32

印　　张：17.75

字　　数：349 千字

版次印次：2007 年 6 月第 1 版　2007 年 6 月第 1 次印刷

书　　号：ISBN 978－7－80116－615－9

定　　价：80.00 元

如有印装错误请与本社联系调换